新保 修 ［著］

主体的・対話的で深く、新学習指導要領を読む

東洋館出版社

目　次

はじめに

　今回の学習指導要領改訂では「学習」ではなく、「学び」という言葉が使われています。「学びの地図」や「主体的・対話的で深い学び」等の言葉も使われ、そこには「授業の主体は子どもである」というメッセージが強く表れていると感じます。これらの状況を踏まえ、今回の学習指導要領改訂は、「教える」という教師主体から「学ぶ」という「子ども主体」の教育への大改革で、中には学制発布以来の大改革だ！と書く本もありますが、現場の皆さんの実感はどうでしょうか？この本を手にするような教師なら、多くは「子ども主体の学びは当たり前、自分は以前からそう考えて実践してきた」と感じているのではないでしょうか？

　一方で、今回も「主体的・対話的で深い学び」や「資質・能力の三つの柱」、「見方・考え方」など、色々新しい言葉が出てきましたが、例えば「主体的・対話的で深い学び」と、これまで盛んに言われてきた「習得・活用・探究」の関係は？とか、「資質・能力の三つの柱」と「生きる力」、「確かな学力」との関係、そしてこれまでもあった「見方や考え方」と「見方・考え方」の違いは？など、分かっているようで曖昧な点も多いのではないでしょうか？その結果、真面目な教師ほど混乱し、「文科省はまた新しい用語を出してきて、ますます混乱してきた」等と感じ、「用語は変わっても、内容はこれまで通りで良いのではないか？」と「分かったつもり」になって、結局、今まで子ども主体に考えて、自分が大事にしてきたことと内容的に大きな違いはない、研究授業の指導案や指導要録などを書く際の言葉遣いや用語、構成などをこれらの用語に合わせていけば良いのではないか等と考えてしまいがちではないでしょうか？（今までの自分がそうでした）

　今（これまでもそうでしたが）、現場は忙しいです。特に、新型コロナウイルス禍という今までにない難しい課題も突きつけられています。そんな課題はなかった自分が現役の頃も、学習指導要領が改訂されても総則を読むことは殆どありませんでした。理科に興味があり、理科の「教科編」はそれなりに読んで理解してきたつもりでしたし、教務主任になってからは、総則の授業時数など、教育課程編成の「きまり」的な部分は注意しながら読んでいましたが、それは目先の必要にかられた拾い読みが殆どで、それで「分かったつもり」でいたのが現実でした。管理職になってからも、総則に関しては雑誌や解説本を少し読むくらいでした。

　ところが退職して、幸い読める時間ができ、読む必要のある職務になって、前文を含む「学習指導要領」及びその解説である「総則編」を読んでみると、如何に自分は分かっていなかったのかに初めて気付きました。結論から言うと、特に今回の改訂では「総則編（前文、総則及び解説編を含む、以下同じ）」を読まないことには、「教科編」だけでは「真の改訂の意味」を掴むことは難しいと実感しました。自分の不勉強な現役時代をさておいて、今回こそ現場の皆さんには「総則編」を読んで欲しい、読まなければならないと強く感じています。

しかし、先にも書いたように現実は、総則編を読むどころか教科編を読むだけでも精一杯ではないでしょうか？　繰り返しますが、それでは今回の「学び」を明文化した学習指導要領の真意は分からないのではないかと思います。自己弁護に聞こえるかもしれませんが、これまでの学習指導要領の各教科の解説はある意味、それぞれが独立しており、それだけ読んでもある程度その教科で学習指導要領が目ざす内容が理解できたかもしれませんが、今回は総則が先にできて、それを共通基盤に全教科の教科編が作成されており、教科編の元になる総則編を理解することが何としても必要なのです。逆に言うと、総則編だけを読んで全体が分かっても、教科編に生かさなければ、これも問題と言うことにもなります。その典型例が「見方・考え方」の重要性だと思います。これには各教科の特色が現れていますが、教科編だけでは教科等横断的なその本来の意味や重要性が伝わりにくく、逆に教科の見方・考え方を軽んじれば全教科等で実践したい「主体的・対話的で深い学び」も形だけのものになるだろうと思われるからです。詳しくは本文で述べます。

　そんな総則編ですから、実物をしっかり読むことが何より大事ですが、先述したように、なかなかそんな時間は取れないという現実があります。そこで、おこがましいことは百も承知で、過去読んでこなかった自分の反省も込めて、総則編について実践者の立場からまとめたのが本書です。ねらったのは次の2つです。

　1つは、これだけは掴んでおきたいと考える「基本的情報」の「分かりやすい提供」です。「生きる力の変遷」、「PISA と TIMSS の基本的理解」、「メタ認知や構成主義の意味」など、どれも知っていそうで実ははっきりは掴めていないということはないでしょうか？　これらはどれも、今回の学習指導要領を理解するのに不可欠な知識です。識者によるそれぞれを詳しく解説したものはたくさんありますが、現場の教師がとりあえず知っておく必要のある内容に絞ったものは少ないように思われます。それらを、学習指導要領を解釈する際の必要性に合わせて、バラバラの知識としてではなく、どうして大事なのか？　どう授業に関係してくるのかを意識しながら、厳密性はやや劣るかもしれませんが、できるだけ分かりやすくまとめてみました。本書の所々では「ポイント」として、それらをまとめたものを載せました。また、よくある疑問点に応える形の「Q & A」や実践に生かせる「コラム」なども参考になればと思います。そして、〔Q & A、ポイント、コラムの活用〕として、項目ごとの索引も載せました（P100）ので、必要に応じて活用していただければと思います。

　2つ目のねらいは、本書を読みながら考えることで、読者自身の「主体的・対話的で深い学び」を実感して欲しいということです。本書が一般の総則の解説書と異なる点は、取り上げた内容が、学習指導要領の総則編を読んで、「なるほど、そうか、分かった」或いは「本当にそうだろうか？」等と筆者が感じた部分の解説を中心とした点です。ですから、必ずしも「総則全体を網羅したもの」ではなく、筆者の疑問をスタートに、総則の目次には必ずしも沿わずに展開していきます。なぜ理路整然とした順番（学習指導要総則がまさにそう！）通りに述べずに、筆者が「なる程、そうか！」、「本当にそうだろうか？」等と感じた部分を中心に書いたかというと、それが自分（筆者）の学習指導要領に対する「主体的・対話的で深い学び」につながると感じたからです。

今回の改訂で大事な「主体的・対話的で深い学び」の、特に「深い学び」についての、自分なりの捉えは、「『なるほど!』と納得した『その単元等での価値ある学び』のこと」だと考えます。詳しくは本文で述べますが、なぜここに「深い学び」の捉えを書いたかと言うと、学習指導要領の内容を「きちんと（＝自分の頭で）」捉えるには、理路整然とした順番に沿って読み「分かったつもり」になるのではなく、自分の疑問や気付きを出発点として、そこから考えを広げ、深めていくこと、つまり「深い学び」が必要だと感じたからです。そして、この「深い学び」を授業で実践するには、まず私たち教師自身の「深い学び体験」が必要だと思ったからです。例えばこの本を読み進め、自分なりの「分かった!」という実感体験が得られれば、その獲得の重要性が実感でき、子ども達にもその実感を是非味わわせてやりたいという気持ちにつながると考えます。

　そのようなわけで、自分がこの本を書く際に目指してきたのは、今回の学習指導要領を自分なりに**「主体的」**に、そして時には諮問や答申、その他の資料などと比較しながら**「対話的」**に、そして何より自分自身と対話しながら読むことで、自分自身がこの**「深い学び」の実感**を得ることにありました。自分自身が実感してこそ、子ども達に「主体的・対話的で深い学び」を指導できると思います。そのようなわけで、読者の皆さんとある時は思いを共有し、またある時は疑問を持ちながら、共に考えていきたいと思い、**「主体的・対話的で深く、新学習指導要領を読む」**という、一風変わった題名にしました。

　以上のようなわけで、本書の構成は学習指導要領の順番通りではありませんし、自分なりの結論に達するまでに話の展開がぐだぐだしたり、行き来したりする場面もあるかと思いますが、それを含めての「主体的・対話的で深い学び」と考えて、敢えてその経過も載せました。ですから読みづらい点や回りくどい点もあると思いますが、そこは容赦していただき、是非最後まで付き合っていただきたいと思います。そして、この本をきっかけに学習指導要領の「なるほど実感」や「ほんとかな体験」を自分なりに掴み、その後は是非実物を読んでさらに「深い学び」を磨くきっかけにしていただければと思います。

　勿論、私の読み方が浅かったり勘違いしたりした部分もあると思います。そこは読者の皆さんに気を付けながら「批判的に」読んでいただきたいと願います。本書のねらいから言えば、読むことで「自分なりの分かった!や、本当かな?の気付き」に辿り着き、「もっと知りたい! 分かりたい!」と学習指導要領自体や参考図書に手が伸びることを望んでいますが、そうなっているかは読者の皆様の判定に委ねたいと思います。

令和3年8月　新保　修

始章 〔「学習指導要領解説　総則編」を中心とした要点の「構成図」〕

〔教育の目的・目標〕
・教育基本法の目的、目標の実現に向けて…（学習指導要領前文 P15）…新設
・社会や世界の状況を幅広く視野に入れ（AI 等社会の変化も）、求められる資質・能力を明らかにし、社会と共有・連携することが求められる（総則編 P1）

〔理念の実現〕よりよい学校教育を通して
　　　　　　　よりよい社会を創る（理念）→ **社会に開かれた教育課程の実現** （前文 P15）…新設

〔学びの地図〕

〔学習指導要領等の枠組みの見直し〕＝「学びの地図」（総則編 P2）
① 「何ができるようになるか（育成を目指す資質・能力の「三つの柱」）←これがゴール！
② 「何を学ぶか（教科等を学ぶ意義、教科等間、学校段階間を踏まえた教育課程の編成）」
③ 「どのように学ぶか」（各教科等の指導計画の作成と実施、学習・指導の改善・充実）
　　→「主体的・対話的で深い学び」の実現に向けた授業改善←これが「手立て」②
④ 「子供一人一人の発達をどのように支援するか（子供の発達を踏まえた指導）」
⑤ 「何が身に付いたか（学習評価の充実）・①には「知識・技能」も入る、←これが「手立て」①
⑥ 「実施するために何が必要か（必要な方策）」・①～⑥の実現を図るのが、「カリキュラム・マネジメント」

〔ゴールの姿〕目指す子ども像（本書 P17 参照）
「主体的・対話的で深い学び」の実現

※「主体的・対話的で深い学び」は、その視点に立ったカリキュラム・マネジメントと、授業改善で実施

〔手立て〕
手立て①
カリキュラム・マネジメント

〔2つのアプローチ〕手立て②
「主体的・対話的で深い学び」の実現に向けた（「アクティブ・ラーニング」の視点に立った）7つの授業改善（総則 P22・解説 P76）

①実態を把握し、**教科等横断的な視点**で作成
　　→内容を**組織的に配列**
2. 実施状況の評価と改善
　　→**PDCA サイクル**
3. **人的・物的資源の活用**
　　　　　　　　（総則編 P39）

「見方・考え方」と「資質・能力」、「社会に開かれた教育課程」の関係
・「見方・考え方」が「習得・活用・探究」の学びの過程で働くことを通じて、資質・能力がさらに伸ばされたり、新たに育まれたりし、それによって「見方・考え方」が更に豊かになるという相互関係。
・「見方・考え方」は、その教科ならではの「見方・考え方」と共に、抽象レベルにおいては、他の場面や他の教科等でも使える**教科等横断性（汎用性）**を持っている。
　→「社会に開かれた教育課程」
　　　（主に総則編 P76～80 を元に）

学びの過程〔習得・活用・探究〕＝単元や教材の内容やまとまりを見通して

（単元 ↓ 学年 ↓ 学校 ↓ 小・中9年間 ↓ 高校）

深い学びの視点と同じ！
（本書 P109 参照）

(1) 「主体的・対話的で深い学び」実現に向けた授業改善
　特に、各教科等において身に付けた知識及び技能を活用したり、思考力・判断力・表現力等や学びに向かう力・人間性等を発揮させたりして、学習の対象となる物事を捉え思考することにより、各教科等の特質に応じた物事を捉える視点や考え方（以下「見方・考え方」という。）が鍛えられていくことに留意し、児童が各教科等の特質に応じた見方・考え方を働かせながら、知識を相互に関連付けてより深く理解したり、情報を精査して考えを形成したり、問題を見いだして解決策を考えたり、思いや考えを基に創造したりすることに向かう過程を重視した学習の充実を図る（要領 P22、総則編 P76）

〔授業改善を行う「三つの視点」〕
①学ぶことに興味や関心を持ち、自己のキャリア形成の方向性と関連付けながら、見通しを持って粘り強く取り組み、自己の学習活動を振り返って次につなげる、「**主体的な学び**」。
②子供同士の協働、教職員や地域の人との対話、先哲の考え方を手掛かりに考えること等を通じ、自己の考えを広げ深める、「**対話的な学び**」。
③習得・活用・探求という学びの過程の中で、各教科等の特質に応じた「**見方・考え方**」を働かせながら、知識を相互に関連付けてより深く理解したり、情報を精査して考えを形成したり、問題を見いだして解決策を考えたり、思いや考えを基に創造したりすることに向かう「**深い学び**」。（総則解説 P77）←上記「主体的・対話的で深い学び」と同じ表現

「言語能力」はここ！　「望ましい人間関係」が大事！（本書 P146）
(2) 言語環境の整備（今回）と言語活動の充実（前回から）
(3) コンピュータ等や教材・教具の活用、コンピュータの基本操作や論理的思考力を育てる**プログラミング体験学習**
(4) 学習の見通しを立てたり振り返ったりする学習活動
(5) 各教科等の特質に応じた**体験活動**の重視
(6) 自ら学習課題や学習活動を選択できる等、児童の興味・関心を生かした自主的・自発的学習の推進
(7) 学校図書館、地域の公共施設の利活用（自主的・自発的活動）
　　　　　　　　（以上総則編 P80～91）

〔ゴール〕求められる「資質・能力」の要素（右下表）を、「三つの柱」（左下表）から育成する

「育てたい「資質・能力」の三つの柱」＝「生きる力」の育成
①「生きて働く「知識・技能」の習得」
②「未知の状況にも対応できる「思考力・判断力・表現力等」の育成」
③「学びを人生や社会に生かそうとする「学びに向かう力、人間性等」の涵養」
　→「人間性」の評価は授業における姿に限定
・③は、①②の方向性を決める重要な要素、「メタ認知」を含む
　　　　　　（要領 P18、総則編 P36）

〔ゴール〕　「求める「資質・能力」の要素
　　　　※左の「三つの柱」との違いを確認
教科等横断的な視点から（要領 P19、総則編 P47）
①教科等の枠組みを踏まえた「資質・能力」
②教科等の枠組みを越えた「資質・能力」
　・学習の基盤となる「資質・能力」（言語能力、情報活用能力、問題発見・解決能力等）
　・現代的な諸課題に対する「資質・能力」

※右下表で求められる、具体的な「資質・能力」の要素を、左下表の資質・能力の三つの柱から検討する。

学習指導要領総則の構造

1. 構成図の説明

　総則及びその解説について考えるに当たって、始章に〔「学習指導要領解説　総則編」を中心とした要点の「構成図」〕を載せた。（以下「構成図」と記す）これは、学習指導要領総則[1]及びその解説[2]の内容を中心に、その大まかな要点を、「内容的なつながりの構成」を大事にして自分なりに整理したものである。したがって学習指導要領総則やその解説に書かれている順番には必ずしも捉われず、その「内容的なつながりの構成」を表すことで、その言わんとしていることを明らかにすることを目的として作成した。したがって、その内容全体を網羅するものではない。

　この構成図を用いて、まず学習指導要領全体の構成を概観すると、小学校学習指導要領では、最初に前文（P15）で「教育の目的・目標」を述べ、その実現を図るための理念としての「社会に開かれた教育課程の実現」が述べられている（構成図の上段）。この総則の「前文」は、今回初めて設けられており、そこに書かれた「社会に開かれた教育課程」の位置付けの重要性を考えたとき、その理解が今回の学習指導要領の意義を掴むためには一際大事と考えられる。本書を書いた理由の大きな一つが、この「社会に開かれた教育課程」の意味するところの理解にある。このことを常に頭に置きながら考えていきたい。

　学習指導要領解説では次に、この前文を基に、「学習指導要領等の枠組みの見直し」を「学びの見取り図」という形で行っている。それは構成図にあるように、①から順番にどう取り組んでいけば良いかの見通しを示す「学びの地図」として、6項目に具現化している点に注意したい。特に最初の①「何ができるようになるか（育成を目指す「資質・能力の三つの柱」）」の実現のために、②「何を学ぶか（教育課程の編成）」＝教科の具体的な指導内容、を設定し、それを③「どのように学ぶか」という手立てが、順番に述べられていることに注目したい。ここに「主体的・対話的で深い学び」の実現に向けた授業改善が位置付いており、その後に、その実現のための支援や評価、必要な方策が④〜⑥と述べられ、これら①から⑥の実現を図るのが「カリキュラム・マネジメント」と位置付けられている。

　この構成の流れを掴んでおくと、総則自身がこの順番の構成で書かれているので、この展開を念頭に読むことで、総則全体の流れが掴みやすいだろう。ただ、この「学びの地図」だけでは、①から⑥の、特に①から③がどのように関係しながら目指す学びを実現するのかは

見えない。その関係を表したのが、構成表のそこから下である。その基本的関係は、②「何を学ぶか（学ぶ内容）」を、③「どのように学ぶか（主体的・対話的で深い学び）」で取り組むことで、①「何ができるようになるか（資質・能力の三つの柱）」が実現する、というつながりであり、それが実現したゴールの姿が「主体的・対話的で深い学び」が実現した姿と考える。その実現のための2つのアプローチが、手立て①「カリキュラム・マネジメント」と手立て②「主体的・対話的で深い学び」の表現に向けた「7つの授業改善」である。

　「学びの地図」の②「何を学ぶか（学ぶ内容）」は、具体的な学習内容であるが、それは各教科等に特徴的な「見方・考え方」の育成に大きく影響しており、しかもその見方・考え方は、結果的に教科等横断的に使えるものであることが大事である。その意味で見方・考え方は「カリキュラム・マネジメント」と大きく関係し、「社会に開かれた教育課程」にも関係してくる。したがって「見方・考え方」とこれらの関係を、構成図の左の手立て①「カリキュラム・マネジメント」の下に位置付けた。

　①「何ができるようになるか（資質・能力の三つの柱）」は、学習のゴールであり、構成図の一番下に位置付けたが、ここで注意したいのは、「ゴール」として「資質・能力の三つの柱」があるが（構成図の左下）、それが各単元の具体的な学習の姿として表れてくるのが、右下の〔求める「資質・能力」の要素〕であることである（後から詳しく解説する）。そして、このような学びを実現させるのが、手立て②に当たる、「学びの地図」の③「どのように学ぶか（主体的・対話的で深い学び）」の実現に向けた授業改善と考える。

　ここで、構成図の〔学びの地図〕の下に〔ゴールの姿〕を示した点について説明する。ゴールは先述した、構成図の下にある「資質・能力の三つの柱」に基づいた、求める「資質・能力」の獲得である。しかし、今回の学習指導要領で大事なのは、どのようにしたらその獲得を実現できるのか？ ということである。そのために、この〔ゴールの姿〕の下に、〔手だて〕として、「カリキュラム・マネジメント」（手立て①）と、「主体的・対話的で深い学び」の実現に向けた（アクティブ・ラーニングの視点に立った）7つの授業改善」（手立て②）の、〔2つのアプローチ〕を位置付けた。この2つの手立て（互いに関係しているが）を用いることで、ゴールの「資質・能力の三つの柱」に基づいた求める資質・能力の育成が実現すると考える。そして、それがどのような姿で実現するかという、学びの姿としてのゴールが、「主体的・対話的で深い学び実現」の姿ではないかというのが、この構成図を通した自分の考え方である。

　つまり、自分が学習のゴールとしたのは、「その単元で具体的に求める三種類の『資質・能力』に位置付く具体的な要素（右下のゴールの①と、②の2つの、計3種類）を、左下の『資質・能力の三つの柱』に沿って育成する際に実現する『主体的・対話的で深い学び』の姿（表上の「ゴールの姿」）である。ここで読者の皆さんの疑問になってくるのは、ゴールは表の下の「資質・能力の三つの柱」に沿った「具体的な資質・能力」だというのに、なぜその実現の姿として「主体的・対話的で深い学び」を設定し、しかもその実現に向けた手だてとして、まぎらわしい「主体的・対話的で深い学び」の実現に向けた（アクティブ・ラーニングの視点に立った）7つの授業改善を手立て②として位置付けたか？ ということ

ではないだろうか？

　実は、そのことを説明していくのが本書の主要な目的の一つにもなるのだが、ここでは、ゴールとしての「資質・能力」を育成する、または獲得するには、その「学びの過程」こそが大事なのだ、という「学びの捉え方」を確認しておきたいと思う。そして、その「過程の在り方」として「主体的・対話的で深い学び」（学びの姿）が今回提案されていると考える。

　では、どうして「資質・能力」を育成するには「学びの過程」が大事なのか？ それがなぜ「主体的・対話的で深い学び」の姿なのか？ については、これから考えていきたい。

　したがって、この目指すゴールの姿に向けて、その実現の「手だて」として大きく「カリキュラム・マネジメント」の取組（大きく３つのポイント、総則編 P39）と、「主体的・対話的で深い学び」の実現に向けた（アクティブ・ラーニングの視点に立った）７つの授業改善の取組（学習指導要領 P22，総則編 P76）」の２つが位置付く。構成図では、その２つの「手だて」を示し、その２つの関係を、「カリキュラム・マネジメント」から「７つの授業改善」に向けた矢印で示した。

　そして、構成図の左側には、先述した、右の「主体的・対話的で深い学び」の実現に向けた（アクティブ・ラーニングの視点に立った）７つの授業改善の中の（1）の授業改善のポイントになる「見方・考え方」の捉え方を配置した。

　以上で構成図のあらましを述べたが、次に、「ゴール」を実現するための手だてとして位置付けた「主体的・対話的で深い学び」の実現に向けた（アクティブ・ラーニングの視点に立った）７つの授業改善の取組（構成図の右）と、ゴールの姿である「主体的・対話的で深い学び」の実現の関係を考えてみる。

2.「主体的・対話的で深い学び」の姿と、「主体的・対話的で　深い学びの実現に向けた授業改善」の違い

　答申や総則等を読んでいると、"「主体的・対話的で深い学び」の実現に向けた授業改善"というフレーズが多く目に付く（下線筆者）。これは、「実現に向けた」とあるように、「主体的・対話的で深い学び」自体の姿を表しているのではなく、その実現のための「授業改善」という「手立て」である。その「手立て」は構成図の右半分にあるように、「７つの授業改善」で、総則の P22 や解説の P76 に詳しい。では、求める「主体的・対話的で深い学び」"自身"の姿はどう書かれているのだろうか？

3.「目指す子ども像」としての「主体的・対話的で深い学び」の　実現

　「主体的・対話的で深い学び」に「実現に向けた授業改善」が付いているかどうかにこだわるのは細かすぎると思われるかもしれないが、自分がここでこだわりたいのは「目指す子ども像」は何か？ をはっきりさせたいからだ。学校教育は、「目指す子ども像」に向かう所

から始まると思う。そして、その目指す子ども像が「主体的・対話的で深い学び」が実現した姿ではないだろうか、というのが自分の考えだからである。したがって「目指す子ども像」としての「主体的・対話的で深い学び」の姿にこだわりたいのである。では、今回の学習指導要領ではどんな子ども像を目指しているのかを改めて見てみる。

構成図上部の〔学びの地図〕にある「学習指導要領等の枠組みの見直し」の枠内の構造にあるように、学校教育の指導の目的（ゴール）は、①「何ができるようになるか（育成を目指す資質・能力の三つの柱）」である。では、この指導の目的を「目指す子どもの姿」として表したらどうなるのだろうか？自分はそれを「主体的・対話的で深い学び」が実現した姿、と捉えたいということは既に述べた。その姿は具体的には、授業改善を行う「三つの視点」による、「主体的・対話的で深い学びの姿（構成図の右の緑の四角囲み）」ではないかと考える。（その理由については5．改めて総則の解説を読む、で詳しく説明）。そして、その実現の手だてとして、構成図の〔手だて〕の、「カリキュラム・マネジメント」に基づいた「主体的・対話的で深い学びの実現に向けた7つの授業改善」がある。この手だてにより〔授業改善を行う「三つの視点」〕による学びが実現することで、③「どのように学ぶか」が実現し、〔育てたい「資質・能力」の三つの柱〕が育成されることで、それぞれの単元や学習のまとまりにおいて〔求める三種の「資質・能力」〕が身に付いて、②「何を学ぶか」が達成され、最終的に①「何ができるようになるか」が達成できると考える。

そして、「学びの地図」を、「学習指導要領等が、学校、家庭、地域の関係者が幅広く共有し活用できる枠組み」と位置付け、「目指す子ども像」を受けてからの「取組実現のための地図」であると考えたい。つまり、この「学びの地図」の前に、まず、このような子どもを育てたいという「目指す子ども像」が先にあり、次にこの「学びの地図」が出てくると考えられる。この、最初に出てくる「目指すべき子ども像」が「主体的・対話的で深い学びを実現できる子どもの姿」ではないかというのが自分の捉えであるが、では、そのような姿が総則やその解説にかかれているのだろうか？

4. 目指すべき子ども像は、どこに書かれているか？

学習指導要領では、目指すべき子ども像はどこに、どのように書かれているのだろうか？これまでの議論から考えれば、総則やその解説では、当然「学びの地図」の前に書かれているはずである。すると、総則解説P1下に次のような文章があった。

このような時代にあって、学校教育には、子供たちが様々な変化に積極的に向き合い、他者と協働して課題を解決していくことや、様々な情報を見極め知識の概念的な理解を実現し情報を再構成するなどして新たな価値につなげていくこと、複雑な状況変化の中で目的を再構築することができるようにすることが求められている。

（総則解説P1、下線筆者）

上記文章は、その前に書かれている「現状」を踏まえた上で、これからの教育に求められていることとして書かれているが、目指すべき子ども像と捉えても良いように思える。その内容を読むと、文中の「積極的」、「協働」、「知識の概念的な理解、情報の再構成」は、それぞれ「主体的」「対話的」「深い学び」に相当しているようにも思え、これが「目指すべき子ども像」の原点のようにも思えるからだ。ここではまだ「主体的・対話的で深い学び」という語句そのものは出てこない。では、最初に出てくるのはどこかと言えば、P3（2）改訂の基本方針の③「主体的・対話的で深い学び」の実現に向けた授業改善の推進の項目である。以下の文章である。

③　「主体的・対話的で深い学び」の実現に向けた授業改善の推進

　子供たちが、学習内容を人生や社会の在り方と結び付けて深く理解し、これからの時代に求められる資質・能力を身に付け、生涯にわたって能動的に学び続けることができるようにするためには、これまでの学校教育の蓄積を生かし、学習の質を一層高める授業改善の取組を活性化していくことが必要であり、我が国の優れた教育実践に見られる普遍的な視点である「主体的・対話的で深い学び」の実現に向けた授業改善（アクティブ・ラーニングの視点に立った授業改善）を推進することが求められる。

（総則解説 P3、下線筆者）

　この文章を読むと、「主体的・対話的で深い学び」は、これまでの我が国の優れた教育実践に見られる普遍的な視点であるとされており、その具体的な内容や必要性については言及されず、すぐにその「実現に向けた授業改善」に話が展開しているように見える。つまり、総則解説 P1 で述べられている「主体的」「対話的」「深い学び」に相当するような「目指すべき子ども像の種」との関係があまり感じられないように感じる。そこで、この部分について、総則の前身である「答申[3]」はどう扱っているのかを見ていくと、答申の P13 にある以下の３点が、これから「子供たちに育てたい姿」、つまり「目指す子ども像」に相当するのではないかと思える。

○　こうした教育基本法が目指す教育の目的や目標に基づき、先に見た子供たちの現状や　課題を踏まえつつ、2030 年とその先の社会の在り方を見据えながら、学校教育を通じて子供たちに育てたい姿を描くとすれば、以下のような在り方が考えられる。

・　社会的・職業的に自立した人間として、我が国や郷土が育んできた伝統や文化に立脚した広い視野を持ち、理想を実現しようとする高い志や意欲を持って、主体的に学びに向かい、必要な情報を判断し、自ら知識を深めて個性や能力を伸ばし、人生を切り拓いていくことができること。

・　対話や議論を通じて、自分の考えを根拠とともに伝えるとともに、他者の考えを理解し、自分の考えを広げ深めたり、集団としての考えを発展させたり、他者への思いやりを持って多様な人々と協働したりしていくことができること。

・　変化の激しい社会の中でも、感性を豊かに働かせながら、よりよい人生や社会の在り方を考

え、試行錯誤しながら問題を発見・解決し、新たな価値を創造していくとともに、新たな問題の発見・解決につなげていくことができること。　　　　　　　（答申 P13、下線筆者）

　この文章は「先に見た子供たちの現状や課題を踏まえつつ」とあるように、子どもの現状を踏まえたもので、1点目の「主体的」、2点目の「対話」、3点目の「試行錯誤、新たな価値の創造、新たな問題の発見・解決」などのキーワードを見ると、この3点が、そこから導き出された「主体的・対話的で深い学び」の「種」になっていると考えられる。この文章の構造は、先に揚げた総則解説 P1 と同じであり、従って総則解説に書かれている「子ども像（らしきもの）」をより具体的に述べたものと考えられる。上記の文章に続いて、以下の文章がある。

○　こうした姿は、前章において述べたとおり、変化の激しい社会を生きるために必要な力である「生きる力」を、現在とこれからの社会の文脈の中で改めて捉え直し、しっかりと発揮できるようにすることで実現できるものであると考えられる。言い換えれば、これからの学校教育において、「生きる力」の現代的な意義を踏まえてより具体化し、教育課程を通じて確実に育むことが求められている。　　　　　　　　　　　　　　　　　　（答申 P13、下線筆者）

　「こうした姿」とは前文からのつながりで考えれば、「主体的・対話的で深い学びが実現した姿」である「目指すべき子ども像」であり、この前段に書かれていた姿である。そして、その姿は、「生きる力を改めて捉え直し、発揮できるようにすることで実現できる」とある。こうした姿を、「生きる力を改めて捉え直し」、「しっかり発揮できるようにする」ことで「実現できる」とは、「生きる力を資質・能力の三つの柱で捉え直し」、「主体的・対話的で深い学びの実現に向けた授業改善を行うことで、その資質・能力がしっかり発揮できるように」することで「主体的・対話的で深い学びが実現した姿が実現する」、ということではないだろうか。
　つまりこの段落から、**「目指す子ども像」とは、「生きる力」を現代的な意義を踏まえてより具体化した「資質・能力」を発揮した、「主体的・対話的で深い学びが実現した姿」として具体化していくこと**であると考えられる。
　このように捉えると、目指すべき「主体的・対話的で深い学びが実現した姿」と、そのための「主体的・対話的で深い学びの実現に向けた授業改善」は、**区別して考えるべき**だろう。そこで再度、総則の解説を読むと、前出の P1 の記述の後には、答申の P13 に当たる「子ども像」は書かれておらず、すぐに手立てとしての「学びの地図」に話は展開し、その後に答申 P13 に当たる「生きる力」の捉え直しについて書かれていることが分かる。
　では、総則には「生きる力」としての資質・能力が育んだ結果としての「学びが実現した姿」は書かれていないのだろうか？もう一度総則の解説に戻って見てみる。

5. 改めて総則の解説を読む…「主体的・対話的で深い学び」が実現した姿＝「目指す子ども像」は書かれているのか?

　ここまで考えてきた「主体的・対話的で深い学び」の姿という点に着目して読んでいくと目に付いたのが、総則解説 P77 の「主体的・対話的で深い学びに向けた、三つの視点に立った授業改善」の「三つの視点」である（構成図の、7 つの授業改善の(1)の緑色の四角枠内）。これが、「主体的・対話的で深い学び」で求める子どもの姿ではないだろうかと考えることは前にも書いた（P14）。ここでその理由を書きたいと思う。それは、この「三つの視点」を子どもの学びの姿として解釈すると、先の答申の「子供たちに育てたい姿」に対応してくるのではないかと思えるからだ。なぜなら、この三つの視点の前に、P76 下から、以下のような文章があるからだ。

　（途中から）、授業改善の取組を活性化していく視点として「主体的・対話的で深い学び」を位置付けた。「主体的な学び」、「対話的な学び」、「深い学び」の視点は、各教科等における優れた授業改善等の取組に共通し、かつ普遍的な要素である。

　児童に求められる資質・能力を育成することを目指した授業改善の取組は、これまでも多くの実践が重ねられており、主体的・対話的で深い学びの実現に向けた授業改善を行うことが、そうした着実に取り組まれてきた実践を否定し、全く異なる指導方法を導入しなければならないことであると捉える必要はない。また、授業の方法や技術の改善のみを意図するものではなく、児童に求められる資質・能力を育むために、児童や学校の実態、指導の内容に応じ、「主体的な学び」、「対話的な学び」、「深い学び」の視点から授業改善を図ることが重要である。

　　　　　　（以下、「三つの視点」の説明に続く、括弧、下線は筆者　総則解説 P76 下）

　この文章を読むと、「主体的・対話的で深い学びに向けた、三つの視点」と、「主体的・対話的で深い学びに向けた、三つの視点に立った授業改善」とは異なることが分かる。「視点」は「各教科等における優れた授業改善等の取組に共通し、かつ普遍的な要素」であり、授業改善等の取組そのものではない。自分はこの「視点」は「目指すべき視点」、つまり、目指すべき子ども像に準ずるものではないかと考える。それに対して「三つの視点に立った授業改善」は、「授業改善」、つまり実現のための「手立て」だろう。そのように捉えると、その下の「主体的・対話的で深い学びの実現に向けた授業改善」の「実現」は、この「三つの視点の実現した姿」の「実現」と考えてよいのではないだろうか。つまり、最後の「「主体的な学び」、「対話的な学び」、「深い学び」の視点から授業改善を図る」の視点は、授業改善のための「視点」であると共に、「目指す姿としての、主体的・対話的で深い学びの姿」ではないかと考える。

　以上のような捉えから、構成図ではまず最初に（総則には明確には書かれてはいないが）目指す子ども像として「主体的・対話的で深い学びの姿」の実現を基盤として位置付けた。これは「子どもの立場（学び）」から「目指す姿」が書かれたもので、従来から「生きる力

の育成」と言われてきたことにつながり、それを実現するための「社会に開かれた教育課程」の実現を、「カリキュラム・マネジメント」と「主体的・対話的で深い学び」の実現に向けた7つの授業改善の二つが支えるという構造とした。そして、この「学びの姿の実現により可能になるのが、〔育てたい「資質・能力」の三つの柱〕により育成される、単元や学習のまとまりにおける〔求める三つの「資質・能力」〕であることは先に述べた通りである。

　ここまでの議論から、**総則にも「子供たちに育てたい姿」としての「主体的・対話的で深い学び」の姿は書かれている**と捉えたい。そして、この考察から注意しなければならない次の点が浮かび上がる。それは、「資質・能力」の育成は、確かに学習指導の目的だが、それを指導の「直接的なゴール」と捉えてしまい、「主体的・対話的で深い学びの姿」との関係が見えにくくなったり、逆に「主体的・対話的で深い学びの姿」の実現を求める余り、肝心の「資質・能力」の育成が疎かになってしまうのは、どちらも間違いだということである。両者の関係性を大事にすべきである。

　このように、目指す「主体的・対話的で深い学び」の姿と、そのための「主体的・対話的で深い学び」の実現に向けた授業改善は異なるということと、「主体的・対話的で深い学びの姿」は、決して新しく出てきた「目標」ではなくこれまで求めてきた「生きて働く力を発揮する姿」であることを確認しておくことは大事だろう。さらに、先の答申P13では"「生きる力」を、現在とこれからの社会の文脈の中で改めて捉え直し"とあり、総則解説P3には、"「生きる力」をより具体化し"とあった点にも注意したい。つまり「生きる力」はその内容や捉え方を変遷してきているのである。

　では、そもそも「生きて働く力」とはどのような力だったのか、それはどのようにして今の求める「資質・能力」になり、どう「求める姿」としての「主体的・対話的で深い学びの姿」につながっていったのか？　それについては第2章で考えてみることにして、ここで「目指すべき子どもの姿」についてQ&Aの形でまとめておく。

Q&A①〔新学習指導要領における「目指すべき子どもの姿」とは？〕

①「主体的・対話的で深い学びが実現した姿」には、目指すべき子どもの姿（子ども像）が現れている（特に答申によく表れている）と考える。

②その姿の実現には、引き続き「生きる力」の育成が重要だが、現代的な意義を踏まえて「生きる力」をより具体化することが大事で、それが<u>資質・能力の三つの柱</u>である。それを発揮することで、「目指すべき子どもの姿」としての<u>「主体的・対話的で深い学びが実現した姿」</u>が得られる。

③その「目指すべき子どもの姿」は、この「三つの視点の実現した姿」、つまり〔授業改善を行う「三つの視点」〕の「主体的な学び」、「対話的な学び」、そして「深い学び」が実現した姿ではないかと考える。

（追記）今回の学習指導要領では、「主体的・対話的で深い学びが実現した姿（目指す子ども像）」と、その実現のための「資質・能力の育成」を区別して考えていると思える。そして、「生きる力」

を、ここでは「主体的・対話的で深い学び」実現のための「資質・能力」と捉えたが、では「生きる力」における「目指す児童像」は何なのか？ その辺りの検討も第2章では大事になってくるだろう。　　　　　　　　　　　　　　　　　　　　（P27 (3)「生きる力」の登場　参照）

6.「主体的・対話的で深い学び」の実現に向けた7つの授業改善

　引き続き構成図を見ていくと、「主体的・対話的で深い学びの姿」を実現するための1つの柱である、"「主体的・対話的で深い学び」の実現に向けた7つの授業改善"がある。その内容を見てみると（総則解説P76）、まず（1）として、「単元や題材など内容や時間のまとまりを見通した「主体的・対話的で深い学び」の授業改善」がある。おそらく私達が日頃「主体的・対話的で深い学び」のための取組、と言っているのは、ここを指していることが多いのではないだろうか？では（2）から（7）には何が書かれているのか、構成図を見てみる。

　これを見たら分かるように、今時学習指導要領から始まる「プログラミング学習」を始め、多くの教育活動が、実は「主体的・対話的で深い学び」の実現に向けた授業改善に位置付いていることが分かる。つまり、それらの活動は（繰り返しになるが）「目指す資質・能力育成」のためである、という確認が大事だろう。「今回の学習指導要領でねらうのは資質・能力の育成なのだから、どんな学習活動であれそれは当たり前だ。」という捉え方もあるだろうが、同時にそれはこれらの活動が「主体的・対話的で深い学び」の実現に向けた授業改善のためでもあることを示している。つまり、「プログラミング学習」や「図書館教育」などは社会や教育課題の現状等から要請される**"現実に沿った学び"というだけの捉えではない、もっと"学びの根本的な必要性"からのものだという共通理解が大事**と思える。これは、5. でも書いた、形式的な「主体的・対話的で深い学びの姿」の捉えへの懸念ともつながる。

　そのことで、（2）以下に書かれている「言語能力の育成」や「プログラミング体験学習」の導入等も、全て「主体的・対話的で深い学び」の実現に向けた授業改善の一貫と位置付けられていることが再確認され、これらを個々バラバラな取組と捉えるのは間違いだということが分かるだろう。

　これらの改善点に関して、「前回の学習指導要領で強調していた言語活動の充実は今回どうなったのか？」という疑問には、（2）の「言語環境の整備と言語活動の充実」に注目したい。言語活動の充実は前回の学習指導要領に引き続き提示されており、今回はそれに加えて新たに言語環境の整備が入り、「言語活動の充実と言語環境の整備」を合わせて「言語能力の育成」という形でより重視する形になっている。勿論これも、「主体的・対話的で深い学び」の実現に向けた授業改善の一貫である。この「言語能力の育成」への取組は、単に全教科に関係する言語活動を充実するという意義を越えたもっと大きな意義があると思える。それについて次に述べる。

7. 「言語能力の育成」の意味すること

(1) 答申を読む

　言語能力の育成は、今回の学習指導要領で強調されている「教科等横断的な視点」からの取組という点で、特に注目したい。前回の学習指導要領で言語活動の充実が入ったのは、それ自体が児童の学びの課題だったことに加え、今回の「全教科で共通した（当然教科等横断的な）資質・能力の在り方」の大事さや必要性を先取りし、その実現のために、まず真っ先に全教科に共通すると認知されやすい「言語」から、教科等横断的な取組の重要性に気づかせたいと考えたからではないかと思える。それを裏付けるように、答申のP14には、次の記述がある。

○（途中から）前回改訂の検討過程においても、育成を目指す資質・能力を踏まえ教育課程を分かりやすく整理することの重要性は認識されていたが、当時はまだ資質・能力の育成と子供の発達、教育課程との関係等に関する議論の蓄積が乏しかった。

○　そのため、現行の学習指導要領では、言語活動の充実を各教科等を貫く改善の視点として掲げるにとどまっている。言語活動の導入により、思考力等の育成に一定の成果は得られつつあるものの、教育課程全体としてはなお、各教科等において「教員が何を教えるか」という観点を中心に組み立てられており、それぞれ教えるべき内容に関する記述を中心に、教科等の枠組みごとに知識や技能の内容に沿って順序立てて整理したものとなっている。そのため、一つ一つの学びが何のためか、どのような力を育むものかは明確ではない。

○　このことが、各教科等の縦割りを超えた指導改善の工夫が妨げられているのではないか、指導の目的が「何を知っているか」にとどまりがちであり、知っていることを活用して「何ができるようになるか」にまで発展していないのではないかとの指摘の背景になっていると考えられる。

(答申P14、下線筆者)

　上記文章の構成を見てみると、1段落目で「資質・能力の育成」についての議論から話は始まり、その「議論の蓄積が乏しかった」とある。そして2段落では、それを受けて「そのため現行の（つまりこれまでの）学習指導要領では、言語活動の充実を各教科等を貫く改善の視点として掲げるにとどまっている。」とある。つまり、「言語活動の充実」を、国語を中心とした各教科等を貫く学習改善の視点として掲げるだけでは不十分だというのである。何が足りないのだろうか？それが続いて書かれている。つまり、言語活動の教科等横断的に意識した指導により、思考力等の育成に一定の成果は得られつつあるものの、「なお各教科等においては「教員が何を教えるか」という観点を中心に組み立てられており、それぞれ教えるべき内容に関する記述を中心に、教科等の枠組みごとに知識や技能の内容に沿って順序立てて整理したものとなっている。そのため、一つ一つの学びが何のためか、どのような力を育むものかは明確でない。」というのである。それが足りないものなのだろう。つまり足りないのは、最後の段落にある「各教科等の縦割りを超えた指導改善の工夫」による、「何

ができるようになるか」という、今時学習指導要領が目指す「資質・能力」の育成ではないのだろうか。

これを読むと「言語活動の充実」は、実は各教科等を貫く「言語の活用」という改善の視点としてだけでなく、寧ろ各教科等の縦割りを超えた指導改善の工夫の大事さに気付かせ、指導の目的を「何を知っているか」から、教科等横断的に「何ができるようになるか」にまで発展させるための「大事なきっかけ」として提示されたのではないかと思える。つまり、「言語活動の充実」と「言語環境の整備」を合わせた「言語能力の育成」は、今回本格的に打ち出した、全教科共通した考えに基づく「資質・能力」と、その育成のための取組（主体的・対話的で深い学び）実現のための、意識した大事な取組と位置付けられていることが分かる。「言語能力の育成」が打ち出しているのは、これまでの各教科の枠に囚われた「何を知っているか」から、教科等横断的な「何ができるようになるか」という「資質・能力」を育成すべきという、「学力観の転換」だということができる。

つまり、言語活動の充実の真のねらいは、どの教科でも大事になる言語活動を、各教科等を貫く共通の改善の視点として掲げることだけではなく、この教科等横断的な働きかけを通して、「資質・能力の育成と子供の発達、教育課程との関係の重要性」を、明確に意識させたいことにあったのではないだろうか？

それは、言語活動という教科等横断的な取組が進んでも、相変わらず指導は「教科等の枠組み」に囚われた知識や技能の内容を教えることに重点が置かれ、それら個々の学びが、「何のためか、どのような力を育むものか」が明確ではなかったという反省点からも明らかだと思える。つまり、これまでは、新学習指導要領で言う、教科等横断的に育成が大事な「資質・能力の三つの柱」的な捉えが弱く、各教科バラバラな知識や技能を教えるに留まっていたということになる。

(2)「言語能力」とは、どのような力か？

このように考えてくると、「言語能力」として育成すべき力とはどのような力かが見えてきたように感じる。それは「何ができるようになるか」につながる「真の分かり」を獲得するために必要不可欠な「もの」ではないだろうか？この「真の分かり」についてはこれから検討していきながら徐々にその内容を明らかにしていきたいが、それは少なくとも「教科ごとに分かれた学び」で得られる各教科バラバラな知識や技能ではない。**「言語能力」の育成は、「分かる」という「学びの在り方（教科の枠組みを越えたもっと本質的なこと）」を実現するために「なくてはならない働きをする」ものとして位置付いている**と考えられる。

このように考えてくると、「言語能力の育成」が図られたのは、先にも書いた、「どの教科にとっても重要な、共通する力」としての言語活動を重視するということは勿論だが、その充実を"きっかけ"として、全教科の学習に共通する「資質・能力育成」の重要性や必要性に気付かせたかったからと思える。それが今回の「資質・能力」であり、その共通性が「資質・能力の三つの柱」だろう。そう考えると、改めて「主体的・対話的で深い学び」の実現に向けた7つの授業改革の中に、（2）言語環境の整備と言語活動の充実が含まれているこ

との意味の重要性が再認識され、それが目指していることの意味と意義を指導者が共有することの重要性を感じる。そこでP10の構成図には、「言語能力」はここ！と朱書きした。

Q＆A②「言語能力の育成」が図られる真の理由は？（資質・能力育成の立場から）

・前回、そして今回と、学習指導要領で「言語環境の整備と言語活動の充実＝言語能力の育成」が強調されているのは、

①どの教科でも大事になる言語活動を、各教科等を貫く改善の視点として掲げることだけが目的ではなく、

②この教科等横断的な働きかけをきっかけとして、「各教科等の縦割りを超えた指導改善の工夫」による、全教科の学習に共通する「何ができるようになるか」という、今回の学習指導要領が目指す「資質・能力育成」の重要性や必要性に気付かせたかったからである。

※「分かる」という「学びの在り方」から、言語活動の重要性を考える必要がある。更に深く考えた「真の理由」がQ＆A⑥（P179）にある。

---

8. 「育てたい三つの資質・能力」について

　次に、「育てたい三つの資質・能力」についても確認しておきたい。「育てたい三つの資質・能力」と言えばすぐに思い浮かぶのが、①生きて働く「知識・技能」の習得、②未知の状況にも対応できる「思考力・判断力・表現力等」の育成、そして③学びを人生や社会に生かそうとする「学びに向かう力・人間性等」の涵養（総則P18，解説P39）の三つではないだろうか？そこで注意したいのは、これは、これまでにも書いたように「育てたい資質・能力の三つの柱」である。つまり、「育てたい資質・能力」そのもの（内容）ではなく、その資質・能力として「ふさわしい三つの要素・条件」ともいうべきものだろう。では、「具体的に育てたい資質・能力」とは何だろうか？

　それは、構成図右下のゴール、〔求める「資質・能力」〕の要素にもあるように、教科等横断的な視点から見た、①「教科等の枠組みを踏まえた資質・能力」と、②「教科等の枠組みを越えた資質・能力」の2つだろう。②はさらに、「学習の基盤となる資質・能力」（言語能力、情報活用能力、問題発見・解決能力等）、と「現代的な諸課題に対する資質・能力」の2点からなっている。（総則P19，解説P47）。

　ここで特に確認しておきたいのは、①の「教科等の枠組みを踏まえた資質・能力」も、「教科等横断的な視点から見た」上でということである。つまり、教科等の枠組みを踏まえた資質・能力も含めて、全ての資質・能力を教科等横断的な視点から見るということである。そして、その真意は7．で書いたことと通じる。

9. もう1つの「育てたい三つの資質・能力」について

　8. に書いた、「資質・能力として、ふさわしい三つの要素・条件」としての「資質・能力の三つの柱」はもうお馴染みだろうが、では、8. に書いた、構成図の右下にある「育成を目指す資質・能力の三つの要素」についてはどうだろうか？自分は「資質・能力」と言えばこれまで専ら「三つの柱」の意識が強く、この「教科等横断的な視点」を意識した「資質・能力の要素の分類」については、これまで意識が弱かった。しかし、実際に授業を設計する際には、この「具体的な内容」を想定した「資質・能力」の検討も大事になってくるのではないだろうか？つまり、7. で書いたように、今回の学習指導要領改訂の目玉である「資質・能力の育成」は、実は「教科等横断的な学びの捉え」が重要だった。そこから考えれば、資質・能力を「教科等横断的な視点」を踏まえた上で、「教科等の枠組みを踏まえた資質・能力」と、「教科等の枠組みを越えた資質・能力」から考えるというのは、非常に重要な捉えと言えるだろう。

　具体的には、指導案作成の単元の目標を設定する際には、「資質・能力の三つの柱」に沿って設定するのだが、それを踏まえた「資質・能力」の具体的な内容の検討では、特に教科等横断的という面からの検討が重要になってくると考えられる。

　このように書いてくると、「教科等横断的という点についてはこれまでも、総合的な学習の時間や教科等を横断したカリキュラム表の作成などで取組を進めてきた」という声が聞こえてきそうである。確かにそのような取組はこれまでも多くの学校でなされてきていると思うし、大事なことだと思うが、その多くは「内容的な重なりや関係」を意識したものではなかっただろうか？ここで言うのは「資質・能力」面である。勿論そこには内容的な「知識・技能」も含まれてはいるが、それは単なる「内容」ではなく「使える」ものである必要がある。その辺りについては、第18章「教科等横断的なカリキュラム・マネジメント」の重要性で、具体的に検討するが、ここでは、今回重要視されている「資質・能力」という面から考えた、**「資質・能力の育成を目指す教科等横断的という視点を大事にしたカリキュラム作成が、これからは大事になる。」**という点を確認しておきたい。

　構成表の説明の最後として、今回の改訂で注目される「見方・考え方」について述べる。これは「主体的・対話的で深い学び」の実現に向けた7つの授業改善の中の（1）に「見方・考え方を働かせ」とあるように、この項目との関係が深い。そして、同時に各教科に特徴的なものでもあり、教科等横断的な面では「教科等横断的なカリキュラム・マネジメント」作成にも大きく関係してくる。つまり<u>「見方・考え方」</u>は、構成図の左にある〔手だて〕の「カリキュラム・マネジメント」と、右の「主体的・対話的で深い学び」実現に向けた授業改善の<u>両者を関係付け</u>、それぞれが形式的にならないようにしてくれる、重要なものと考えられる。これについては第13章で詳しく考えてみたい。

第2章 「資質・能力の三つの柱」は、どこから出てきたのか？①
～「目指す姿」実現のための「目指す力」の具体化～

1. 結局、「目指すもの」は何か？

　第1章で考えたように、私たちが子どもに求めるのは「主体的・対話的で深い学び」の姿であり、それはこれまでも求めてきた「生きる力を発揮する姿」でもある。では、その実現のためにこれまで求めてきた「生きる力」とはそもそもどのような力で、それはどのように今回の「資質・能力の三つの柱」につながってきたのだろうか？　第1章の5. では、「生きる力」はその内容や捉え方を、これまで変遷してきていることを見てきた。そこで、「生きる力」が、その力を発揮した子どもの姿としての「主体的・対話的で深い学び」の姿にどのようにつながり、その実現のための授業改善は、どのように出てきたのかについて考えてみる。そのことで、「資質・能力の三つの柱」、そして「主体的・対話的で深い学び」の「今の姿」だけからは見えにくい「真の姿、真に目指しているもの」が見えてくるのではないかと思える。

　まず、国が「教育で求めるもの」を、これまで何と考えてきたのかをざっと概観してみることで、どのような流れの中から今回の「資質・能力の三つの柱」が出てきたのかを見てみる。その議論の中心は「生きる力」の捉えの変遷になるだろう。次に、その議論に影響すると思われる国外の教育状況についても PISA 等への取組を中心に見ていくことにする。最後に、それらを踏まえて、我が国の「全国学力・学習状況調査」の在り方のこれまでの様子と、今後の活用の仕方などについても考えてみたい。

　これらの議論の中で、「はじめに」に書いた、これまでたくさん出てきた教育用語の位置付けや関係がある程度整理できると考える。その上で、第3章で、今回の学習指導要領に「教育で求めるもの」はどのように書かれているかを見てみる。

2. 国の教育施策の変遷から整理する

(1)「自己教育力」の登場

　第1章でも述べたように、今回の学習指導要領が目指す「主体的・対話的で深い学びの姿」は、「生きて働く力を発揮する姿」であることを考えると、「生きる力」の考え方がどのように出てきたのかから見ていくべきだろう。

最初に「生きる力」につながる考え方が出されたのは、1983年（昭和58年）の中教審教育内容等小委員会の審議会報告における提言だろう。そこでは、社会の変化に主体的に対応する能力を「自己教育力」とし、そこには、「主体的に学ぶ意志、態度、能力」を含めている。これは、その後の学校教育改革の基本的な視点として生かされ、1989年（平成元年）の改訂学習指導要領の「新しい学力観」に継承された[4]。

　この、「生きる力」につながる考え方をみると、何がこれまでの教育施策の根本になっているかを伺い知ることができる。それは、「自己教育力」として示された「主体的に学ぶ意志、態度、能力」の「主体的に学ぶ意志、態度」であり、「能力」だろう。「主体的」は今回の「主体的・対話的で深い学び」にも、その前身の「主体的・協働的な学び」にも主要な考え方として出されている。また、「意志、態度、能力」の「意志、態度」は、それまでの知識や技能を支えるものという補助的な捉えからもう一段上がり、それ自体が学びの目標として見られてきたことを示していると思える。そして、「能力」は、今回の「資質・能力」につながる捉え方だと考えられるが、その内容が何かは具体的には書かれていない。ただ、この「能力」と、前述の「主体的に学ぶ意志、態度」が並立して書かれている点から考えると、この時点で「主体的に学ぶ意志、態度」は、まだ「能力」という面での「力」には含まれていなかったのではないかと考えられる。「主体的に学ぶ意志、態度」を含む「自己教育力」自体が「力」なのだからその考えはおかしいという指摘もあるだろうが、この「意志、態度」を「能力」というレベルにまで、つまり思考力・判断力・表現力などの「学力」と同じレベルにまで捉えていたのかというと、そこまでは行っていなかったのではないかというのが個人的な思いである。しかし、それらを従来から「能力」と捉えられていたものと並列に「自己教育力」としてあげている点は重要だと思える。

　このように「生きる力」の元になった「自己教育力」から今回の学習指導要領を見る観点として、<u>「主体的に学ぶ意志、態度」と「能力」との関係</u>が大事になってくるのではないかと思える。これらの扱いについて今後も意識しながら見ていくことにする。

(2)「新しい学力観」の登場

　こうした「自己教育力」の考え方を引き継いで出てきたのが「新しい学力観」になる。この「新しい学力観」が、従来の知識・技能中心の学力観（コンテンツ重視）から、自ら学ぶ意欲、思考力、判断力、表現力も学力と考える<u>「主体性志向の学力観」</u>（コンピテンシー重視）への本格的な転換を図ったと考えられ、この登場が、今日の学力観の実質的なスタートと考えてもよいと思える。

①「新しい学力観」登場の経緯

　「新しい学力観」とは、知識・技能中心の学力観から、自ら学ぶ意欲、思考力、判断力、表現力を学力と考える「主体性志向の学力観」のことである。この「新しい学力観」という言葉自体は、1989年（平成元年）の学習指導要領改訂作業ではまだ生まれていなかったが、1991年の評価・評定に関わる指導要録の改訂作業を行っている段階で使われだした、との証言がある（山極隆氏、藤岡秀樹氏など）。しかし、その趣旨は、1989年版（平成元年）学習指導要領でも採用されていると考えられる。と言うのも、その「総則」[5]では、「自ら学ぶ

意欲と社会の変化に主体的に対応できる能力」、「基礎的・基本的内容の徹底」、「個性を生かす教育」の３つが並列的に扱われ、上記の「新しい学力観」の趣旨が述べられているからである。そして 1992 年（平成 4 年）2 月の文部省「社会の変化に対応した新しい学校運営の在り方について」（審議のまとめ）[6] では、「今後の学校教育においては、自ら学ぶ意欲と主体的に考え判断し行動できる能力の伸張を基礎的・基本的内容の中核をなすものとしてとらえ、子どもが自らの力によってそれらを獲得し自己実現に役立つものとして身に付けるよう指導することが大切である」として、この３つがより統一的に把握されている。

　一方、この学習指導要領に先立つ、1977 年（昭和 52 年）の改訂では、「学校教育が<u>知識の伝達に偏る傾向がある</u>との指摘もあり、真の意味における知育を充実し、児童生徒の知・徳・体の調和のとれた発達をどのように図っていくかということが課題になっていた。」（総則解説 P150、学習指導要領等の改訂の経過より、下線筆者）との記述がある。続けて、「①人間性豊かな児童生徒を育てること。②ゆとりのあるしかも充実した学校生活が送れるようにすること。③国民として必要とされる基礎的・基本的な内容を重視するとともに児童生徒の個性や能力に応じた教育が行われるようにすること。」というねらいの達成を目指している。（同総則解説 P150）この学習指導要領が出された 1970 年代頃は、いわゆる落ちこぼれや少年非行、校内暴力などの問題が社会的問題として深刻化してきたとの報道が盛んになされ、その原因が学校による詰め込み教育にあるのではないかとの指摘がされていた時期でもある。上記学習指導要領等改訂の経過の「学校教育が知識の伝達に偏る傾向があるとの指摘もあり」との表現は、そのような状況とも無関係ではないだろう。

　しかし、このような社会情勢を踏まえた上記の①から③のねらいの提示だと単純に見ると、その内容を矮小化して捉える危険性を感じる。その典型が②の「ゆとり」に対する捉え方ではないだろうか。ここでは詳しく書く余裕はないが、当時"社会問題化した課題克服のため、学習内容や量に「ゆとり」を持たせる"という誤解が世間には少なからずあったように思える。その場の社会状況（勿論それは重要だが）だけでなく、「自己教育力」で言う、「主体的に学ぶ意志、態度」と「能力」との関係をさらに明確にさせるものがこの①から③だという、本来あるべき姿を考えた「学力の捉え」が大事ではないかと思える。その実現のためのものが、本来の「ゆとり」だったのではないかと思えるが、どうだろうか？

②「新しい学力観」の登場

　こうした経緯を経て、それまでの知識・技能中心の学力観から、自ら学ぶ意欲、思考力、判断力、表現力を学力と考える<u>「主体性志向の学力観」</u>へと転換した「新しい学力観」が打ち出された[7]。

　この考え方は、「知識を獲得したり物事を理解したりすることは、体験や活動を通して、子ども自らの"学び"として行われない限り実現しない」というもので、経験を手法・手段として重視する経験主義学習の考え方が重視されている。一方で、かつての「はいまわる経験主義」の復活にはならないよう留意することが求められた。この「新しい学力観」では、現在の「主体的」に含まれる「意欲」面も学力として捉える考え方が出てきており、この後、出される「学力の三要素」のスタートと考えることもできるだろう。この捉え方の提示

は画期的だと思われる。なぜなら「意欲」を「学力」として捉えられるということは、「意欲」は「学力」として指導できるものだという捉えにつながるからだ。(1)で「自己教育力」を考えた時点では、「主体的」、「意志、態度」という「意欲」に関する事項は、「能力」という「学力」とは別物として扱われていたと考えられると書いたが、この「新しい学力観」ではこれらも「学力」としての扱いになっていると考えられる点が、これまでと大きな違いと思える。

　よく私たちは学習において、「意欲は大事だ」と言うが、それは「学力として大事だ」という意識で使っているだろうか？「知識や技能、または思考力・判断力・表現力等の学力をつけるための手段、きっかけ」等という扱いになってはいないだろうか？しかし、この「新しい学力観」では、「意欲」それ自体を「学力」として価値あるものという捉えが出されており、その後もこの捉えは今日まで続いている。その意味ではこの新しい学力観が、今の学力観のスタートとも言うべき大事なものであると共に、そこから現在に至るまで、その「学力としての意欲」が十分に共通理解されてきたかどうかが大きな課題でもある。

　以上から考えると、この「意欲の問題＝主体的をどう捉えるか」が、今回の学習指導要領改訂においても、改めて大きな提案であり課題ではないかと思える。本書でも、それを忘れないように考えを進めていきたい。

(3)「生きる力」の登場

　いよいよ「生きる力」の登場である。「生きる力」は、1996年（平成8年）の、第15期中央教育審議会答申「21世紀を展望した我が国の教育の在り方について」（1996年　平成8年7月19日）[8] で、「基礎・基本を確実に身に付け、いかに社会が変化しようと、自ら問題を見付け、自ら学び、自ら考え、主体的に判断し、行動し、よりよく問題を解決する資質や能力、自らを律しつつ、他人とともに協調し、他人を思いやる心や感動する心などの豊かな人間性、たくましく生きるための健康や体力である」と書かれており、今回の学習指導要領でも再確認されている（総則解説P22）。特に、この「生きる力」の学力面を見ると、既に「資質や能力」という文言が見られ、これは、今回の学習指導要領の位置付けから言えば、「力」であることから、「育てたい「資質・能力」の三つの柱」につながると考えられる。**「資質・能力」が「新しい学力観」を受けて、この「生きる力」で「目指す力」として明確に提示された**点が注目される。

　しかし自分は、「生きる力」は「資質・能力」として「目指す力」を提示したと同時に、「主体的・対話的で深い学びの実現」に当たる「目指す子ども像」にも見えるように感じる。これはP18のQ＆A①〔新学習指導要領における「目指すべき子どもの姿」とは？〕で触れた疑問にも通じる。結果的には、これが「生きる力」の意味する所がはっきりしないように思える要因であり、その「資質・能力」としての捉えが曖昧に感じる要因になると思える。以下内容を具体的に見ながら検討してみよう。

　例えば「生きる力」の知育部分の「基礎・基本を確実に身に付け、いかに社会が変化しようと、自ら問題を見付け、自ら学び、自ら考え、主体的に判断し、行動し、よりよく問題を解決する資質や能力」を見ると、その表現が、目指す「資質・能力」にも読めるし、「目指

す子ども像」にも読めないだろうか？そして、その結果、どのような「資質・能力」が必要なのか今ひとつはっきりしないようにも思える。例えば「基礎・基本を確実に身に付ける」は、目指す子ども像にも見える。しかし、その子ども像実現のためには「基礎・基本として、どのような資質・能力でなければならないのか」という「力」部分がはっきりしないように見える。「自ら問題を見付け、自ら学び、自ら考え」も、目指す子ども像にも見えるが、ではそのようにできるには、どのような資質・能力としての「考える力」でなければならないのか？同じく「主体的に判断し、行動し、よりよく問題を解決する」も、目指す子ども像にも見えるが、ではどのような資質・能力としての「学びに向かう力」でなければならないのか？という「資質・能力」面の具体がはっきりしないように思える。そして、それらの結果として「目指す子ども像」自体も結局のところ、はっきりしないということになるのではないだろうか。

　このように見てくると、「生きる力」が、「力」としての「資質・能力」を表していると同時に「目指す子ども像」も表しているように見える（少なくとも自分には）という点が、そもそもその内容が今ひとつはっきり伝わりにくかった要因ではなかったかと思える。そして、今回の学習指導要領では、その**「目指す力」を「資質・能力の三つの柱」として明確化**し、**「目指す子ども像」に当たる部分を「子供たちに育てたい姿」としての「主体的・対話的で深い学びの姿」**として表したのではないかと考えたのが自分の捉えである。

　では「生きる力」に戻って、その内容を具体的に見ていく。この「生きる力」が1998年（平成10年）に告示された学習指導要領[9]で提案された際は、子どもの視点に立つ「子どもに生きる力とゆとりを」ということで、「教育は、子どもの生きる力を求める『自分さがしの旅』を扶ける営み」というフレーズと共に、提唱された。「生きる力」の内容は、以下の三点にまとめられる。

1. 主体的思考力と課題解決能力… 前述の 新しい学力観 （方法知の重視、人間知の回復）、
2. 自律と連帯に支えられた豊かな人間性… 心の教育 （感動や共感できる感性）、
3. 健康と体力 の問題

　この三点から、自己の確立と共生を目指し、学校は「生涯学習の基礎」としての「学び方」を身に付ける所に徹底するとされ、資質・能力を視野に入れた動きとして「生きる力」は提起された。そして、学校は平成14年（2002年）の完全学校週5日制に移行する。

　特に「生きる力」の知育面は、前述の「新しい学力観」と呼ばれ、「生きる力」の「知・徳・体」の三本柱の中の1つとして位置付けられ、よりよく生きていくための「学び方」としての資質・能力を身に付けるという学力観が明確に打ち出されていく。

(4)「新しい学力観」から「確かな学力〜学びのすすめ〜」へ
①「確かな学力」の提唱

　1998年（平成10年）に告示された「生きる力」の育成を理念とした学習指導要領は、「総合的な学習の時間、完全学校週5日制」等の新しい取組への不安や、「分数ができない大学生」の指摘等と合わせて、「子どもに生きる力とゆとりを」の「ゆとり」の言葉が一人歩きした学力低下論争に社会問題化していく。そんな中で、2002年（平成14年）に、当時

の遠山敦子文部科学大臣のアピール文「学びのすすめ」[10] が出され、その中で、「確かな学力」が提唱される。

　　これからの子供たちには、基礎的・基本的な「知識や技能」は勿論ですが、これに加えて「学ぶ意欲」や「思考力・判断力・表現力など」を含めた幅広い学力を育てることが必要。これを「確かな学力」という。大学や企業の人事担当者は、今の子どもについて、論理的思考力や問題発見力、行動力・実行力などについて課題があると指摘している。全国的・国際的な学力調査では、今の日本の子供たちは、学ぶ意欲や判断力、表現力に課題があると指摘されている。各学校では、子供たち一人一人に応じて指導するなど「分かる授業」を行い、「確かな学力」を育むことができるよう努める。

　　　　　　　　　　　　　　　　　　　（文部科学省ホームページ見解から、下線筆者）

　これを読むと、「確かな学力」とは、①基礎的・基本的な「知識や技能」、②「学ぶ意欲」、③「思考力・判断力・表現力など」である。この提言がなされた際、世間での反響は「現行学習指導要領が最低基準であり、発展的学習として学習指導要領以上の内容を指導できる」等の、当時の学力低下論争に関係した部分が強調されがちだったが、上記を読めば分かるように、「学力面」の捉えから見れば、「確かな学力」は、「生きる力」の知の側面から捉えた「新しい学力観」の考え方を継承、確認していると考えられる。「『確かな学力』観になって、『新しい学力』観から転換した」という意見もあるが、以上の経緯を振り返ってみて、自分はそうではないのではないかと思える。「確かな学力」は「生きる力」、つまり「新しい学力観」とほぼ同じような内容と考えて良いと思われる。その表現が「新しい学力観」の「観」からより具体的な内容に、そしてより現在の資質・能力に近いものになったと思われる。それは、「確かな学力」を構成する上記の①から③の内容が、今回の「資質・能力の三つの柱」に近い表現であることからも明らかである。

　ここに来て、最初の「自己教育力」の項目で課題になっていた「主体的」、「意志、態度」と「能力」の捉えが大事になってくるのではないかという課題について、一つの解答が得られたと考えられる。それは「自己教育力」から「新しい学力観」、そして「生きる力」、「確かな学力」と呼び方が変わっていくにつれ、「学力」の捉えにおける「主体的」、「意志、態度」等が、「学力」の一部としての「能力」として、明確に位置付けられてきたということだ。この「確かな学力」ではそれを「学ぶ意欲」と表現している。この「意欲」が、「能力」として十分には捉えられてきていないのではないかというのが、今日まで続く課題の一つだというのが、先にも述べた自分の思いである。

②「学力」の捉えの位置付けについて

　この「学びのすすめ」で注目されるのは、"基礎的・基本的な「知識や技能」は勿論ですが、これに加えて「学ぶ意欲」や「思考力・判断力・表現力など」を含めた幅広い学力を育てることが必要。これを「確かな学力」という。"と、「知識や技能」は勿論だが、「学ぶ意欲」や「思考力・判断力・表現力など」も「学力」とよぶ、と「学力の捉え」を明確に述べ

ている点だろう。「新しい学力観」の時点では、社会問題化した教育の現状からの意欲面を重要視した"消極的な"学力としての捉えとも思えたが（個人的な感想だが）、「生きる力」を経たここに来て、その捉えが明確に位置付いたと思える。ただ、その後の文章を読むと、これらを学力と位置付けたのは、「大学や企業の人事担当者」の指摘や、「全国的・国際的な学力調査」の結果からであると書かれており、「学びのすすめ」が学習指導要領とは位置付けが異なるので仕方ないのかもしれないが、ここは「現状の課題から」という面と共に「学び」本来の意味からも、考えていくべきだと思える。そうしないと、また「表記面」は「知識や技能」という学力を育てるためのものという位置付けになってしまうだろう。

　もう1つ「学力」の捉えとして注目したいのは、"これに加えて「学ぶ意欲」や「思考力・判断力・表現力など」を含めた幅広い学力"と書いている点である。自分はここまで、専ら「学ぶ意欲」面の学力としての捉え方の変遷に注目していたが、ここでは「思考力・判断力・表現力など」も含めて「幅広い学力」と言っている。つまり「思考力・判断力・表現力など」も、ここまでは「学力」としての捉えは必ずしも共通理解されていなかったと考えられる。先に、「新しい学力観」の登場に当たって、それまでの知識・技能中心の学力観から、自ら学ぶ意欲、思考力、判断力、表現力を学力と考える「主体性志向の学力観」へと転換した「新しい学力観」が打ち出された（P26）、と書いたが、ここまでの議論を踏まえると、その真意は、本当に大事な「学力観の捉えの変化」は、この、「学ぶ意欲」と「思考力・判断力・表現力など」を含めた「主体性志向」の学力観を、従来の「知識・技能中心の学力観」に加えることにある、ということだったと思える。つまり、「学ぶ意欲」と「思考力・判断力・表現力など」という、これまで自分としては「気持ち的な面」と「論理的な面」という、どちらかというと対照的な位置関係にあると思っていた「力」が、実は「主体的」という「対象に関わる関わり方」の面から見れば共通の土台にある、というこの捉えは、これから「学力」としての「資質・能力」を考えて行く際、知識や技能を含めて、何が「資質・能力」としてふさわしいのか、またその資質・能力間の関係をどう考えれば良いかを検討する際に、大事になってくると思われる。

③「学力」間の関係について

　「学ぶ意欲」と「思考力・判断力・表現力など」の学力が、「主体性志向」の学力としての共通性を持っているというつながりの重要性に気付くと共に、気になったのが、上記文中の「これに加えて」という表現である。字面通りに読めば、基礎的・基本的な「知識や技能」と、「主体性志向」の学力としての「学ぶ意欲」や「思考力・判断力・表現力など」は、互いに関連しない別々の学力という風にも読める。今回の学習指導要領の表現から見れば、その捉えは十分ではなかったように感じるが、この時点では、まず「学ぶ意欲」や「思考力・判断力・表現力など」も「学力」と明確に位置付けることが重要だったのだろう。それにしても、特に「知識や技能」と「思考力・判断力・表現力など」の関係の重要性は確認しておきたいところだ。

　このように、「知識・技能」だけでなく「意欲や思考力・判断力・表現力等」も「学力」として考える捉え方は着実に進んできたと思えるが、まだ、それら学力間の関係については

上記の「これに加えて」の表現にもあるように不透明な点もあり、「知識・技能」と「意欲や思考力・判断力・表現力等」の関係なども、今回の学習指導要領の内容を理解する上でも非常に大切なポイントと思われ、これから後も意識して考えていきたい。

④「学びのすすめ」という表現について

ここでもう1つ注目したいのは、「学びのすすめ」というように、「学び」という「子ども主体」の言葉が前面に出てきたことである。これは、指導面からだけでなく、子どもの面からも学習を見ていこうとする姿勢が明確に出され、これが今回の学習指導要領にもつながっていると考えられる。

(5)　「確かな学力」から"「習得型」と「探究型」学習をつなぐ「活用型」学習"へ

「習得・活用・探究」の学習に関して、2007年（平成19年）1月の中央教育審議会教育課程部会で注目すべきの審議会報告[11]が出された。少し長くなるが、一部を引用する。

1．教育課程部会の審議の経過から

○　第3期教育課程部会における学習指導要領の見直しに当たっての基本的な考え方については、審議経過報告に示している。

　　具体的には、現行学習指導要領に対する評価として、基礎的・基本的な知識・技能を身に付けさせ、自ら学び自ら考える力などの「生きる力」をはぐくむという現行学習指導要領のねらいは今後とも重要であるが、その実現のための具体的手立てを講じることが必要であるとした。

○　また、基礎的・基本的な知識・技能の育成（いわゆる習得型の教育）と自ら学び自ら考える力の育成（いわゆる探究型の教育）とは、対立的あるいは二者択一的にとらえるべきものではなく、この両者を総合的に育成することが必要であり、そのための手立てとして、言葉と体験などの学習や生活の基盤づくりを重視することが必要であるとした。※①（以上 P1）

3．教育内容の改善

(1)　各学校段階の教育内容の改善

○言葉は、「確かな学力」を形成するための基盤であり、（以下省略）

○他方、体験は、体を育て、心を育てる源である。（以下省略）

(2)　各教科等の教育内容の改善

○　基礎的・基本的な知識・技能の育成（いわゆる習得型の教育）と自ら学び自ら考える力の育成（いわゆる探究型の教育）とは、対立的あるいは二者択一的にとらえるべきものではなく、この両者を総合的に育成する具体的な方策を示すことが必要である。このため、いわば活用型の教育ともいうべき学習を両者の間に位置付ける方向で検討を進めている

○　すなわち、①基礎的・基本的な知識・技能を確実に定着させることを基本とする。②こうした理解・定着を基礎として、知識・技能を実際に活用する力の育成を重視する。さらに、③この活用する力を基礎として、実際に課題を探究する活動を行うことで、自ら学び自ら考える力を高めることが必要である。このような過程を各教科等に即して具体的に検討している。

○　基礎的・基本的な知識・技能の着実な定着については、（以下省略）

○　同時に、これらの知識を活用し、探究型の学習へと発展させる観点から、これまで必ずしも

具体的な過程が明確ではなかった<u>思考力や表現力の育成</u>などを各教科等において<u>相互に関連付</u>けながら図る具体的な方法を、例えば次のように検討している。

（以下、思考力や表現力の育成課程を教科毎に明確化した例示は省略）（以上 P9）

（中央教育審議会教育課程部会 2007 年（平成 19 年 1 月 26 日）資料・「第 3 期教育課程部会の審議の状況について」より、番号、下線は筆者）

　上記の審議会報告は、"自ら学び自ら考える力などの「生きる力」をはぐくむという現行学習指導要領のねらいは今後とも重要であるが、その実現のための<u>具体的手立てを講じることが必要であるとした。"</u>という文章から始まる。つまり、自分が（3）で感じた"「生きる力」の具体的な内容（どう実現させていくか、という資質・能力としての捉え）が目指す子ども像とも重なって曖昧に見える"という点に関して、「手だて」という言葉ではあるが、それを明確にすることが必要だという認識から出発していると思える。

　その後に続く内容を読めば分かるように、「生きる力」の知的な面としての「新しい学力観」、つまり「確かな学力」として育成を図ってきた学力を育成する教育は、「基礎的・基本的な知識・技能の育成」と「自ら学び自ら考える力の育成」とが対立するものと捉えるのではなく、それぞれを「習得型の教育」と「探究型の教育」と捉え、それらをつなぐものとして「活用型の教育」を位置付けた「習得・活用・探究の学習」を進める教育と考えられる。

　「習得・活用・探究の学習」は、これまで目指してきた「生きる力」の知的な面としての「新しい学力観」、つまり「確かな学力」を育成するための「学習法（形式ではなく学びの姿）」で、それは、「基礎的・基本的な知識・技能の育成」を図る「習得型の教育」と、「自ら学び自ら考える力の育成」を図る「探究型の教育」を、「活用」という学習で<u>融合した</u>「学習法」と考えられる。

　このように見てくると、この「学習法」は、（4）で課題としてきた「知識・技能」という学力と、「意欲や思考力・判断力・表現力等」という「主体性志向」の学力間の関係を明らかにし、互いに有効に働くようにしたものと捉えることもできるのではないかと思える。つまり、「知識・技能の育成」と、「主体性育成」を対立するものと捉えるのではなく、それぞれを「習得型の教育」と「探究型の教育」と捉え、それらをつなぐものとして「活用型の教育」を位置付けた「習得・活用・探究の学習」と言うこともできるのではないだろうか。

〔つなぐものとしての「活用型の教育」の位置付け〕

　この「習得」と「探究」をつなげる「活用」には、どのような力が必要なのだろうか？上記の文を読むと、「基礎的・基本的な知識・技能の理解・定着を基礎として、知識・技能を実際に活用する力の育成」を図り（習得と活用の関係）、さらに、「この活用する力を基礎として」、「これらの知識を活用し」、「これまで必ずしも具体的な過程が明確ではなかった思考力や表現力の育成などを各教科等において相互に関連付けながら図る（活用と探究の関係）」ということではないかと思う。つまり、習得から活用における「知識・技能を実際に活用する力」、活用から探究における「思考力や表現力の育成など」とあるように、この「活用」には「思考力・判断力・表現力」が必要なのではないかと考えられる。

そこで気になるのが、（4）で課題としてきた「知識・技能」という学力と、「意欲や思考力・判断力・表現力等」という「主体性志向」の学力間の関係である。「習得」が「知識・技能」に関係し、「探究」が「意欲や思考力・判断力・表現力等」に関係すると捉えれば、「活用」に当たる「思考力・判断力・表現力等」が、「探究」と重なることになる。とすれば、「知識・技能」に関係する「習得」も、「活用」に当たる「思考力・判断力・表現力等」が関係している、と考えれば、「活用」が、「習得」と「探究」を「思考力・判断力・表現力等」を介してつなげている、と考えることができるのではないだろうか。

　以上から自分の考えは、この「思考力・判断力・表現力等」を介して、「知識・技能」と「主体性（「学ぶ意欲」や「思考力・判断力・表現力など」）」をつなげるという考えではないかということだ。ここまでは、どちらかというと、「知識・技能」という「基礎的学力」も大事、「意欲や思考力・判断力・表現力など」という「主体性志向の学力」も大事、という捉えだったと思うが、そうではなく、「基礎的学力」の習得にも、「主体性志向の学力」の探究にも共に必要になる「思考力・判断力・表現力等」を介して、「基礎的学力」と「主体性志向の学力」を、「互いにつながりのある学力」として認識したかったのではないかと考える。イメージ的に言えば、「主体性志向の学力」に含まれていた「思考力・判断力・表現力など」が、「思考力・判断力・表現力等」として「基礎的学力」にまで伸びていった感じである。これについては、（6）でさらに詳しく考えてみる。

〔今回の授業改善の手立てに通じる、「習得」と「探究」をつなぐ二つの手立て〕

　では、「思考力・判断力・表現力等」を介して、「基礎的学力」の習得と「主体性志向の学力」の探究を、具体的にどのようにつなげていくのだろうか？ P31 の資料を読むと、※①の文から分かるように、「習得型の教育」と「探究型の教育」を「総合的に育成する」手立てとして、「言葉と体験などの学習や生活の基盤づくりの重視」が揚げられている。ただ、それを受けた「3．教育内容の改善」では、それを受けた（1）各学校段階の教育内容の改善と共に、（2）各教科等の教育内容の改善も、当然掲げられている。そこで、この二点（言葉と体験などの基盤づくりの重視と、教育内容の改善）を「習得」と「探究」をつなぐ二つの手立てと考えて話を進めたい。

　ここで注目すべきは、ここまで新学習指導要領について検討してきた目から見れば、前者（言葉と体験などの基盤づくりの重視）は「教科等横断的な手立て」、後者（教育内容の改善）は「教科の特性に合わせた手立て」につながると言えそうだということだ。それについて考えてみる。

　「習得・活用・探究の学習」は今時学習指導要領でも引き続き重要視されているが、元々この「習得・活用・探究」の取組に、この2つの手立てがあることはどれくらい意識されてきただろうか？自分は、「活用」の位置付けが曖昧で、前者の「言葉や体験などの教科等横断的な手だて」の意識は殆どなかった。勿論、指導において言葉や体験の重要性は意識していたが、それが「習得・活用・探究」という学びの過程にどう価値付くかという意識は弱かったと思う。この審議会報告を読むと、この「言葉や体験などの教科等横断的な手だて」こそが、「習得」と「探究」を「活用」によってつなぎ合わせるための重要なポイントだっ

たことが分かる。それは何を意味するのだろうか？

　それは、第1章の7.「言語能力の育成」の意味すること、でも述べた、「『言語活動の充実』が図られたのは、「どの教科にとっても重要な、共通する力」としての言語活動を重視するということは勿論だが、その充実を“きっかけ”として、全教科の学習に共通する『資質・能力育成の重要性』や必要性に気付かせたかったから（P21の下）という捉えに通じるのではないだろうか。

　また、後者の「教育内容の改善」については、審議会報告に「各教科等に即して具体的に検討」とあるが、今から考えればこれは、今時学習指導要領における「見方・考え方」の重要性につながるものと考えられる（しかし、この時点でそこまで明確に提案していたかどうかはよく分からない）。その当時、自分はと言えば、各教科に特有な見方・考え方（当時は「見方や考え方」）などについては、主に理科を中心に意識してはいたが、それが他教科（例えば算数など）の学習については「役に立つ」程度の捉えで、各教科全体を見越した上での「教科の特性」という意識は弱かった。勿論、それが「習得・活用・探究」という学びの過程と深く関係するという意識はなく、専ら「理科という教科の中」で考えていたように思う。

　それが今回の学習指導要領では、この2つの手立ては、後から述べる「主体的・対話的で深い学び」の実現に向けた7つの授業改善（総則P22, 解説P76）において、明確に位置付いていることが分かる。構成図を見ると、「主体的・対話的で深い学び」の実現に向けた7つの授業改善の1つめの「授業改善」には、「児童が各教科等の特質に応じた見方・考え方を働かせながら……」とあり、後者の、「活用型の教育ともいうべき学習を両者の間に位置付ける」ことによる「各教科等の教育内容の改善」に関した教科の特質の重要性が見られる。これは2つ目の手立てに関連するだろう。

　また、同じ7つの授業改善の、(2)言語環境の整備と言語活動の充実、(5)各教科等の特質に応じた体験活動の重視は、前者の「言葉と体験などの学習や生活の基盤づくりの重視」としての「学校段階での改善」に当たる。

　このように見てくると、この2つの手立て、つまり、言葉と体験などと、各学校段階と各教科等の教育内容の改善は、「習得・活用・探究」という学びの過程を実現させるための2つの独立した手立てと考えるのではなく、新学習指導要領で言えば「主体的・対話的で深い学び」の実現に向けた、より関連した手立てと考えることが大事だろうし、同時にそれは、この7つの授業改善が、個々バラバラの手だてではなく、互いに関連した手立てであることの重要性を再認識させるものでもあると思える。

　なお、「習得・活用・探究の学習」と「主体的・対話的で深い学び」の関係については、第8章「主体的・対話的で深い学び」は、どのように出てきたのか？③～総則で「習得・活用・探究」との関係から考える～の章（P94）で詳しく考えてみる。

(6)「習得・活用・探究」の関係付けと「知識・技能」の習得、「思考力や表現力」育成の関係

　審議会報告に戻り、2つめの手立てである「教育内容の改善」について考えてみる。解説

によると「習得・活用・探究の学習課程は、

①基礎的・基本的な知識・技能を確実に定着させることを基本とする。

②こうした理解・定着を基礎として、知識・技能を実際に活用する力の育成を重視し、さらに

③この活用する力を基礎として、実際に課題を探究する活動を行うことで、自ら学び自ら考える力を高めることが必要である。とある。

またその下には「知識を活用し、探究型の学習へと発展させる観点から、（途中略）思考力や表現力の育成などを各教科等において相互に関連付けながら図る」とある。つまり、「習得・活用・探究」の学習課程は、まず「知識・技能」の定着を基本とし（上の①）、その「習得」による理解・定着を基礎として「活用」する力を育成し（上の②、ここまでが1段目）、それを基礎として「探究」する活動を行う（上の③、2段目）という2段階の「積み重ね」の構造であることが分かる。そして、1段階目では「知識・技能」はそれ自体が基本となると同時に、「活用する力」育成のための基礎となり（「習得」と「活用」の関係）、2段階目では、そうして得られた「活用する力」が、今度は「探究する活動」実現のために使われる（「活用」と「探究」の関係）。このように見てくると、この2つの積み重ねによって「習得」と「探究」をつないでいるのが、「思考力や表現力」と考えられる。それをまとめたのが、下の関係表である。

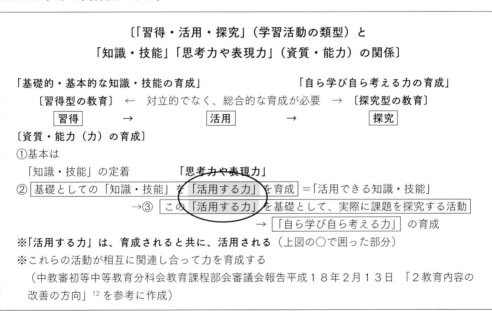

〔「習得・活用・探究」（学習活動の類型）と
「知識・技能」「思考力や表現力」（資質・能力）の関係〕

「基礎的・基本的な知識・技能の育成」 　　　　　「自ら学び自ら考える力の育成」
　〔習得型の教育〕 ← 対立的でなく、総合的な育成が必要 → 〔探究型の教育〕
　習得 　　→ 　　活用 　　→ 　　探究
〔資質・能力（力）の育成〕
①基本は
　「知識・技能」の定着 　　「思考力や表現力」
②基礎としての「知識・技能」を「活用する力」を育成＝「活用できる知識・技能」
　　　　→③ この「活用する力」を基礎として、実際に課題を探究する活動
　　　　　　　　　　　　→「自ら学び自ら考える力」の育成
※「活用する力」は、育成されると共に、活用される（上図の○で囲った部分）
※これらの活動が相互に関連し合って力を育成する
（中教審初等中等教育分科会教育課程部会審議会報告平成18年2月13日 「2教育内容の
改善の方向」[12] を参考に作成）

ここで確認しておきたいのは、この一連の「習得・活用・探究の学習」の出発点は「活用できる知識・技能」であることと、それを活用させているのが「思考力や表現力」だという関係である（上記関係表の、○で囲った「活用する力」の役割）。つまり、この「活用する力」とは「思考力や表現力」のことではないかと考えられる。その意味では「知識・理解」の重要性を、「活用できる知識・技能」という活用できるものであるという性格付けも踏まえて再認識すべきだし、「思考力や表現力」も、その「知識・技能」を活用してこそ意味が

ある、という点も確認しておくべきだろう。以前（4）や（5）で書いた「知識・技能」と「思考力や表現力」との関係性が、ここで重要になってくる。

（7）「基礎的・基本的な知識・技能の育成（いわゆる習得型の教育）」と「自ら学び自ら考える力の育成（いわゆる探究型の教育）」の関係について①

①「学力観の振り子」との関係

　この審議会報告を読んでいて思い出したのは、日本の教育が二つの学力観の間で振り子のように揺れてきたという学力観論争である。つまり、日本の学校教育、特に初等・中等教育では、学習指導要領の改訂ごとに、「基礎・基本こそが大事」という学力観と、「考える力を育てる自己教育力こそ大事」という学力観の間で振り子のように揺れてきた経緯がある、ということだ。これは読者の方々もご存じと思われる。

　では、なぜこの論争をここで思い出したのかというと、上記資料の中に、「○基礎的・基本的な知識・技能の育成（いわゆる習得型の教育）と自ら学び自ら考える力の育成（いわゆる探究型の教育）とは、対立的あるいは二者択一的に捉えるべきものではなく、この両者を総合的に育成する具体的な方策を示すことが必要である。このため、いわば活用型の教育ともいうべき学習を両者の間に位置付ける方向で検討を進めている。」の文があったからである。この「習得型の教育」と「探究型の教育」を対立する二つの学力観と捉えて、それを解消しようとしたのが「活用型の教育」ということだろうか？と考えたからである。

②自分が捉えていた「学力観の振り子」

　自分はこれまで「学力観の振り子」を、漠然と次のように考えていた。振り子は、「（基礎的・基本的な）知識・技能が大事」という学力観と、「（考える力としての）思考力・判断力・表現力が大事」という学力観の間で揺れていたが、「習得・活用・探究」の学習過程を考えることで、実はどちらか一方が大事なのではなく、両方が大事だという学力観に落ち着いた、というものだ。つまり、「知識・技能を基にして思考、判断、表現しながら考えることが大事だし、また考えることで知識・技能が深まる」という、両者の連携が大事であることが分かり、どちらかが大事ということではない。そして、それが新しい学習指導要領にも通じる学力観である、という捉えだ。

　しかし、ここまでの議論から考えると、この考えでは「習得・活用・探究」の中の「習得、活用のやりとり」に終始し、「探究」の位置付けがはっきりしないことに気付いた。報告では、"この「活用する力」を基礎として、実際に課題を探究する活動へ"と言うように、「探究」への取組が書かれ、そこから最終的なゴールである「自ら学び自ら考える力」、つまり「生きる力」の育成につながっている。自分の「振り子の捉え」は本当にこれで良かったのだろうか？改めて学力観の変遷を見てみた。

③2つの学力観を検証する

　この2つの学力観、つまり振り子のように振れ続けてきた学力観について、及びそれと学習指導要領の改訂との関係を説明した資料や文献は数多くあるが、ここでは上記の問題意識に沿って、本当にその要点のみをポイント①として紹介する。

ポイント① 〔2つの学力観…「問題解決型学習」の経験主義教育と「知識重視型学習」の系統主義教育〜要点の説明〜〕

・学習指導要領改訂の歴史を見ると、標題の2つの対立する学力観、つまり「経験主義教育」と「系統主義教育」の間を振り子のように行き来していたことが分かる。

〔経験主義教育〕

・昭和22年の学習指導要領では、新たに社会科や家庭科、自由研究などが加えられ、アメリカの経験主義思想に基づく問題解決学習が主流となる。

〔系統主義教育〕

・その後の昭和26年の改訂を経て昭和33年の改訂では、戦後の新教育の潮流となっていた経験主義や単元学習に偏りすぎる傾向があるということで、各教科の持つ系統性を重視すべきということで「系統性を重視したカリキュラム」となった。

・昭和43年の改訂では、ソ連の人工衛星スプートニク1号打ち上げ成功（スプートニクショック）による影響などで、学校教育を充実させ科学教育の発展を意図した「教育内容の現代化」が進められた。

〔経験主義教育からの揺れ戻し〕

・昭和52年の改訂では、高校進学率が90％を超えると同時に「落ちこぼれ」の問題もクローズアップされ、学校教育が「知識の伝達に偏る」との指摘もあった。そこで教科の学習内容を1割削減した「ゆとりカリキュラム」で、地域や学校の実態に応じ創意を生かした教育活動の展開を進めた。

・平成元年度改訂では、大きな社会的変化に対応する「新学力観」が登場する。また、生活科も新設される。なお、教科の学習内容は更に1割削減した。

・平成10年の改訂では、「ゆとりの中で「生きる力」を育む」ことを提言。完全学校週5日制の導入。教育内容の厳選として、教科の学習内容を更に3割削減すると共に、「総合的な学習の時間」を創設した。

〔系統主義教育からの揺れ戻し→両者の有機的統合へ〕

・平成20年の改訂では、教育基本法改正やそれに伴う学校教育法の改正が行われ、「知・徳・体のバランスとともに、基礎的・基本的な知識・技能、思考力・判断力・表現力等及び学習意欲を重視し、学校教育においてはこれらを調和的にはぐくむこと」が必要である旨が、法律上規定された。（総則解説「（資料）学習指導要領等の改訂の経過」p155）

・理数教育の充実、総合学習の削減、授業時数の増加、小学校高学年での外国語活動（英語）の実施。　　　　（総則解説「（資料）学習指導要領等の改訂の経過」p146〜157 等を参考）

　上表を見れば、2つの学力観とは**「問題解決型学習」の「経験主義教育」と、「知識重視型学習」の「系統主義教育」に基づいた学力観**であることが分かる。この「問題解決型学習」と「知識重視型学習」の関係を、自分は「（考える力としての）思考力・判断力・表現力重視」と「（基礎的・基本的な）知識・技能重視」と捉えていたのだ。この捉えで合っているのだろうか？

④２つの学力観と、「思考力・判断力・表現力重視」と「知識・技能重視」の関係

　③から、対立していた２つの学力観とは、それぞれ「問題解決型学習」の「経験主義教育」と、「知識重視型学習」の「系統主義教育」に基づく学力観であることが分かった。この結果と、先の審議会報告にある「基礎的・基本的な知識・技能の育成（いわゆる習得型の教育）と自ら学び自ら考える力の育成（いわゆる探究型の教育）とは、対立的あるいは二者択一的にとらえるべきものではなく、」という文章を対比させてみると、「これまで対立していた２つの学力観」とは、

「これまで対立していた２つの学力観とは」

・「知識重視型学習」の「系統主義教育」、つまり「基礎的・基本的な知識・技能の育成（いわゆる習得型の教育）」に基づく学力観と、

・「問題解決型学習」の「経験主義教育」、つまり「自ら学び自ら考える力の育成（いわゆる探究型の教育）に基づく学力観

ということが分かる。つまり、**２つの対立していた学力観とは、「習得型の教育」と「探究型の教育」** と言うことができる。

　これを自分はこれまで、「（基礎的・基本的な）知識・技能重視」の「学力観」と、「（考える力としての）思考力・判断力・表現力等重視」の「学力観」と捉えていたのだ。これは明らかな間違いであることが、ここではっきりした。

　「（基礎的・基本的な）知識・技能重視」の「学力観」の方はその通りだが、「自ら学び自ら考える力の育成を図る「探究型の教育」に基づく学力観」を、「思考力・判断力・表現力等重視」の学力観と、狭く捉えた点が間違いだった。結果から言えば「探究型の教育」に基づく学力観は、「思考力・判断力・表現力等」も重視していたが、より広く「自ら学び自ら考える力の育成」という「自己教育力」重視の学力観と言うことができるからだ。

⑤自分の勘違いの原因は？

　どうして自分はこのような勘違いをしていたのかを考えてみると、その原因は、「思考力・判断力・表現力等」が、２つの学力観のどちらにも関係していること、特に「（基礎的・基本的な）知識・技能重視」の「学力観」にも関係していたことを軽視していたことにあると思える。「思考力・判断力・表現力等」が、両方の学力観にとって重要なのは、先の審議会報告に書かれていた「基礎的・基本的な知識・技能の育成（いわゆる習得型の教育）と自ら学び自ら考える力の育成（いわゆる探究型の教育）とは、対立的あるいは二者択一的に捉えるべきものではなく、この両者を総合的に育成することが必要」という文言と、先の考察での、「習得」と「探究」をつないでいるのが、「思考力や表現力」ということから明らかである。つまり、**「思考力・判断力・表現力等」を介して、この二つの学力観を総合的に捉えるべきということになる。**

（8）今回の改訂の意義

　そこで再びポイント①の流れを見ると、学習指導要領は、最初は「経験主義教育」重視か

ら始まり「系統主義教育」へ、そして「経験主義教育」からの揺れ戻しがあり、その後、系統主義教育からの揺れ戻しを加えた両者の有機的統合へと展開しているように見える。そして今回の改訂は、その**「有機的統合」の完成版**ではないかと思える。

　その間、「経験主義教育」からの揺れ戻しがあった平成10年改訂で提唱された「生きる力」が、この後の統合に向けての「道しるべ」となっていると思える。その「生きる力」の内容は、改訂ごとに明確になっていくように感じるが、当初から一貫しているのは、「自ら学び自ら考える力」であることからも、そのことが伺い知れる。

(9) 2つの学力観から「習得・活用・探究」を考える（ここまでのまとめ）

　このように見てくると、「基礎的・基本的な知識・技能の育成（いわゆる習得型の教育）」は、2つの学力観の中の、「知識重視型学習」の「系統主義教育」に相当し、「自ら学び自ら考える力の育成（いわゆる探究型の教育）」は、「問題解決型学習」の「経験主義教育」に相当することが分かる。つまり、二つの対立した学力観とは、この「習得型」と「探究型」のことと考えられる。

　以上から考えると、前記資料に書かれていた「基礎的・基本的な知識・技能の育成（いわゆる習得型の教育）と自ら学び自ら考える力の育成（いわゆる探究型の教育）とは、対立的あるいは二者択一的にとらえるべきものではなく、この両者を総合的に育成することが必要」という文言は、この二つの学力観を総合的に捉えるべき、ということになる。そして、その「総合的に捉える」際に重要になってくるのが、「思考力・判断力・表現力等」ということになる。

　そこで、この「思考力・判断力・表現力等」を介した二つの学力観の統合について改めて考えてみる。

(10) 「基礎的・基本的な知識・技能の育成（いわゆる習得型の教育）」と「自ら学び自ら考える力の育成（いわゆる探究型の教育）」の関係について②

①「知識・技能」と「思考力や表現力」の関係性の意味

　「習得・活用・探究」には、「習得」した「知識・技能」を基礎として「活用」する力を育成し、それを基礎として「探究」する活動を行うという関係があった。この関係を2つの学力観を意識して表せば、以下のようになるだろう。つまり、「習得」という、敢えて言えば「知識重視型学習（系統主義教育）」によって得られた、活用できる「知識・技能」を「基礎」として、「探究」という敢えて言えば「問題解決型学習（経験主義教育）」を実現して、「生きる力の育成」を図る活動を推進する。そして、この活用できる「知識・技能」の「習得」や、その「知識・技能」の「活用」には、「活用する力」としての「思考力・判断力・表現力等」が必要になってくる、ということになるのではないだろうか。

　大事なのは、「生きる力」の育成に達するには、「知識重視型学習」の「系統主義教育」だけでも、「問題解決型学習」の「経験主義教育」だけでも無理で、その両方が必要だということだ。しかも、この2つの関係は、独立したこの2つを単純に足し合わせるということではなく、上で見たような「思考力・判断力・表現力」を要とした関係を生かした取組が必要だと考えられる。この「思考力・判断力・表現力」の関与により、「知識重視型学習」の

「知識」の捉え方も、またその知識を生かした「思考力・判断力・表現力」の関与による「自ら学び自ら考える力」の捉えも、それ以前とは異なってくると考えられる。上で「敢えて言えば」と断ったのは、「習得」の「知識重視型学習（系統主義教育）」も、「探究」の「問題解決型学習（経験主義教育）」も、それ以前の捉えではなく、それぞれ「思考力・判断力・表現力」の関与により、互いに関連付けられたものだ、ということを強調したかったからだ（その分、分かりにくい文章になったが）。

②「習得」の捉えについて

このように考えてくると、P31 の審議会報告資料にある「習得」の捉えが気になってきた。そこでは、「基礎的・基本的な知識・技能の育成（いわゆる習得型の教育）」による、①基礎的・基本的な知識・技能を確実に定着させることを基本とする。②こうした理解・定着を基礎として、知識・技能を実際に活用する力の育成を重視する。とあるように読めるが、そうすると「基礎的・基本的な知識・技能の育成（いわゆる習得型の教育）」は、知識・技能の「理解・定着を基礎」としており、「知識・技能を実際に活用する力の育成」とは別のように見える。そこからは、「習得」とはどのような意味なのか？「活用」とはどのような関係にあるのか、という疑問が出てくる。先取りするようだが、今の「知識観」は「使える知識」つまり、「活用できる知識」こそが、真の知識である、という捉えだ。そこから見れば、この時点（平成 19 年）での「知識・技能」の「理解・定着を基礎」として、「知識・技能を実際に活用する力の育成を重視する」とある一連の活動が、「思考力・判断力・表現力等」の「活用」により、「習得」された「知識・技能」と言えるのではないかと思える。

③「思考力・判断力・表現力等」の 2 つの役割

このように見てくると、「習得・活用・探究」における「思考力・判断力・表現力」の重要性に、改めて気付くことができた。つまり、「思考力・判断力・表現力等」は、「基礎的・基本的な知識・技能の習得」にも必要とされるし（それが知識の単なる暗記ではなく、理解する、活用できる知識・技能を可能にすると考えられる）、「知識を活用し、探究型の学習へと発展させる観点」においても重要である、ということだ。そして、それぞれで役割が異なっている、ということが言える。

まとめると、二項対立的とされていたのは「基礎的・基本的な知識・技能の習得」と「自ら学び自ら考える力の育成」であり、その二つともに「思考力・判断力・表現力等」は必要であると考えられる。そして、この 2 つを継続的につないでいるのが「思考力・判断力・表現力等」を働かす「活用」という過程だと位置付けられる。

このように「思考力・判断力・表現力等」が全ての学習活動を貫くものと考えることで、これまでの二項対立的捉えを解消するという考え方が、ここで明確に出てきたと考えられる。「習得・活用・探究の学習」における「活用」の重要性を、そしてそれを支える「思考力・判断力・表現力等」の重要性を、今一度確認すると共に、その活動の「基本」となる「知識・技能」の「学力＝力」としての重要性と、その「捉え方」を確認しておきたい。なお、ここまで考えれば「知識・技能」は重要ではない等の意見は、全く的外れということも分かるだろう。

ここまで専ら「知識・技能」と「思考力・判断力・表現力等」の関係付けが弱かったという自分の勘違いを中心に述べてきたが、一方ここからは、「自ら学び自ら考える力の育成（いわゆる探究型の教育）」とは、単に「思考力・判断力・表現力等を使って」という学びではなく、もっと高度な学びであり、「自己教育力の育成」につながるものである、という捉えも出てくる。したがって、ここまでの検討からは、「自ら学び自ら考える力の育成（いわゆる探究型の教育）」とは、具体的にどのような学びと言えるのか？という新しい疑問も出てくる。これは、これから考えていく大事な問題となる。

　この議論を通して、「学力」としての「知識・技能」と「思考力・判断力・表現力等」の重要性、さらには「思考力・判断力・表現力等」と「意欲」に共通する「主体性」の重要性、及びその関係の重要性が明確になり、その相互作用により実現されるのが「生きる力」と総称される学力であると言うことができるだろうし、ここに来て「生きる力」の捉えも、より明確になってきたと感じる。以上を図解としてまとめたのが下のポイント②である。この図が、この後の「資質・能力の三つの柱」の提案により、さらにどのように深化していくのかを今後見ていきたい。

ポイント②　「習得・活用・探究」から考えた「二つの学力観」の関係図

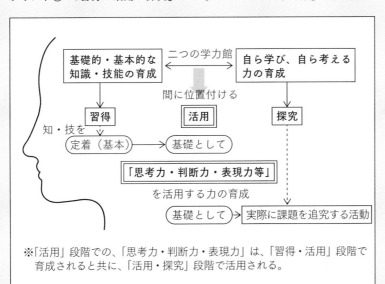

・今後出てくる「資質・能力の三つの柱」と比較して①「習得」と「活用」の関係は明らかになった（知識を再構成することで活用できるようにする）が、「活用」と「探究」の関係が明らかではない**（今後の課題①）**。
②この関係には

「学びに向かう力・人間性等」の資質・能力は含まれていない**（今後の課題②）**。

〔図の説明〕
・「習得・活用・探究」の学習過程のポイントは、「思考力・判断力・表現力等」であり、これが「習得」と「探究」の間を「活用」としてつなげることで、この学習過程が実現できると考える。この「習得」されるものが、「資質・能力の三つの柱」の「知識・技能」、それを「活用」するものが「思考力・判断力・表現力等」と考えられるが、もう1つの資質・能力である「学びに向かう力・人間性等」については、この時点では明らかではない。また、「活用する力」と

しての「思考力・判断力・表現力等」により「習得された知識」は「活用できる知識・技能」となり、その「活用する力」を基礎とした「探究」する活動を通して「自ら学び自ら考える力」を育成する、という関係になる。

・この「自ら学び自ら考える力」には、関係はまだ明確ではないものの、「学びに向かう力・人間性等」の重要性が含まれている。「思考力・判断力・表現力等」と「意欲面」を合わせた「主体性」面から、「活用段階」では特に重要になってくるだろうが、「思考力・判断力・表現力等」を介して「基礎的・基本的な知識・技能の育成」に関わる「習得段階」における「主体性」面も、大事に考えていく必要があるだろう。

→ポイント③「習得・活用・探究」から考えた「資質・能力の三つの柱」（P76）に続く

ここでもう１つ注目したいのは、これまで「目指してきた学力」を「どう育成するか」の「学習法」が、ここで初めて明示されたことではないかという点だ。「習得・活用・探究の学習」を、単に「学習の過程」の展開と捉えるのではなく、「習得型の教育」と「探究型の教育」という「２つの学力観」をつなぐものとして「活用型の教育」を位置付けたという、「活用型の教育」の意義や重要性を明確にしたことで、「どう学ぶか」という、学力の質から考えた「学習法」を提示したという点が重要だと考える。また、その実現に当たって、「このような（習得・活用・探究）学習過程を各教科等に即して具体的に検討している。（審議会報告）」という、今回の教科の特性による「見方・考え方」の重視につながる視点がある点にも注意したい。これは今回の「主体的・対話的で深い学び」の「学びの過程」が、決して教科の特性を無視した形式的なものではない、ということにもつながるだろう。改めて、この「習得型」と「探究型」をつなぐものとしての「活用型の教育」の位置付けは、これからも大事にして指導していくべきだと考える。

さらに、「習得、活用、探究」について、学習法に関する次の文章[13]が「習得、活用、探究」の性格を分かりやすく述べている。

学習指導要領の改訂のたびに、極論が出てきて、子どもや学校の自由をひたすら大きくせよとか、逆に、教師がすべて指示し教えてこそ教育だと対立が生まれています。確かにその両面が教育にはあり、実践の場での折り合いの付け方こそが優れた教師の特徴なのでしょう。大切なことはその両方ともが大事だと認識し、教育課程に双方をきちんと位置づけ、関係づけることです。今回、そのことを「習得、活用、探究」のバランスを取ることとして明記し、それぞれを主に受け持つ授業の時間を明確なものとして置くようにしました。

（無藤 隆中教審委員　文科省メッセージから、下線筆者）

これを読むと、ここで「学習法」が出てきたのは、ここまで考えてきた「学力」の中の、「基礎的・基本的な知識・技能」と「自ら学び自ら考える力」の育成を、「思考力・判断力・表現力等」との関係性を明確にして図るには、「習得、活用、探究」として表される「学習法」として明確にせざるをえなかったからではないかと思える。つまり、この「学習法」

は、子どもの「分かり方」そのものではないかと考えられる。

　今回の「主体的・対話的で深い学び」の実現に向けた授業改善」は、「学び方」だとこれまで書いてきたが、この「習得、活用、探究」での「学習法」が、今回の「主体的・対話的で深い学び」が実現する「学び方」につながってきたのではないかと思える。つまり「教師主体の指導法」から、「子ども主体の学び方」に変わってきたきっかけが、この「習得、活用、探究」ではないかと思える。この「主体的・対話的で深い学び」と「習得、活用、探究」の関係については後程詳しく考えてみたい（第8章、9章）。また「学習法」と「手立て」の関係について、第12章の1．手立てまで書いた（？）今回の学習指導要領、でも考えてみる。

　また、「確かな学力」の「学力としての学ぶ意欲」については、ここまでの議論では明確ではないものの、「自ら学び自ら考える力の育成」という「探究型の教育」に含まれていると考えられる。それについても「主体的」との関係で、後程検討したい。

(11)「生きる力」の変遷を考える

　ここまで見てきたように、「習得、活用、探究」の、習得と探究をつなぐ活用の位置付けにより、学習のゴールに当たる「自ら学び自ら考える力」、つまり「生きる力」は、これまでの「習得」との二者択一的な「探究」から、「活用」を仲立ちとして「習得」と連携した新しい「探究」という捉えに深化したと考えられる。

　一方、今時学習指導要領の解説では、②育成を目指す資質・能力の明確化に「（求める力は）学校教育が長年その育成を目指してきた「生きる力」であることを改めて捉え直し、(P3)」とあり、"「生きる力」をより具体化し"として、「資質・能力の三つの柱」が書かれている（P3）。ここまで学力を表す言葉を、「生きる力」と、その学習面に当たる「新しい学力観」、それとほぼ同義の「確かな学力」と見てきた経緯からすると、今回の学習指導要領でも、やはり「学力」の「元」は「生きる力」と考えられ、その主旨は不変ながら、これまで述べてきたようにより具体化、発展化されてきたと考えられる。「生きる力」が、学習指導要領改訂の度に少しずつその重点や捉え方を変化させてきたことはこれまでも見てきた。そこで、今回の改訂でもその捉え方に注意しながら求める資質・能力を見ていくことが大事と考える。

　今時学習指導要領改訂に関する「審議の状況について」に、次の文章[14]がある。

○教育課程部会では、実社会とのかかわりの中で、「生きる力」をより具体化し発展させるという観点から、「人間力」という考え方を用いて検討を行っている。（以下実例省略）

○このように、学習指導要領の見直しの検討に当たっては、社会的な自立（主体性・自律性）や社会参画（自己と他者、個人と社会との関係）を重視している。このような方向性は、教育の目標・目的として、「社会において自立的に生きる基礎を培」（第5条第2項）うことや「公共の精神に基づき、主体的に社会の形成に参画し、その発展に寄与する態度を養うこと」（第2条第3号）などが新たに規定された教育基本法と軌を一にしている。

（中央審議会教育課程部会（平成19年1月26日）資料・「第3期教育課程部会の審議の状況に

　この資料からまず分かるのは、文科省自身が“「生きる力」をより具体化し発展させる”と書いているように、「生きる力はこうあるべき」と固定化して考えているのではなく、我が国の教育事情や世界の教育状況等を考慮しながら「具体化、発展」を目指していることである。上記の「審議の状況について」では、「生きる力」に「人間力」という要素を考慮することで、学習指導要領の見直しの検討に当たって、「社会的な自立（主体性・自律性）や社会参画（自己と他者、個人と社会との関係）」を重視すると書かれている。これを読むと、（10）で、「習得・活用・探究」段階での「学力」には、「資質・能力の三つの柱」の中の、「学びに向かう力・人間性等」に関する、主体性や学ぶ意欲に関するような部分がないのではないかと書いたが、今回の学習指導要領の改訂に向けて、その部分が「学力」として、本格的に検討されてきたのではないかと思える。本格的とは、これまでも「意欲」など「学びに向かう力・人間性等」に関する部分は「学力」と考えてきたが、それはどのような「力」か？例えば「習得・活用・探究」というような「学びの過程」において、どのように働くのか？というようなことを具体的に考えると言うことである。

　また、今回の学習指導要領改訂のスタートとなった下村博文文科大臣による諮問を読むと[15]、その中の「主体的・協働的に学ぶ学習（いわゆる「アクティブ・ラーニング」）の「主体的」と「協働的」という言葉が、上記の社会的な自立（主体性・自律性）と社会参画（自己と他者、個人と社会との関係）いう表現につながっているのではないかと思える。さらに、審議の状況からの、人間力という考え方を通して、「社会」とのつながりをより重視している姿勢は、今回の学習指導要領が示す理念である「社会に開かれた教育課程の実現」にもつながっているのではないかと思える。

　こう見てくると、学習指導要領は依然として「生きる力」としての学力を目指しているのは明らかで、今回の学習指導要領ではそれが、「社会に開かれた教育課程の実現」や資質・能力としての「学びに向かう力・人間性等」の育成、そして、目指す「主体的・対話的で深い学び」という、改訂の重要なキーワードである「理念」や「資質・能力」、そして「めざす子ども像」につながっていることが分かる。「生きる力」は、表現や重点を変え目指す学力としてあり続けていると言えるだろう。

（12）「学校教育法の改正」から「学力の三要素」の関係へ

　これらの流れと前後して、2006年（平成18年）の教育基本法の改正を受け、2007年（平成19年）6月、学校教育法が改正され、第四章「小学校」の第三十条2項の追加改正がなされた[16]。

学校教育法

第三十条2　生涯にわたり学習する基盤が培われるよう、基礎的な知識及び技能を習得させるとともに、これらを活用して課題を解決するために必要な思考力、判断力、表現力その他の能力をはぐくみ、主体的に学習に取り組む態度を養うことに、特に意を用いなければならない。

　この改正を受けて、2008年（平成20年）1月17日の中教審答申「幼稚園、小学校、中学校、高等学校及び特別支援学校の学習指導要領等の改善について」[17]では、以下のように述べている。

○　次に、改正教育基本法や学校教育法の一部改正は、「生きる力」を支える「確かな学力」、「豊かな心」、「健やかな体」の調和を重視するとともに、学力の重要な要素は、①基礎的・基本的な知識・技能の習得、②知識・技能を活用して課題を解決するために必要な思考力・判断力・表現力等、③学習意欲、であることを示した。そこで示された教育の基本理念は、現行学習指導要領が重視している「生きる力」の育成にほかならない。

（2008年中教審答申 P21、番号、下線は筆者）

　上記の学校教育法にある、「知識及び技能」「思考力、判断力、表現力」「主体的に学習に取り組む態度」を元に、「最終報告（2016年3月31日、平成28年、文部科学省の高大接続システム改革会議の最終報告）」では、上記中教審答申にある「学力の三要素（①から③）」を以下のように少し文言を変えて定義し直している。

〔学力の三要素（小学校向け）〕

1. 基礎的な知識・技能
2. 思考力・判断力・表現力等の能力
3. 主体的に学習に取り組む態度

　因みに高校教育に向けてのものは、高大接続改革答申で次のように示されている。

〔学力の三要素（高校向け）〕…高大接続改革答申で

1. 基礎的な知識・技能
2. 思考力・判断力・表現力等の能力
3. 主体性・多様性・協働性（下線筆者、この表現が上とは異なる）

---

①注目点①「知識・技能」と「思考力・判断力・表現力等」の関係

　ここで注目したいのは、前述のように、中央教育審議会教育課程部会2007年（平成19年）1月26日「第3期教育課程部会の審議の状況について（P43）」で、習得、活用、探究の過程における「知識・技能」の重要性が示された後、同年6月の学校教育法第三十条2項で、「知識・技能」と「思考力・判断力・表現力等」の関係を明らかにしていることである（基礎的な知識及び技能を習得させるとともに、これらを活用して課題を解決するために必要な思考力、判断力、表現力その他の能力をはぐくみ、の文）。更にこれを受けて、2008

年（平成20年）1月17日の中教審答申「幼稚園、小学校、中学校、高等学校及び特別支援学校の学習指導要領等の改善について」[17] では、「知識・技能を活用して」と明記されてきた（下記資料参考）。

（4）　思考力・判断力・表現力等の育成

○3.　で示した子供たちの学力に関する各種の調査の結果は、何れも知識・技能の活用など思考力・判断力・表現力等に課題があることを示している。今回の改訂においては、各学校で子どもたちの思考力・判断力・表現力等を確実にはぐくむために、まず、各教科の指導の下で、基礎的・基本的な知識・技能の習得とともに、観察・実験やレポートの作成、論述といったそれぞれの教科の知識・技能を活用する学習活動を充実させることを重視する必要がある。（以下略）

（2008年1月17日の中教審答申より、下線筆者）

　この経緯を見てくると、P30の③「学力」間の関係について、で懸念した「これに加えて」の「知識・技能」と「思考力・判断力・表現力」の関係が、この間に「習得・活用・探究」の学習法としてしっかりつながり、それが学校教育法の改訂や2008年（平成20年）1月17日の中教審答申を受けて、その趣旨が「学力の三要素」にも生きてきていることが分かる。したがって、ここでは「学力の三要素」として三点に分けて書かれているが、特にこの一点目と二点目の関係に注目すべきで、ここで「学力」として明確に位置付いたのではないかと思える。もう少し詳しく言えば、「習得・活用・探究の学習」では学びを貫くものとして位置付いていた「思考力・判断力・表現力等の能力」が、「学力の三要素」では「基礎的な知識・技能」と、改めて並立する位置付けとなっているが、これは「資質・能力」としての「学力」の分類で、そこには学び方としての「習得・活用・探究」というつながりがある、ということである。

　確かに、これまで考えてきたように、「1. 基礎的な知識・技能」の育成と「2. 思考力・判断力・表現力等の能力」の育成は、独立しているのではなく、深くつながっていた。つまり、基礎的な知識・技能の習得には思考力・判断力・表現力等の能力が欠かせない、という点と、逆に思考力・判断力・表現力等の能力の伸長にも、基礎的な知識・技能の習得は欠かせないという点の重要性を再確認したい。さらに言えば、これらと、まだ検討していない「主体的に学習に取り組む態度」との関係も今後検討していくべきだろう。それについて次に考えてみる。

② 　注目点②「主体的」が「思考」との関係で「力（資質・能力）」として認識される

　この「学力の三要素」が、今回の学習指導要領の「資質・能力の三つの柱」につながっていくが、これに関して次の、無藤　隆氏の指摘[18] が大事と思える。

（途中から）いわゆる学力の三要素から構成される「確かな学力」をバランスよく育てることをめざすことは変わりようがない。だが、その中の主体的に学習に取り組む態度の中身を拡張していく必要がある。単に一時的に意欲を持たすことを超えて、持続的に粘り強く取り組むことに発展

させ、思考するというのも二重に考えていく。対象となる事柄について丁寧に考えることとともに、その考えの方向や進み方が適切かどうかを自覚的に判断して方向付けることを含み込む。
（新しい教育課程における「アクティブな学びと教師力・学校力」無藤　隆　図書文化 P94 より、下線筆者）

　無藤　隆氏の指摘にある「主体的に学習に取り組む態度の中身を拡張していく必要がある。」に留意したい。具体的にどう拡張するかを、これまでの議論を踏まえて、自分なりの解釈も加えて読むと、以下のようになる。

　これまでも「学び」には「意欲」が大事だと言われてきた。しかし本書において「習得・活用・探究」の学習活動を考えた際も、「②この関係には『学びに向かう力・人間性等』の資質・能力は含まれていない（今後の課題②）。」のではないかと考えてきた（P41 ポイント②参照）。「主体的」として、本来重要であるはずの「意欲面」を「学力」と認めながらも、その具体的な位置付けは不明確だった。それに対して、無藤氏は、この「意欲」は「主体的」という「くくり」の関係性から、他の2つの学力とも関係してくるのではないかと考えている。そして、まだまだ「意欲」を「学力」として見る見方は弱かったのではないか？と問題提起しているのではないかと思える。

　そして、「意欲」も単に一時的な取組への意欲を高めるためだけでなく、「思考（つまり思考力・判断力・表現力等の力）」との関係でも見ていく必要があるのではないだろうか？という趣旨である。それが前記資料の「二重に考えていく」に表れていると考える。「意欲」が単に面白そうという一過性のものなら、「持続的に粘り強い」取組には結び付かないだろう。結び付くには何らかの「思考」を伴った「不思議だな、調べたい」「面白そう、取り組みたい」等の「追究への動機付け」が必要になる。つまり、**「思考」を伴った「意欲」という二重性**である。この「追究への意欲」があれば、その実現具合をチェックしていく「自覚的な判断や方向付け」の意欲も出てくるだろう。これはメタ認知の重要性にもつながっていくと思える。つまり、「学力の三要素」によって、思考につながる意欲を持たせることが持続的に粘り強く取り組む力を生み、それが主体的に学習に取り組む姿となっていくという風に、「意欲」の、「学力面」に関する「主体的」面としての捉え方が明瞭になってきた感がある。ただ「面白い、やりたい」という情的で一過性な「意欲」ではなく、育成したい「学力」に関係する「意欲」を伴う「主体的」で「持続的」な「意欲」である。これは上述したように「思考（つまり思考力・判断力・表現力等の力）」と「主体的（意欲）」との関係から見えてきた面であり、また、文章後半の「自覚的に判断して」という「メタ認知」的な力の重要性も、この「主体的」面での学力を支えるものになる。

　このように見てくると、「学力の三要素」では、「基礎的な知識・技能」を活用して「思考力・判断力・表現力等の能力」を育み（その逆もある）、その際には、意欲やメタ認知面を含む「主体的に学習に取り組む態度」が働くことが重要になってくる、というように、この三つの要素が密接に関連していると考えられる。そして、その仲介を果たすのが「思考力・判断力・表現力等の能力」と考えられる。以上の考察から、その「思考力・判断力・表現力

等」を働かせ続ける**エンジンとなるのが、「主体的に学習に取り組む態度」**ではないかと考えられる。

　つまり、学校教育法の改正に伴う「学力の三要素」に至って、「習得・活用・探究」の学習法の提案による「知識・技能」と「思考力・判断力・表現力等」の関係付けの重要性の確認がなされたと考えられ、次の段階として、無藤　隆氏の「主体的」と「思考」を関係付ける指摘は、「中身を拡張」と書いてある通り、この時点ではまだ不明確な提案ではあるが、今度は「主体的」と「思考力・判断力・表現力等」の関係付けが重要視され、それが今回の学習指導要領で明確になってきたと考えられる。この辺りから、**「意欲」や「メタ認知」を含む「主体性」を「学力」として捉えていく**という見方が強くなってきたのではないだろうか。上記で、「主体的に学習に取り組む態度」を、「学びのエンジン」と表現したのは、意欲やメタ認知が単なる学びのきっかけではなく、それ自体が「思考力・判断力・表現力等」を働かせて「知識・技能等」を獲得していくための「力＝学力」であることを言いたかったからである。そして、この関係を生かした、逆に言うと、「この関係を実現することができる」学習が「主体的・対話的で深い学び」ではないかと考えられるが、それについては、次に検討してみる。

（13）「主体的」の位置付けについて

　主体的という言葉自体はこれまでも度々使われてきたが、学校教育法の改正で、「主体的に学習に取り組む態度」として、学力の三要素の中の一つとして、改めて明文化された。ここで気になったのは、今回の学習指導要領の「資質・能力の三つの柱」との関係である。一つ目、二つ目は共に「知識・技能」、「思考力・判断力・表現力等」で学力の三要素と一致しているが、三点目は学力の三要素では、「主体的に学習に取り組む態度」なのに対して、「資質・能力の三つの柱」では、「学びに向かう力、人間性等」となっており、「主体的」は、「主体的・対話的で深い学び」の「主体的な学び」に対応しているようにも見える（右上図参照）。

　つまり、学力の三要素の学力の一つとしての「主体的」が、「資質・能力の三つの柱」では「学びに向かう力、人間性」となっている（その中に主体的も含まれているが）のと同時に、「主体的」は「主体的・対話的で深い学び」の「学び」にも含まれていることになる。

　ここまでの検討から言えることは、特にこれから大事に考えていかねばならない「主体的」が、「目指す資質・能力」にも、それが実現した「主体的・対話的で深い学び」の姿にも表れており、しかも「目指す資質・能力」ではそれも含めた「学びに向かう力、人間性」となっていることの重要性や意味を考えていかねばならないということだろう。これは、「学力」としての「資質・能力の三つの柱」と「学びの姿」としての「主体的・対話的で深い学び」の関係を考えてきたこれまでの展開にも関係する大事な点で、引き続き考えていきたい。→第3章2（4）「主体的に学習に取り組む態度」が「学びに向かう力・人間性等」に変化した根本の理由（P65）参照

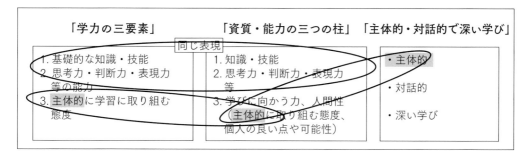

「学力の三要素」	「資質・能力の三つの柱」	「主体的・対話的で深い学び」
同じ表現		
1. 基礎的な知識・技能 2. 思考力・判断力・表現力等の能力 3. 主体的に学習に取り組む態度	1. 知識・技能 2. 思考力・判断力・表現力等 3. 学びに向かう力、人間性等（主体的に取り組む態度、個人の良い点や可能性）	・主体的 ・対話的 ・深い学び

(14)「2. 国の教育施策の変遷から整理する」をまとめるに当たって

　第1章の冒頭に書いたように、私たちが子ども達に求めるのは「主体的・対話的で深い学び」の姿の実現であり、それはここまで見てきた結果、言葉は時代で変わっても「生きる力を発揮する姿」であった。ただ、少しずつではあるがその捉えは深化してきており、現在考えられる「生きる力を発揮する姿」とは、学校教育法の改正を踏まえた「学力の三要素」や「資質・能力の三つの柱」で大きく三つの要素として捉えられる「学力」の習得を実現した、「主体的・対話的で深い学び」の姿ではないかと自分は考えるに至った。そして、これら「学力の三要素」や「資質・能力の三つの柱」の要素間には、特に「思考力・判断力・表現力等」を仲介役とした密接な関係があることや、「主体的」が大事な役割を果たしていることも明らかになってきた。その関係を生かしながら進める学びの過程が「習得、活用、探究」の学習であり、その関係性は今回の学習指導要領の改訂でより明確になり、特に「活用」に位置付けられる「思考力・判断力・表現力等」の、「習得」と「探究」に関連させた育成と活用の重要性が明確になり、「知識・技能」の重要性や、「探究」の捉え直しにもつながった。また、「意欲」や「メタ認知」など、これまで学力としては明確には位置付けられてこなかったものの重要性も明らかになってきたと考えられる。

　その中でも、「主体的」という言葉の持つ意味がより重要視されてきたことの意義を、今後も「資質・能力の三つの柱」と「主体的・対話的で深い学び」の関係を明らかにしながら考えていきたい。ここで、Q＆A③として、これまで考えてきた「新しい学力観」、「生きる力」、「確かな学力」について、そして「習得・活用・探究」はどこから出てきたのか？について、コンテンツ重視の教育からコンピテンシー重視の教育への変遷という視点で自分なりにまとめておきたい。

Q＆A③「新しい学力観」「生きる力」「確かな学力」の違いは？そして「習得・活用・探究」はどこから出てきたのか？

～コンテンツ重視の教育からコンピテンシー重視の教育への変遷～

・ここまでの議論で、「生きる力」を中心に、学力に対する様々な言葉が出されてきた。その経緯を見ていく中で我が国の学力観の変遷のあらましを概観的に見ていきたい。

・「新しい学力観」は、従来の知識・技能中心の学力観（コンテンツ重視）から、自ら学ぶ意欲、思考力、判断力、表現力も学力と考える「主体性志向の学力観」（コンピテンシー重視）の教育観への転換を図るものとして提案された。

1. そのスタートと考えられるのが、「子どもに生きる力とゆとりを」ということで出された「生きる力」（1996年）で、

　　1. 主体的思考力と課題解決能力…後の　新しい学力観、

　　2. 自律と連帯に支えられた豊かな人間性…**心の教育**、

　　3. **健康と体力の問題**、を指し、より資質・能力を視野に入れた動きとして提起された。

2. 「生きる力」の「知・徳・体」の三本柱の中の1つとして、より良く生きていくための「学び方」としての資質・能力として**「新しい学力観」**が位置付けられた。

3. 学力低下論争が社会問題化していく中で、文科大臣のアピール文として「学びのすすめ」が出され、その中で「確かな学力」が提唱される（1998年）。内容は以前からの「新しい学力観」を継承、確認しているが、その表現は、より現在の資質・能力に近いものになってきたと思われる。

4. これまで目指してきた「生きる力」の知的な面としての「新しい学力観」、「確かな学力」を育成するための「学習法」としての「基礎的・基本的な知識・技能の育成」を図る「習得型の教育」と、「自ら学び自ら考える力の育成」を図る「探究型の教育」を融合した「習得・活用・探究」の学びの過程を提案した（2007年）。ここで、融合に関して「活用」に当たる「思考力・判断力・表現力等」の育成と活用の重要性が再認識され、それにより「習得型の教育」と「探究型の教育」の見直しもなされ、「生きる力」のより深い理解が可能になったと思われる。また、「主体的」が、「思考力・判断力・表現力等」との関係で、「学力」として重要視し始めてきた。これが今回の「主体的・対話的で深い学び」につながると考えられるが、その関係については今後考えていく（第8章参照）。

5. これらの流れと前後して、2006年（平成18年）の教育基本法の改正を受け、2007年には学校教育法が改正され、「学力の三要素」が設定される。

　　1. 基礎的な知識・技能

　　2. 思考力・判断力・表現力等の能力

　　3. 主体的に学習に取り組む態度（小学校向けの表現）

　　・「習得・活用・探究」面から1. と2. の関係の重要性、そして3. の、「意欲」の、「学力面」に関する「主体的」面としての捉え方が明瞭になってきた点が注目される。

6. これらの経緯をふまえて、2014年の「論点整理」、文科大臣による中央教育審議会への「諮問」がなされたが、そこには**「資質・能力育成」**つまり、**コンピテンシー重視**の考え方が明確に打ち出されることになった。

3. 海外の教育事情や取組の影響から考える

　2. では国内における学力に関する議論について見てきたが、その間、世界ではどのような動きだったのか、またそれは我が国の教育にどのように影響してきたのか？　特に関係すると思われるポイントのみ完結に書く。まず、最初に海外との関係で重要なPISAと

TIMSS の 2 つの学力調査の概要を述べ、そのような調査がどのようにして誕生してきたのか、世界の教育の流れについて概観する。

（1）PISA と TIMSS の 2 つの学力調査

　国際的な学力調査機関として、PISA（ピザ）と TIMSS（ティムズ）があり、正式名称は、PISA は「生徒の学習到達度調査」、TIMSS は「国際数学・理科教育動向調査」。

　PISA は、2000 年から 3 年ごとに、日本など 35 カ国でつくる国際機関「経済協力開発機構（OECD）」が実施。対象者は義務教育終了段階の 15 歳の子どもで、日本では高校 1 年生が該当。2018 年調査では、OECD 加盟国 37 カ国と非加盟の 42 の国と地域を合わせて、計 79 カ国・地域から計 60 万人が参加。日本からは高校など 183 校、約 6,100 人が参加した。調査問題は、「知識や技能等を実生活のさまざまな場面で直面する課題にどの程度活用できるかを評価」する内容で、「科学的リテラシー」「数学的リテラシー」「読解力」の 3 分野に分かれている。これは、文科省の全国学力・学習状況調査（全国学力テスト）で言えば、2018 年度までの「活用」の B 問題に近いだろう。18 年調査は「読解力」を重点分野として行われた。15 年調査では、調査方法を従来の筆記型からコンピュータ使用型に全面的に変更され、18 年調査でもその流れは続いている。

　TIMSS は、67 カ国・地域の教育研究機関で作る国際学術研究団体「国際教育到達度評価学会」（IEA）が実施主体。日本では、小学校 4 年生と中学校 2 年生に当たる学年の子どもが調査対象で、最新の 19 年調査には、小学生が 58、中学生が 39 の国と地域から参加しており、我が国では小学 4 年生約 4,200 人（147 校）、中学校 2 年生約 4,400 人（142 校）が参加し、2019 年 3 月に実施した。なお、TIMSS も今回から、筆記型調査とコンピュータ使用型調査を選択できるようになったが、日本は筆記型調査で参加した。PISA と並び、今後の調査形式の在り方を検討する時期に来ているのではないかと思われる。調査問題は算数・数学と理科の 2 教科で、初等中等教育で学ぶ知識・技能などが、学校のカリキュラムを通じてどの程度習得されているかを測定することに重点が置かれている。全国学力テストで言えば、かつての基礎的な知識を問う A 問題に近いだろう。

　PISA は 3 年に 1 回、TIMSS は 4 年に 1 回実施、2015 年は両調査が重なる 12 年に一度の年だった。

　それでは、この 2 つの学力調査につながる世界の教育事情を概観してみる。

（2）OECD を中心とした「コンピテンシー」育成と測定の動き

　OECD は 1968 年に教育研究革新センター（CERI）を創設。1988 年に国際教育指標事業（INES）を開始。そして、学校教育では教科の知識の習得よりも、社会に出て使える力を育成することが重要とした。ここらは経済協力開発機構ならではの捉えでもあるだろう。この能力を**「コンピテンシー（重要なものは、キー・コンピテンシー）」**と呼び、「生徒の学習到達度調査（PISA 調査）」を開始した。教科横断的なコンピテンシーを育成するため、PISA とリンクして「コンピテンシー定義・選択（DeSeCo）計画」が開始された。DeSeCo プロジェクトは 1997 年 12 月から活動を始め、2003 年にキー・コンピテンシーを選定して終

了した。

〔3つのキー・コンピテンシー〕

・基本的な部分は、思慮深い思考と行為、メタ認知能力、批判的なスタンスで考え抜く、創造的な能力を活用することにある。

　①自律的に行動する能力

　②社会的に異質な集団での交流

　③社会・文化的、技術的ツールを相互作用的に活用する能力

・1997年、学習到達度調査（PISA）作成に着手。調査は2000年より3年ごとに実施されている。このように、DeSeCoプロジェクトとPISAは、互いに補完し合う関係にある。

(3)「PISA型学力」の性格と特徴

　21世紀の社会を高度知識社会と規定し、そこで要求される一般能力を「コンピテンス（コンピテンシーとほぼ同義）」とし、その「コンピテンス」を学校教科の領域において具体化した知的能力が「**リテラシー**」。

・現在の「リテラシー」の概念は、「読解リテラシー」、「科学リテラシー」、「数学リテラシー」の3つ。

・日本で特に課題があると注目されているPISA型読解力とは、「テキスト（広い意味）」を「インプット（入力）」し、自分の頭で考えて、自分の経験や関心などと結び付けて考えを深め、「アウトプット（表現）」する一連のこと。調査のねらいは、「義務教育終了段階にある生徒が、文章のような『連続型テキスト』及び図表のような『非連続型テキスト』を幅広く読み、これらを広く学校内外の様々な状況に関連付けて、組み立て、展開し、意味を理解することをどの程度行えるかを見る。」こと。

(4) OECD以外の動き

　似たような動きとしてアメリカを中心とした「21世紀型スキル」、英国の「キー・スキルと思考スキル」、オーストラリアの「汎用的能力」などがあるが、何れも教科で学んだ基礎的な知識の習得は当然のこととして、そのうえで考える力、考えたことや教科で学んだことを実社会、現実の課題に応用できる力、そして積極的にいろいろな物事について関わり、自分で考え、学び続けていけることを目指している。

(5) 日本の動き

　我が国でも国立教育政策研究所の平成24年度の報告書では、「思考力（例、問題解決・発見力・創造力、論理的・批判的思考力、メタ認知・適応的学習力の3つ）」を中核として、それを支える「基礎力（言語スキル、数量スキル、情報スキル）」、その使い方を方向付ける「実践力（自律的活動力、人間関係形成力、社会参画力、持続可能な未来への責任）」の三層構造で構成される「**21世紀型能力**」を提案している。

(6) 世界で重視されるコンピテンシー・ベイスの教育

　このように見てくると、PISAを始めとして「何を知っているか」から「何ができるか」、つまり「どのような問題解決を成し遂げられるか」の、**コンピテンシー・ベイスの教育**への

転換が、世界中でなされてきたのが近年の教育の流れと考えられる。この流れは、2. 国の教育施策の変遷から整理する、でも見てきた、我が国における「学校教育法」の改正、つまり基礎的な知識及び技能を活用して課題を解決するために必要な思考力、判断力、表現力等の能力をはぐくみ、主体的に学習に取り組む態度を養うという改正、及びそこからの「学力の三要素」設定の流れと方向を一にしており、改めてこの傾向は我が国を含めて世界の教育の潮流と言えるだろう。

〔結局、コンピテンシー（リテラシー）とは何か？〕

・以上の検討から、結局コンピテンシー（学校の教科で具体化した知的能力としてのリテラシー）とはどのようなものと捉えれば良いのだろうか？　上述のようにそれは、OECD が「学校教育では教科の知識の習得よりも、社会に出て使える力を測定することが重要」と考えたところから始まる。そしてその「社会に出て使える力」としての「学力」とは何かと言えば、「何を知っているか」から「何ができるか」、つまり「どのような問題解決を成し遂げられるか」という「力」のことである。

・ここで注意したいのは、「結果としての社会に出て使える力」という面に意識が向きすぎると、「実際の社会で使えない知識や技能の習得ではなく、現実場面で使えるような知識や技能の取得こそが大事、そのように習得した力がコンピテンシー」という、「結果として使える知識や技能の在り方」に限定した捉えになってしまう恐れがある。そうではなく、この「何ができるか」とは、「どのような問題解決を成し遂げられるか」ということであることに注意したい。つまり、「結果としての知識や技能が使える」という意味の「できる」も大事だが、それは結果としてであり、大事なのはその獲得が「自分なりの問題解決を進めていくことによって成し遂げられたか」ということである。それが実現すれば、自ずと「使える知識や技能」になるはずである。そのような「問題解決を進めていける力」こそがコンピテンシーなのだと考える

（7）PISA と TIMSS 調査の関係と活用について

　以上見てきたように、世界の教育の潮流を象徴するのが PISA 調査の世界的な実施とその関心の高さだが、一方、TIMSS の方はどうだろうか？　先にも述べたように、TIMSS は「学校教育で得た知識や技能がどの程度習得されているかの評価」であり、PISA は、「身に付けた知識や技能が実生活の様々な場面で直面する課題にどの程度活用できるかの評価」で、先に A 問題と B 問題に対応させたように、それぞれ目的が異なる。学びの過程である「習得・活用・探究」との関係で言えば、やや乱暴な分け方だが、TIMSS は「習得・活用・探究」の「習得」を、PISA は「探究」を主に調査していると考える向きが多いように感じる。しかし、「習得・活用・探究」に関して、第 2 章の（5）、（6）、（7）を中心に見てきたように、これらの調査の評価を、個々独立したものと考えるべきではないと思える。つまり、TIMSS は既習の知識を活用して再構成された知識の意味理解と活用にあたる、習得から活用段階を中心に検証し、PISA は、そうして得た再構成された知識を新たな問題に活用する、活用から探究段階を検証するという関係性を大事に考えていくべきではないかと思える。この「活用」が関係する 2 つの段階については、第 3 章 6.（5）で改めて考えてみる。

このようにこの2つの検査を捉えると、今、脚光を浴びているPISAだが、TIMSSによる「習得」と共に考えることが重要ではないかと思える。つまり、TIMSS調査とPISA調査を、「学びの状況」を検証する一連の流れの中で関連させて見ていく必要があるのではないかと感じる。

　もう1つ留意したいのは、TIMSSでは、児童生徒を対象にした算数・数学、理科の問題の他に、児童生徒、教師及び学校へのアンケートが実施されていることだ。これによって、学校の教育制度やカリキュラム、指導方法や教師の資質、児童生徒の学習に対する意識や学習環境等も調査して、より有効な指導方法を考える資料とすることができる。学校での指導の在り方を考える上では、これについても、注目していく必要があると考える。勿論、その分析には、上に述べた求める学びの姿におけるTIMSS調査の位置付けを明らかにした観点が必要である。

　このように見てくると、我が国における「全国学力・学習状況調査」との関連や、それら各種調査の有効な活用も大事になってくるが、それは後程5で扱う。

4．PISAとTIMSSの2つの学力調査結果の現状と課題

　以上、PISAとTIMSSの2つの学力調査につながる世界の教育事情が見えてきた結果を受けて、我が国のそれらの結果から、現状と課題を考えてみる。

（1）2つの調査結果の概要

〔PISA調査〕

　最新の2018年の調査では、「科学的リテラシー」は529点で37カ国中2位、「数学的リテラシー」は527点と同1位となり、「安定的にトップレベル」を維持した。ただし「読解力」は504点で同11位となり、平均点が「有意」に低下した。OECD平均は上回ったものの、12年に加盟国中1位となって以降、2回連続で下落した。15年以降、筆記試験からコンピュータ使用の調査に移行しているが、「書かれた文書」からデジタルテキストの読解が中心となったことについて、OECDのアンドレアス・シュライヒャー教育・スキル局長は「デジタルの世界で『読む』ということは、さまざまな情報を組み合わせなければならない」と言及。これについて、「読解力」低下の一つの要因は、コンピュータへの馴染みがないという我が国の事情を考慮するという見方も国内にはある。

　課題となった「読解力」では、①情報を探し出す、②理解する、③評価し、熟考する、の3つの能力を測定するが、これまでの調査結果と比較すると、②「理解する」能力についての設問については、日本は平均点が「安定的に高い」が、①「情報を探し出す」能力では、習熟度5以上の層で低下。18年から③の「質と信憑性を評価する」能力や、「評価し、熟考する」能力について問う問題の正当率も、低調だった。これについて前出のシュライヒャー局長は、百科事典などで調べ、その知識が正しいと信じられていた時代は「読む」という行為が「文献から知識を抽出する活動だった」と解説。その上で、現代のネットテキストではこうした「読む」行為の性質が変化、調べた結果が「本当かうそか」分からない対立した答

えも複数あり、「それらを吟味していく能力が必要になってくる」と指摘している。(以上、OECD 生徒の学習到達度調査 2018 年調査(PISA2018)のポイント、国立教育政策研究所[19]。内外教育[20]、等の記事から引用や参考)

〔TIMSS 調査〕

　日本は前回 2015 年調査では、全 4 教科(小 4 算数、理科、中 2 数学、理科)の平均点で何れも 1995 年の調査開始以来、過去最高を記録。中 2 理科の国際順位は前回から 2 つ上げて 2 位となるなど、全教科で 5 位以内に入っていた。最新の 2019 年調査の結果でも、小学校理科の平均得点が 7 点下がったものの、中学校数学の平均得点が過去最高を更新するなど、小、中学校ともにすべての教科で 5 位以内と高い水準を維持した。

　質問紙調査では、「勉強は楽しい」の小学校理科での割合が過去最高の 92 ％で、国際水準の 86 ％を上回った。これに対し、小学校算数、中学校数学、理科では、何れも前回調査より増加したが、国際平均は下回った。また、中学校においては、「数学を使うことが含まれる職業につきたい」「理科を勉強すると、日常生活に役立つ」「理科を使うことが含まれる職業につきたい」と答えた生徒の割合は、前回よりは増えたが、いずれも国際平均を下回った。以上から見ると、意欲面について小、中学校とも改善は見られるが、他の国・地域との差が依然としてみられることが分かる。

　これを踏まえて文部科学省は、「主体的・対話的で深い学び」の視点からの授業改善や、理数教育の充実、情報活用能力の確実な育成、及び全国学力・学習状況調査も活用した指導の充実をあげている[21]。

(2) PISA と TIMSS 調査結果の課題から考える～これから必要な力～

　PISA 調査からの課題は「読解力」、それも「与えられた情報を理解する」だけでなく(これは良好な結果だった)、「複数の与えられた情報を吟味しながら理解していく力」が必要になってくる。これは、「複数の資料を比較しながら吟味する力」と、「本当にそうだろうか?」等と自問自答しながら考える「批判的思考力」の育成が大事になってくることを示している。

　TIMSS 調査からの課題は、改善傾向にはあるものの依然として「算数・数学や理科が楽しい」という「意欲面」の低さである。

　以上の分析の結果、PISA 調査からは、論理的思考力が、TIMSS 調査からは意欲という情意面が課題となっていることが分かり、この二つは対照的な課題に見えるが本当にそうだろうか? 2. で考えてきた「力」としての「意欲(情意面)」と「思考力・判断力・表現力(論理的思考力)」を関連させて考えることの重要性から見ると、そうではないことが見えてくる。

(3) これから必要になる力～PISA と TIMSS 調査結果の関連性から～

　PISA 調査と TIMSS 調査の結果から明らかになったこれから必要になる「論理的思考力」と「意欲という情意面」の重要性について、互いの関連性という面に注視しながら考えてみたい。まず、「論理的思考力」から考えてみる。

①論理的思考力の重要性を考える

　これから必要になる力の一つ、論理的思考力としての「批判的思考力」を例にして考えてみる。「批判的思考力」の重要性は、国立教育政策研究所が、2013年3月に出した「教育課程の編成に関する基礎的研究」の「報告書5」において提案された「21世紀型能力」を形成する「思考力」である「考える」の観点において出されている。それによると「考える」は、教科・領域横断的な学習で求められる能力を汎用的能力として抽出された「基礎（知る）」、「思考（考える）」、「実践（行動する）」の3観点の中の1つで、その中核には「思考力」が位置付けられており、それは「問題の解決や発見、新しいアイデアの生成に関わる創造力、その過程で発揮され続ける論理的・批判的思考力、自分の問題の解き方や学び方を振り返るメタ認知、そこから次に学ぶべきことを探す適応的学習力などから構成される」と書かれている（下線筆者）。

　そもそもここで言われている「批判的思考力」とは、どのようなものなのだろうか？「批判的思考力（クリティカルシンキング）」の定義として最も有名なものに、教育哲学者R・エニスの「何を信じ何を行うかの決定に焦点を当てた、合理的で反省的な思考」がある。彼によると、クリティカルシンキングとは、①意思決定と関わる「目的的」な思考であり、②「合理的」な思考であり、③「反省的」な思考であると言われている（番号は筆者）[22]。

　これを見ると気付くのは、純粋に「論理的」に関係するのは②のみで、①も③も、主体者としての自己の在り方が大事なことが分かる。つまり、批判的思考力とは、単に無機質に論理だけを積み重ねていく思考力ではなく、目的に向かって何度も自分の考えの方向性を吟味しながら進めていく「意思や心情、粘り強さ」等が大切な思考力であると考えられる。

　それに関して、今井むつみ氏は、『学びとは何か』[23]の中で、批判的思考とは、「ある考えがあったら、その正当性を打ち立てるために、証拠を積み上げて論理を作っていく能力」という、ディアナ・キューンの説を紹介している。そして、"批判的思考とは、前項で述べた「科学的思考」と基本的に同じで、ある仮説理論、あるいは言説を、証拠にもとづいて論理的に積み重ねて構築していく思考のしかたを言う。単に「感情にとらわれず客観的にものごとを考える」とか、「多角的に物事を検討する」ということではない。"と書いている。そして、"これは、単に本で読んだだけ、誰かに説明されただけでは理解できない。知識（理論）を構築していく実際の道筋が分からないと、様々な仮説を適当に立てるだけで終わってしまう。自分で仮説を考え、実験をデザインし、データを取って分析し、吟味し、論を構築し、それを評価する。「批判的思考」はこのようなプロセスを何度も繰り返し経験すること、つまり「体で覚える」ことによって初めて体得できる。批判的思考（＝科学的思考）とエピステモロジー（＝知識観）とは、互いを支え合い、互いを引っ張り上げながらともに発達する。"と書いている。（下線筆者）

　これらから分かるのは、「批判的思考力」とは単なる論理的思考力だけでなく、自分が持った仮説や考えに向かって、「本当にそうかな？」と何度も自分に問いかけ、その取組を繰り返す思考力であり、そこには他者が書いた知識（論理）を単に読んだだけで分かったつもりになるのではなく、実際に自分の体を使って確かめ、そこから学ぶ「泥臭い」実感によ

る「本当に分かった！」という、実感を伴った論理への納得があると思える。その「批判的思考（＝科学的思考）とエピステモロジー（＝知識観）」とを、「互いを支え合い、互いを引っ張り上げながらともに発達する。」ように働いているのが、主体者としての自己の在り方ではないだろうか？

　これは、ここまで考えてきた「習得・活用・探究」における「知識・技能」と「思考力・判断力・表現力等」との関係の重要性とその実現における、「主体性」の関与の重要性を言っているのではないだろうか？つまり、これまで考えてきた「論理的思考力」と「意欲という情意面」の関係である。

　したがって、そうして得た「知識」は、「知識とは、思考によって再構成されたもの」という知識観に裏付けられたものであり（「知識・技能」と「思考力・判断力・表現力等」との関係）、獲得への「意思や心情、粘り強さ」等に支えられたものである（「知識・技能」と「思考力・判断力・表現力等」との関係を実現させる「主体性」の関与）と言えるだろう。この取組の姿勢は、上述の、①意思決定と関わる「目的的」な思考であり、③「反省的」な思考であり、そして勿論②「合理的」な（論理的な）思考でもあることが分かる。

②「論理的思考力」と「意欲という情意面」の関係

　このように見てくると、PISA調査からの課題であった「批判的思考力」は、TIMSS調査からの課題である「意欲面」と大いに関係しているのではないかと思える。勿論この「意欲面」とは単に活動することが楽しいとか、テストで良い点がとれたから楽しい等というものではない。それは、「目的の解決に向かっての追究の意欲」であり、ここまでは良いが、この先は良いのかな？　等と、メタ認知に伴う「解決の道筋を検証し続け、取り組み続ける粘り強い意欲」のことと考えられる。

　つまり、このPISA調査とTIMSS調査の結果から、私たちは、子供たちに求める知識や論理的思考力を付けるための、「批判的思考力」やそれに伴う「学びに対する意欲」を育てていく必要のあることが分かる。「批判的思考力」の、「本当にこれで良いのか？間違いはないか？」等と何度も吟味を繰り返すことの大事さは、勿論、論理の正当性を高めるという内容上の面もあるが、その際の「振り返り＝自己認識（メタ認知）」の力を高めると共に、問題解決の流れを体得し、粘り強く追究し続けるという態度面の意義もあると考える。この「批判的思考力」という言葉自体は総則やその解説には表れていないが、答申には以下のような形で書かれている。

4．教科等を越えた全ての学習の基盤として育まれ活用される資質・能力の項目で

○また、急速に情報化が進展する社会の中で、情報や情報手段を主体的に選択し活用していくために必要な情報活用能力、物事を多面的・多角的に吟味し見定めていく力（いわゆる「クリティカルシンキング」）、統計的な分析に基づき判断する力、問題を見いだし解決に向けて思考するために必要な知識やスキル（問題発見・解決能力）などを、各学校段階を通じて体系的に育んでいくことの重要性は高まってきていると考えられる。　　（答申P35、下線筆者）

つまり、「物事を多面的・多角的に吟味し見定めていく力」として「批判的思考力＝クリティカルシンキング」を定義している。その意味するところは、上述したように単なる論理的思考力だけでなく、「吟味し、見定めていこうとする」、「学びに対する意欲」としての「力」でもあることに留意したい。

私たち（特に自分）は、これまで、TIMSS 調査はいわゆる学力調査の A 問題に相当し、PISA 調査は B 問題に相当すると短絡的に捉え、どちらかと言えば「これからの教育には B 問題が示す内容が大事！」と、PISA 調査の結果に偏って注目していたのではないだろうか？そうではなく、基礎・基本と活用の関係を大事にすべき「TIMSS 調査」と、活用と探究の関係を大事にすべき「PISA 調査」の意義をしっかり捉え、さらに「TIMSS 調査」における学習状況調査の結果、つまり意欲という情意面を学力と関連させて考える上記のような捉え方こそ大事なのではないだろうか？　今後は、論理的思考力の育成を図る上での「学びに対する意欲」としての「力」、つまり「主体性」の重要性に気付いた学びを実現していくことこそが、真の論理的思考力の育成につながるものと考えられる。

前出の文で今井氏は、「批判的思考とは、科学的思考と基本的に同じ（下線筆者）」と言っている。論理のかたまりと考えていた科学的思考まで、実は"心の通わない"論理的な枠組みだけでは実現しないと言っているのが印象的である。また、"「体で覚える」ことによって初めて体得できる"と批判的思考力について語っている点は、第 2 章の 2. で考えた「問題解決型学習」の経験主義教育と「知識重視型学習」の系統主義教育の際に考えた、「経験主義的学習観」に通じるものがあるようにも感じる。この経験主義的な学力観の重要性や心情的な面の大事さ（主体的など）については、これからも意識して考えていきたい。

5. 我が国の「全国学力・学習状況調査」について考える

ここでは、今まで考えてきた世界の教育の状況や、特に TIMSS 調査と PISA 調査の結果やその関係性から、我が国の学力・学習状況調査に関して考えさせられる点について述べる。

国の学力・学習状況調査では、平成 30 年度まで A 問題、B 問題、そして児童と学校への学習状況調査が実施されてきた。いくつかの学校にお邪魔して、その結果の活用について伺ったことがあったが、多くの学校では A 問題、B 問題の正答率の低かった（国や県などの平均点より低い等）問題に注目し、その改善に向けて該当単元や分野の課題に着目し、その克服に向けた授業改善に取り組んでいたように思う。学習状況調査については、学力調査と関連させる意識は概して薄く、例えば学習状況調査で「根拠を元に考える意識が弱かった」という結果なら、そのための授業への取組として「授業では根拠を基に考える指導を行う」等の一般的な方針は出されても、その課題が A 問題、B 問題の解答状況結果の「どこに、どのように表れているか」等の検証にまで着目して解答結果を分析し、それを具体的な取組にまでつなげていた学校は少なかったように思う（今は徐々に増えては来ていると思うが）。

各学校の取組でもう１つ感じたのは、Ａ問題とＢ問題の関係についてだ。特にＡ問題については「漢字の読み書きや算数の計算」等の「基礎・基本の技能の徹底」の意識が強い傾向がある。しかし、例えばＡ問題の割り算で「答が12÷0.8の式で求められる問題を選ぶ（平成30年、小学校算数Ａの問題2）」という問題は、「小数の除数の意味について理解している」かどうかを調べる良問で、選択問題（実際に計算するわけではない！）なのだが、全国（公立）の正答率では、算数Ａ全体の平均が63.5なのに対して39.9と他の問題に比べて際だって低い（設問中一番低い）結果となった。これは、機械的に計算ができるかどうかという技能ではなく、計算の意味が分かって計算できる真の技能が育っていない（真に活用できる技能の習得には至っていない）ことを示している（この場合は、小数の除数の意味が分かっていない）。これが分からなければ、活用のＢ問題における「割り算の意味を理解した上での文章題に対する、説明を伴った立式や解答」などは困難だろう。その力を付けるには、勿論、計算ドリルの単なる繰り返し等は効果がなく、日頃の授業の中での、割り算の解き方に伴う式や図、数直線などを用いた「主体的・対話的で深い学び」を実践した授業の中での、計算の意味理解が必要になると考えられる。そして、それは「基本的な技能の習得」に相当する学びになるのだ。

　このように見てくると、Ａ問題に相当する基礎・基本、Ｂ問題に相当する活用の問題、そしてその２つをつなぐ「学習状況調査」に表れる子どもの意識の、三者の関連を大事にした結果の分析と、そこからの具体的な指導方針の決定と実施、そして検証が大事になってくると考えられる。その意味では、Ａ問題は「基礎・基本」、Ｂ問題は「活用」という「区別した捉え」が問題ではないかと考える。これは、平成31年度からＡ、Ｂ問題の区別がなくなった理由でもあるのではないかと思われ、その主旨を（勿論検査時間の短縮等による負担軽減もあるだろうが）しっかり考え、校内で共通理解する必要があるだろう。

コラム①　「全国学力・学習状況調査」の扱いについて

・「全国学力・学習状況調査」の形式が、平成31年度から大きく変わりＡ問題とＢ問題が統一された。子どもが「これはＡ問題、これはＢ問題」等と意識して取り組むのではなく、真に使える力の育成を目指すという点ではそのねらいは分かるし、これまでの理科（3年に1回実施）でも同じような形式だった。この実施に当たり、これまでの学校の取組状況も見ながら気になった点がいくつかあるので、今後の取組についていくつか提案したい。

①基礎・基本を疎かにしないこと

・本文で述べたことと矛盾するように聞こえるかもしれないが、漢字の読み書きや、基本的な文法、基本的な計算の技能など、基本的事項の習得状況に心がけることが改めて大事と感じる。平成31年度（令和元年度）の問題をＡ問題とＢ問題が統一される前年の平成30年度と比較すると、例えば小学校国語の漢字の「書き」は5問から3問に、文法は3問（主述、慣用句、敬語）から1問（接続語）に減っている。小学校算数では、前年に全国の正答率が半分程度だった円周率や百分率、単位量当たりの大きさが何れも出題されていない。勿論、この調査で全て検証するのではなく、この結果を参考に授業改善をしながら各学校で実態を検

証していくことが大事なのだが、そこを怠ると前年までの課題がそのままになってしまう危険性がある。つまり、国語も算数・数学も、Ａ問題とＢ問題が統一されてこれまでより全体の問題数が大きく減り、扱う内容や領域には大きな制限が出てくる。学校ではそのことを十分認識しながら、特に基礎・基本の分析や評価をしっかりしていく必要があると感じる。勿論、その学びに当たっては本文に述べたような「意味が分かった」上での習得が大事であり、単なる繰り返しによる短期的記憶や技能練習ではないことを共通理解しておくべきである。

②国語の文学教材の扱いについて

・平成31年度（令和元年度）の国語では、小・中学校ともいわゆる文学教材は1問も出題されていない。理由は、今課題になっている「複数の資料を用いた論理的な読み」等の育成が優先されたためではないかと考えられるが、では現場で文学教材を教える際には「どんな力（資質・能力）を付けようとしている」のか、そのねらいが学校内で明確化し、共有されているかが課題となる。

・コロナ禍で中止になった令和2年度をはさみ、小学校国語は令和3年度においても引き続き文学教授は扱われなかった。しかし、問題のみの配布にとどまった令和2年度では、椋鳩十の物語文「金色の足あと」を読んでの、友達の考えとふせんが紹介され、それらを元に、「叙述を基に場面の様子を捉え、登場人物の気持ちを想像することができるか（解説資料）」を問う問題が出された。ここで特徴的なのは、自分の「登場人物の気持ちを想像する力」そのものではなく、友達の書いた文章を元に、正確に、そして共感的に「書いた人の気持ちを読みとる力」の育成を目指していることだろう。中学国語でも令和3年度には、夏目漱石の「吾輩は猫である」のブックカバーと文字の一部を扱った問題が出されている。設問には、いわゆる文学的読みに触れたものもある。これらは、今後の文学を扱う授業の意義や指導のあり方について考える一つの参考となると思える。

③学習状況調査の経年評価について

・学習状況調査の調査内容が毎年少しずつ変わってきている。それはこれまでもそうだったし、これからも重点的に調べたい項目が出されて、同時になくなる項目も出るだろうが、「本校の現状や目的から、是非経年的に調べていきたい項目」については、学習状況調査の項目からなくなっても学校独自に調査し、継続して変容を調べていくことが大事だろう。例えば「先生は分かるまで教えてくれる。」などは、どの学校でも継続して大事な項目だと思える。

④令和2年度の調査中止に関して

・新型コロナウイルス禍により、令和2年度の学力調査は中止となった。学校では学校再開に伴う授業時間数確保等で調査どころではなかっただろうが、こんな時こそ「自分たちが子供たちに身に付けさせたい真の学力とは何か？」を考えることが大事とも思える。自宅学習用のドリルやプリントの内容も、回収後の扱いも、その考え方や捉え方によって変わってくるだろう。これまでの調査の経年経過から学校の取組の経緯を検証してみる良い機会かもしれない。現在もコロナ禍による不透明な活動状況が続いているが、こんな時機だからこそ、その学校の「学力向上への意識」が表れてくると思われる。

第3章 「資質・能力の三つの柱」は、どこから出てきたのか？②
～新学習指導要領の「資質・能力の三つの柱」を考える～

　第2章で見てきた我が国や外国の、主に学力観に関するこれまでの動きを概観した上で、改めて新学習指導要領の「資質・能力の三つの柱」が、今回どのように出てきたのかを検討してみる。

1. 新学習指導要領までの動き

　1997年から2003年にかけて、OECDのDeSeCoプロジェクトがキー・コンピテンシーを提起してPISAに導入されたが、わが国では、その前の1996年（平成8年）提起の「生きる力」に、今求められている資質・能力を視野に入れた動きがあったことは、第2章で見てきた通りだ。これは、「新しい学力観」から「生きる力」、「確かな学力」、そして「学校教育法の改正」から「学力の三要素」へと、育成すべき資質・能力を一貫して求めてきた我が国の施策（Q＆A③参照）が、国際的な流れにも合致していていただけでなく、それらに刺激され、また時には先行していたことを示しているとも考えられる。

　また、第2章で述べたように、「資質・能力の三つの柱」に当たる「学力」が、「学力の三要素」の三つの柱間の関係も含めて徐々に明確になってきたと共に、その関係を意識した学力向上のための学習法として、「習得・活用・探究の学習過程」が提案され、実施されてきた経緯も見てきた。そして2012年（平成24年）には、「育成すべき資質・能力を踏まえた教育目標・内容と評価の在り方に関する検討会」が発足し、さらに検討を進めてきた経緯がある。同じ平成24年度の国立教育政策研究所の報告書では、「思考力（例、問題解決・発見力・創造力、論理的・批判的思考力、メタ認知・適応的学習力の3つ）」を中核として、それを支える「基礎力（言語スキル、数量スキル、情報スキル）」、その使い方を方向付ける「実践力（自律的活動力、人間関係形成力、社会参画力、持続可能な未来への責任）」の三層構造で構成される「21世紀型能力」が提案された。これは、第2章の3.（2）で述べたOECDの「キー・コンピテンシー」にも重なると考えられる。(P51参照)

2. 「学力の三要素」から「資質・能力の三つの柱」の関係へ

(1)「資質・能力の三つの柱」とは

　以上のような経緯を経て出されてきた新学習指導要領では、児童生徒の「何ができるよう

になるか」という観点を、学力の三要素をふまえて「資質・能力の三つの柱」として示している。

〔資質・能力の三つの柱〕…新学習指導要領

1. 生きて働く「知識・技能」の習得

2. 未知の状況にも対応できる「思考力・判断力・表現力等」の育成

3. 学びを人生や社会に生かそうとする「学びに向かう力・人間性等」の涵養

（総則 P18、解説 P3）

　学習指導要領総則解説の第1章総説の、1　改訂の経緯及び基本方針の（2）改訂の基本方針の②育成を目指す資質・能力の明確化において、「生きる力」をより具体化した資質・能力を、ア「何を理解しているか、何ができるか（生きて働く「知識・技能」の習得）、イ「理解していること・できることをどう使うか（未知の状況にも対応できる「思考力・判断力・表現力等」の育成）、ウ「どのように社会・世界と関わり、よりよい人生を送るか（学びを人生や社会に生かそうとする「学びに向かう力・人間性等」の涵養）の三つの柱に整理する（P3，上表）とある。

　まず、今回の学習指導要領では「学力」という言葉ではなく、「育成すべき資質・能力」という表現が使われている点に注目したい。また、学校教育法第三十条第二項の内容を基にした「学力の三要素」（1.基礎的な知識・技能、2.思考力・判断力・表現力等の能力、3.主体的に学習に取り組む態度）の1．2．の表現に、それぞれ「生きて働く」、「未知の状況にも対応できる」が加わることで、より具体的に「使える」力という点を強調しているように見える。さらに、「3.主体的に学習に取り組む態度」は、「学びに向かう力・人間性等」となり、学校教育を通して生涯にわたって必要とされる理念的な内容が示されており、「これまでの学習指導要領改訂においてこのような内容が示されたのは初めて（横浜国立大学名誉教授　髙木展郎）」である。

　このように、「学力の三要素」の「知識・技能」、「思考力・判断力・表現力等」については〔資質・能力の三つの柱〕になっても表現に大きな変化はないが、「主体的に学習に取り組む態度」のみが「学びに向かう力・人間性等」と表現が変わり、「主体的」は「主体的・対話的で深い学び」の中に出てくることは第2章の2．（9）でも述べたが、上記の髙木氏の指摘を踏まえれば、より広い内容を含めたということかもしれない。その点も含めて今後も考えていきたい。

(2)「確かな学力」との関係…新しい「確かな学力」

　続けて総則の解説を読むと、第3章　教育課程の編成及び実施の第1節　小学校教育の基本と教育課程の役割の2　生きる力を育む各学校の特色ある教育活動の展開（第1章第1の2）で、まず、学校教育法第三十条第2項による「生きる力」を育むことがますます重要である（P22）と述べられ、（1）確かな学力（第1章第1の2の（1））に話が移っていく（下線筆者）。

（1）確かな学力（第1章第1の2の（1））

（1）基礎的・基本的な知識及び技能を確実に習得させ、これらを活用して課題を解決するために必要な思考力、判断力、表現力等を育むとともに、<u>主体的に学習に取り組む態度</u>を養い、<u>個性を生かし多様な人々との協働を促す教育の充実</u>に努めること。その際、児童の発達の段階を考慮して、児童の言語活動など、学習の基盤をつくる活動を充実するとともに、家庭との連携を図りながら、児童の学習習慣が確立するよう配慮すること。

（総則解説 P23、下線筆者）

　上記の文章を読むと、前半には学校教育法第30条第2項の内容、つまり「学力の三要素」が書かれており、それに「個性を生かし多様な人々との協働を促す」点を加えていることが分かる。

①注意点①「新しい確かな学力」

　注意しなければならないのは、ここに書かれた「確かな学力」は、これまで述べてきたものとは若干違うという点である。当初出された「確かな学力」は、以下のようなものであった。

　これからの子供たちには、基礎的・基本的な「<u>知識や技能</u>」は勿論ですが、これに加えて「<u>学ぶ意欲</u>」や「<u>思考力・判断力・表現力など</u>」を含めた幅広い学力を育てることが必要。これを「<u>確かな学力</u>」という。

（本文 P29 参照　文部科学省ホームページ見解から、下線筆者）

　これと、今回出された上記の「確かな学力」を比較してみると、当初は、これまでも大事と思われてきた「知識や技能」に加えて、これからは「学ぶ意欲」や「思考力・判断力・表現力など」も「学力」として重要になってくる、という、今日の「学力観」のスタートになった表現だが、今回は「<u>主体的に学習に取り組む態度</u>を養い、<u>個性を生かし多様な人々との協働を促す教育の充実に努めること</u>」が主眼になっている。これは、ここまでの取組の中で、思考力、判断力、表現力等の「学力」としての重要性はほぼ認知されてきたが、これからはいよいよ「学ぶ意欲」も含めた「主体的に学習に取り組む態度」が、今後学力として取り組むべき大事なものだという捉えからではないかと思える。それに加えて、今回「個性を生かし多様な人々との協働を促す教育の充実（上記）」が加わっている。

　その理由については解説 P23 の一番下の行からの次の文に表れている。「加えて、変化が激しく予測困難な時代の中でも通用する確かな学力を身に付けるためには、自分のよさや可能性を認識して個性を生かしつつ、多様な他者を価値のある存在として尊重し、協働して様々な課題を解決していくことが重要であることから、学校教育法第三十条第2項に規定された事項に加えて、「個性を生かし多様な人々との協働を促す」ことを示している。（下線筆者）」とある文である。

　この「個性を生かし」を、「主体的な活動」の付け加えと捉え、「多様な人々との協働」を

「協働的な学び」と捉えれば、下村博文文科大臣の諮問にある、「主体的、協働的に学ぶ学習」（いわゆる「アクティブ・ラーニング」）からのつながりとも考えられる。何れにしても、現状を鑑みた上での付け加えが「確かな学力」にはあることと、それが、これから特に育成が大事と考えられる「主体的、協働的な学び」と関係していることは確認しておく必要があるだろう。

②注意点②「主体的に学習に取り組む態度」と「学びに向かう力・人間性等」

注意しなければならないもう1点は、ここまでは出発点の「生きる力」も含めて、「主体的に学習に取り組む態度」だったのが、「資質・能力の三つの柱」になると、「学びに向かう力・人間性等」と変化する点である。(1)で書いたように、「学力の三要素」での「主体的に学習に取り組む態度」が、今時学習指導要領での「生きる力」をより具体化した資質・能力では「学びに向かう力・人間性等」に変化しているが、その「生きる力」と同義の「確かな学力」の段階では、まだ「主体的に学習に取り組む態度」であることが分かる。つまり、「生きる力」の「知」的な面と同義の<u>「確かな学力」は、「資質・能力の三つの柱」と全く同じということではない</u>ことが分かる（「生きる力」＝「確かな学力」＋「豊かな人間性」＋「健康・体力」）。

その上で、「本項は、こうした法令の規定を受け、児童が確かな学力を身に付けることができるよう、基礎的・基本的な知識及び技能の<u>習得</u>と、思考力、判断力、表現力等の<u>育成</u>、主体的に学習に取り組む態度の<u>涵養</u>を目指す教育の充実に努めることを示している。（総則解説P23）」と、資質・能力の三つの柱で使われている「習得、育成、涵養」の言葉も使われており、ますます「主体的に学習に取り組む態度」が「学びに向かう力・人間性等」に変化した理由について考える必要性を感じる。

(3)「主体的に学習に取り組む態度」が「学びに向かう力・人間性等」に変化した理由

ここで、ここまで疑問として引きずってきた「主体的に学習に取り組む態度」が「学びに向かう力・人間性等」に変化した理由について考えてみたい。総則解説には、これに関係して「こうした知識及び技能の得や、思考力、判断力、表現力等の育成、主体的に学習に取り組む態度、<u>多様性や協働性の重視</u>といった点は、資質・能力の三つの柱とも<u>重なり合う</u>ものであることから、その詳細や資質・能力の三つの柱との関係については、本解説第3章第1節の3において解説している。（総則解説P24、下線筆者）」と述べている。

ここで思い出すのは2.（2）で見たように、「新しい確かな学力」では、これまでの捉えに「個性を生かし多様な人々との協働を促す教育の充実」が加わったということである。そうすると、上記の「重なり合う」の内容文は、「新しい確かな学力」と「資質・能力の三つの柱」が重なり合う、と読める。そうすると「新しい確かな学力」になって加わった<u>「多様性や協働性の重視」</u>と、これまでの「主体的に学習に取り組む態度」を合わせたものが、<u>「学びに向かう力・人間性等」</u>になったと考えられるのではないだろうか。さらに総則解説の後半を読むと「その詳細や資質・能力の三つの柱との関係については、本解説第3章第1節の3において解説している。（P24）」とある。そこで第3章第1節の3を見ると、その最後に以下のような文章がある。

なお、学校教育法第三十条第2項に規定される「主体的に学習に取り組む態度」や、第1章総則第1の2（1）（総則 P17）が示す「多様な人々と協働」することなどは、「学びに向かう力・人間性等」に含まれる。資質・能力の三つの柱は、確かな学力のみならず、知・徳・体にわたる「生きる力」全体を捉えて整理していることから、より幅広い内容を示すものとなっているところである。

（総則解説 P39、括弧内、下線筆者）

　ここには明確に、「主体的に学習に取り組む態度」や「多様な人々と協働」することは、「学びに向かう力・人間性等」に含まれる、とあるので、上記の捉えは間違っていなかったと考えられる。つまり、「生きる力」の学力面である「確かな学力」の内容が変化（充実）したため、それに対応した「資質・能力の三つの柱」の表現も変わったのだと結論付けられるだろう。ただ、ここには「人間性」という「大きな」意味が込められた言葉が含まれている。したがって、単にこれまでの「主体的に学習に取り組む態度」に「多様な人々と協働」が足し算されて「学びに向かう力・人間性等」になったということではなく、そこには前者の2つの化学反応により新しく生まれてくるものもあるのかもしれない。また、この二つ以外にも含まれる要素があるのかもしれない。そんな含みを意識しながら、「学びに向かう力・人間性等」の意味をもう少し考えてみたい。（P206 コラム⑭参照）

(4)「主体的に学習に取り組む態度」が「学びに向かう力・人間性等」に変化した根本の理由

　上記の総則解説 P39 の文章で気になる点がある。それは、前半の「主体的に学習に取り組む態度」や「多様な人々と協働」することなどが「学びに向かう力・人間性等」に含まれる。と書いた後の、後半の「資質・能力の三つの柱は、確かな学力のみならず、知・徳・体にわたる「生きる力」全体を捉えて整理していることから、より幅広い内容を示すものとなっているところである。」という文である。この文章は何のために付いているのだろうか？それは、「資質・能力の三つの柱は、「知」に関係する「確かな学力」だけでなく、「徳・体」にも関係するので、その関係から「学びに向かう力・人間性等」は、「徳・体」においても大事になってくる」、ということを確認しているのではないだろうか？

　この考えも踏まえて、ここまで「主体的に学習に取り組む態度」が「学びに向かう力・人間性等」に変化した理由はなぜか？と考えてきた自分なりの回答が下図である。

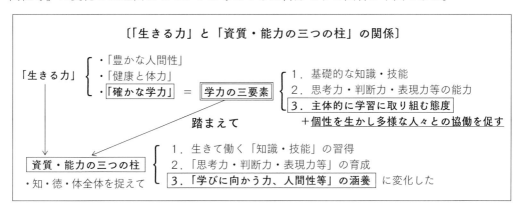

〔表の解説〕

　ここまでの「生きる力」の内容を振り返ってみると、「知・徳・体」に対応する「育てたい力」として「確かな学力」、「豊かな人間性」、「健康と体力」があった。その学力面である「確かな学力」が、「学力の三要素」として、「1. 基礎的な知識・技能、2. 思考力・判断力・表現力等の能力、3. 主体的に学習に取り組む態度」と明確化された。そして、今回の学習指導要領改訂に当たり、この3.「主体的に学習に取り組む態度」が「学びに向かう力、人間性等の涵養」に変化したのは、これに、「個性を生かし多様な人々との協働を促す」内容が加わったことと、この「資質・能力の三つの柱」が、学力だけでなく「徳・体」を含めた教育活動全体に関係するものである、という点に関係すると思われる。つまり、「学びに向かう力・人間性等」に、捉える内容も対象も広がったり充実したりしたと考えられる。

　そう考えると、1、2点目の「基礎的な知識・技能」や「思考力・判断力・表現力等」も、「学力の三要素」における1、2点目と同じ表現ではあるが、その対象はやはり「知・徳・体」全体に広がっており、内容や対象も「広い意味の学び」に広がったり充実したりしたと考えられる点に注意したい。

　ここで思い出されるのは、前章の4.（3）①論理的思考力の重要性を考える（P56）で考えた「論理的思考力」と「意欲という情意面」の深い関係である。「学びに向かう力・人間性」という、知だけでなく徳や体の面も含めた資質・能力の向上こそが大切だということだろう。

　結論として、「生きる力」からのつながりは、<u>これまで同様、少しずつ変化しながらも続いていることになる</u>。こうしてこれまでの疑問は解決できたと思えるが、"「多様な人々と協働」することなどは「学びに向かう力・人間性等」に含まれる"という上記の表現にこだわれば、「学びに向かう力・人間性等」には、これ以外の要素が含まれている可能性もある。

3. 「資質・能力に共通する要素」と「資質・能力の三つの柱」

　「学力の三要素」と「資質・能力の三つの柱」の関係が明らかになったことを受けて、いよいよ「資質・能力の三つの柱」について考えていく。総則の解説では「3　育成を目指す資質・能力（第1章第1の3）」（P34）から、資質・能力の具体的な説明に入るが、下記のように「答申において指摘されているように、」という文章から説明に入っている。

　中央教育審議会答申において指摘されているように、国内外の分析によれば、<u>資質・能力に共通する要素</u>は、①知識に関するもの、②思考や判断、表現等に関わる力に関するもの、③情意や態度等に関するものの三つに大きく分類できる。本項が示す資質・能力の三つの柱は、<u>こうした分析を踏まえ</u>、④「生きる力」や各教科等の学習を通して育まれる資質・能力、⑤学習の基盤となる資質・能力（第1章総則第2の2（1））、⑥現代的な諸課題に対応して求められる資質・能力（第1章総則第2の2（2））といった、<u>あらゆる資質・能力に共通する要素</u>を資質・能力の三つの柱として整理したものである。

　これを読むと、「資質・能力の三つの柱」は、国内外の分析による「資質・能力に共通する３つの要素（資質・能力の三つの柱の元になる①、②、③）」を踏まえて、上述の④、⑤、⑥といった「あらゆる資質・能力」に共通する要素として整理した結果だということができる。この、「国内外の分析による資質・能力に共通する要素」は、これまで見てきたキー・コンピテンシーを大事にした資質・能力の分け方に準じていることが分かる。

　⑤、⑥を、指摘されている第１章総則第２の２教科等横断的な視点に立った（1）学習の基盤になる資質・能力、（2）現代的な諸課題に対応して求められる資質・能力の育成と対比させてみると、⑤学習の基盤となる資質・能力は（1）、⑥現代的な諸課題に対応して求められる資質・能力は（2）に対応している。つまり、④が教科、⑤、⑥が教科等横断的な視点に立った要素と考えられる。さらに⑤の「学習の基盤となる資質・能力」は「児童の発達段階を考慮したもの」で、⑥の「現代的な諸課題に対応して求められる資質・能力」は、「児童や学校、地域の実態及び児童の発達の段階を考慮」したものである。

　以上から、①、②、③の「あらゆる資質・能力に共通する要素」と、④、⑤、⑥といった「あらゆる資質・能力の分類」の関係を見やすくしたのが下表である。

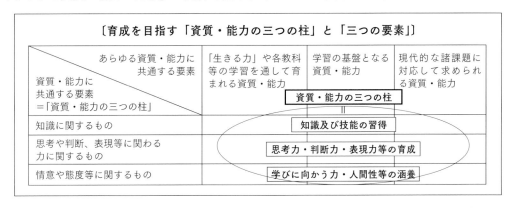

　この表のように、「生きる力」から始まった「学校教育法」や「学力の三要素」、「確かな学力」で提案されてきた三点が「資質・能力の要素の分類」として表の横軸に位置付いており、あらゆる資質・能力を教科等の学習を観点に分類した「三つの要素」は、縦軸に位置付いている。そして、この２つの軸がクロスした所に、「資質・能力の三つの柱」が位置付いていると考えられる。

4. 「生きる力」の捉え

　ここで気になるのは「生きる力」の位置付けである。上記資料によれば、資質・能力の三つの柱は、④「生きる力」や各教科等の学習を通して育まれる資質・能力、⑤学習の基盤となる資質・能力（第１章総則第２の２（1））、⑥現代的な諸課題に対応して求められる資質・能力（第１章総則第２の２（2））といった、あらゆる資質・能力に共通する要素を資質・能

力の三つの柱として整理したものである。（総則解説 P35、番号は筆者）」とある。これを読むと、「生きる力」は⑤、⑥に当たる「資質・能力」とは区別されており、④の「各教科等の学習を通して育まれる資質・能力」としか関係していないのだろうか？これら全てを含むのが「生きる力」ではなかったのだろうか？「生きる力」の捉えが徐々に変化してきたことを表しているのかもしれないが、資質・能力としてこの「三つ」が必要な点は確認しておきたい。それを踏まえて、「生きる力」の捉えについて、コラム②で考えてみる。

コラム② 「生きる力」の捉えについて

- 「生きる力」の捉えが、実態に応じて少しずつ変わってきた点については、第2章2. (11)「生きる力」の変遷を考える（P43）でも見てきたが、ここでまとめて考えてみたい。

- 元々「生きる力」は、「基礎・基本を確実に身に付け、いかに社会が変化しようと、自ら問題を見付け、自ら学び、自ら考え、主体的に判断し、行動し、よりよく問題を解決する資質や能力、自らを律しつつ、他人とともに協調し、他人を思いやる心や感動する心などの豊かな人間性、たくましく生きるための健康や体力である」と書かれており、それは今回の学習指導要領でも再確認されている（総則解説 P22、木書 P27）

- これを読むと、当初の「生きる力」では、今回の学習指導要領で提示されている「資質・能力」に関するのは、「生きる力」の中の、学習面だけであることが分かる（当初の「生きる力」では、学習面についてだけ「資質・能力」という用語が使われている）。

- では、今回の学習指導要領における「資質・能力」は何を指しているのだろうか？2. (4)でも考えたように、それは学習面だけに限らないことがわかる。また、それは総則解説編で最初にこの言葉が出てくる「中央教育審議会答申においては、"よりよい学校教育を通じてよりよい社会を創る"という目標を学校と社会が共有し、連携・協働しながら、新しい時代に求められる資質・能力を子供たちに育む「社会に開かれた教育課程」の実現を目指し（総則解説編 p 2、下線筆者、以下省略）」という表現からも、「新しい時代に求められる資質・能力」は、「より良い社会を創る」という「社会に開かれた教育課程」に関する資質・能力で、学習面だけに限らないことがわかる。

- それを受けて総則解説 P3 では、「このため「生きる力」をより具体化し、教育課程全体を通して育成を目指す資質・能力を、資質・能力の三つの柱（内容は省略）に整理するとともに、各教科等の目標や内容についても、この三つの柱に基づく再整理を図るよう提言がなされた。」とある。このように見てくると、この「より具体化し」は、学習面以外についても育成を目指す「資質・能力」を対象にして、「教育課程全体」から「生きる力」育成を考えていることがわかる。

- このように学習に関係した「資質・能力」が、教育課程全体に広がった1つの理由は、これまで見てきたように「意欲面、ひいては主体性も学力として捉える」という認識が定着してきたことと関係するのではないかと思える。言い方を変えれば、豊かな人間性や、たくましく生きるための健康や体力の育成も広く「学び」と考える、ということではないだろうか？そのような共通した捉えの元、これらの育成に関わる力を「資質・能力」と統一したのではないかと考

える。

- 以上を念頭に総則解説 P35（本書 P66）の文章を読むと、これまで「生きる力」の学力面として考えられてきた「④『生きる力』や各教科等の学習を通して育まれる資質・能力」に、「⑤学習の基盤となる資質・能力」や、「⑥現代的な諸課題に対応して求められる資質・能力」を加えたものを、その要素で分類したものが、「資質・能力の三つの柱」ということになり、その関係する範囲は学校教育全般に渡って広いと考えられる。
- ※この④の「生きる力」は、これまで学力面で考えてきた「生きる力」で、⑤、⑥も現時点では「生きる力」に含まれるのではないかというのが、前出の「生きる力」の捉えに対する疑問についての自分の考えだが、やや苦しい気もする。読者の皆さんは、どう考えるだろうか？

5. 改めて「資質・能力の三つの柱」を考える

　自分はこれまで、「資質・能力」というと、専らこの表（P67）の横軸にあたる「資質・能力に共通する要素の分類」からの「資質・能力の三つの柱」を思い浮かべていたが、改めて縦軸の捉えも含めて考えていく必要があることに気付いた。さらに、縦軸も考慮して考えると、冒頭に揚げた「構成図」の「主体的・対話的で深い学び」の実現に向けた7つの授業改善に、その意味が込められていることにも気付いた。

　つまり、7つの授業改善の中の（1）「主体的・対話的で深い学び」実現に向けた授業改善は、教科の特質を大事にした「見方・考え方」を生かした学びであり、主に、表の縦軸の〔あらゆる資質・能力の「分類」〕の1つ目の、〔「生きる力」や各教科等の学習を通して育まれる資質・能力〕に相当すると考えられる。

　では、この横軸にあたる「資質・能力の三つの柱」と、縦軸にある「あらゆる資質・能力に共通する要素」は、どのような関係にあるのだろうか？　それを示しているのが、下の総則解説の P46 と思える。

　今回の改訂においては、次項のとおり、②言語能力、情報活用能力、問題発見・解決能力等の<u>学習の基盤となる資質・能力</u>や、③豊かな人生の実現や災害等を乗り越えて次代の社会を形成することに向けた<u>現代的な諸課題に対応して求められる資質・能力</u>を、<u>教科等横断的な視点に立って育成すること</u>を規定している（**表の縦軸に当たる**）。また、①<u>各教科等においても</u>、当該教科等の指導を通してどのような資質・能力の育成を目指すのかを、（①、②、③何れも）「知識及び技能」、「思考力・判断力・表現力等」、「学びに向かう力・人間性等」の三つの柱に沿って再整理（**表の横軸に当たる**）し、当該教科等の目標及び内容として明確にしている。

（総則解説 P46　教育課程の編成、下線と①〜③番号、ゴシックは筆者）

　ここに書かれているように、表の縦軸の2つ目の「学習の基盤となる資質・能力」については、7つの授業改善中の「（2）言語能力、（3）情報活用能力、（4）問題発見・解決能力

等」が相当するように見える。また、3つ目の「現代的な諸課題に対応して求められる資質・能力」は、「豊かな人生の実現や災害等を乗り越えて次代の社会を形成することに向けた現代的な諸課題（総則解説のP46）」とあり、7つの授業改善の残りの、(5)体験活動、(6)自主的・自発的学習の推進、(7)公共施設の利活用がそれに相当するのではないだろうか？（きめきめに分かれるわけではないが）

　つまり、表の横軸に当たる「資質・能力の三つの柱」育成には、表の縦軸に当たる「主体的・対話的で深い学び」実現に向けた7つの授業改善」が必要になるという関係である。勿論、この7つの授業改善の各項目を、縦軸の「三つの分類」にそれぞれ対応付けることには無理もあるし、その必要もないとは思うが、それなりに重点的には対応しているようにも見えるし、それを意識して指導していくことも大事だと思える。

　したがって、この「主体的・対話的で深い学び」実現に向けた7つの授業改善」は、それぞれが、「あらゆる資質・能力に共通する要素」の中のどれを重点的に扱って指導していくかを意識して取り組む際の大事な授業改善の観点ではないかと改めて認識させられた。

　以上の検討を加えてP67の表を改良したのが下の表である。

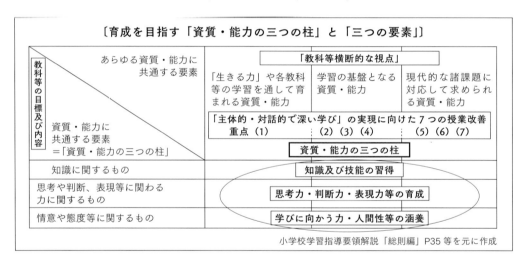

改めてこの表を見ると、「生きる力」から「学校教育法」や「学力の三要素」、「確かな学力」と考えてきた「資質・能力」は、元々は「教科等の目標及び内容」から考えられる「資質・能力の三つの柱」という横軸と、教科等の学習も含めた「教科等横断的な視点」から考えた「教科の学習に必要な資質・能力」、「学びの基礎として必要な資質・能力」、「現代的な諸課題に求められる資質・能力」の三つの要素から考えられる縦軸の交差した場所に実現する「資質・能力の三つの柱」の「習得・育成・涵養」ではないかと思われる。そして、それを実現するのが〔「主体的・対話的で深い学び」実現に向けた7つの授業改善〕ということになる。

　以上から考えると、「教科等学習に必要な資質・能力」だけでなく、「全ての学びの基盤となる資質・能力」、そして「現代的な諸課題に対応して求められる資質・能力」の育成も大事だということは、単に「この3つの場合の資質・能力を扱う」という「内容の説明」に

留まらず、特に、「学習の基盤となる資質・能力」と「現代的な諸課題に対応して求められる資質・能力」は、教科等の枠組みを越えて必要になってくる資質・能力という「一括り」であり、これからの学力向上になくてはならない力である、と捉えることが大切だろう。そして、それを支える、また場合によっては支えられる「各教科等の資質・能力」も、そのことを意識して育てていくべきで、そういった関係性が重要だと考えられる。

　つまり、各教科等の学習においても、教科等横断的な視点に立った上での教科等の枠組みを踏まえた指導が大事になってくる。そのことを踏まえて構成図の右下の「ゴール」には、各教科等横断的な視点から、ということで、〔求める「資質・能力」の要素〕として資質・能力を分類して表した。したがって、これが教科等横断的に、学校教育全体で「資質・能力の三つの柱」を育てていくというねらいの意味や意義と考えられ、そのことから、学校教育全体の向かうべき方向性を示す「学校の教育目標」に話が展開していく流れが大事になってくる。これについては次章で考えてみる。

6. 「資質・能力の三つの柱」を「習得・活用・探究」から考える

(1) ここまでの流れの整理とこれからの検討の展望

　第2章では、「資質・能力の三つの柱」は、どこから出てきたのか？　①というテーマで、我が国のこれまでの教育施策の変遷を整理しながら考えてきた。その結果、「目指す学力観」は、これまで長きに渡って対立してきた「習得」にあたる「知識重視型学習（系統主義教育）」だけでも、「探究」にあたる「問題解決型学習（経験主義教育）」だけでも不十分で、これらを「思考力・判断力・表現力等」の関与により互いに関連付けた新しい学力観が必要になってくることが分かり、それを実現するのが「習得・活用・探究」の学習の展開と言えるのではないかという結論になった。そしてこの第3章「資質・能力の三つの柱」は、どこから出てきたのか？　②では、ここまで、その「新しい学力観」にあたる「資質・能力の三つの柱」とはどのようなものかについて考えてきた。そこでここからは、この新しく提案された「資質・能力の三つの柱」に基づいた学力観と「習得・活用・探究」の関係を考え、どうこの学力を育てていけるのかについて検討していきたい。そして、P41 にまとめたポイント②「習得・活用・探究」から考えた「二つの学力観」の関係図を、「習得・活用・探究」から考えた「資質・能力の三つの柱」へと深化させたい。そこで、この三つの柱を、「知識及び技能の習得」、「思考力・判断力・表現力の育成」、「学びに向かう力、人間性等の涵養」の順番に検討していく。

(2) 「習得」から「知識及び技能の習得」を考える

　「習得」については、「①知識及び技能が習得されるようにすること」（総則解説 P36）に書かれている。ここに書かれた「知識観」は、「知識については、児童が学習の過程を通して個別の知識を学びながら、そうした新たな知識が既得の知識及び技能と関連付けられ、各教科等で扱う主要な概念を深く理解し、他の学習や生活の場面でも活用できるような確かな知識として習得されるようにしていくことが重要となる。」（総則解説 P36、下線筆者）とい

うものである。

　ここで注目したいのは「個別の知識」を学びながらも、それが「習得される」のは、「活用できるような確かな知識」としてである、ということだ。「習得」の定義の中に「活用」が含まれている点に注意したい。それについては、以下の記述が重要になる。

　（途中から）教科の特質に応じた学習過程を通して、知識が個別の感じ方や考え方等に応じ、<u>生きて働く概念</u>として<u>習得</u>されることや、新たな学習過程を経験することを通して<u>更新</u>されていくことが重要となる。

　このように、知識の<u>理解の質を高める</u>ことが今回の改訂においては重視されており、各教科等の指導に当たっては、学習に必要となる個別の知識については、教師が児童の学びへの興味を高めつつしっかりと<u>教授する</u>とともに、<u>深い理解を伴う知識の習得</u>につなげていくため、<u>児童がもつ知識を活用</u>して思考することにより、<u>知識を相互に関連付けてより深く理解</u>したり、知識を他の学習や生活の場面で<u>活用</u>できるようにしたりするための学習が必要となる。

　こうした学習の過程はこれまでも重視され、習得・活用・探究という学びの過程の充実に向けた取組が進められている。今回の改訂においては、各教科等の特質を踏まえ、優れた実践に共通して見られる要素が第1章総則第3の1（1）の<u>「主体的・対話的で深い学び」</u>として示されている。

（総則解説 P36、下線筆者）

　ここでは、「習得」された「知識」というものがどのようなものかについて、言葉を様々に変えて何とか理解して欲しいと努めているように感じる。曰く「生きて働く概念」、「更新される」、「理解の質を高める」、「深い理解を伴う知識」等であり、それらの「知識」の習得のために、「<u>児童がもつ知識を活用</u>して思考することにより、<u>知識を相互に関連付けてより深く理解</u>したり、知識を他の学習や生活の場面で<u>活用</u>できるようにしたりするための学習が必要」とある。つまり、「資質・能力の三つの柱」の一つとして習得を目指す「知識・技能」とは、**「これまでにもっていた知識・技能を活用することで得られる、新たな場面でも活用できる知識・技能」**と言えるだろう。したがって、求める「知識・技能の習得」とは、この2つの「活用」を含む、常に更新される**「動的な知識・技能の習得」**と捉えることができるだろう。この「知識・技能観」が、今回の学習指導要領を理解する一番のポイントではないかと思える。

（3）「個別の知識」の意味

　ここで注意したいのは、上記文中の「個別の知識」である。これについては「教師が児童の学びへの<u>興味を高めつつしっかりと教授する</u>とともに、」とあるが、これを、どう「しっかりと教授する」かに注意したい。「学びへの興味」については後程「主体的に関する意欲面」の重要性について考えたいが、ここで確認したいのは、「個別の知識」についても、上記の「習得」の意味を持たせて「教授」する必要があるのではないかということだ。つまり、極端に言えば、「事実の（一方的な）教え込み」で「個別の知識」を与え、それを既存

の知識や概念（知識群）とつなげ、相互に関連付けて習得させようとしても無理ではないかということだ。そこまで極端ではないだろうが、えてして「考えるための材料として個別の知識を与え、それを既存の知識や概念とどうつなげるか」を考えさせることが「習得」に当たると考えがちではないだろうか？　しかし、考えてみれば、最初に知識を一方的に与え、材料が目の前に揃ってから、さあこれらを意味付けしてみようと考えさせるというのでは主体的な学びとは言えないだろうし、何より「活用できる知識としての習得」には結び付かないだろう。この点は、第2章2.の（12）②注目点②「主体的」が「思考」との関係で「力（資質・能力）」として認識される（P46）、を皮切りに考えてきた「意欲面」の重要性にも関係してくる。

　そこで注目されるのが、「個別の知識」にある「興味を高めつつ」というフレーズである。つまり、「個別の知識」は、ただ「教授する」のではなく、「興味を高めつつ」教授することが大事、というのだ。ということは、この「興味を高めつつ」は、ただ面白いとかやってみたいではなく、これまで児童の中にある既存の知識や技能と「何らかの相互作用」を示し、それとの関連性を予感させるような意味での「面白い、やってみたい、できそうだ」等の関係性と考えられる。「個別の」という言葉が、「独立した、バラバラの」という感じを与える気もするが、このような捉えが大事ではないかと思える。このように考えていくと、「教授する」という言葉の与えるニュアンスが誤解を生みやすいようにも思えるのだが、その理解をしっかりしておく必要があるだろう。以下に、「知識・技能」の「教授」と「習得」についてまとめておく。

コラム③　「知識・技能」の「教授」と「習得」について

・本文で、「知識・技能」の「教授」という言葉のニュアンスにやや違和感を覚えると書いたが、この「教授」と「習得」について考えてみたい。

・総則解説では、「個別の知識は、児童の学びへの興味を高めつつ教師が教授する」とともに、「深い理解を伴う知識の習得につなげていくため、児童がもつ知識を活用して思考することにより、知識を相互に関連付けてより深く理解したり、知識を他の学習や生活の場面で活用できるようにしたりするための学習が必要となる。」とある。

・「教授」が決して一方的な「知識の提供」でないことは、「児童の学びへの興味を高めつつ」という表現や、全体の趣旨からも明らかだし、「教授」が指導者、「習得」が学習者という主体の違いも明らかだが、「教授」と「習得」の内容的な関係はどうだろう？「習得」とは、「児童がもつ知識を活用して思考することにより、知識を相互に関連付けてより深く理解する」ことであり、つまり既習の知識（概念）と、新しく「教授」された知識との再構成ということになる。

・したがって、「教授」と「習得」は内容的に明らかに違うが、ここで気になるのは、「教授」がどのような「わかり」のレベルでなされるものかということだ。勿論、既習の知識とのつながりが明確なものとしてではない（明確ならば習得にならない）はずだが、だからと言って、既習の知識とのつながりを全く意識しないものとしての「教授」ならば、本文に書いたように、材料を目の前に並べて、こちらが仕掛ける「主体性のない」学習になってしまう。そのあたり

に配慮したのが、「学びへの興味を高めつつ」という点ではないだろうか？

・そう考えると、「教授」には、単なる興味や関心ではなく、既習の知識とのつながりを意識させるような意味での「学びへの興味」が必要ではないかと思える（例えば、これまでの知識や考え方で、できそうだ、やってみたい等の見通しや意欲が持てる）。そのような意識を伴って「教授」された知識が、教師の適切な働きかけに支えられた子どもの主体的学びによって、既習の知識とつながり合うことで「習得」がなされると考えられるのではないだろうか。

・そう考えるなら、「教授」のもつ意味理解と、そのための授業展開の重要性を改めて考える必要があるだろう。

以上から、「資質・能力の三つの柱」の「知識・技能」の習得については、以下のように言えるだろう。

〔「習得・活用・探究」の学びの過程の「習得」から考えた、「資質・能力の三つの柱」の中の「知識及び技能の習得」〕

・「知識及び技能が習得」されたとは、その単元なりで学ぶ「個別の知識・技能」が、これまでもっていた知識・技能を活用することで関連付けられて「概念」等という形での深まりや広がりにつながった、他の学習や生活でも「活用できる知識・技能」になるということ。その知識や技能は、これからも、学びと共に更新され続けるものである。

※そのためには、「思考力・判断力・表現力等の活用」や「学びへの意欲付け」が必要になる（以下の項目に関係）。

(4)「活用」から「思考力・判断力・表現力等の育成」を考える

総則の解説では、続いて「②思考力・判断力・表現力等を育成すること」（総則解説 P37）が書かれている。

②思考力、判断力、表現力等を育成すること

児童が「理解していることやできること（＝知識や技能）をどう使うか（＝この場合は「探究」のための「活用」）」に関わる「思考力、判断力、表現力等」は、社会や生活の中で直面するような未知の状況の中でも、その状況と自分との関わりを見つめて具体的に何をなすべきかを整理したり、その過程で既得の知識や技能をどのように活用し、必要となる新しい知識や技能をどのように得ればよいのかを考えたりするなどの力であり、変化が激しく予測困難な時代に向けてますますその重要性は高まっている。また、①において述べたように、（知識及び技能の習得）「思考力、判断力、表現力等」を発揮することを通して、深い理解を伴う知識が習得され（ここは「習得」のための「活用」）、それにより更に「思考力、判断力、表現力等」も高まるという相互の関係にあるものである。

学校教育法第三十条第2項において、「思考力、判断力、表現力等」とは、「知識及び技能」を活用（つまり、「習得」段階の「活用」と、「探究」段階での「活用」）して課題を解決するために

必要な力と規定されている。　　　　　　　　　（総則解説 P37、下線、追加のゴシックは筆者）

　上記文にあるように、「思考力・判断力・表現力等」とは、「既得の知識や技能をどのように活用し、必要となる新しい知識や技能をどのように得ればよいのかを考えたりするなどの力」である。この「既得の知識や技能の活用」場面とは、どのような場面だろうか？　ここまでの検討から、そこには２つの場面があることの確認が大事だろう。

　１つ目はいわゆる「習得場面」、つまり教授された「個別の知識」を「既存の知識」と再構成することで新しい「知識（概念と言っても良いかもしれない）」を習得する場面である。授業において、子ども達が「分かった！　できた！」とつぶやく大事な場面である。上記の文で言えば、"①において述べたように、「思考力、判断力、表現力等」を発揮することを通して、深い理解を伴う知識が習得され"と書かれている部分だろう。

　２つ目は、この「習得した知識（概念）」を、社会や生活の場面などに「活用」する場面、つまり「探究」の場面である。上記総則解説の文章中で、「社会や生活の中で直面するような未知の状況の中でも、その状況と自分との関わりを見つめて具体的に何をなすべきかを整理したり、その過程で既得の知識や技能をどのように活用し、必要となる新しい知識や技能をどのように得ればよいのかを考えたりするなどの力」と書かれている部分である。ここは「習得」場面で得た知識（概念）を、教科の枠を離れた、より広い場面で「活用」する、つまり「習得・活用・探究」の「探究場面」ではないかと思える。

　このように見てくると、「習得」と「探究」が、その間に位置付く「思考力・判断力・表現力」によってつながり、「習得」とつながる「活用（活用①と呼ぶ）」と、「探究」とつながる「活用（活用②と呼ぶ）」があることが分かる。この「活用①、②」は自分が便宜的に付けた名称だが、説明の都合上、これからも使用していく。

　つまり「教授」された「個別の知識」に対し、既習の「知識及び技能」を、「思考力・判断力・表現力」を活用することで再構成した新しい知識や技能として習得することができ、「思考力・判断力・表現力」も育成することができる。これが「思考力・判断力・表現力」の「活用①」である（習得から活用の段階）。そして、こうして得た「活用①」の力を基礎として、実際に社会や生活で直面する課題を探究する活動を行う「活用②」を行うことで、自ら学び自ら考える力を高めることができる（活用から探究の段階）。以上をまとめると、以下のようになる。

〔「習得・活用・探究」の学びの過程から考えた、「資質・能力の三つの柱」の中の「思考力、判断力、表現力等の育成」〕
①　既習の「知識及び技能」を、「思考力、判断力、表現力等」を発揮することを通して活用、新しい知識や技能を習得することで、これまでの「知識及び技能」を再構成した「新しい知識や技能」を習得する。…「活用①」
②　①で育成した「知識・技能を活用する力」としての「思考力、判断力、表現力等」を基に探究活動を行うことで、自ら学び自ら考える力を高めることができる。…「活用②」

・このように、「習得・活用・探究」の「活用」から「思考力・判断力・表現力等の育成」を考えた結果、「活用」には、2種類あると考えられる。

(5)「学びに向かう力、人間性等の涵養」の位置付けは？

　ここまで検討してきて気になるのは、これまで触れてこなかった「資質・能力の三つの柱」の中の「学びに向かう力、人間性等の涵養」と「習得・活用・探究」の学びの過程との関係である。

　総則解説のP38の「③学びに向かう力、人間性等を涵養すること」を読んでも、「習得・活用・探究」への言及は見られない。ただ、ここには「他の二つの柱（知識・技能と思考力・判断力・表現力等、筆者注）をどのような方向性で働かせていくかを決定付ける重要な要素である。（総則解説P38）」という文章がある。つまり、「学びに向かう力、人間性等の涵養」は、「習得・活用・探究」の学びを実現させるための、全体的な関わりとして重要な働きをしていると言えそうである。これは、(3)「個別の知識」の意味、の項目で、「学びへの興味を高めつつ」のもつ意味は大きいと言える、と書いたことにも関係するだろう。また、総則解説の、「学びに向かう力、人間性等の涵養」に書かれた「主体的」や「メタ認知」などの言葉を見れば、それは単なる興味や意欲付けではないことも分かる。したがって、「習得・活用・探究」全体に関係していることも分かるが、特に主体的な学びが必要な「探究」の活動になくてはならない重要なものと考えられる。この「学びに向かう力、人間性等の涵養」の、特に「主体性」のもつ意義については、後程第21章で検討したい。

　以上、「習得・活用・探究」と、「資質・能力の三つの柱」の関係を「ポイント③」にまとめる。「ポイント②」〔「習得・活用・探究」から考えた「二つの学力観」の関係図〕(P41)からの深化に注目して見て欲しい。

ポイント③　「習得・活用・探究」から考えた「資質・能力の三つの柱」

　ここまでの議論を基に、「資質・能力の三つの柱」と「習得・活用・探究」の関連をまとめる。

・基礎的・基本的な「知識・技能」は、「習得」される「もの」であると同時に、「活用できる知識」という「力」でもある。つまり「使える機能をもった知識・技能＝力」と考えられる。この「力」は抽象的な捉えではなく、「具体的な知識や技能を伴った力」と捉えられる。「資質・能力の三つの柱」としての「知識・技能」にも、この捉え方は受け継がれていく。

・「資質・能力の三つの柱」の「思考力・判断力・表現力等」は、「具体的な知識や技能を伴った力」である「知識・技能」を用いて、それを「活用」する「力」である。それは、既得の知識（概念）を活用することで再構成した新たな知識を「習得する」場合に使われ（活用①）、そうして得た知識を実際の課題を探究する活動に活用する（活用②）ことで自ら学び自ら考える力を育成する（探究）ことができる。このように見てくると、「資質・能力の三つの柱」としての「思考力・判断力・表現力等」は2つの活用場面（習得場面の活用①と、探究場面の活用②）で大事な働きをすることがわかり、「思考力・判断力・表現力等」の、「生きる力」実現への大事な役割が見えてくる。→活用②が、P41の〔今後の課題①〕の解答になる。

・このように「知識・技能」と「思考力・判断力・表現力等」間の、関係性の深さが見えてくる。つまり、「使える機能をもった力」である「知識・技能」に、「力」である「思考力・判断力・表現力等」を「活用」することで、「知識・技能」がより高まり、「思考力・判断力・表現力等」自体も高まる、という相互の関係である。

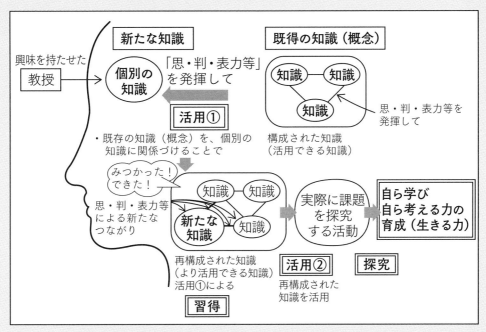

〔「習得・活用・探究」と「資質・能力の三つの柱」の関係図〕

・この関係を見れば、「知識が大事か、思考が大事か」等といった議論は、意味がないことがわかる。
・また、「資質・能力の三つの柱」の中の「学びに向かう力・人間性等」については、学びを実現させるための全体的に重要な働きをしていると考えられるが、具体的な関わりについては今後の議論になるだろう。

〜ポイント②（P41）からの深化に注意〜

・ポイント②の「今後の課題①」について
　「活用」と「探究」の関係は、再構成された知識が、実際の課題を探究する場面に活用されることで（活用②）、自ら学び自ら考える力を育成する探究場面が実現するという関係にある。
・ポイント②の「今後の課題②」について
　ここに「学びに向かう力・人間性等」がどう位置付くのか、「主体的・対話的で深い学び」との関係はどうなるのかは、今後も考えていく必要がある。

→ P105「ポイント⑤」、P284「ポイント⑫」に続く

第4章

「学校の教育目標」の意義と「総合的な学習の時間」の意義

1. ここまでの「学校の教育目標」の意義の捉え

ここまでの議論を踏まえて、第3章の5. で考えた学校の教育目標について改めて考えてみる。第3章の5. では、学校教育で育てたい「資質・能力」には、「教科学習に必要な資質・能力」、「全ての学びの基盤となる資質・能力」、そして「現代的な諸課題に対応して求められる資質・能力」の3つの要素のあることが分かった。

そして、これらは互いに関係し合いながら「資質・能力の三つの柱」を育てていることから、教科等横断的な学びの必要性が出てきて、その実現に向けて教科等横断的に、<u>学校教育全体で「資質・能力の三つの柱」を育てていくことの重要性</u>が明らかになり、そのことから、学校教育全体の向かうべき方向性を示す「学校の教育目標」の意義と重要性が再確認されることになった。

2.「学校の教育目標」の意義の捉え直し

続く第3章の6.「資質・能力の三つの柱」を「習得・活用・探究」から考える、の検討の結果明らかになったのは、1. で考えてきた資質・能力の三つの柱全てに共通する「学びの姿」としての「習得・活用・探究」という学びの過程が「資質・能力の三つの柱」を育てるのに深く関係している、ということだった。つまり、1. の段階では「資質・能力」の要素の関連性を意識した教科等横断的な学校の教育目標の意義が見えていたが、第3章の6. を経ることで、「資質・能力」の育成面からの教科等横断的な「習得・活用・探究」の学びの過程の重要性が見えてきた結果、全ての学習に共通する学びの過程の重要性に伴った学校の教育目標の意義が見えてきたと言える。

以上から、今回の学習指導要領の実施に当たっては、**各学校の学校教育目標の見直しと検討が、①「資質・能力の三つの要素」の関連性の重視という観点からと、②「習得・活用・探究」という学びの過程の教科等横断的面からの実現に向けた観点からの、2つの面から必要になってくる**ことが分かる。

なお、ここまでの議論では、「資質・能力の三つの要素」と「習得・活用・探究」という学びの過程の関係までしか論じて来なかったが、それを踏まえた「資質・能力の三つの要

素」と「主体的・対話的で深い学び」との関係については、第8章で考えることにする。

3. 各学校の「教育目標」の検証と改善

　以上のような検討を踏まえ、今回の学習指導要領改訂の実施に際して、学校の「教育目標」の点検や改訂を行った学校はどれくらいあっただろうか？それは、長年変化のない「建学の精神」に類したものになっていないだろうか？そして、その目標を受けた学校研究の「研究主題」はどうだろうか？ここまで読まれてきた方なら、学校の教育目標や学校研究の主題に、単に「学び」という言葉を入れたり「主体的・対話的で深い学び」に類する表現を入れるといったような表面上の変化ではなく、「学び」に込められた「学習観、指導観」の捉えを、2. で述べた2つの観点を意識して、今こそ明確に表明すべきときではないかと考えられるのではないだろうか？また、総則解説では続いて「総合的な学習の時間」の位置付けについて、以下のように述べられている点にも注目したい。

（途中から）総合的な学習の時間の目標については、上記により定められる<u>学校の教育目標との関連</u>を図り、児童や学校、地域の実態に応じてふさわしい探究課題を設定することができるという総合的な学習の時間の特質が、各学校の<u>教育目標の実現に生かされる</u>ようにしていくことが重要である。
　　　　　　　　　　　　　　　　　　　　　　　　　　　　　　　（総則解説 P47、下線筆者）

　最初にこの部分を読んだときは、学校の教育目標について言及した後、唐突に総合的な学習の時間の目標について述べられている感じがした。特に「総合的な学習の時間の特質が、各学校の<u>教育目標の実現に生かされる</u>ようにしていくことが重要である」と、教科学習の重要性をさておき、まず総合的な学習の時間の重要性を学校の教育目標実現に結び付けているように感じ、違和感を覚えた。

　しかし、ここまでの検討を振り返れば、つまり、「生きる力」で「新しい学力観」を提案した際に、その実現に向けての象徴的な活動として「総合的な学習の時間」が創設されたこと、また、「総合的な学習の時間」が第3章の3. で考えた、これから大事になる教科等横断的な学びの代表的な時間だということを考えれば、今回捉え直した学校の教育目標を実現する重要な教育活動として、真っ先に総合的な学習の時間について考えることは唐突どころかごく当然で、また大事なことだと考えるようになった。

第5章 「資質・能力の三つの柱」は、どこから出てきたのか？③

　ここまでの検討で、「資質・能力の三つの柱」の位置付けはかなり明らかになってきたが、総則の解説では、「資質・能力の三つの柱」は、「中央教育審議会答申において指摘されているように（総則解説 P35）」と書かれており、その出所ははっきりしない。そこで、「答申」ではどうなっているのか、見てみることにする。

1.　中央教育審議会答申には、どのように書かれているのか？

　答申を読むと、2.「生きる力」の育成に向けた教育課程の課題（1）教科等を学ぶ意義の明確化と、教科等横断的な教育課程の検討・改善に向けた課題に、以下の文がある。

> ○議論の上で参考としたのは、国内外における、教育学だけではなく、人間の発達や認知に関する科学なども含めた幅広い学術研究の成果や教育実践などを踏まえた資質・能力についての議論の蓄積である。前回改訂の検討過程においても、育成を目指す資質・能力を踏まえ教育課程を分かりやすく整理することの重要性は認識されていたが、当時はまだ資質・能力の育成と子どもの発達、教育課程との関係に関する議論の蓄積が乏しかった。
>
> （答申 P14、下線筆者）

　なお、上記の文には、OECD のキー・コンピテンシーや 21 世紀型スキルを参考にしながら論点整理としてまとめられたとの注釈がある。このように、答申でも資質・能力の明確な成立過程ははっきりしないが、注釈も含めて、本書がここまで見てきたように、これまでの国内外の動きの全体から議論してきたと考えて良いだろう。さらに上記では、前回改訂ではまだ、その「議論の蓄積が乏しかった」と正直（？）に書かれている点にも注目したい。つまり、今回だけでなく、これまでの取組の流れが今回の改訂につながっていたとする点から考え、前回改訂から一貫して資質・能力の育成を意識して取り組んできたことの証拠ともなるだろう。また、第5章　何ができるようになるか─育成を目指す資質・能力─1.　育成を目指す資質・能力について、の基本的な考え方には、以下のような文がある。

> ○育成を目指す資質・能力の具体例については、様々な提案がなされており、社会の変化とともにその数は増えていく傾向にある。国内外の幅広い学術研究の成果や教育実践の蓄積を踏まえ、

そうした数多くの資質・能力についての考え方を分析してみると、以下のように大別できる。

・例えば国語力、数学力などのように、伝統的な教科等の枠組みを踏まえながら、社会の中で活用できる力としての在り方について論じているもの。

・例えば言語能力や情報活用能力などのように、教科等を越えた全ての学習の基盤として育まれ活用される力について論じているもの。

・例えば安全で安心な社会づくりのために必要な力や、自然環境の有限性の中で持続可能な社会をつくるための力などのように、今後の社会の在り方を踏まえて、子供たちが現代的な諸問題に対応できるようになるために必要な力の在り方について論じているもの。

（答申 P27、下線は筆者）

さらに、2. 資質・能力の三つの柱に基づく教育課程の枠組みの整理には、（資質・能力の三つの柱）と題して次の文がある。

○全ての資質・能力に共通し、それらを高めていくために重要となる要素は、教科等や直面する課題の分野を越えて（つまり、P27 の資質・能力全てにおいて）、学習指導要領の改訂に基づく新しい教育課程に共通する重要な骨組みとして機能するものである。（以下省略）

○海外の事例や、カリキュラムに関する先行研究等に関する分析によれば、資質・能力に共通する要素は、知識に関するもの、スキルに関するもの、情意（人間性など）に関するものの三つに大きく分類されている。前述の三要素は、学校教育法第 30 条第 2 項が定める学校教育において重視すべき三要素（「知識・技能」「思考力・判断力・表現力等」「主体的に学習に取り組む態度」）とも大きく共通している。

○これら三要素を議論の出発点としながら、学習する子どもの視点に立ち、育成を目指す資質・能力の要素について議論を重ねてきた成果を、以下の資質・能力の三つの柱として整理した。

（以下、省略）

（答申 P28、下線、括弧内ゴシックは筆者）

〔「資質・能力」の「考え方」とその「要素」〕

　この 3 箇所の引用文を見ると、1 つ目は「資質・能力育成の重要性」をあげているが、その根拠は国内外の研究の成果であることを言っている。2 つ目は教科と教科等横断的な観点からの資質・能力の「考え方」の具体例だが、これも国内外の幅広い学術研究の成果や教育実践の蓄積を踏まえ、とある。そして、3 つ目は「全ての資質・能力に共通する重要な三要素」を述べており、これは学校教育法にある「学力の三要素」とも大きく共通しているが、根拠はやはり海外の事例や、カリキュラムに関する先行研究等に関する分析によれば、となっている。そして、この三要素を踏まえて「資質・能力の三つの柱」を明らかにしている。

　以上から、答申を見ても「資質・能力の三つの柱」の出所は基本的には何れも「我が国と海外の、これまでの成果や分析から」ということで、その経緯は明確には書かれていないが、ここまでの議論からその妥当性はある程度納得できるのではないだろうか？　後は、是

非巻末にあげてある参考図書等を読んで検討してみてほしい。

2. 「教科の学び」と「教科等横断的な学び」の関係

　上記の答申P27部分を読んでみて感じたのは、「資質・能力」を、まずその「考え方」から「三つに大別できる」と上げている点である。その分ける観点が「教科」と「教科等横断的」に大別できることは先に述べたが、それが教科等横断的な学びの重要性を言っていることは勿論、教科等横断的な学びを意識した教科学習の重要性も言っていること（「伝統的な教科等の枠組みを踏まえながら、社会の中で活用できる力」という表現）にも注目したい。

　自分には、この意味での「資質・能力」の捉えが不足していたことは前にも書いたが、答申を読むことで、その理解が進んだと思える。つまり、このように捉えるならば、答申に書かれているように、育成を目指す資質・能力の具体例は、今後も「社会の変化とともにその数は増えていく傾向」にある（答申P27）と考えられるだろう。しかし、そこには常に、この「資質・能力」の「考え方」と「要素」を共通理解した教科等横断的な学びを基盤とした、教科学習も含めた各種学びがあるという基本的な捉えがあることを忘れてはいけないだろう。

第6章 「主体的・対話的で深い学び」はどのように出てきたのか？①
～「主体的・対話的で深い学び」表現の変遷から考える～

　ここまで育てたい「資質・能力」について考えてきた結果を受けて、いよいよ「主体的・対話的で深い学び」について検討する。最終的に目指すのは、「習得・活用・探究」から考えた「二つの学力観」の関係図（ポイント②、P41）から、**「習得・活用・探究」から考えた「資質・能力の三つの柱」**（ポイント③、P76）と深化してきた関係図を、**「習得・活用・探究」から考えた「主体的・対話的で深い学び」**という関係図にすることである。

　第3章の5．で見てきたように、〔育成を目指す**「資質・能力の三つの柱」**と**「資質・能力の三つの要素（共通・分類）」の関係**〕を考えた際、作成した表（P70）にあるように、「教科の学習に必要な資質・能力」、教科等横断的に考えた、「学びの基礎として必要な資質・能力」、「現代的な諸課題に求められる資質・能力」の三つの要素を実現していく際には、「主体的・対話的で深い学び」実現に向けた7つの授業改善という、具体的な授業改善が関係していることが分かる。そこで、ここが**「資質・能力の三つの柱」**と**「主体的・対話的で深い学び」の接続**を表しているのではないかと考えてきた。

　ここでは、この「主体的・対話的で深い学び」に焦点を当て、特に、目指すものとしての「主体的・対話的で深い学び」の姿と、その実現のための「主体的・対話的で深い学び」の実現に向けた授業改善の区別を意識しながら考えていきたい。

1．表現変遷の経緯

　「主体的・対話的で深い学び」の表現については何回か変わってきている。その点について、田村　学　國學院大學教授の書物等を参考にその概要をまとめてみる。

　最初に出てきたのは、平成26年11月の下村博文文科大臣による諮問[14]の中で、そこでは"主体的・協働的に学ぶ学習（いわゆる「アクティブ・ラーニング」）"という表現が使われていた（下線筆者）。それを受けた「論点整理（平成27年）」[24]でも同様に使われていた"課題の発見・解決に向けた主体的・協働的な学び（いわゆる「アクティブ・ラーニング」）"が、後に「協働的」は活動性をイメージさせやすいとの理由で、「対話」に置き換わる。さらに、ただ話し合えばいいわけではないという主旨で、「深い学び」という言葉が出てきたようだ。この「主体的な学び」「対話的な学び」「深い学び」は当初、箇条書きで書かれていたが、馳浩文科大臣の頃に「主体的・対話的で深い学び」という今の連続した言葉になり、「審議のまとめ（平成28年8月26日）」[25]では「主体的・対話的で深い学び」が「すなわち

アクティブ・ラーニング」と変遷してきた（下線筆者）。

　田村氏によれば、「論点整理」の「主体的・協働的な学び」が「いわゆるAL」だったのが、「審議のまとめ」で「主体的・対話的で深い学び」が「すなわちAL」と変遷したのは、「深い」が入っただけでなく、「主体的・対話的で深い学び」とワンタームになって、それが最後にきていることに意味があり、「主体的」も大事だし「対話」も大事だけれど、「深い」を意識してほしいということを意味しており、「主体的・対話的」だと形式的なものになってしまう可能性があるので、<u>深く理解する学びになってほしい</u>という趣旨のようである。また、<u>主体的、対話的であることは大事で、それこそ目指すものだが、何に対して主体的であり、何を対話しているのかが大事。表面ではなく質で捉える大事さ</u>の旨の発言もしている[26]。（下線は筆者）

　上記の表現の経緯から感じたのは、本来伝えたいメッセージを明確にするために表現が少しずつ変わってきたのではないかということと、今、一番大事だがその趣旨が分かりにくいと言われている「深い学び」という表現が一番最後に出てきたということだ。そこから考えられるのは、「深い学び」に含まれると言われる大事なねらいは、**実は最初の「主体的・協働的」或いは「主体的・対話的」に含まれていたのではないか**、ということだ。つまり、その言葉だけでは結局真意が伝えきれなかったから「深い学び」を入れたのではないだろうか。そう捉えれば、「主体的・対話的で深い学び」の、「主体的・対話的」というまとまりと、「深い学び」を分けた「で」の意味は、広辞苑を参考にすれば「・手段・方法・道具・材料を示す」という「深い学び」のための単なる手段ではなく、「埋由・原因を示す。……によって、……なので」というように、「主体的・対話的」が「深い学び」と内容的にも強いつながりがあるということではないだろうか。

　つまり、**「主体的・対話的学びによって、それに伴っての深い学び」**を実現する、ということではないだろうか。このように、元々の**「主体的・協働的な学び」**には、質的な「深い学び」の要素が含まれていたとしたら、主体的・対話的に含まれる「深い学び」を、「主体的・対話的<u>である</u>深い学び」という意味で、「主体的・対話的で深い学び」と位置付けたのではないかと思える。

　これは、具体的には、P87のコラム④でも紹介するが、例えば授業の「ふりかえり」の「自己評価」は「主体的」だが、その「内容（質）」は同時に「深い学び」でもあるはず、ということで、「主体的」と「深い学び」は切っても切れない関係にある等という具体的な姿として現れてくるのではないだろうか？　これについては頭の片隅において意識しながら考えを進め、最後に自分の捉えを述べたいと思う。

　こうした経緯を踏まえた新学習指導要領では、「総則解説」の③「主体的・対話的で深い学び」の実現に向けた授業改善の推進（解説P3）の中で、"……<u>我が国</u>の優れた教育実践に見られる普遍的な視点である「主体的・対話的で深い学び」の実現に向けた授業改善（アクティブ・ラーニングの<u>視点に立った授業改善</u>）を推進することが求められる。"とあり、続いて、"今回の改訂では「主体的・対話的で深い学び」の実現に向けた授業改善を進める際の〜"と文章が続く。

2. 変遷の経緯から「主体的・対話的で深い学び」が出てきた経緯を考える

1. の変遷の経緯を見れば分かるように、大臣による諮問から始まった「主体的・対話的で深い学び」に関する表現は、大きく下表のように変化してきた。

〔「主体的」、「対話的」、「深い学び」と「アクティブ・ラーニング」の表現の経緯〕

①「主体的・協働的に学ぶ学習（いわゆる「アクティブ・ラーニング」）

「諮問」（平成26年11月）

②「課題の発見・解決に向けた主体的・協働的な学び（いわゆる「アクティブ・ラーニング」）

「論点整理」（平成27年8月26日）

③「主体的・対話的で深い学び」が「すなわちアクティブ・ラーニング」

「審議のまとめ」（平成28年8月26日）

④平成26年11月の諮問において提示された「アクティブ・ラーニング」については、子供たちの「主体的・対話的で深い学び」を実現するために共有すべき授業改善の視点として、その位置付けを明確にすることとした。

「答申P48」（平成28年12月21日）

⑤「主体的・対話的で深い学び」の実現に向けた授業改善（アクティブ・ラーニングの視点に立った授業改善）

（「総則解説P3」、下線筆者　平成29年7月）

この間の表現の変化について、自分を含めての世間の一般的な受け止め方は、概ね"当初の「アクティブ・ラーニング」という言葉に注目が集まりすぎ、その言葉が一人歩きする等の理由で「主体的・対話的で深い学び」という表現に落ち着いたが、本来の意味はほぼ当初の「アクティブ・ラーニング」と同じだ"という捉えではなかっただろうか？ここで、これらの言葉遣いの変遷の細かな詮索をするつもりはないが、今考えている「主体的・対話的で深い学び」の捉えを少しでも明確にするために、この間の経緯を少し振り返り、この捉えが正しいのかどうかを考えてみたい。

3. 「いわゆる」と「すなわち」から「視点に立った」までの変化から考える

「アクティブ・ラーニング」については、当初の「いわゆる」と「すなわち」から「視点に立った」まで、付けられた修飾語が変化している。これらの修飾語を辞書で調べると、

・「いわゆる」…世間で言われている、世に言う。一般的な常識を言う言葉。

・「すなわち」…1　前に述べた事を別の言葉で説明しなおすときに用いる。言いかえれば、つまり、2　前に述べた事と次に述べる事とが、まったく同じであることを表す。とりもなおさず。まさしく。と、ある（大辞林）。

この２つの違いは、「いわゆる」が、その内容に触れていないのに対して、「すなわち」は「説明しなおす」とか「（内容が）同じ」というように内容に触れている点だろう。その点で田村氏が（前記のように）、「深い」を含んだワンタームとしての「主体的・対話的で深い学び」の重要性という、「分かって欲しい内容（＝「深い」が示している）」を語っていることと対応しており、その意味を込めての「すなわち」に意味があるのではないかと思える。ただ、「すなわち」を加えて内容を示唆する表現に変えても、肝心の「アクティブ・ラーニング」自体の内容的な受け取りは相変わらず分かりにくい。その点、田村氏の言う「主体的、対話的であることは大事で、それこそ目指すものだが、何に対して主体的であり、何を対話しているのかが大事。」という「深い学び」を意識した「主体的・対話的で深い学び」という表現は、その内容的な面に触れており、趣旨が伝わりやすく重要だと思える。

　これらの経緯の上に立ち、④の答申では「アクティブ・ラーニング」と「主体的・対話的で深い学び」の関係が明らかに示されている。すなわち、「主体的・対話的で深い学び」を実現するために、「アクティブ・ラーニング」を「共有すべき授業改善の視点」として位置付けるということである。つまり「アクティブ・ラーニング」と「主体的・対話的で深い学び」は明らかに違い、目指す「主体的・対話的で深い学び」を実現するための、「共有すべき授業改善の視点」としての「アクティブ・ラーニング」なのである。そして⑤の総則に至って、「主体的・対話的で深い学び」という「目指す授業の姿」と、その実現のための「授業改善の点」としての「アクティブ・ラーニング」との関係が明確に示されている。

　このように見てくると、①の「いわゆる」から始まった「主体的・協働的（主体的・対話的で深い学び）」と「アクティブ・ラーニング」の関係は、最初は同じようなものとして位置付いていたが、目指す「主体的・対話的で深い学び」という「授業（学習）」と、それを実現させるための「授業改善の視点」としての「アクティブ・ラーニング」の関係として、徐々に明らかになってきたと思える。それが、第１章の1.で述べた「主体的・対話的で深い学び」として「目指す姿」と、「その実現に向けた授業改善」の区別につながり、この「実現に向けた授業改善」の視点が「アクティブ・ラーニング」と言えるだろう。これは、構成図において、「カリキュラム・マネジメント」の推進（手立て①）と「主体的・対話的で深い学び実現に向けた「アクティブ・ラーニング」の視点に立った）7つの授業改善」（手立て②）を「主体的・対話的で深い学び」実現のために位置付けた関係そのものと言えるだろう。

4.「主体的」、「対話的」、「深い学び」の関係を考える

　それでは次に、具体的に「主体的」、「対話的」、「深い学び」の関係を考えていく。

　P85の表から分かるように、「諮問」の**「主体的・協働的」の二語**から始まり、一貫して出ているのは「主体的」で、「協働的」も「対話的」に表現は変わったが、そのねらいとするところは当初から含まれている（因みに、子ども同士の関係は新学習指導要領でも「協働」と書かれている）。そして、表の③から「深い学び」が入ってきた経緯は前述から考えると、**「主体的・対話的」**が形式的にならないよう、それが**「深く理解する学び」**になるこ

とが何より大事だということだろう。そう捉えると、田村氏が、"「深い」を含んだワンター
ムとしての「主体的・対話的で深い学び」の重要性"と言っているのは、元々大事にしてい
る「深い学び」を伴った「主体的、対話的」を実現するいう関係性を明確にしたいからと考
えられる。以上の議論から、次の再確認をしたい。

〔「主体的・対話的で深い学び」実現への留意点〕

①「主体的・対話的で深い学び」の実現には、「主体的」、「対話的」、「深い学び」の実現というよ
うにそれぞれバラバラに取り組むのではなく、**一体のもの**として取り組む必要がある。特に、
「主体的」、「対話的」それぞれと「深い学び」は切っても切れない関係にある。当初から出てい
る「主体的」、「対話的（協働的）」の、本来持つ意味を考慮した上での「深い学び」との関係を
意識して取り組むことが大事である。

②そこで、「深い学び」は、それ自体を追究するのではなく「主体的・対話的な学び」の実現に向
けた取組の中で実現させる必要がある。つまり、「深い」について考えることは「主体的」や
「対話的」をも、**その質的な面から共に考える**ということになる。

※では「深い学び」として表されている学習は、全て「主体的・対話的な学び」の実現としてし
まっていいのだろうか？それはこれからも検討していく。（P109 の 5.「深い学び」の重要性の
意味参照）

コラム④　「主体的・対話的で深い学び」は「三つの観点」で見る？

　金沢市内の研究主任の先生方が授業のビデオを見て、「主体的・対話的で深い学び」について協
議する演習を見たときのことだ。グループに分かれた活動では、多くのグループが授業場面を時
間軸で上から下に区切った横軸と、「主体的」、「対話的」と「深い学び」の三つの観点に分けた縦
軸のマトリクス表を作成し、その表内の相当すると思われる場所に授業場面を記入し、その表を
元に評価を加えて検討していた。そこで気になったのは、ほぼ全部のグループが、授業の最後の
場面で子供たちが「最初はこう考えていたが、話し合いや○○さんの意見を聞いて、考えがこの
ように変わった」等と発言する場面を、「深い学び」の場面としていたことだ。自分はこの様子を
見ていて、「本当にそうだろうか？この場面はメタ認知の場面であり、主体的な学びの場面ではな
いだろうか。」と思ったが、一方で「内容的な深まりに気づいている場面と捉えれば、確かに深い
学びの場面とも言えるな。」とも思い、どのように位置付ければよいか迷った記憶がある。

　今考えてみると、元々「主体的、対話的、深い学び」と三つに分けて明記するという取組の方
法自体が間違っていたのではないかと思える。本文のここまでの議論からもわかるように、<u>主体
的、対話的な活動を、深い学びを伴った質の高い学びの活動として捉えていくことが大事だった
のではないだろうか。主体的、対話的、深い学びという観点から授業を検討することには意味が
ある</u>と思うが、形式的に三つに分け、それぞれで評価するという取組はどうだろうか？　今でも
学校の研究授業の検討会等でも時々見ることがあるが、そのあり方について一度検討してみたら
どうだろう。

第7章 「主体的・対話的で深い学び」はどのように出てきたのか？②
~諮問から考える~

第6章では、「主体的・対話的で深い学び」の表現の変遷から、つまり「形式面」から「主体的・対話的で深い学び」について考えてきたが、ここで再度、今回の学習指導要領改訂のスタートとなった諮問に戻り、「主体的・対話的で深い学び」がどのように出てきたのか、その「内容面」から見ていきたい。

1. 諮問から考える

(1)「諮問」の内容

諮問の内容を見ていくと、まず、これからの未来を切り開いていく力を付ける教育の必要性を述べ、ここまで本書でも見てきた「生きる力」、特にその学力面である「学力の三要素」から構成される「確かな学力」をバランス良く育てることの重要性、そして言語活動や各教科等での探究的な学習活動の重視が書かれている。そして、その取組を踏まえた結果の一端としての学力調査の成果と課題を上げ、今後必要な資質・能力として OECD が提唱しているキー・コンピテンシーを含む様々な取組をあげた後、以下の文章につながる。なお、以上紹介した諮問の展開は、これまで本書で見てきた「資質・能力の三つの柱」が出てくるまでの流れと一致していることが分かる。

（上記の概略に続き）これらの取組（**新しい時代に必要となるキー・コンピテンシー等の資質・能力を育成する取組について**）に共通しているのは、ある事柄に関する知識の伝達だけに偏らず、学ぶことと社会とのつながりをより意識した教育を行い、子供たちがそうした教育のプロセス（**学ぶことと社会のつながりをより意識させるプロセス**）を通じて、基礎的な知識・技能を①習得するとともに、実社会や実生活の中でそれら（**習得した知識・技能**）を②活用しながら、自ら課題を発見し、その解決に向けて③主体的・協働的に探究し、学びの成果等を表現し、更に実践に生かしていけるようにすることが重要であるという視点です。そのために必要な力を子供たちに育むためには、「何を教えるか」という知識の質や量の改善はもちろんのこと、④「どのように学ぶか」という、学びの質や深まりを重視することが必要であり、課題の発見と解決に向けて⑤主体的・協働的に学ぶ学習（いわゆる「アクティブ・ラーニング」）や、そのための⑥指導の方法等を充実させていく必要があります。こうした学習・指導方法は、知識・技能を定着させる上でも、また、子供たちの学習意欲を高める上でも効果的であることが、これまでの実践の成果から指摘

されています。[27]（以下省略）（初等中等教育における教育課程の基準等の在り方について（諮問）平成 26 年 11 月 20 日、以下省略、ゴシック体と下線、番号は筆者）

(2)「諮問」の構成

　これを読むと、前半の「基礎的な知識・技能を①習得するとともに、それらを②活用しながら、自ら課題を発見し、その解決に向けて③主体的・協働的に探究し、学びの成果等を表現し、更に実践に生かしていけるようにすることが重要であるという視点です。」は、①、②、③の「習得・活用・探究」の段階を経る学びの重要性を言っており、これは第 2 章 2. の（5）「確かな学力」から「習得型」と「探究型」学習をつなぐ「活用型」学習へ（P31）、（6）「習得・活用・探究」の関係付けと「知識・技能」の習得、「思考力や表現力」育成の関係（P34）、で考えたことと一致する。ただ、ここには「探究」に「主体的・協働的」という言葉が付いている。これは、この「習得・活用・探究」から「主体的・協働的」、つまり後には「主体的、対話的で深い学び」と言われる学びにどうつながっていくのかということに関係してくるだろう。

　後半ではそのことを受けて、"そのために必要な力を子供たちに育むためには、「何を教えるか」という知識の質や量の改善はもちろんのこと、④「どのように学ぶか」という、学びの質や深まりを重視することが必要であり、課題の発見と解決に向けて⑤主体的・協働的に学ぶ学習（いわゆる「アクティブ・ラーニング」）や、そのための⑥指導の方法等を充実させていく必要があります。"と、この「習得・活用・探究」の学びの過程を、「主体的、対話的で深い学び」と関係付けながら述べている。

　これは、第 3 章 6 で考えた「習得・活用・探究」と「資質・能力の三つの柱」の関係を、どう「主体的・協働的に学ぶ学習」に関連付けていくのかという、第 6 章の冒頭に書いた本書の大きなねらいの方向性でもある。つまり、この諮問部分は、ここまで述べてきた「習得・活用・探究」の学びの過程を、「資質・能力の三つの柱」と関係付けて考えることの重要性と、そこから考えられる「主体的・対話的で深い学び」の重要性を言っていると考えられる。逆に言うと、この諮問を正面から受けて学習指導要領は作成されてきたことが分かる。

2.「社会とのつながり」と、「社会に開かれた教育課程」との関係

　実はここまでの説明の際、諮問の文章から意識的に抜かした言葉がある。それは「社会とのつながり」である。再度諮問を読むと、「ある事柄に関する知識の伝達だけに偏らず、学ぶことと社会とのつながりをより意識した教育を行い、子供たちがそうした教育のプロセスを通じて、基礎的な知識・技能を習得するとともに、実社会や実生活の中でそれらを活用しながら～」とある。つまり「習得・活用・探究」という学びのプロセスでは、社会とのつながりをより意識した教育が必要で、そうして習得した知識こそが、実社会や実生活の中で活用でき、それが「主体的・協働的に探究」する姿の実現につながる、と考えられる。これは

当然、後半部分の「どのように学ぶか」という、「主体的・協働的に学ぶ学習」（つまり主体的・対話的で深い学び）の実現にも、「学ぶことと社会とのつながりをより意識した教育」が必要という観点につながるだろう。因みにここでも、「主体的・協働的な探究（主体的・対話的で深い学び）」の実現と、④「そのための指導方法等の充実」は、区別して書かれていることにも注意したい。

　この諮問を受けた今回の学習指導要領に新設された前文でも、まず教育の目標を5点揚げた上で、その実現のための教育課程について、以下のように書かれている。

　教育課程を通して、<u>これからの時代に求められる教育</u>を実現していくためには、よりよい学校教育を通してよりよい社会を創るという理念を<u>学校と社会が共有</u>し、それぞれの学校において、必要な学習内容をどのように学び、どのような資質・能力を身に付けられるようにするのかを教育課程において明確にしながら、<u>社会との連携及び協働</u>によりその実現を図っていくという、<u>社会に開かれた教育課程の実現</u>が重要となる。

（総則前文より、下線筆者）

　このように、ここでも「これからの時代に求められる教育」の実現という、社会とのつながりから出発しており、学校と社会の連携による「社会に開かれた教育課程の実現」を目指していることが分かる。同時にそれは、「よりよい学校教育を通してよりよい社会を創るという理念を学校と社会が共有する」とあるように、<u>学校が主体</u>の連携と協働である点も確認しておきたい。

　ここに来て、つまり「育てたい資質・能力の三つの柱」のための「習得・活用・探究」の学びを実現させる「主体的・対話的で深い学びの姿」を実現するという具体的な取組の段階になって、社会との関係である「社会に開かれた教育課程」の重要性が自分にも少しずつ見えてきたように感じる。これは、今の社会に必要な資質・能力の育成が必要だから「社会に開かれた教育課程」を理念とする、という程度の、単純なものではないような気もする。これについては第20章「社会に開かれた教育課程」の意味と重要性で詳しく考えてみる。

　また、この総則前文の「社会に開かれた教育課程の実現」は、答申では「理念（答申P23）」となっている。「よりよい学校教育を通してよりよい社会を創る」も「社会に開かれた教育課程の実現」も同じ「理念」なのだろうか？これについても後程考えてみたい。(P188 2.「理念」と「目標の捉え方、参照)

3. 主体的・協働的に学ぶ学習の対象

　2. を検討している際に気がついたのだが、諮問では、習得・活用・探究の段階において、「主体的・協働的」は「主体的・協働的に探究し」と書かれており、「主体的・協働的」という、後の「主体的・対話的で深い学び」に相当する言葉は、最初は「探究」場面に対応して出てきていることに注目したい。これは第6章で考えた、「主体的」、「対話的」、「深い学び」は、それぞれバラバラに考えるのではなく、特に、「主体的」、「対話的」それぞれと

「深い学び」は切っても切れない関係にあり、「深い学び」は、それ自体を追究するのではなく「主体的・対話的な学び」の実現に向けた取組の中で実現させる必要があるのではないかとまとめた（第6章4.「主体的」、「対話的」、「深い学び」の関係を考えるのまとめ）こと、そして同じく第6章の始めに、「深い学び」に含まれると言われる大事なねらいは、実は最初の「主体的・協働的」或いは「主体的・対話的」に含まれていたのではないかと考えたことに通じる。つまり、「深い学び」とは「追究する学び」ということである。では、「主体的・協働的」な学びは「探究」場面に限られると言って良いのだろうか？

(1) 主体的・協働的は「探究」場面に限るのか？

　諸問のこの部分だけを読むと、主体的・協働的は「探究」場面に当たるようにも見える。したがってその学びを実現する「主体的・協働的に学ぶ学習（いわゆる「アクティブ・ラーニング」）」も、探究場面を主とする学習のように思える。そのせいか、「主体的・協働的に学ぶ学習（いわゆる「アクティブ・ラーニング」）」が提唱された当初は、この学びは探究場面などに相当し、専ら「総合的な学習の時間」などの発展的な学びに相当するのではないかという雰囲気もあったが、それはこのような表記が影響したのかもしれない。勿論、主体的・協働的に学ぶ学習は「習得・活用・探究」の学習の過程全てに関係していることはここまでの議論からも明らかであるが、この点については「答申」にも以下のように明記されており、再度共通理解が必要だろう。

○「アクティブ・ラーニング」については、総合的な学習の時間における地域課題の解決や、特別活動における学級生活の諸問題の解決など、地域や他者に対して具体的に働きかけたり、対話したりして身近な問題を解決することを指すものと理解されることも見受けられるが、そうした学びだけを指すものではない。（答申 P50）

○子供たちの実際の状況を踏まえながら、資質・能力を育成するために多様な学習活動を組み合わせて授業を組み立てていくことが重要であり、例えば高度な社会課題の解決だけを目指したり、そのための討論や対話といった学習活動を行ったりすることのみが「主体的・対話的で深い学び」ではない点に留意が必要である。（答申 P53、下線筆者）

　「深い学び」とは「追究する学び」だと書いたが、それは「探究」場面とは限らない。主体的・協働的に学ぶ学習、つまり**「主体的・対話的で深い学び」とは「追究する学び」**だということを忘れてはならないだろう。

(2) 主体的・協働的と「探究」場面の関係

　このように、主体的・協働的な学びは「探究」場面のみに限定されないことは明らかだが、しかし、諸問で、これから目指す「習得・活用・探究」の学びにおいて、「自ら課題を発見し、その解決に向けて③主体的・協働的に探究し、」と、「主体的・協働的」を、まず「探究」とセットで出してきたことには意味があるのではないだろうか？

　第3章の6．で「習得・活用・探究」の学びを考えたとき、「活用②」による「探究」に向かう学びが最終のゴールであり、それが「実際に課題を解決する」という、社会の課題を

解決する力につながることを見てきた（P76，ポイント③参照）。それを思い起こすと、「主体的・協働的」な学び、つまりは「主体的・対話的で深い学び」は、「習得・活用・探究」の学びが最終的に社会に開かれた「探究」を目指していたのと同様、社会に開かれた学びを実現する「探究」場面をまず大事に考えているというのは納得できることでもあるし、忘れてはならないことでもあるだろう。そして、そこには常に、「主体的・対話的で深い学び」により追究する取組が一貫して必要であることを忘れてはならない。「深い学び」には「探究する学び」が常に必要であり、その辿り着くところが、「探究」場面だといえるだろう。しかし、その実現はなかなか難しいというのが実感ではある。

4. 「主体的・協働的」の2つの意味 ～「学ぶ姿」「授業改善」「指導法」の関係～

　諮問に戻ると、そこに書かれているのは、子供たちに学ぶことと社会のつながりをより意識させる教育のプロセスを通じて、習得、活用、探究の学びの過程を実現し、自ら課題を発見し、その解決に向けて、①主体的・協働的に探究し、学びの成果等を表現し、更に実践に生かしていけるようにすることが大事ということで、これが「目指す子ども像」に相当すると考えられる。そして、その実現のために②「どのように学ぶか」という、学びの質や深まりを重視することが必要であり、これが主体的・協働的に学ぶ学習（いわゆる「アクティブ・ラーニング」）という「学びの姿」であり、③そのための指導の方法等を充実させていく必要がある、というのが「「主体的・対話的で深い学び」の実現に向けた（「アクティブ・ラーニング」の視点に立った）7つの授業改善」と考えられる。

　つまり、これからは、学ぶことと社会とのつながりを実現する「プロセス」を大事にした主体的・協働的に探究できる姿の実現が大事であり、そのためには主体的・協働的に学ぶ学習（いわゆる「アクティブ・ラーニング」）＝学びの姿や、そのための指導の方法の充実が必要だという展開になっていることが分かる。

　このことを、先の第1章の5．改めて総則の解説を読む…「主体的・対話的で深い学び」が実現した姿＝「目指す子ども像」は書かれているのか？（P17）で考えたことと照らし合わせてみる。そこでは、「主体的・対話的で深い学びに向けた三つの視点（主体的な学び、対話的な学び、深い学び）」は、「主体的・対話的で深い学びに向けた、三つの視点に立った授業改善」とは異なり、「視点」は「目指すべき児童像」に当たり、「三つの視点に立った授業改善」は、「授業改善」、つまり実現のための「手立て」と考えていた。これに、諮問にある上記の捉えを加えると、次のような展開になっていると考えられる。

これからは、学ぶことと社会とのつながりを実現する「プロセス」を大事にすることを通して、習得、活用、探究の学びの過程を実現するための①「主体的・対話的で深い学び」のできる学びの姿の実現が大事であり、そのためには②「主体的・対話的で深い学びに向けた、三つの視点に立った授業改善（学習法）」や、そのための③指導の方法の充実が必要になる。

この整理によって、①「目指す姿」、②「学習法」、③「指導の方法」の３点がより明確に位置付けられたと感じる。したがって、第１章の4. で考えた「目指す児童像」も含めて、「主体的・対話的で深い学び」の捉えは間違っていなかったと考えられる。「諮問」に戻ることで、構成がより見やすくなったのではないかと感じた。

　なお、総則の解説P78ではこの後、「主体的・対話的で深い学び」の授業改善には、特に「深い学び」の視点に関した「見方・考え方」を鍵とした「習得・活用・探究」の学びの過程を考えることが大事ということで、思考、判断、表現の過程の特徴（教科の特徴）、その後に各教科の指導法（指導計画の配慮事項）が書かれ、「見方・考え方」とのつながりで、各教科の「学習法」の紹介になっていくが、ここでは「習得・活用・探究」と「主体的・協働的な探究」の関係をもう少し見ていく（第８章）。

5.「習得・活用・探究」過程との関係

　諮問に戻ることで、より論の構成が見やすくなると書いたが、諮問では、「習得・活用・探究」の実現のために「主体的・協働的な探究」の姿の実現が必要であり、そのために「主体的・協働的に学ぶ学習」が提案されるという展開になっている。しかし、そもそもなぜ「習得・活用・探究」の実現には「主体的・協働的な探究」なのかは明確ではない。その点に留意して、次に総則の該当部分を見てみることにする。

「主体的・対話的で深い学び」はどのように出てきたのか？③

第8章

～総則で「習得・活用・探究」との関係から考える～

1.「主体的・対話的で深い学び」と「習得・活用・探究」の関係

　新学習指導要領で「主体的・対話的で深い学び」がどのように出てきたのか具体的に見ていきたいが、そのスタートとして是非はっきりさせたいのが、第7章の終わりにも書いた「主体的・対話的で深い学び」と「習得・活用・探究」との関係である。P76のポイント③では、「習得・活用・探究」と「資質・能力の三つの柱」との関係を明確にできたので、その「習得・活用・探究」と「主体的・対話的で深い学び」の関係を明らかにすることで、「習得・活用・探究」を介して、求める「資質・能力の三つの柱」と「主体的・対話的で深い学び」の関係を明らかにすることができるだろうことは、前にも書いた本書の大事なねらいである。

　総則解説のP37には、「資質・能力」と、この2つの関係が書かれている。（以下はP72の第3章6.（2）「習得」から「知識及び技能の習得」を考える、でも一部引用した）。

　こうした学習の過程はこれまでも重視され、習得・活用・探究という学びの過程の充実に向けた取組が進められている。今回の改訂においては、各教科等の特質を踏まえ、優れた実践に共通して見られる要素が第1章総則第3の1（1）の「主体的・対話的で深い学び」として示されている。

　技能についても同様に、一定の手順や段階を追っていく過程を通して個別の技能を身に付けながら、そうした新たな技能が既得の技能等と関連付けられ、他の学習や生活の場面でも活用できるように習熟・熟達した技能として習得されるようにしていくことが重要となるため、知識と同様に「主体的・対話的で深い学び」が必要となる。

　今回の改訂においては、こうした「知識及び技能」に関する考え方は、確かな学力のみならず「生きる力」全体を支えるものであることから、各教科等において育成することを目指す「知識及び技能」とは何かが、発達の段階に応じて学習指導要領において明確にされてきたところである。

（総則解説P37、下線筆者）

　ここを読むと、これまでにも「資質・能力」の設定に当たって「国内外の幅広い学術研究の成果や教育実践の蓄積を踏まえ」等とあったように、「優れた実践に共通して見られる要

素」として「主体的・対話的で深い学び」が導き出されている。しかし、結果としてそのような要素が見られたということであり、理屈として、どうして「主体的・対話的で深い学び」なのか？　という点についてはよく分からない。ただ、その実現の際のポイントとなる1つが、「各教科等の特質を踏まえ」であり、もう1つは技能についても知識と同様に、「主体的・対話的で深い学び」が必要になる、と書かれている点である。それぞれについて見ていく中で、「主体的・対話的で深い学び」の意義について考えていきたい。

2.「主体的・対話的で深い学び」と「各教科等の特質」の関係

　1つ目のポイントである「各教科等の特質を踏まえ」について考えてみる。「主体的・対話的で深い学び」というと、これまで自分はつい各教科に共通する学びの要素と捉えがちで、全教科に共通する「学びの型」みたいなイメージをもってしまいがちだった。それは、ここまで見てきたように、「習得・活用・探究」という学びの過程そのものが「全ての教科等の学びに共通する」ものだった点から考えても、あながち間違いではなかったと思えるし、そのような点から考える意味も意義もあると思える。しかし、P33〔今回の授業改善の手立てに通じる「習得」と「探究」をつなぐ二つの手立て〕で考えたように、「習得・活用・探究」実現のための「教育内容の改善」について、審議会報告に「各教科等に即して具体的に検討」とあるように、また、今時学習指導要領における「見方・考え方」の重要性からも、教科ごとの特質をより考える必要があるのではないかと思われる。

　それが、今回の改訂において、「習得・活用・探究という学びの過程の充実に向けた取り組み」を各教科の学習において進めていく中において、「各教科等の特質を踏まえ」た結果としての取組として「主体的・対話的で深い学び」として示された、とより明確に位置付けられたと考えられる。つまり、「資質・能力の三つの柱」に基づいた「資質・能力」を獲得するために考えられてきた「習得・活用・探究という学びの過程」の実現のために、これまで考えてきたP76の「ポイント③　「習得・活用・探究」から考えた「資質・能力の三つの柱」」に、「各教科等の特質を踏まえ、優れた実践に共通して見られる要素」を加え、「主体的・対話的で深い学び」の実現を図る、という展開になる。

　第2章2（5）「確かな学力」から「「習得型」と「探究型」学習をつなぐ「活用型」学習へ（P31）」、で見てきたように、「習得・活用・探究」の学習過程では、「知識」の習得や活用が大事になる。その点から考えれば、教科に特徴的な知識の構造（概念につながる）の在り方や違い、特徴などが、その学びの在り方に関係してくることは当然考えられ、その学びは教科の違いによって大きく影響されるだろうことは納得がいく。つまり、**「各教科等の特質を踏まえ」とは、言葉を変えれば、「習得・活用・探究」の学習過程の実現には、その教科に特徴的な知識の構造的な捉えから考えられる、その教科に特徴的な学びの姿が必要になってくると考えられ、その特質を踏まえた取組が、「主体的・対話的で深い学び」として、必要になる、**ということではないかと考えられる。そう考えれば、「ポイント③　「習得・活用・探究」から考えた「資質・能力の三つの柱」」で図示した各知識が構造化される

「され方や構造、その特徴」などが、大きな捉えは変わらないものの、教科等によって異なってくることになる。そしてそれは、後から考える各教科等に特徴的な「見方・考え方」の在り方や、その重要性にも関係してくると考えられる。したがって「見方・考え方」がどのように出てくるかについても今後、この各教科等における「知識の構造化」の実現という点に注意しながら見ていく必要があるだろう。

3. "「技能」面が「知識」の在り方と同じ"の意味することは?

　2つ目のポイントである、技能についても「技能についても同様に」、と、知識と同様に「主体的・対話的で深い学び」が必要になると書かれている。これは、何を意味しているのだろうか?

　知識面では上記のように、習得・活用・探究の学びの過程の充実に向けて、各教科等の特質を踏まえ、優れた実践に共通して見られる要素から「主体的・対話的で深い学び」を導き出していたが、技能面も同様と書かれている点に注目したい。何が同様かというと、「新たな技能が既得の技能等と関連付けられ、他の学習や生活の場面でも活用できるように習熟・熟達した技能として習得されるようにしていくことが重要となる」と書かれており、これもポイント③「習得・活用・探究」から考えた「資質・能力の三つの柱」と同様の考え方である。それに関して注意したいのは「個別の技能を身に付けながら」の「個別の技能」である。これが知識における「個別の知識」(第3章6.の(3)「個別の知識」の意味 P72)に相当するのだろう。つまり、「知識」も「技能」も、学びの過程においては同じ「在り方」だということを確認していることになる。その「知識」と「技能」の関係を、これまでどのように捉えていただろうか?

　自分の経験で言えば、特に体育や音楽などの「実技教科」以外では、「技能」は、「知識」獲得を補完するためのもののような扱いをしていたように感じる(勿論、技能の重要さは十分認識していたつもりだが)。例えば小学校理科の4年生「月と星」の単元の、「星の集まりは、1日のうちでも時刻によって、並び方は変わらないが、位置が変わることを理解している。」という「知識」を習得するために、「必要な器具を適切に操作し、月や星を観察している。地上の目印や方位などを使って月や星の位置を調べ、記録している。」などの「技能」の獲得を目指す、ということである。極端に言えば「技能」の獲得は、「知識」習得のための「手段」という位置付けと考えていた面がある。それが今回の学習指導要領の考え方では、この「技能」も、「知識」と同じように構成されながら「習得」されるもので、「概念化(技能に「概念」という表現は合わないかもしれないが、概念化された知識が一般化され、より使えるものになっていくのと同じように技能についても考えたい、という意味)」されるもの、という捉えだと考えられる。

　それは具体的に言うと、例えば上の例で言えば、「必要な器具を適切に操作し、月や星を観察している。地上の目印や方位などを使って月や星の位置を調べ、記録している。」などの「技能」は、「星の集まりは、1日のうちでも時刻によって、並び方は変わらないが、位

置が変わることを理解している。」という「知識」習得のためだけではなく、それ自体が課題追究のための技能として他の多くの場面で活用できるということや、その技能自体がさらに発展・深化（知識で言えば概念化が進むということ）していくということである。このように見てくると、「技能」面が「知識」の在り方と同じ、とは、「学びの過程」において、「技能」と「知識」は、同じ価値をもつ、ということと思え、今までの自分の捉え方を反省させられた。

　逆に、体育や音楽などの実技を中心とした教科では、どうだろうか？不案内でずれたことを言うかもしれないが、今度は逆に「知識」を概念化する点においてこれまであまり顧みてこなかったとしたら（技能習得のための知識という関係）、それも検討してみることが重要になるだろう。

　このように、「優れた実践に共通して見られる要素」として「主体的・対話的で深い学び」が導き出されている２つのポイントから考えると、「新たな知識や技能が既得の知識や技能等と関連付けられ、他の学習や生活の場面でも活用できるように習熟・熟達した知識や技能として習得されるようにしていくこと」という、「知識及び技能」の捉え方が改めて重要となる。

　そこで、第７章まで考えてきた、「資質・能力の三つの柱」の実現を「習得・活用・探究」との関係から考えるという展開を元に、その「習得・活用・探究」の実現を「主体的・対話的で深い学び」でどう具体的に図っていくのか、という関係について、次に考えていきたい。

Q＆A④　評価観点の「知識・理解」「技能」が「知識・技能」になり、「理解」が消えた理由は？

・評価については本書では触れないが、この「技能」面と「知識」面のあり方が同じだという点から、一つだけ確認しておきたいことがある。それは、学習指導要領の改訂による評価観点の変更についてである。

・これまでの学習評価は、「学力の三要素」（知識・技能、思考力・判断力・表現力等、主体的に学習に取り組む態度）を、「知識・理解」、「技能」、「思考・判断・表現」、「関心・意欲・態度」の四観点で行うものだった。つまり、三要素を四観点で評価するという点で、統一性にややわかりにくい面があったと思われる。

・今回の改訂では、育成を目指す「資質・能力の三つの柱」を、「知識・技能」、「思考・判断・表現」、「主体的に学習に取り組む態度」の三観点で評価する形に変え、「学力の三要素」との対応関係がわかりやすくなった。

・これを見ると、これまでの「関心・意欲・態度」は「主体的に学習に取り組む態度」に対応し、「思考・判断・表現」はそのまま変わらずと感じるが、「知識・理解」、「技能」の２つが「知識・技能」の１つに統合され、「理解」の文字がなくなった、「理解」はどうなってしまったのか？と心配される方がいるのではないかと危惧される。

・ここまで読んでこられた方なら当然わかると思うが、「理解」はなくなったのではなく、知識や技能と一体化したと考えられる。思考・判断・表現により「理解された知識や技能」こそ、「使

える真の知識や技能」と考えられる。つまり、「理解」はなくなったのではなく、知識や技能と区別して書かないことで、「知識・技能に理解が含まれている」ことを表していると考えられる。言葉を変えて言えば、「理解されていない知識や技能などはない。それは知識や技能とは言えない。」ということである。また、「理解」は、「思考・判断・表現」と「知識・技能」をつなげるもの、という捉えも成り立つのかもしれない。そう捉えれば、「理解」は「思考・判断・表現」にも含まれている、と考えられる。

・それは言葉を変えれば、本文で考えたように、「学び」の過程において「知識」と「技能」は区別すべきではなく、共に「習得すべきもの」という位置付けにあり、それを習得する際に働くのが「思考力・判断力・表現力」という関係を表しているとも言えるだろう。ここでも、「知識・技能」と「思考・判断・表現」を別々に捉えてはいけないという大事な共通理解が必要になる。その鍵となるのが「理解」なのである。

4. 「主体的・対話的で深い学び」では「習得・活用・探究」をどう実現させようとしているのか?

　2．3．での議論を踏まえれば、「習得・活用・探究」とは、「知識及び技能」の性格付けを理解した上での、その「習得・活用・探究」への過程＝「学びの過程」を示したものと考えられ、その「学びの過程」の実現を可能にする各教科等の特質を踏まえた優れた実践に共通して見られる「要素」が、「主体的・対話的で深い学び」と考えられる。「知識の性格付けを理解した上で」と書いたのは、「知識とは再構成されて習得され、活用できるものである」という知識観のこと（技能も同じ）で、これに「各教科等の特質」が加わったものが、上記総則解説 P37 の最後にある、"「知識及び技能」に関する考え方"だと思える。そして、"各教科等において育成することを目指す「知識及び技能」とは何かが、発達の段階に応じて学習指導要領において明確にされてきたところである。"と文章が結ばれているが、この明確にされてきた「知識及び技能」とは、ここに書いた「知識とは再構成されて習得され、活用できるものである」という知識観（どの教科も共通の捉え）と、「各教科等の知識にはその教科等の特質がある」という知識観（教科によって異なる捉え）が合わさったものとしての「知識及び技能」と捉えるべきだろう。そして、この後者の「知識及び技能」に対する捉え（各教科等の特質＝見方・考え方に関係）が加わったことで、「主体的・対話的で深い学び」という具体的な学びの姿が出てきたと考えられる。

　この点について、当時文科省で学習指導要領改訂を担当していた合田哲雄元文科省初等中等教育局財務課長は、「単元といったまとまりのなかで、習得・活用・探究といった学習活動をどう配置し、組み立てて授業改善を行うのかの視点が主体的・対話的で深い学びです。」と、「習得・活用・探究」と「主体的・対話的で深い学び」の関係を述べている[28]（下線筆者）。つまり、授業改善の本丸は「習得・活用・探究といった学習活動」であり、それを実現させていくための視点が「主体的・対話的で深い学び」という関係である。この「視点」

とは、どのようなことだろうか？　それは、この「習得・活用・探究といった学習活動」が形式的にならずに、子どもの学びとして成り立つための視点ではないかと自分には思える。つまり、「習得・活用・探究」という大きな「学びの過程」の捉えを念頭に、子どもの「主体的・対話的で深い学び」の姿を想定しながら、またその姿を検証しながら、「習得・活用・探究」の展開を実現していくことが大事、ということではないだろうか。確かに実際には、問題解決型の授業をしていても、「習得・活用・探究」と一直線に進むことはまずなく、活用することで習得の曖昧さに気付いて習得に戻ったり、探究で習得の意義が実感でき、真の習得に辿り着くこともあるし、それがまた、本来の問題解決型学習の大事なあるべき過程だと感じることもある。

　このように見てくると、「習得・活用・探究」と「主体的・対話的で深い学び」の関係は、問題解決の単元の学習過程を、大きな「習得・活用・探究」という問題解決の流れが実現するよう、その流れを具体的にどう実現していったら良いかを、教科の特質（見方・考え方）を見据えながら、「主体的・対話的で深い学び」という、児童の学びの姿で検討しながら実践していくという、<u>相互に関係しながらの動的関係</u>にあるのではないかと考えるようになった。それは、子どもの「分かりや学び」の状態、つまり「主体的・対話的で深い学び」の実現状況を見ながら、「習得・活用・探究」の流れを一方的ではなく、時には戻したり、繰り返したり、確認したりすることが必要だということだろう。

　ただ、なぜ「習得・活用・探究」の過程を実現させるのが「主体的・対話的で深い学び」になるのかは、ここでも直接的には書かれていないと感じる。また、これから大事と考えられる「見方・考え方」の捉えについても、総則では「各教科等の特質に応じた物事を捉える視点や考え方（以下、「見方・考え方」という。）総則解説P76」という、括弧書きの登場で、その重要性や必要性が今ひとつ伝わってこない気がするが、一応ここで、「習得・活用・探究」と「主体的・対話的で深い学び」の関係について、「資質・能力の三つの柱」との関係も含めて、ポイント④としてまとめておきたいと思う。

ポイント④　「習得・活用・探究」と「主体的・対話的で深い学び」、「資質・能力の三つの柱」の関係①

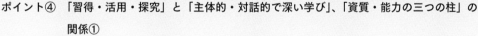

「習得・活用・探究」　手立て　⟷　「資質・能力の三つの柱」　ゴール

・「知識」の「習得」、「活用」を通して、「資質・能力の三つの柱」としての「知識・技能」、「思考力・判断力・表現力等」を活用、そして育成していく（相互作用）

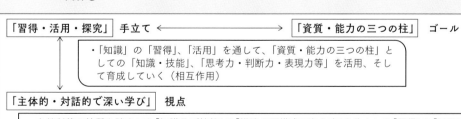

「主体的・対話的で深い学び」　視点

・各教科等の特質を踏まえた「知識及び技能」の「構造や再構成の在り方」を生かした「習得」や「活用」を通して、「習得・活用・探究」の学びの過程を実現していく。
・その際には、各教科等の特質を踏まえた、また子どもの実態に合わせた「見方・考え方」が重要になり、これらを考慮した優れた実践に共通した要素として「主体的・対話的で深い学び」がある。

第9章 「主体的・対話的で深い学び」はどのように出てきたのか？④
～答申で「習得・活用・探究」との関係から考える～

第8章の終わりで「主体的・対話的で深い学び」と「習得・活用・探究」の関係、そして「見方・考え方」の重要性や必要性についてまとめたが、「主体的・対話的で深い学び」がどこから出てきたのか（優れた実践に共通した要素として、という記載はあるが）という点や、「見方・考え方」の扱いが弱いように感じた点が気になる。そこで、ひとつ戻って答申ではどのように出てくるのかを見てみることにした。

1. 答申における文章の展開

知りたいのは「主体的・対話的で深い学び」と「習得・活用・探究」の関係である。答申では、「第5章　何ができるようになるか―育成を目指す資質・能力―（P27）」から資質・能力の話になるが、「1　育成を目指す資質・能力についての基本的な考え方、2　資質・能力の三つの柱に基づく教育課程の枠組みの整理」ときて、「3　教科等を学ぶ意義の明確化」と、教科に話が移り（各教科等の特質に応じた「見方・考え方」）と、ここから「見方・考え方」に話が展開していく（答申P33、次ページの資料参照）。

この展開を見ると、まず「資質・能力（の三つの柱）」の説明があり（1. 2.）、その後、すぐに「教科」に話が展開し（3.）、次ページ資料のように「見方・考え方」に話が移っていく。その後、4. 教科等を越えた全ての学習の基盤として育まれ活用される資質・能力、5. 現代的な諸課題に対応して求められる資質・能力と、求められる資質・能力の三つの要素が述べられ、6. 資質・能力の育成と、子供たちの発達や成長のつながりと続く。そして章が変わって第6章となり「何を学ぶか」ときて、その後の第7章で「どのように学ぶか」ということで、ここで「主体的・対話的で深い学び」が出てくる（答申P49）。

この展開を見ると、答申では、随分 __「教科」からの目を大事にしている__ と感じる。1. 2の「資質・能力（の三つの柱）」の説明の後、__すぐに3の「見方・考え方」、つまり教科の特質に話が移り__、その後の4. 5は、3も含めて教科等横断的に捉えた資質・能力の三つの要素であり、その共通基盤となる考え方は「教科」である。そして、これらの捉えを受けて、6. 資質・能力の育成と、子供たちの発達や成長のつながりと話は展開していくからである。ここまで一貫して「教科」からの捉えが話の中心であり、それを受けて第6章の「何を学ぶか」、第7章の「どのように学ぶか」で、「主体的・対話的で深い学び」が出てくる展開になっている。

これを見ると、「主体的・対話的で深い学び」の説明の中で括弧付きで「見方・考え方」を説明していた総則の解説（P76）と、**「見方・考え方」の扱いが随分異なる**ように感じる。

2. 答申における「見方・考え方」を元に考える

では、答申において、「資質・能力」の説明の後にすぐ述べられている「見方・考え方」は、どのように書かれているのか見てみる。それが以下の文である。

（各教科等の特質に応じた「見方・考え方」）

○子供たちは、<u>各教科等</u>における<u>習得・活用・探究</u>という学びの過程において、各教科等で<u>習得した概念（知識）を活用</u>したり、身に付けた<u>思考力を発揮</u>させたりしながら、①知識を相互に関連付けてより深く理解したり、②情報を精査して考えを形成したり、③問題を見いだして解決策を考えたり、④思いや考えを基に創造したりすることに向かう。こうした学びを通じて、資質・能力がさらに伸ばされたり、新たな資質・能力が育まれたりしていく。

○その過程（**習得・活用・探究という学びの過程**）においては、"どのような視点で物事を捉え、どのような考え方で思考していくのか"という、物事を捉える<u>視点や考え方</u>も鍛えられていく。

　（以下、省略）

○こうした各教科等の特質に応じた物事を捉える視点や考え方が<u>「見方・考え方」</u>であり、…以下、省略

（答申 P33、下線、括弧内、番号、太字は筆者）

全体を読んでまず感じるのは、「習得・活用・探究」という学びの過程の実現と、「見方・考え方」が**直接関係して書かれている**点である。具体的に見ていく。

一つ目の文章では、「習得・活用・探究」を通して「資質・能力」を育成する過程を述べているが、それには文中の①から④の「学び」が必要であると述べている。そして二つ目の文章で、その学びの過程においては「見方・考え方」が鍛えられるというように、学びの過程において、すぐ「見方・考え方」が出されている。このように、答申では「習得・活用・探究」の意義を述べた後、「見方・考え方」の説明に移っている記述が、総則では、"こうした学習の過程はこれまでも重視され、習得・活用・探究という学びの過程の充実に向けた取組が進められている。今回の改訂においては、各教科等の特質を踏まえ、優れた実践に共通して見られる要素が第1章総則第3の1（1）の「主体的・対話的で深い学び」として示されている。（総則解説 P37）"と書かれている。このように総則では、「習得・活用・探究」の次に「主体的・対話的で深い学び」が述べられており「見方・考え方」が書かれていないように見える。しかし、ここまで見てきた答申から感じた<u>教科からの目を大事にしている</u>という面から再度読めば、それが総則の<u>「各教科等の特質を踏まえ」</u>部分に表れているのではないかと考えられる。つまり「各教科等の特質を踏まえ」が、「見方・考え方」に当たるということである。ただ、自分の読み方が浅いのかもしれないが、総則におけるこの表現だけでは、なかなか見方・考え方の重要性は伝わりにくいのではないかと感じた。

さらに、総則解説で「見方・考え方」という語句が出てくるのは、第3節　教育課程の実施と学習評価の1　主体的・対話的で深い学びの実現に向けた授業改善という、授業改善の項目（総則 P22）であり、しかも、「各教科等の特質に応じた物事を捉える視点や考え方（以下「見方・考え方」という。）が鍛えられていくことに留意し、…」と、括弧書きの表現である（第10章で詳述）。「見方・考え方」は、「授業改善」のレベルではなく、答申にもあるようにもっと上位の、「習得・活用・探究」から「資質・能力の三つの柱」に沿って知識の構造化を図る大事なレベルだということを強調すべきではないかと感じたが、読者の皆さんはどうだろうか？。

　このように見てくると、総則では、「見方・考え方」については答申ほど目立った（重要視した？）書き方はしていないように見えるが、答申を読むことで、「資質・能力」の育成のためには「習得・活用・探究」の実現が大事であり、その実現には、各教科の「見方・考え方」を踏まえた「主体的・対話的で深い学び」の実現が重要であるという流れがはっきり見えてくるように思う。したがって**「見方・考え方」**は、「習得・活用・探究」から「資質・能力の三つの柱」に沿った知識の構造化を考慮した上で、**「習得・活用・探究」と「主体的・対話的で深い学び」をつなぐ大事なもの**であると考えられる。

　ここで「見方・考え方」の位置付けについてまとめてみたい。上記のように、「資質・能力」育成のためには「習得・活用・探究」の実現が求められる。そこに欠かせないのが「見方・考え方」と言えるだろう。つまり、教科全般で考えてきた「学びの在り方」に、**教科の特性**を踏まえるのが**「見方・考え方」**と言える。そして、ここまでが、**原理としての学びの在り方**と言えるのではないだろうか？　そして、それを実現させていく「学びの姿」が、「主体的・対話的で深い学び」と言えるのではないだろうか？　この後も、「見方・考え方」の総則における位置付けについては、第10章の6でも詳しく考えてみる。

3. 「主体的・対話的で深い学び」の出方

　では、「見方・考え方」の重要性を受けて、「主体的・対話的で深い学び」はどのように出てくるのかを具体的に見ていくことにする。引き続き答申を見ていくと、答申の「第7章　どのように学ぶか – 各教科等の指導計画の作成と実施、学習指導の改善・充実 –」の「1.学びの質の向上に向けた取組（学びの質の重要性と「アクティブ・ラーニング」の視点の意義）」に、以下の文章がある。

○学びの成果として、①生きて働く「知識・技能」、②未知の状況にも対応できる「思考力・判断力・表現力等」、③学びを人生や社会に生かそうとする「学びに向かう力・人間性等」（**資質・能力の三つの柱**）を身に付けていくためには、学びの過程において子供たちが、④<u>主体的</u>に学ぶことの意味と自分の人生や社会の在り方を結び付けたり、多様な人との⑤<u>対話</u>を通じて考えを広げたりしていることが重要である。また、単に知識を記憶する学びにとどまらず、<u>身に付けた資質・能力が様々な課題の対応に生かせる</u>ことを実感できるような、⑥<u>学びの深まり</u>も重

（答申 P47、括弧内、番号、下線は筆者）

　ここに、「資質・能力の三つの柱」を身に付けるためには、「主体的・対話的で深い学び」が必要になると、この２つの関係が書かれていると言えるだろう。どうしてそのように結びつくかについては、やはり直接的には書かれてはいないが、④「主体的な学び」は、「学びと自分の人生や社会の在り方を結び付けること」に意味があり、⑤「対話的な学び」は、「多様な人との対話を通じて考えを広げたりする」ことが重要で、⑥「深い学び」は、「単に知識を記憶する学びにとどまらず、身に付けた資質・能力が様々な課題の対応に生かせることを実感できる」ことが重要であると、それぞれの学びの意義が具体的に書かれている点が注目される。

〔「主体的・対話的で深い学び」の意義と、「資質・能力の三つの柱」の関係〕

　そこで、「主体的・対話的で深い学び」のそれぞれについて具体的に書かれている学びの意義を足がかりにして、やや理屈っぽくなるかもしれないが、「主体的・対話的で深い学び」と、「資質・能力の三つの柱」の関係を、「主体的・対話的で深い学び」の方から見てみることにする。

　まず、学びの過程において子供たちが、④「主体的に学ぶことの意味と自分の人生や社会の在り方を結び付ける」ことについて考えてみる。これは「学び」において「主体的」に関わる態度が、自分の人生や社会との関わり方にも通じるということではないだろうか？　主体的に学びに関わることで得られる「学びの意味」を実感できる「資質・能力」が、社会に出た後の人生の在り方の実感の獲得にもつながるということである。つまり、「資質・能力の三つの柱」の中の、特に③「学びを人生や社会に生かそうとする「学びに向かう力・人間性等」に関係すると考えられる。次に、⑤「対話を通じて考えを広げたりしていること」は、人間に限らず書物や自然などの対象も含めてのやりとり、つまり「対応」を「対話」と捉えた場合、「資質・能力の三つの柱」の中の、特に②未知の状況にも対応できる「思考力・判断力・表現力等」に関係すると考えられる。

　そして、「単に知識を記憶する学びにとどまらず、身に付けた資質・能力が様々な課題の対応に生かせることを実感できるような、⑥学びの深まり」は、「再構成された使える知識・技能」としての、①生きて働く「知識・技能」に関係すると考えられる。

　このように「資質・能力の三つの柱」は、それぞれ「主体的・対話的で深い学び」の各項目に対応していると考えられる。ただ、そこで忘れてはならないのが「見方・考え方」である。見方・考え方は、授業改善のレベルではなく、もっと上位の、「習得・活用・探究」から「資質・能力の三つの柱」に沿って知識の構造化を図るレベルに位置していた。

　したがって、「主体的・対話的で深い学び」にあたる④～⑥に、「見方・考え方」が加わることによって「資質・能力の三つの柱」が実現すると考えてよいだろう。

　このように見てくると、「資質・能力の三つの柱」からそのまま「主体的・対話的で深い学び」が出てきたとは必ずしも言えないが、少なくとも「主体的・対話的で深い学び」の意味する内容は、「資質・能力の三つの柱」が大事にしている内容に対応していると考えられ

る。考えてみれば「資質・能力の三つの柱」を実現するには「主体的・対話的で深い学び」しかない、というのも窮屈で無理がある考え方にも思える。

　蛇足だが、総則を読んで分かりにくかったりしたときは、大変だろうが答申などに戻って見てみることも大事だと改めて感じた。

　以上から、"資質・能力の三つの柱の実現には、なぜ「主体的・対話的で深い学び」なのか"の考察のまとめしては、以下のように考える。

　学習指導要領には、資質・能力の三つの柱の実現には、なぜ「主体的・対話的で深い学び」なのかの理由は直接的には書かれていないが、知識の再構成とその活用をねらう「習得・活用・探究」の学習過程を実現するためには、各教科等の特徴から考えた「見方・考え方」を生かした学びが必要であり（特にそれは答申を読むことで明確に分かる）、それが実現した学びの姿を考えると、「主体的・対話的で深い学び」の姿の必要性が見えてくる。

　以上を元にして、P99のポイント④を改善したのが、以下のポイント⑤になる。

ポイント⑤　「習得・活用・探究」と「主体的・対話的で深い学び」、「資質・能力の三つの柱」の関係②

- ・「知識」の「習得」、「活用」を通して、「資質・能力の三つの柱」としての「知識・技能」、「思考力・判断力・表現力等」を活用、そして育成していく（**相互作用**）
- ・習得・活用・探究という学びの過程においては、"どのような視点で物事を捉え、どのような考え方で思考していくのか"という、物事を捉える**見方・考え方**を通した学びにより、資質・能力がさらに伸ばされたり、新たな**資質・能力**が育まれたりしていく（答申P33）。

手立て　「習得・活用・探究」

↕相互作用

- ・各教科等の特質を踏まえた「知識及び技能」の「構造や再構成の在り方」を生かした「習得」や「活用」を通して、「習得・活用・探究」の学びの過程を実現していく。
- ・その際には、各教科等の特質を踏まえた、また子どもの実態に合わせた「見方・考え方」が重要になり、これらを考慮した優れた実践に共通した要素として「主体的・対話的で深い学び」がある。

視点（「見方・考え方」も含めた）
「主体的・対話的で深い学び」
（④～⑥）

①生きて働く「知識・技能」の習得
←⑥身に付けた資質・能力が様々な課題の対応に生かせることを実感できる学びの深まり
　→「深い学び」
②「未知の状況にも対応できる「思考力・判断力・表現力等の育成
←⑤「対話を通じて考えを広げたりしていること」
　→「対話的学び」
③学びを人生や社会に生かそうとする「学びに向かう力・人間性等」の涵養
←④「主体的に学ぶことの意味と自分の人生や社会の在り方を結び付ける」
　→「主体的学び」　　　　　　　（答申P47）
ゴール　「資質・能力の三つの柱」（①～③）

「主体的・対話的で深い学び」とはどのような学びか？①

<table>
<tr><td>第
10
章</td></tr>
</table>

〜総則の、実現に向けた取組から考える〜

1.「主体的・対話的で深い学び」の実現に向けた授業改善

　前章までの検討で、ポイント⑤にまとめたように、「資質・能力の三つの柱」実現のための「習得・活用・探究」の学習過程を実現するには、「見方・考え方」を生かした、かつこれまでの実践から優れた要素として見えてきた「主体的・対話的で深い学び」が重要になってくる、ということが見えてきた。

　そこで、ここからはいよいよ「主体的・対話的で深い学び」とはどのような学びか、総則を見ていく。「第3節　教育課程の実施と学習評価　1　主体的・対話的で深い学びの実現に向けた授業改善（1）主体的・対話的で深い学びの実現に向けた授業改善（第1章第3の1の（1））」に、以下の文がある。ここから検討を始めたい。

（1）第1の3の（1）から（3）まで（資質・能力の三つの柱…筆者注）に示すことが偏りなく実現されるよう、単元や題材など内容や時間のまとまりを見通しながら、児童の主体的・対話的で深い学びの実現に向けた授業改善を行うこと。

　特に、各教科等において身に付けた知識及び技能を活用したり、思考力、判断力、表現力等や学びに向かう力、人間性等を発揮させたりして（以上が、これまでに身に付けている資質・能力の三つの柱、著者注）、学習の対象となる物事を捉え思考することにより、各教科等の特質に応じた物事を捉える視点や考え方（以下「見方・考え方」という。）が鍛えられていくことに留意し、児童が各教科等の特質に応じた見方・考え方を働かせながら、①知識を相互に関連付けてより深く理解したり、②情報を精査して考えを形成したり、③問題を見いだして解決策を考えたり、④思いや考えを基に創造したりすることに向かう過程を重視した学習（以上が「主体的・対話的で深い学び」の姿…筆者注）の充実を図ること。　（総則P22、総則解説P76、番号、下線は筆者）

　この文章は、「資質・能力の三つの柱」、「主体的・対話的で深い学び」の姿、そして、その実現のための授業改善の姿のそれぞれの違いに留意して読む必要がある。

2. 2つの「資質・能力の三つの柱」と2つの「見方・考え方」

　この文章では、目指す資質・能力の三つの柱の育成に向け、「これまでに身に付けている資質・能力の三つの柱」を生かした「主体的・対話的で深い学び」の実現に向けた授業改善に取り組むこと、その際に各教科等の特質に応じた「見方・考え方」を働かせることで学習が充実し、また、「見方・考え方」も鍛えられていくことが述べられている。当然だが育てたい「資質・能力の三つの柱」は、子ども自身がこれまで身に付けてきた「資質・能力の三つの柱」を発揮させることで身に付くことになる。また、その際に生かされる、これまで身に付けてきた「見方・考え方」も、働かせることで一層鍛えられていくことになる。この2つに共通するのは、「これまで自分がもっていた資質・能力や見方・考え方」を生かして取り組むことで、「より豊かな資質・能力を獲得したり、鍛えられた見方・考え方になる」、ということである。「2つの」と表題に書いたのは、そのような「自分で育てた」と、「自分で育てる」という「2つ」の意味を表したもので、「これまで育ててきた見方・考え方を働かせたり、養ってきた資質・能力を発揮させる」ことで、「より見方・考え方が鍛えられ、目指す資質・能力が育成される」ことになる、という2つの関係を指している。この関係は、改めて今回の学習指導要領が大事にしている「学び」とは、人から与えられたものではなく自分の力を使って自分で育てていく営みのことだということを、「三つの資質・能力」と「見方・考え方」を柱として示していると考えられる。

　このように、上記の文章の前半部分は、ここまで「主体的・対話的で深い学び」が出てきた理由を共に考えてきた読者には、すんなり受け入れられる内容だと思う。その学びには「各教科の特質に応じた」見方・考え方が如何に大事かということも、第9章の答申での説明も含めて考えれば納得できると思う。では、後半の具体的な①から④の学びの姿は、どこから出てきたものなのだろうか？　第9章で考えた、「資質・能力の三つの柱」を実現させる「主体的・対話的で深い学び」が実現するための3点（ポイント⑤参照）とも、微妙に異なっているようである。

3. 「見方・考え方」の働かせ方

　ここまで見てきた授業改善のための文章の前半に続いての後半では、「各教科等の特質に応じた見方・考え方を働かせながら、」ということで、①から④の、具体的な学びの過程を紹介している。これらの学習過程について考えてみる。

　既に書いたように、「見方・考え方」は答申においては、「習得・活用・探究という学びの過程」において“どのような視点で物事を捉え、どのような考え方で思考していくのか”という、物事を捉える視点や考え方として明確に示されている。つまり、①知識を相互に関連付けてより深く理解したり、②情報を精査して考えを形成したり、③問題を見いだして解決策を考えたり、④思いや考えを基に創造したりすることに向かう学びを通じて、資質・能力を育てていく際に、物事を捉える視点や考え方として鍛えられていくものと考えられている

（答申 P124）。

　それが総則 P22 では、「児童が<u>各教科等の特質に応じた見方・考え方を働かせながら、①から④に向かう過程を重視した学習の充実を図ること。</u>」を目指している。つまり、答申では「見方・考え方」は、①から④という問題解決の学びの過程において「使い、鍛えられるもの」という位置付けであり、総則では「見方・考え方を働かせることで①から④の問題解決の学びの過程が実現していく」という展開になっている（と思われる）。敢えて言えば答申では「見方・考え方」を働かせるとは「このようなことだ」と、問題解決の学びの過程を通して「見方・考え方」それ自体を説明しており、総則では「見方・考え方」を働かせた結果として、このような問題解決の学びの過程が実現する、と言っているように感じる。この違いが、自分が総則の「見方・考え方」の扱いが弱いのではないかと感じた原因ではないかと感じる。このように読んでくると、両者の言っている内容は同じだと分かる（勿論、ずれていては困る）が、「見方・考え方」の具体的な「働かせ方」を提示するという点では、答申の方が分かりやすいような気がする。

　では、改めて、この「見方・考え方」を働かせた①から④の「学びの過程」は、どこから出てきたのだろうか？

4.「深い学び」の説明に注目！

　上述の総則解説 P76 における「主体的・対話的で深い学び」の説明のあと、P77 には、「主体的な学び」、「対話的な学び」、「深い学び」各々の「視点」の説明が書かれている。ここまで読まれた読者の皆さんは、これらの「視点」を「主体的、対話的、深い学びの三つの視点に立った授業改善」と区別して見ていくべきではないかという趣旨については（賛成、反対はともかく）、もう確認済みと思う。また、これら三つの視点の内容は、実践に向けての大事な部分で、読者の皆さんは十分承知だとは思うが、その「深い学び」の説明に改めて注目したい。以下のように書かれている。

〔「深い学び」の視点〕
③<u>習得・活用・探究という学びの過程</u>の中で、各教科等の特質に応じた「見方・考え方」を働かせながら、①知識を相互に関連付けてより深く理解したり、②情報を精査して考えを形成したり、③問題を見いだして解決策を考えたり、④思いや考えを基に創造したりすることに向かう「深い学び」が実現できているかという視点。　　　（総則解説 P77、文中の番号、下線は筆者）

---

(1) 求める「学び」の特質が表れている

　ここまで読まれてきた読者の皆さんには、この「深い学び」の記述に、これまで検討してきた「求める学び」の特質が如実に表れていることに気付かれると思う。まず、「習得・活用・探究という学びの過程の中で」から始まる出だしだ。第8、9章で見てきたように、今回提示されている「学び」の源流は「習得・活用・探究という学びの過程」であり、その実

現を図るのが「主体的・対話的で深い学び」と考えられる。その捉え、つまり立ち位置をまず明確にしている。そして次に出てくるのが"各教科等の特質に応じた「見方・考え方」を働かせながら"である。「見方・考え方」もここまで見てきたように、「習得・活用・探究という学びの過程」を「主体的・対話的で深い学び」として実現させる際の大きなポイントであった。その大事な二つが、この「深い学び」の冒頭に明確に書かれている点をまず確認したい。

(2) 「深い学び」とは、どのような学びか?

　では、「求める学びの姿」として大事な「深い学び」とは、具体的にどのような学びなのだろうか?それが、その下の①から④に書かれている。これを読めば分かるように、「深い学び」の説明中の①から④は、前出「(1) 主体的・対話的で深い学びの実現に向けた授業改善（総則 P22、総則解説 P76）」の記述の後半部分にある、①から④と全く同じである！ことが分かる。ということは、**「主体的・対話的で深い学び」実現の実質的な内容は、実は「深い学び」の実現と言える**のではないだろうか? そしてそれは、**「見方・考え方」を働かせることに、大いに関係してくる**と言えるのではないだろうか?

　さらに考えられるのは、「見方・考え方」に着目することによって、ポイント⑤で考えたように、3つの観点から考えた「主体的・対話的で深い学び」が「見方・考え方」も含めて4つの観点になったということである。「見方・考え方」を考慮することで、学びの場面の姿として、より具体的な姿となったのではないだろうか?これについては引き続き考える。

5. 「深い学び」の重要性の意味

　「主体的・対話的で深い学び」の大事なポイントは「深い学び」にあった！ ということが、この表記面（「主体的・対話的で深い学び」の目指す内容が「深い学び」の目指す内容と同じ！）からも明らかになる。これは何を意味するのだろうか?「主体的・対話的で深い学び」が大事だと言っているが、結局は「深い学び」が大事だ、ということなのだろうか?ここで確認しておきたいことがある。それは、第6章の4で「主体的」、「対話的」、「深い学び」の関係を考えてきたときのことだ。そこでは、「諮問」の「主体的・協働的」から始まった「求める学びの姿」には、元々今の「深い学び」の姿が含まれていたのではないかと考え、その求める姿を明確にするために出てきたのが「深い学び」ではないかということだった。コラム④の「主体的・対話的で深い学び」は「三つの観点」で見る?でもその関係を考えてきた。(P87 参照)

　その後の第8、9章を経て今思うのは、その「求める姿を明確にする」の中には「各教科等の特質に応じた見方・考え方」の重要性も含まれ、それも含めて「主体的・協働的」から始まった「主体的・対話的で深い学び」の、目指すところを明確に表したのが「深い学び」だとすれば、**「主体的・対話的で深い学び」と、「深い学び」の目指す所の表記が一致するのは、当然のことと言える、**ということだ。そして、同時に気を付けなければいけないのは、その「深い学び」は元々「主体的・協働的」な学びの姿としてあったということから、「主

体的・対話的で深い学び」の姿は、（主体的・対話的と切り離した）「深い学び」の姿だけで実現できるという捉えはおかしいということだ。逆に言えば、「主体的な学び」、「対話的な学び」はその「見える姿」に囚われ過ぎることなく、「深い学び」をどれだけ実現しているか？という「深い学び」との関係を意識して授業していくことの重要性を言っているとも言えるだろう。そんな意味も込めて、P10の構成図には、「深い学びの視点と同じ！」と書いた。

　そして、この、「深い学び」をどれだけ実現しているか？　ということは、同時に、教科などの特質を表している「見方・考え方」を、どれだけ大事に、また意識して授業しているか、ということにも通じる。したがって、**「主体的・対話的で深い学び」の実現は、その目指す「深い学び」が、どう「主体的・対話的学び」とつながっているか、そして教科などの特質を表している「見方・考え方」を如何に大事に意識しているか、という点にかかっている**と言えるだろう。この２つの観点からの「深い学び」の捉えを意識し続けることが重要と考え、以下のようにまとめてみた。

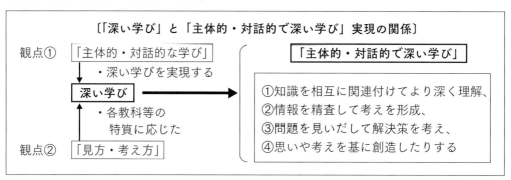

　以上のような捉えは、当然評価においても大事になってくるだろう。つまり、「主体的な学び」、「対話的な学び」、「深い学び」とバラバラに評価すべきではなく、「深い学び」を軸として「主体的な学び」や「対話的な学び」を評価していくべきだと考えられることも確認しておきたい。また、当然ではあるが、その「主体的な学び」、「対話的な学び」、「深い学び」を評価する際は、その教科等の特質（「見方・考え方」）に合った学びをしているかが、重要な観点となるだろう。

　以上、これまでも書いてきたように、「深い学び」の意味を理解した上での「主体的な学び」、「対話的な学び」を進めていくことの重要性を今一度確認しておきたい。

　ここで、P87の〔「主体的・対話的で深い学び」実現への留意点〕内で、「※では「深い学び」として表されている意味は、全て「主体的・対話的な学び」の実現としてしまっていいのだろうか？それについてはこれからも検討していく。」と書いた課題についての回答が得られたと思える。つまり、上図のように、「主体的・対話的で深い学び」の実現には、全教科に共通する「主体的・対話的な学び」の実現としての「深い学び」と、ここで明らかになった、各教科等の特質に応じた「見方・考え方」からの「深い学び」の必要なことが分かる。

6.「見方・考え方」の位置付けに注目！

　ここで、その重要度が、「深い学び」とも関わって実感されてきた「見方・考え方」について、これまでの捉えをまとめておく。第9章で見てきたように、総則では「主体的・対話的で深い学びの実現に向けた授業改善」において初めて「見方・考え方」が出されたが、「答申」では、第5章　何ができるようになるか―育成を目指す資質・能力―の、3．教科等を学ぶ意義の明確化の、（各教科等の特質に応じた「見方・考え方」）で出されている。その出され方を見ると、総則は「授業改善」という「どのように学ぶか」という視点からであり、答申は「何ができるようになるか」という資質・能力に関する、より本質的な点からであり、それは教科の特質に関係するという視点から出されていた。

　つまり、「習得・活用・探究」という学びの過程から出発し、そこで「各教科」なりに「習得した知識（概念）を活用したり、身に付けた思考力を発揮させたりしながら」学びを進めていく際に、各教科等の特質に応じた物事を捉える視点や考え方が「見方・考え方」だということである。ということは、「見方・考え方」は、元々教科特有の知識の構造化に関係するものなので、「習得・活用・探究」の学びの過程の実現に深く関係すると言える。

　言い方を変えれば、「見方・考え方」は、「資質・能力」育成のための「習得・活用・探究」の学びを進め、「主体的・対話的で深い学び」実現のために働かせるものと捉えることができ、「主体的・対話的で深い学び」の「前」に位置付くと考えられるのではないだろうか。

7.「見方・考え方」の「働き方」

　では、この「見方・考え方」は、具体的にはどのように働くのだろうか？それが総則解説P77の「深い学び」の姿に、そして総則P22、総則解説P76にある「見方・考え方を働かせた学びの姿」にあるのではないだろうか？つまり、「①知識を相互に関連付けてより深く理解したり、②情報を精査して考えを形成したり、③問題を見いだして解決策を考えたり、④思いや考えを基に創造したりすることに向かう」姿である。結果として、「主体的・対話的で深い学びの実現に向けた授業改善」には、「見方・考え方」を働かせた「深い学び」が必要、ということが分かる。

8.　①から④の「学びの姿」は、どこから来ているのか？

　では、そもそもこの①から④は、どこから来たのか？　ということで、ようやく当初からの疑問点にたどり着いた。4．では、「見方・考え方」に着目することによって、ポイント⑤で考えた3つの観点から考えた「主体的・対話的で深い学び」が、より具体的な4つの観点からなる学びの場面の姿となったのではないかと考えた。

　そんなとき、総則解説の3　育成を目指す資質・能力（第1章第1の3）のP37の資質・

能力の三つの柱の説明の中の「②思考力、判断力、表現力等を育成すること」の記述が目に留まった。ここは目指す資質・能力としての「思考力、判断力、表現力等」が出てくる最初であるが、そこに、以下の表現がある。

学校教育法第三十条第２項において、「思考力・判断力・表現力等」とは、「知識及び技能」を活用して課題を解決するために必要な力と規定されている。この「知識及び技能を活用して課題を解決する」という過程については、中央教育審議会答申が指摘するように、大きく分類して次の三つがあると考えられる。

A・　物事の中から問題を見いだし、その問題を定義し解決の方向性を決定し、解決方法を探して計画を立て、結果を予測しながら実行し、振り返って次の問題発見・解決につなげていく過程。

B・　精査した情報を基に自分の考えを形成し、文章や発話によって表現したり、目的や場面、状況等に応じて互いの考えを適切に伝え合い、多様な考えを理解したり、集団としての考えを形成したりしていく過程

C・　思いや考えを基に構想し、意味や価値を創造していく過程

各教科等において求められる「思考力、判断力、表現力等」を育成していく上では、こうした学習過程の違いに留意することが重要である。このことは、第１章総則第２の２(1)に示す言語能力、情報活用能力及び問題発見・解決能力、第１章総則第２の２(2)に示す現代的な諸課題に対応して求められる資質・能力の育成を図る上でも同様である。

(総則解説 P37、A，B，C、下線は筆者)

ここでは、「思考力、判断力、表現力等」とは、「知識及び技能」を活用して課題を解決するために必要な力のことと規定し、その過程として A，B，C の３点が示されている。この３点を、先程の「深い学び」の４点と比較すると、A，B，C の下線を引いた部分が、それぞれ「深い学び（前表、総則解説 P77 参照）」の、③（問題を見いだし）、②（情報を精査し、考えを形成）、④（思いや考えを基に創造）に対応していることが分かる。もう１つ、「深い学び」にある「①知識を相互に関連付けてより深く理解する」も、文章冒頭の、「知識及び技能」を活用して課題を解決する、に対応するとみれば、つまりこの「思考力・判断力・表現力等」の説明の前にある「知識・技能」に関する説明には、知識の相互の関連性、言いかえれば構成された知識としての考え方が詳しく書かれており、それを受けての冒頭の「知識及び技能」を活用して、の表現と捉えるならば、この「思考力、判断力、表現力等」と「深い学び」は、ほぼ同じことを言っていると言えるだろう。「深い学び」と同じ構造をもつ「主体的・対話的で深い学び」についても同様に考えられる。

ここは、資質・能力としての「思考力、判断力、表現力等」を考えている場面であるが、ここまで議論してきた私たちから見れば、「思考力・判断力・表現力等」が、その育成に不可欠な「見方・考え方」を働かせることで育つ「深い学び」の表現と一致すること、そして「主体的・対話的で深い学び」の姿に一致することは、当たり前と言えるのかもしれない

（逆に辿ってきたことになるが）。

　したがって、「見方・考え方」を働かせながら「深い学び」を追究し、「主体的・対話的で深い学び」を実現する一連の取組の中で、一貫して大事な「もの」として位置付いていたのは、「習得・活用・探究」という学びの過程の中で、<u>「知識及び技能」を活用して課題を解決するために必要な「思考力・判断力・表現力等」の働かせ方</u>であることが分かる。

　このように、求める「思考力、判断力、表現力等」の育成は、「主体的・対話的で深い学び」の実現、特に「深い学び」の実現、そして「見方・考え方」の働きとほぼ内容を一にしていることが分かった。

　ではその「思考力、判断力、表現力等」のA，B，Cの出所はどこかというと、「中央教育審議会答申から」ということだが、答申に書かれている表現も上記と同じである（答申P30）。そこで、出所の検討はさておき、そもそもこの３点は、どのような観点から出てきたものなのだろうか？ポイントは、ここまでの議論から「教科の特質を生かした見方・考え方」だと思われるが、その先が分からない。そこで今回の新学習指導要領作成において主要なメンバーとして関わっておられた委員の方の一人にメールでお聞きしてみた。唐突で失礼な質問にも関わらず、以下のような内容の回答を頂くことができた。感謝すると共に、以下、その趣旨を書かせていただく。

　指導要領の原案の作成は教育課程課の専門官だと思うので、担当者に聞かなければ正確なところは分からない、としながらも、一口に「思考力・判断力・表現力等」といっても、様々な教科等の多様な活動があるので、それらをうまく網羅するというか、カバーする必要から、本文の３つの過程が出てきているということだったのではないか。と書かれて、以下のように、それぞれの説明があった。

・１つ目は、<u>理科や社会科</u>あたりを典型に、<u>問題解決のプロセス</u>ですね。これはデューイの問題解決の議論とも整合的で、もっとも無理のないものでしょう。
・２つ目は、<u>国語科や特別活動</u>あたりを想定しているのではないかと思います。
・３つ目は、<u>図工や音楽</u>など、芸術表現をイメージしてのものでしょう。つまり、これら３つは、様々な学びの中で展開されている<u>質の異なる３つの過程</u>であり、お互いに並列に存在しているということです。

（文責、下線筆者）

　これを読んで、改めて今回の学習指導要領がいかに「各教科」の特質、つまり「見方・考え方」を重要視しているかを再認識できた。なお、この指摘については、後日、下のコラムのような指摘も聞くことができて、一層納得がいった[29]。

コラム⑤　「深い学び」の４つのタイプ

・令和元年度の金沢市教育委員会主催の夏季研修会における、國學院大學教授の田村　学氏の講演から、「深い学び」についての説明部分の抜粋。

〔深い学び〕

③習得・活用・探究という学びの過程の中で、各教科等の特質に応じた「見方・考え方」を働かせながら、**知識を相互に関連付けて**より深く理解したり、**情報を精査して考えを形成**したり、**問題を見いだして解決策を考え**たり、**思いや考えを基に創造**したりすることに向かう「深い学び」が実現できているかという視点。

　　　　　　　　　　学習指導要領解説・総則編 p77 より（下線、ゴシック、囲みは筆者）

- 「知識を相互に関連付けて」の後に、4つの「たり」が続く。

　　2つ目…「情報を精査して考えを形成」＝「言語的」なこと

　　3つ目…「問題を見いだして解決策を考え」＝「問題解決的」

　　4つ目…「思いや考えを基に創造」＝「芸術的」とあり、

　この3つで教育課程をかなり網羅している。その中で真っ先に、「知識を相互に関連付け」る（1つ目の「たり」）と書いてある。

- 「田村氏の考える深い学び」＝「知識・技能が関連付いて、構造化されたり身体化されたりして高度化し、駆動する状態に向かうこと」。このように、具体的なイメージで「深い学び」を考えることが大事。

　　　　　　　　　　（令和元年、金沢市教育委員会研修会、田村　学氏講演から、文責筆者）

- この講演記録からわかるように、田村氏もこの「深い学び」のイメージを、教科の特質に応じた「学び方」から考えていることがわかる。

9. 改めて「各教科等の特性」の大事さを確認する

　ここまでの検討を念頭に、改めて総則解説部分を読むと、確かに、A，B，Cの説明後には、"各教科等において求められる「思考力、判断力、表現力等」を育成していく上では、こうした学習過程の違いに留意することが重要である。（総則解説P38、3行目）"と、教科の特性に言及している。これまで「見方・考え方」における各教科特性の重要性は分かっていたつもりだったが、それは専ら教科の特質に合わせた内容的なもの（理科で言えば、比較して捉える、関係的に捉える等の見方、差異点や共通点を基に考える、予想や仮説を基に、解決の方法を発想する等の考え方）に限られ、それが学びの過程の中で、具体的に「**どのような問題解決の形**」として働いているのかについて、他教科も含めた問題解決の流れの中で、「その教科の特徴」としてまでは意識したり考えてはこなかったように感じる。つまり、「**学び方**」における「**見方・考え方**」**の位置付け**という捉えはせず、あくまで「理科」という教科の中での捉えに留まっていた。その結果として、逆に「理科」という教科における「学び方」の意識が薄かったのかもしれない。その意識が、自分が思っていた以上に重要であり、「習得・活用・探究」の学びの過程を、教科の特性を生かしながら「どのように進

めるのか」に大きく影響を与えていることが分かった。それは見方・考え方の働かせ方にもつながり、ひいては「主体的・対話的で深い学び」の在り方、特に「深い学び」の在り方にもつながっていくことになる。そして、これらのつながりが一貫して育成しようとしているのが、資質・能力の三つの柱の中の「思考力・判断力・表現力等」だった。勿論そこに「知識・技能」が深く関与していることはこれまで述べてきた通りだ。以上の検討から分かることを再度確認すると、以下のようになると考えられる。

〔「主体的・対話的で深い学び」実現のポイント〕P110 の図と併用

・「深い学び」の実現が大事だが、それは「主体的・対話的」な学びとの関連が大事である。
・「知識及び技能」を活用して課題を解決するために必要な「思考力、判断力、表現力等」を発揮し、「知識を相互に関連付け、再構成を図る」過程の実現が必要
→（そのためには）教科等の特性による質の異なる三つの学びの過程（又は四つの「深い学び」の視点）の実現が、それぞれに必要になる
→教科の特質を表す「見方・考え方」の重要性の認識が大事

---

10. 「授業改善」と「授業改善の視点としての目指す子どもの姿」の違い

　総則解説 P76 にある「主体的・対話的で深い学びの実現に向けた授業改善」の記述と、同 P77 の「授業改善の視点としての目指す子どもの姿」としての「深い学び」の記述が全く同じ、と先に書いたが、それは内容的なことで、「授業改善」は「〜学習の充実を図ること。」という「指導の立場」で書かれている。つまり、前者は「主体的・対話的で深い学びの実現に向けた指導方法」であり、後者の P77 の「三つの視点」は、"「深い学び」が実現できているかという視点"とあるように、「目指す、子どもの学ぶ姿」であり、「目指す子ども像」と捉えられるだろう。第 1 章の 4. で書いた、「主体的・対話的で深い学びが実現した姿」は「目指す子ども像」ではないか、という捉えが、ここでも言えるのではないかと考える。

　後日、田村　学氏の"「主体的・対話的で深い学び」とは、資質・能力の育成に向けて、授業中に実現したい子どもの学びの姿のことである。"と書かれていた文章[30]を見て、上述の自分の捉えが間違ってはいなかったと確信することができた。

第11章 「主体的・対話的で深い学び」とはどのような学びか？②
～実現のための、思考力・判断力・表現力等育成の必要性と見方・考え方の重要性～

　ここまでの捉えを踏まえ、改めて「主体的・対話的で深い学び」の核となる「深い学び」を意識して総則の解説を読んでいくと、P78からは、「深い学び」の視点に関して、"各教科等の学びの深まりの鍵となるのが「見方・考え方」である。"と「見方・考え方」の重要性を述べているが、それに続く「また、思考・判断・表現の過程には」と続いた文（14行目）では、再度P37のA，B，Cがそのまま出てくる（本書P112）。文科省が発行する総則やその解説のような無駄のない文章で、同じ表現の文章を二回も使うのは特別の意味があるような気がする。「深い学び」について書かれたこの文章を含む文は、「また、思考・判断・表現の過程には、A，B，C（内容省略）の大きく三つがあると考えられる。各教科等の特質に応じて、こうした学習の過程を重視して、」と続き、各教科等の共通部分は大事にしながらも、主体的・対話的で深い学びを実現するため、各教科の特質に応じて学習指導の充実を図ることが大事だ、として、国語科を筆頭に、教科は勿論、総合的な学習の時間や特別活動も含めて計13教科等の「教科の特質を生かした見方・考え方」をどう働かせて「主体的・対話的で深い学び」を実現するかが、具体的に書かれている（総則解説P78～80）。

　したがって、ここに書かれている各教科の「どう見方・考え方を働かせて、どのような学習活動を目指すのか」は、その教科の「見方・考え方」の特徴をどのように生かしているか、それが「思考・判断・表現」の学習過程として繰り返し紹介した3つのモデルの中の、どれに該当し、どのような教科学習としての特徴を生かしているのか、といった点に注意して見ていく必要があるだろう。

　したがって、敢えてここで「思考・判断・表現の過程であるA、B、C」を再度記載したのは「深い学び」の実現に向けて、「資質・能力の三つの柱」の中の**「思考力・判断力・表現力等」と、「見方・考え方」を結び付けて考える**ことが如何に大切であるかということを、各教科等の事例を示しながら再確認したかったからではないかと思える。

　これらを読むと、改めてだが、資質・能力の育成には、如何に「思考・判断・表現の過程」が大事かということが分かり、そしてその育成には各教科等の特質に応じた「見方・考え方」を働かせた過程があり、それを生かした「習得・活用・探究という学びの過程」の中での「深い学び」を軸とした「主体的・対話的で深い学び」の実現が必要になってくるということが分かる。以上を、先の「主体的・対話的で深い学び」実現のポイントのまとめと合わせて考えると、以下のように考えられる。

資質・能力の育成には

・「知識及び技能」を活用して課題を解決するために必要な「思考力、判断力、表現力等」を、各教科等の特質に応じた**「見方・考え方」を働かせて発揮していく過程の実現が必要**になる。

・その過程の実現としての**「習得・活用・探究という学びの過程」**では、「深い学び」を軸とした、**教科等の特性**により質の異なる<u>三つの学びの過程</u>（下参照）を実現させる**「主体的・対話的で深い学び」の実現**が必要になる

〔「知識及び技能」を活用して「深い学び」を実現する「思考・判断・表現」の三つの過程〕

・物事の中から<u>問題を見いだし</u>、その問題を定義し解決の方向性を決定し、解決方法を探して計画を立て、結果を予測しながら実行し、振り返って次の問題発見・解決につなげていく過程。（理科や社会科など）

・<u>精査した情報を基に自分の考えを形成し</u>、文章や発話によって表現したり、目的や場面、状況等に応じて互いの考えを適切に伝え合い、多様な考えを理解したり、集団としての考えを形成したりしていく過程（国語科や特別活動など）

・<u>思いや考えを基に構想し、意味や価値を創造していく過程</u>（図工や音楽など芸術表現）

第12章

「主体的・対話的で深い学び」とはどのような学びか？③
〜「主体的・対話的で深い学び」は指導の手立て、「学習法」か？〜

　ここまでの総則の論の展開を見てみると、「資質・能力の三つの柱」の「思考力・判断力・表現力等」の育成段階から各教科の特性に合った問題解決の過程の大事さに言及しており、各教科の「見方・考え方」が働くことで、「深い学び」、そして「主体的・対話的で深い学び」の実現につながっていることが分かる。

　これは、答申では「習得・活用・探究」の後にすぐ「見方・考え方」の説明があったことを思い出させる。つまり、「見方・考え方」が、そして、それを生かした「教科の特性、その教科なればの問題解決過程」が、自分がこれまで思ってきた以上に大事だということが見えてきたように思える。繰り返しになるが、各教科等の特性に基づいた問題解決の過程を前提とした「主体的・対話的で深い学び」の実現が大事ということは、「主体的・対話的で深い学び」は各教科の特性に先んじた形式的な問題解決型の学習ではないということでもあり、その順序性を再度確認したいと思う。

1. 手立てまで書いた（?）今回の学習指導要領

　ここまでの展開を振り返ると、第5章までは「資質・能力」を主に、そして第6章からはその育成につながる「主体的・対話的で深い学び」の実現について考えてきた。その上で敢えて言うが、資質・能力の育成が指導のゴールと分かっていても、授業を進めているうちに、つい「主体的・対話的で深い学び」が実現できているか?等の観点で、授業を評価しがちということはないだろうか?

　自分はこれまで、いくつかの授業を参観させてもらった際に、このような点が気になっていた（自分は今回の学習指導要領に関する実践経験がないので、自分を差し置いての物言いで申し訳ないが、自分もそのようになったのではないかという自戒も込めて）。この点について、ここまでの考察を元に、実践に当たっての気になっていた課題について考えてみたい。

　今回の学習指導要領改訂で話題になった一つに「今回は指導の手立てまで書いた」という意見がある。それを肯定的に或いは否定的に捉える意見もあるようだが、そもそもこの「手立て」とは何かが問題となる。ここまでの議論から考えると、この「手立て」とは、「主体的・対話的で深い学び」の実現に向けた7つの授業改善のことだろう。構成図を見れば明らかなように、そこには1つめの「主体的・対話的で深い学び」実現に向けた授業改善を

始めとした７つの「授業改善」が明示されている。つまり、「手立て」とは「授業改善」にあたる「学習法」と考えられる。

そうすると、授業で評価するのは、「このような学習法がなされることで、主体的・対話的で深い学びの姿が実現し、目指す資質・能力が育成されていたのか」ということになるだろう。そのように考えると、気を付けなければならないのは、最初の「このような学習法がなされていたか？」だけを、つまり「指導法」の評価だけに留めてしまい、その学習法が「主体的・対話的で深い学びの姿」につながったかを評価しなかったり、それが最終的に「資質・能力の育成」につながったのかを検証していなかったりすることである。この評価までの一連の流れの中で、「今回の学習指導要領は指導の手立てまで書いた」と批判的な意見の中には、「学習法を制限してしまうことで自由な指導が行われにくくなり、評価もその指導が行われたかを重視しがちになる」というものもあるようだ。でも本当にそうだろうか？

2. なぜ手立てまで書いたのか？という意見に対して

1. で、「手立て」とは、「主体的・対話的で深い学び」の実現に向けた７つの授業改善のことだろう、と書いた。その中でも特に大事な「手だて」は（1）の「主体的・対話的で深い学び」実現に向けた授業改善だろう。ここに書かれていることを読むと、第10、11章で見てきたように、この「手だて」自身が、資質・能力を育てるための「主体的・対話的で深い学び」を実現する「学びの構造（知識の再構成を促し、それを活用することで探究する学びを実現する）」そのものを表していることが分かる。知識相互の関連付けのための思考力・判断力・表現力等の大事さや、各教科等の特質に応じた「見方・考え方」の重要さが、学びの過程に沿って書かれている。ということは、この「手だて」は（今となっては、この「手だて」という表現に問題があると分かるのだが）、方法論の手てではなく、「学びの構造それ自体を表したもの」と言えるだろう。したがって、「手だてまで書いた」のではなく、「この学びの構造まで理解して授業しなければ、目指す学びは実現しない」ということだと思える。つまり、最初に述べた、つい「主体的・対話的で深い学び」が実現できているか？等の観点で、その学習法が実現していたかどうかを評価しがちという課題の原因は、それを「学習法としての手だて」と捉えていた点にあると言えるのではないだろうか。それは「学習法（という手だて）」ではなく「学びの在り方」と捉えるべきだろう。そう捉えるならば、「主体的・対話的で深い学び」が実現できているかという評価は、即、目指す資質・能力が育成されているかという評価につながるはずである。したがって、そのような指導を実現させるための具体的な「手だて」は、教科の特性や対象となる学習内容や児童の実態に合わせていろいろ考えられるはずであり、また考えるべきであり、「学習法を制限してしまうことで自由な指導が行われにくくなる」というのは見当違いな捉え方と言えるのではないだろうか。

「見方・考え方」を軸に「資質・能力の三つの柱」を考える

第13章

～その重要性と位置付け～

　ここまで考えてきた結果、「主体的・対話的で深い学び」を実現し、目指す資質・能力を育成するための「見方・考え方」の重要性が一層見えてきた。そこで改めてその意義を踏まえながら、「資質・能力の三つの柱」について考えてみたい。

　というのは、第3章の5.　改めて「資質・能力の三つの柱」を考える、で、「資質・能力の三つの要素」としての「「生きる力」や各教科等の学習を通して育まれる資質・能力」、「教科等を越えた全ての学習の基盤として育まれ活用される資質・能力」、「現代的な諸問題に対応できるようになるために必要な資質・能力」の三つの資質・能力の要素と、これら全てに共通する大事な要素としての「資質・能力の三つの柱」がある、という捉えについて考えたが（P70）、そこにこの「見方・考え方」を加えて考えることで、この、三つの資質・能力の要素の関係がより明らかになってくるのではないかと思ったからである。

1.「見方・考え方」との関係を加えて考える

　育てたい資質・能力には、教科等の枠組みを踏まえて育てる資質・能力、教科等の枠組みを越えて考える学習の基盤となる言語能力や情報活用能力、そして現代的な諸課題となる資質・能力の、三つの要素がある。そして、それらを育成するための「主体的・対話的で深い学び」のための「見方・考え方」は各教科等で設定されている。そう考えると、これら三つの育てたい資質・能力は、まず教科等での「見方・考え方」を働かせて育成し、そして、その資質・能力や見方・考え方を生かしながら、教科等の枠組みを越えた視点に立った学習の基盤となる資質・能力と、現代的な諸課題に対応して求められる資質・能力を育成するということになると考えられる。

2.「見方・考え方」から「教科等横断的」を考える

　このように書くと、教科等の学びから教科等の枠組みを越えた学びへと、一方向に関係しているように見えるが決してそうではない点に注意したい。というのは、各教科等の学びにおいても、「教科等横断的な視点をもってねらいを具体化したり、他の教科等における指導との関連付けを図りながら、幅広い学習や生活の場面で活用できる力を育むことを目指したりしていくことも重要となる。（総則解説P48）」とあるように、教科学習の中でも、例えば

理科の実験結果を分析する力は、算数の表やグラフの読み取りの力と大いに関係している。そして、このような教科等間の指導の関連付けについて、「前述の答申が大別した2点目及び3点目にあるような教科等の枠組みを越えた資質・能力の育成にもつながるものである（総則解説 P48）」と書かれているように、教科内での教科等横断的な学びの姿勢が、教科等の枠組みを越えた学びの姿勢へとつながっていくということであり、これはまた、教科等の枠組みを越えた、学習の基盤となる学びや、現代的な諸課題に対する学びが教科内の学びを育てていくという双方向の学びにもつながるものと考えられる。

　このように見てくると、ここまで強調してきた「見方・考え方」は教科の特質を表すという点に関して確認が必要になる。それは、「見方・考え方」が教科の特質を表すからと言って、各教科ごとにバラバラに独立している、ということではないということだ。むしろ逆に、上にあげた理科と算数の例のように、共通する部分があり、それを意識しながら育てていくことが重要になると言える。その「共通部分を意識して育てる」という働きかけは、ここまで述べてきたように、教科学習の中だけでなく、教科学習と教科等の枠組みを越えた学習の間でも大事になってくる、ということである。その意味で、教科等学習も含めて全ての学習を「教科等横断的な視点から見る（総則 P19, 総則解説 P47）」という視点の重要性を、今一度確認すべきだろう。以上の関係をまとめたのが下表である。

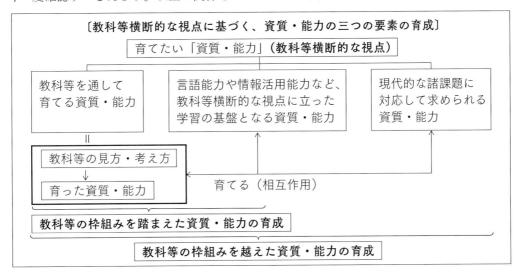

3.　改めて「見方・考え方」を考えてみる

　ここまで「見方・考え方」を考えてきたとき、疑問になってきたことがある。それは、例えば「総合的な学習の時間」の「見方・考え方」だ。上表にあるように、「見方・考え方」は、教科等の特質から出てきたものだが「総合的な学習の時間」は教科ではない。これは単に文科省がそう枠付けしたという「制度上」の問題ではない。例えば算数や理科は、その親学問としての「数学」や「科学」からもたらされる「教科（学問）としての見方・考え方」があるだろうが、「総合的な学習の時間」はそうではない（元となる親学問がない）という

意味においてだ。その意味では「生活科」も同様だろう。もっと言えば社会科も「歴史」「地理」「公民」等の総合であり、その「見方・考え方」は、それら親学問の総合的なものと考えられるのかもしれない（検討はしていないが）。ここでは、その「総合的な学習の時間」を例に、「見方・考え方」についてもう少し考えてみたい。

4.「総合的な学習の時間」における「見方・考え方」

　総合的な学習の時間（以下、総合と明記）の解説編[31]を見ると、最初の「目標」が、「探究的な見方・考え方を働かせ…」という文章から始まっている（総合解説編P8）。そして、その解説には「第1の目標は、大きく分けて二つの要素で構成されている。」とあり、「一つは、総合的な学習の時間に固有な見方・考え方を働かせて、**横断的・総合的な学習を行うこと**を通して、**よりよく課題を解決し、自己の生き方を考えていくための資質・能力を育成**するという、総合的な学習の時間の特質を踏まえた学習過程の在り方である。（以下省略）」と続いている（文中のゴシックは原文通り）。

　これを読むと、総合では「見方・考え方」を非常に重視しており、そして、教科でないにもかかわらず、「総合に固有な見方・考え方」があると明記されている。では、総合における「固有な見方・考え方」とは、どのようなものだろうか。そしてそれは、総則で規定されている「各教科等の特質に応じたものとしての見方・考え方」という捉えとどのような関係にあるのだろうか？

(1)「探究的な見方・考え方」とは？

　総合の解説編では、続く第2節　目標の主旨の、1　総合的な学習の時間の特質に応じた学習の在り方、の最初で、(1) 探究的な見方・考え方を働かせると題して、まず見方・考え方の説明から入っている。ここからも総合では「見方・考え方」を重要なものとして位置付けていることが分かる。そしてその下では、探究的な学習における児童の姿が説明されているが、それはここまで考えてきた「習得・活用・探究」の学習過程における、活用②による探究活動と捉えることができる（総合解説編P9の本文で確かめてみて欲しい）。

　続けて、「この探究のプロセスを支えるのが探究的な見方・考え方である。」と書かれている（総合解説編P10）。ここまでを読むと、総合の「探究的な見方・考え方」とは、「習得・活用・探究」の学習過程の探究活動に関するものだと考えられる。そして、この探究的な見方・考え方に含まれる二つの要素として以下のように説明しているが、言葉を変えればこれは「探究的な見方・考え方」の説明でもある。

「総合的な学習の時間」における「探究的な見方・考え方」に含まれる二つの要素

①各教科等における見方・考え方を総合的に働かせる。

　・総合では、各教科等の特質に応じた見方・考え方を、探究的な学習の過程において、適宜必要に応じて総合的に活用する。

②総合に固有な見方・考え方を働かせる。

> ・特定の教科等の視点だけで捉えきれない広範な事象を、多様な角度から俯瞰して捉えることであり、また、課題の探究を通して自己の生き方を問い続けるという、総合に特有の物事を捉える視点や考え方。
> ・このような①と②を合わせた「総合の特質に応じた見方・考え方」を、「探究的な見方・考え方」と呼ぶ。
>
> （総合解説編 P10 から要旨、文責筆者）

　これを読めば、総合における「見方・考え方」を敢えて「探究的な見方・考え方」と規定し、如何に大事に捉えているかが具体的に分かる。つまり、総合の学習では、教科の学びを総合したものとして、教科の見方・考え方を自在に活用できることが必要であり（要素の①）、しかも、それら各教科の学び（見方・考え方）を総合すれば解決するものだけではなく、そこに「総合の特質に応じた見方・考え方」が必要になってくる（要素の②）という捉えである。

　「特定の教科等の視点だけで捉えきれない」ということとして、ある事象を扱う場合、例えば理科の見方・考え方だけで捉えられることもあるだろうが、それだけではなく、理科と社会と国語といったように、複数の見方・考え方が必要になってくる、ということが考えられる。それらの見方・考え方が個々に活用されることもあるだろうし、また連携して活用される場合も考えられる。しかし、世の中で起こる全ての事象を、現在の「便宜的に分けた教科等」で全てカバーできる保障はなく、むしろそれは無理な考えで、そこから考えれば、教科等とは異なる「総合に固有な見方・考え方」を想定することも必要だという上記の主張は理解できる。特に、総合に特有な「自己の生き方を問い続けるという」場合には、なおさらだろう。このように考えてくると、上記の「探究的な見方・考え方」の必要性は納得できる。

(2)「考えるための技法」の登場

　ところが、総合解説編では、これほど大事な「探究的な見方・考え方」という言葉が、この後の説明にはあまり出こないように思える（自分の読み方に問題があるのかもしれないが）。それにかわって出てくる（と思える）のが、**「考えるための技法」**である。

　総合の解説に戻ると、先の（1）探究的な見方・考え方を働かせる、の次は（2）横断的・総合的な学習を行う、そして（3）よりよく課題を解決し、自己の生き方を考えていく、と続くが、それらの内容を読むと、（2）横断的・総合的な学習を行う、で扱っているのは、（1）探究的な見方・考え方を働かせるで、述べた2つの探究的な見方・考え方の中の「①各教科等における見方・考え方を総合的に働かせる。」に関係しており、（3）よりよく課題を解決し、自己の生き方を考えていく、で扱っているのは、「②総合に固有な見方・考え方を働かせる。」であると考えられる。そして、この（3）の説明の中に「考えるための技法」が、以下のように出てくる。

> (3)　よりよく課題を解決し、自己の生き方を考えていく
> 　総合的な学習の時間に育成する資質・能力については、**よりよく課題を解決し、自己の生き方**

を考えていくためと示されている。このことは、この時間における資質・能力は、探究課題を解決するためのものであり、またそれを通して、自己の生き方を考えることにつながるものでなければならないことを明示している。

　ここに見られるのは、課題を解決する中で資質・能力を育成する一方、課題の解決には一定の資質・能力が必要となるという双方向的な関係である。課題についての一定の知識や、活動を支える一定の技能がなければ、課題の解決には向かわない。解決を方向付ける、「考えるための技法」や情報活用能力、問題発見・解決能力を持ち合わせていなければ、探究のプロセスは進まない。

（総合解説 P11、ゴシックは原文、下線は筆者）

　上に書いた自分の捉えが合っているなら、この（3）で扱うのは、各教科等で育てた見方・考え方ではなく（勿論、それもあるだろうが）、総合に固有な見方・考え方である。つまり、これまで各教科で育ててきた見方・考え方だけでは役に立たないということである。したがって、そのような見方・考え方を駆使して育成してきた、各教科等の学びにおける資質・能力だけでは不十分ということになる。

　ここまで習得・活用・探究の学びで見てきたように、その単元の学びとは「それまでの学びで獲得してきた資質・能力（例えば既習の知識）」を活用して、新たな知識を結び付けることで、「新たな資質・能力（再構成された知識）」を習得することができ（活用①）、それを新しい対象に活用する（活用②）、というものであった。この学びは、総合における「（2）横断的・総合的な学習を行う」の学びでは通用すると考えられる。ただし、それは、一教科だけではなく、複数の教科における学びが総合されて達成されるという意味での「総合的」な学びだろう。

　ところがこの（3）の場面では、この「それまでの学びで獲得してきた資質・能力（例えば既習の知識）」に相当するものがない（少ない）のではないか？そして、それへの取組が、上記文章中の「課題を解決する中で資質・能力を育成する一方、課題の解決には一定の資質・能力が必要となるという双方向的な関係である。課題についての一定の知識や、活動を支える一定の技能がなければ、課題の解決には向かわない。」という部分ではないだろうか？この「課題を解決する中で資質・能力を育成する」の資質・能力は、新しく習得したい「資質・能力」で、「課題の解決には一定の資質・能力が必要」の資質・能力は、その習得のための「既有の資質・能力」にあたるのではないだろうか？

　つまり（3）の学習では、教科学習のようなこれまで積み上げてきた資質・能力はないし、また（2）横断的・総合的な学習では、知識や技能としてはなくとも、教科学習で育てた見方・考え方を駆使して学ぶことができるが、（3）ではそれもできない。したがってこの（3）の学習では、元となる資質・能力も獲得させながら、同時に求める資質・能力を育てていくことが大事となる、それが「双方向的な関係」ということではないだろうか？そして、その際に必要になるのがその次に書かれている「課題についての一定の知識」だろう。そして、その次の「活動を支える一定の技能」が、同じくその際に必要になる「考えるための技法」ではないだろうか？

(3)「考えるための技法」とは？

　このように「考えるための技法」を捉えると、これは「見方・考え方」と似たようなものと考えられる。ただ、見方・考え方の定義の最も大事な「教科等に特有の」とは異なる。また「技法」という点でも異なるだろう。そこで、この「考えるための技法」とは何か、「見方・考え方」とはどのような関係にあるのかについて考えてみることにする。

　この「考えるための技法」についてどこに書いてあるかというと、それはずっと後ろの第5章　総合的な学習の時間の指導計画の作成の、第3節　各学校が定める内容とはの、4考えるための技法の活用（総合解説P82）にある。どうしてこんな場所にあるのかについては後程考えることにして、(1) 考えるための技法を活用する意義（総合解説P83）を読むと、次の文章から始まっている。

　「物事を比較したり分類したりすることや、物事を多面的に捉えたり多角的に考えたりすることは、様々な形で各教科等で育成することを目指す資質・能力やそのための学習の<u>過程に含まれている</u>。（下線筆者）」そしてこの文の後には、理科を始めとして家庭科や特別活動を例に、それらの教科などに特有な見方・考え方としての「分類・整理」を例にして、それらは「分類・整理」という思考については共通していると述べ、以下の文章に続けている。

　「考えるための技法」とは、この例のように、考える際に必要になる情報の処理方法を、「比較する」、「分類する」、「関連付ける」のように具体化し、<u>技法として整理したもの</u>である。総合的な学習の時間が、<u>各教科等を越えて全ての学習における基盤となる資質・能力を育成することが期待されている</u>中で、こうした教科等横断的な「考えるための技法」について、探究的な過程の中で学び、実際に活用することも大切であると考えられる。　　　　　（総合解説P83、下線筆者）

　これを読むと、本来その教科等に特有のものだった「見方・考え方」も、その「技法」としての働きには、教科等横断的に共通のものがある、ということが分かる。これは、本章の2.「見方・考え方」から「教科等横断的」を考える、でも考えてきたことで、総則編でも言われていることでもある。ただ、その場合には、まだ「技法」という言葉から感じる「無機質的な捉え」とは異なっていたと思える。

　その上に立って、この総合では、その捉えが（3）よりよく課題を解決し、自己の生き方を考えていく（総合解説P11）、のように、教科の縛りからはなたれる場合もあり、そんな際には「技法（スキル）」としての捉えがより必要になってくるという捉えなのではないだろうか。つまり**「考えるための技法」とは、各教科等に特有の「見方・考え方」の、考える「技法」として共通な部分を整理したようなもの**と考えられる。勿論その内容は、各教科等に共通な部分に限らない。それらの具体例は総合解説のP84から10項目に渡って例示されている。そしてここには、「これらはあくまで例示であると同時に、漏れなく重なりなく列挙するものではなく、重なり合うものである。」と書かれている。総合が扱う課題が学習指導要領で定められたものではなく、各学校の実情に合わせて設定されることを考えれば、そして各教科等で育てたい「見方・考え方」をどう「技法」として扱うかも、総合の内容に関

わることを考えれば、これは当然のことだろう。

　したがって、先に「考えるための技法」がどうして後ろの第5章　総合的な学習の時間の指導計画の作成の、第3節　各学校が定める内容、に書かれているのか？と書いたが、その理由がここにあると考えられる。つまり、総合の学習として扱う内容が明確になった上で、それを扱う情報の処理方法として「考えるための技法」が明らかになってくるからである。

　このように「考えるための技法」を見ていくと、上記の解説に注目する文があった。それは「総合的な学習の時間が、各教科等を越えて全ての学習における基盤となる資質・能力を育成することが期待されている」という部分である。自分が総合について疎いせいもあるが、未だに総合というと、「習得・活用・探究」の最後の探究部分の学びであり、「活用②」の発展的な学びに相当する学び、という思いが強かった。そこに、「全ての学習における基盤となる資質・能力を育成することが期待されている」という上記の文は新鮮に映った。

　つまり、ここまでの解釈から、総合で大事にしている「考えるための技法」は、各教科の「見方・考え方」の、共通した「基盤」となるものと考えることができる。であれば、その育成は、勿論当初は各教科等を通した見方・考え方の育成が種となるが、それが進み、そして（2）横断的・総合的な学習や（3）よりよく課題を解決し、自己の生き方を考えていく学習が進むことによって、教科等横断的に、そしてもっと広い学習や社会においても使える「考えるための技法」を身に付けていったとき、逆にそれはこれからの全ての学びにおける資質・能力育成のための基盤となるのではないかと考えられる。そんな「資質・能力育成のスパイラル」のイメージが湧いてきて、総合の意義がより見えてきた感じがする。

　以上、全ての学びにおける「考えるための技法」の重要性が見えてきた結果、以前に、総合で大切な「探究的な見方・考え方」という表現が見られなくなり、「考えるための技法」という言葉が頻繁に出てくると書いた疑問については、**「探究的な見方・考え方」を育てるためにこそ「考えるための技法」が、必要だったからではないか**と納得することができた。

　ここまで考えてきた結果、この「考えるための技法」は各教科の背景から離れたテクニックとしての「技法」ではなく、それらを含んだ教科等横断的に活用できる「見方・考え方」としての「豊かな技法」と言うべきものではないかと思える。

（4）「考えるための技法」が書かれている場所が意味すること

　（3）で、「考えるための技法」がずっと後ろの各学校が定める内容に書かれている理由を書いたが、それは、総合の内容が各学校で定められる以上、その内容に対応した具体的な「考えるための技法」も各学校で考えるべきということだった。これまでも「カリキュラムは各学校で編成すべき」は、「当たり前」と自分も捉えてきてはいたが、この大事な「考えるための技法」こそ、各学校で考えなければいけないということを（理屈では）納得した今、「カリキュラムは各学校で考えるべき」の重要性を改めて実感すると共に、総合の、カリキュラム編成における重要性を再認識した。先に、総則の解説で、学校の教育目標や教育課程編成の重要性を述べた後、すぐに総合の時間の目標設定に話が移っていること（総則解説P47）に対する違和感、及びそれに対する自分なりの回答を書いたが（P79参照）、ここ

に至って、その理由がさらに納得できたように思える。

　以上の検討から見えてきた、資質・能力の育成と見方・考え方の関係を、以下にまとめておく。P121 の表からの発展に注目して見てほしい。

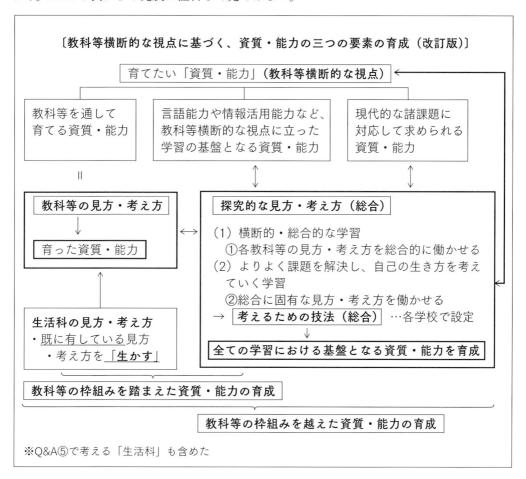

〔教科等横断的な視点に基づく、資質・能力の三つの要素の育成（改訂版）〕

育てたい「資質・能力」（教科等横断的な視点）

| 教科等を通して育てる資質・能力 | 言語能力や情報活用能力など、教科等横断的な視点に立った学習の基盤となる資質・能力 | 現代的な諸課題に対応して求められる資質・能力 |

＝

教科等の見方・考え方
↓
育った資質・能力

探究的な見方・考え方（総合）

（1）横断的・総合的な学習
　　①各教科等の見方・考え方を総合的に働かせる
（2）よりよく課題を解決し、自己の生き方を考えていく学習
　　②総合に固有な見方・考え方を働かせる
　→　考えるための技法（総合）…各学校で設定
　　　↓
全ての学習における基盤となる資質・能力を育成

生活科の見方・考え方
・既に有している見方・考え方を「生かす」

教科等の枠組みを踏まえた資質・能力の育成

教科等の枠組みを越えた資質・能力の育成

※Q&A⑤で考える「生活科」も含めた

（5）「考えるための技法」についての思い

　総合における「考えるための技法」は、各教科における「見方・考え方」の「一般的に使える手立て（技法）」としてのものだという自分の捉えが正しければ、それが形骸化する危険性も同時に感じる。「手立て」というからには良い意味で形骸化した「形式」で良いわけだが、各教科で、その教科なりの特質を含めた「見方・考え方」の「手立て」としての技法部分を抽出したものが「考えるための技法」ということであれば（勿論それだけではないが）、その元になる教科等の「見方・考え方」自身の捉えが形式的なものに陥ったりすることがあってはならない。また総合で、「考えるための技法」から生まれた「知識や技能」などが、どう意味付けられ、また概念化していくかについても大事に考えていかねばならないだろう。

Q & A ⑤　「小学校教育の入り口としての、生活科における見方・考え方とは？」

・小学校での「見方・考え方」の出口として、総合での「探究的な見方・考え方」が位置付いているとしたら、同じく"総合的"な「生活科」は、その入り口として「見方・考え方」をどのように位置付けているのだろうか？気になって、少し調べてみた。

1．各教科等の「見方・考え方」

・生活科を含めて、各教科等の見方・考え方をまず調べてみた。比較表などを見られた方も多いと思うので気付いた点をいくつか書く（是非一覧表等で確認して欲しい）。

（1）　国語の見方・考え方はない？

・これは意地悪な書き方だが、確かに「国語」の見方・考え方はないが、「国語科」の見方・考え方はある。しかし、それは「国語の見方・考え方」ではなく、「言葉による見方・考え方を働かせ…」と書かれている。つまり、教科の特質として国語科を見た場合、その本質は「言葉」にある、ということなのだろう。

・同じように「図画工作科」は「造形的な見方・考え方を働かせ…」、「家庭科」は「生活の営みに係る見方・考え方を働かせ…」等と、それぞれ教科が何を教科の本質と捉えているかにこだわった表現になっていることに注意が必要だろう。

（2）　その他の教科は？

・それに対して、社会科は「社会的な見方・考え方」、理科は「理科の見方・考え方」というように、科目名と同じだが、小学校の「算数科」は「数学的な見方・考え方」と、より親学問的表現となるが基本的には同じで、「音楽科」も「音楽的な」で、「体育科」は「体育や保健の」と、保健が加わっている。これらは、教科名自体が親学問と対応しているからだろう。「外国語」は、「外国語によるコミュニケーションにおける見方・考え方」と、コミュニケーションを大事にしていることがわかり、同じ言語を対象としている国語との違いに注意すべきだろう。

2．生活科の「見方・考え方」

・そのような中で、生活科は、「身近な生活に関わる見方・考え方を生かし」と、「身近な生活」を対象としている。その内容のポイントを教科編解説で見てみる[32]。

（1）　前提となるのは、具体的な活動や体験を通すこと

・この「身近な生活に関わる見方・考え方を生かす」には、具体的な活動や体験を通して、「直接働きかける」ことが大事と書かれている。そして、「直接働きかけるということは、児童が身近な人々、社会及び自然に一方的に働きかけるのではなく、それらが児童に働き返してくるという、双方向性のある活動が行われることを意味する。（生活科解説 P10）」とある。この「対象との双方向的な対話」の重要性は、第16章で考える「深い学びのための対話的な学び」にもつながると考えられ、その意味では、生活科が対話的な学びのスタートに当たる大事な役割を果たしていると考えられる。

（2）　「見方・考え方を生かす」とは

・生活科では「身近な生活に関わる見方・考え方を生かし」とあるが、それについて、以下の説明がある。「見方・考え方を生かしとは、生活科の学習過程において、児童自身が<u>既に有し</u>

ている見方・考え方を発揮するということであり、また、その学習過程において、見方・考え方が確かになり、一層活用されることを示している。他教科等と異なり、「見方・考え方を働かせ」とせず、「生かし」としているのは、幼児期における未分化な学習との接続という観点からである。（生活科解説 P11、下線筆者）

・これを読むと、第14章でも触れるが、「見方・考え方」は「既に子供の中にある」もので、それを働かせて、鍛え伸ばし発揮させていくという基本的な考え方が書かれている。小学校におけるその学びのスタートとして、そのことを確認していることは、生活科だけでなく全ての教科における学びにとって重要な共通理解であり、その「働かせ」のスタートとして「生かし」という、小学校以前の学びとの接続を意識していることは、全教科の学習にとって、とても重要なことだと思える。

（3）　全ての教科学習のスタートとなる「生活科」の学び

・このように見てくると、「総合」が小学校での教科等学習を通した「習得・活用・探究」を経た問題解決学習の出口と考えるなら、「生活科」は、その学びへ、小学校以前の学びを接続させ、つなげていくスタートなる重要な教科と考えられる。そのつながりがよく見えるのが、「見方・考え方」の捉えである。

(6) 育てたい「見方・考え方」とは？

　Q&A ⑤で考えた「生活科」における「見方・考え方」も含めて、改めて「見方・考え方」を考えてみると、生活科で考えたように、「見方・考え方」は本来児童が身に付けているものであり、教科ごとなどではない総合的なものだった。それを学校教育では便宜的に教科ごとに分けて扱っているのであり、その指導の「出口」にあたる総合では、再び教科等の枠組を越えて総合的に扱う方向を目指すことになる。「見方・考え方」を教科学習で扱う場合は、その教科の存在理由を踏まえての「見方・考え方」の扱いが重要にはなるが、本来「見方・考え方」は「教科ありき」ではないという点を忘れてはならないだろう。

第14章

「見方・考え方」の留意点

ここまで見てきたように、「見方・考え方」は、「主体的・対話的で深い学び」実現の要となる重要なものだが、次の4点の確認をしておきたい。

1. "「見方・考え方」は「思考力・判断力・表現力等」とは異なる"の捉え方

資質・能力の三つの柱の一つである「思考力・判断力・表現力等」と、それにより育ち、また逆にそれ（資質・能力）を伸ばしていく「見方・考え方」は当然異なる。それは、全ての教科等に共通する「思考力・判断力・表現力等」と、その教科なればの「見方・考え方」の違いからも「明らか」だが、ただ「理屈」では分かっていても、実際にその内容を考えていくと、何となくその違いを曖昧に感じるのは自分だけだろうか？　考えてみれば、その教科なればの「見方・考え方」を生かして「思考力・判断力・表現力等」を働かせ、より高みのある「思考力・判断力・表現力等」を育て、より「見方・考え方」を鍛えながら問題解決を図るのだから、この両者が密接に関係しているのは当然である。さらに、総合的な学習の時間で見てきた、各教科等の見方・考え方を総合的に働かせる「探究的な見方・考え方」や、それからつながる「考えるための技法」など、より一般化したものを見ていくと、その区別はなおさら曖昧に感じる。

それもあってか、例えば小学校理科の教科編解説では"なお、「見方・考え方」は、問題解決の活動を通して育成を目指す資質・能力としての「知識」や「思考力、判断力、表現力等」とは異なることに留意が必要である。"[33]、とわざわざ明記している。

しかし、ここまで見てきて思うのは、例えば理科編に明記されたこの注意文の「真意」は、「考える」という行為をひとまとめとして捉えることで時に混同しがちな「思考力、判断力、表現力等」と「見方・考え方」を区別して考えなさいよ、という「型にはまった原則論」を言うのが目的ではなく、その教科なればこそその見方・考え方を生かしてこそ、「思考力、判断力、表現力等」が有効に働き、その教科で目指す「主体的・対話的で深い学び」が実現して「資質・能力」が育つのだ、ということを強調したかったのではないかと思える。つまり、形式的な「思考力、判断力、表現力等」の育成に陥ることなく、「その教科なればの見方・考え方」を大事に、真の「思考力、判断力、表現力等」の育成に努めて欲しいというメッセージではないかと感じる。そして、このメッセージは全ての教科に通じるメッセー

ジでもあるだろう。その点について、引き続き考えてみる。

2.　"「見方・考え方」は、「育つものである」の捉え

　これまで書いてきたように、「見方・考え方」は元々子どもの中にあるものであり、した
がってそれは「育てる」ものであり、小学校の学習のスタートにあたる生活科では「見方・
考え方を生かす」とした、という理屈は分かっているつもりでも、つい、1. に書いた「見
方・考え方」と「思考力・判断力・表現力等」の関係が曖昧になってしまい、「この問題解
決に必要な見方・考え方を指導しなければ」等と考えてしまいがちになってしまうことはな
いだろうか？そこで、改めて、「見方・考え方」とは何か、「思考力・判断力・表現力等」と
はどのように違うのかを考えてみたい。

(1) 改めて見方・考え方とは

　見方・考え方とは「各教科等の特質に応じた物事を捉える視点や考え方」であり（答申
P33）、「物事を理解するために考えたり、具体的な課題について探究したりするに当たっ
て、思考や探究に必要な道具や手段として資質・能力の三つの柱が活用・発揮され、その過
程で鍛えられていく」もの（答申P34）であった（下線は筆者）。

　さらに「見方・考え方」は「深い学び」において重要であり、「新しい知識・技能を既に
持っている知識・技能と結び付けながら社会の中で生きて働くものとして習得したり、思考
力・判断力・表現力を豊かなものとしたり、社会や世界にどのように関わるかの視座を形成
したりするために重要なものである。既に身に付けた資質・能力の三つの柱によって支えら
れた「見方・考え方」が、習得・活用・探究という学びの過程の中で働くことを通じて、資
質・能力がさらに伸ばされたり、新たな資質・能力が育まれたりし、それによって、「見
方・考え方」が更に豊かなものになる、という相互の関係にある。」（答申P52）と書かれて
いる（下線は筆者）。

　この部分をさらっと読んだだけで「見方・考え方」を分かったつもりでいたが、実はずっ
と自分の中で疑問であり曖昧なことがあった。それは、主に理科学習に関係するのだが、
「見方・考え方」と「自然観（自然認識）」の関係、そして「自然観（自然認識）」と「概
念」、及び「知識」との関係或いは違いである。この「認識」と「概念」、及び「知識」との
関係は、どの教科においても同じだと思えるので、理科を例に少し考えてみたい。

(2)「見方・考え方」と「自然観（認識）」、「概念」、「知識」の関係

　このように標題に書くと随分専門的で高尚（？）な疑問のように、また理屈っぽい疑問の
ように聞こえるかもしれないが、そうではなく、実際に授業をしている際に実感として感じ
る疑問である（言葉は仰々しいが）。

　理科の例で言うと、自分たちは「理科の授業を通して、理科なりの自然観、自然認識を子
ども達に育みたい」と願って授業をしてきたのではないかと思う。その「自然観、自然認
識」とは、例えば、小学校3年理科の、「粘土の塊の形を変えても、ちぎって細かくして
も、全体の重さは変わらない」という、「この世の物は、急になくなったり消えたりするの

ではなく、姿、形は変わっても、或いは見えなくなっても、必ず有るのだ」という「物質保存の法則」、或いは小学校4年理科の「水を熱して温度を上げていくと、100度前後になるといくら温めても温度はそれ以上上がらないのは、温めているエネルギーが水を水蒸気にするために使われているのであり、エネルギーがなくなったわけではない」という、「エネルギーは姿、形が変化しても、その量全体は増えたり減ったりはしない。」という「エネルギー保存の法則」など、自然を「どのように捉えるか」という「自然観、自然認識」である（勿論、小学校の授業では、そのような法則として指導することが目的ではなく、そのような認識を大事にして指導していくということである）。

このような「自然観、自然認識」は、「見方・考え方」とは、異なるのだろうか？また、「知識」は、ここまで見てきたように「事実としての知識」を組み込みながら「再構成されたもの」として存在することが分かった（これはとても大事なことである）が、こうして再構成された「知識」は、「概念」とは違うのだろうか？

例えば小学校3年生の「磁石」の学習で、「鉄を引き付ける」、「N．S極の引き合い、退け合い」、「南北を指す」「鉄を磁化する」などの個としての知識を、「磁石の性質」として再構成した「知識」は、「磁石の概念（勿論、まだ低いレベルではあるだろうが）」と言ってはいけないのだろうか？そして、この「概念」は「自然認識」と、どう関係しているのだろうか？

(3) 概念と知識の関係、そこから自然観について

中教審初等中等教育分科会の2016年（平成28年）6月の審議報告の中に（資料5）「知識」についての考え方のイメージ（たたき台）がある。その中の（次期改訂における「知識」とは何か）に、以下のような文章がある[34]。

（次期改訂における「知識」とは何か）

○「知識」については、事実的な知識のみならず、学習過程において試行錯誤をすることなどを通じて、新しい知識が既得の知識と関係づけられて構造化されたり、知識と経験が結びつくことで身体化されたりして、様々な場面で活用できるものとして獲得される、いわゆる概念的な知識を含むものである。

（中教審初等中等教育分科　会報告 2016年（平成28年）6月（資料5）から、下線筆者）

これを読むと、「概念」とは書かれていないが、「知識」には「概念的な知識」を含むとある。ここからは自分の独断も入るのだが、例えば先の理科の授業の例で言えば、小学校3年生理科の「重さとかさ」の単元で扱う「粘土の塊の形を変えても、ちぎって細かくしても、全体の重さは変わらない。」というのは「事実的な知識」で、そこから「物（粘土）は、姿・形を変えても、その重さは変わらない」というのが「概念的な知識」、そして「この世の物は、急になくなったり消えたりするのではなく、姿形は変わっても、或いは見えなくなっても、必ず有るのだ」という、この場合の例も含めた一般的な捉えが「物質保存の法則」という「概念」と言えるのではないだろうか？

或いは小学校４年生理科の「氷・水・水蒸気」の単元で扱う「水を熱して温度を上げていくと、100度前後になるといくら温めても温度はそれ以上上がらない」というのが「事実的な知識」で、「いくら温めても温度はそれ以上上がらないのは、温めているエネルギーが水を水蒸気にするために使われているのであり、エネルギーがなくなったわけではない」というのが「概念的な知識」、そして「エネルギーは姿、形が変化しても、その量全体は増えたり減ったりはしない。」というこの場合の例も含めた一般的な捉えが「エネルギー保存の法則」という「概念」ではないだろうか？

　ここで注意したいのは、最初の「事実的な知識」にも「形を変えても」や、「いくら温めても」というような「考え方」が含まれていることであり、これは「考え方」と言うより、それまでの経験や既習からの「感じ方」と言うのが適当かもしれない。それが新しい知識と関係付けられることで構成されたものが「概念的な知識」ではないだろうか？

　つまり、「構成された知識」が、その単元での「概念的な知識」として一般化されたと考えられ、それが複数の単元を経ることで「一般的な捉え」となったのが「概念」と言えないだろうか？　そして、この「概念」が、「理科」という教科としての全体的な捉え方となったのが「自然観（認識）」ではないかと思える。

　上記の例で言えば、各単元で得られた「概念的な知識」が、複数の単元を経ることで「物質保存の法則」や「エネルギー保存の法則」等の「概念」となり、そのような概念が、生物分野の新陳代謝や天文分野の星の生成や進化等にも活用されて、化学や生物、そして地学分野も含めた「理科（科学）」としての「自然観」になるというイメージである。随分話が大きくなり、またその分曖昧になってしまった感もあるが、知識と概念そして自然観の関係を、あまり境界を厳密にすることなく、しかしこのような方向性で捉えれば良いのではないかと考える。

　以上を、全教科を踏まえてまとめると、「見方・考え方」は教科の特質に関係する「対象の捉え方」であり、それはその教科なりの「概念」や「教科観」につながっていく本質的で重要なものと考えられる。つまり「見方・考え方」は、「事実的な知識」を「思考力・判断力・表現力等」を働かせることで「既に持っている知識・技能」と結び付けながら習得させて「概念化された知識」にする際に、大事な役割を果たすものであり、そのことで見方・考え方自身も育ち、「事実的な知識」は、教科の特質に沿った「概念」や「認識（自然観、社会観など）」に育っていくのではないだろうか？

　このように考えると、「構成された知識」と「概念」は違うのか？という最初の疑問にも、「構成された知識」はその教科の「概念的な知識」という、単元や、あるまとまりの中に限られた「知識」であり、「概念」はもっと一般的なものであり、それは理科なら領域や全体に言える「自然観」につながっていくものではないだろうか？と考えることができる。しかし、「概念的な知識」は「概念」につながるものであり、その境界は明確ではないと思える。そして、その「概念」の出発点になるのが「見方・考え方」と捉えたい。ここからも、「見方・考え方」が如何に大事かということが改めて分かる。

（4）総則における「概念」について

　ここまで主に、中教審初等中等教育分科会の審議報告の記述を元に考えてきたが、では総則ではどう扱われているのだろうか？　総則解説の理科編を例に見てみると、P17に次の記述がある。

　児童は、自ら自然の事物・現象に働きかけ、問題を解決していくことにより、自然の事物・現象の性質や規則性などを把握する。その際、児童は、問題解決の過程を通して、あらかじめもっている自然の事物・現象についての<u>イメージや素朴な概念などを</u>、既習の内容や生活経験、観察、実験などの結果から導き出した結論と意味付けたり、関係付けたりして、より妥当性の高いものに更新していく。

（総則解説理科編、P17、以下、省略、下線筆者）

　ここに「イメージ」と「概念」という言葉が出てくる。ここにある「イメージ」という言葉は、対象の漠然とした捉え方としての「見方・考え方」に近いのではないだろうか？　そして「素朴な概念」とは、そのイメージによってもたらされる、まだ単純な、構成された知識にもなっていないような「概念（の素）」なのかもしれない。考えてみれば、対象を捉える際は「イメージ」から始まり、それに基づく「素朴な概念」が生まれ、そこから「知識」が生まれ、「見方・考え方」が育っていくのかもしれない。そしてそれが理科なら理科の「概念的な知識」を育て、やがて自然「認識」につながる「理科的概念」を作っていくのかもしれない。これまで、その言葉から受ける印象から、「概念」とは何だか高尚なもの、という捉え方をしがちだったが、そうではなく、本来「概念」とは人が「ものを捉える捉え方」を表しているものなのだろう。「概念と知識、そして認識の関係」は、「イメージ」との関係も含めて、これからも考えていきたい。

3. "「見方・考え方」は、評価しない"の意味

　ここまで、見方・考え方は育てるものであり、指導すべきものではない、という共通理解に基づいて考えを進めてきた。それに関して田村　学氏と澤井陽介氏の対談からの要約を紹介する[35]。

・「見方・考え方」を、「こういう見方をさせる」「考え方を教え込む」というような「指導のポイント」のように捉えるのではなく、課題を解決するときに、子どもが見方・考え方を<u>使うような授業にする</u>という考え方に立つべき。

・授業の出口だけを考えてしまうと、見方・考え方を教え込み、これが獲得できればいいという考えに陥る。これは本末転倒で、「<u>見方・考え方は評価対象ではない</u>」点の確認を。

（要約、文責筆者）

この文中の二点を読むと両者に共通しているのは、「見方・考え方」は「指導するものではなく、子どもから引き出すもの」という考え方だ。これについては第13章のQ＆A⑤「小学校教育の入り口としての、生活科における見方・考え方とは？（P128）」等にも書いたとおりだ。

　奈須正裕氏も、「見方・考え方」を働かせるとなっているのは、「元から子どもの中にあるから」という言い方をしており、"子どもたちは、その教科で指導する以前に、その教科で育てていく「見方・考え方」の芽といいますか、その足場のようなものは実は持っています"、と述べている[36]。また、（途中から）"「1年生はゼロからのスタートではない」というのは、「見方・考え方」についても真実なのである。私個人は、「見方・考え方」について通常の「育成する」や「指導する」ではなく、「働かせる」という独特な表現があえて採用された背景に、このような洞察があるのではないかと考えている"[37]とも述べている。

　確かに子どもの頭の中は白紙ではなく、自分なりの「見方や考え方を持っている」ことは今や認知心理学では常識である。であれば、それは教え込むのではなく、子どもの中から引き出すという対応が大事になってくる。しかし、その「見方・考え方」も鍛え、伸ばしていきたいと考えると、つい前にも書いたように「させる、教え込み」たくなる気持ちも分かる。そうなれば、「その見方・考え方ができたか？　身に付いたか？」と評価したくもなる。そこで確認したいのは、「見方・考え方は評価対象ではない」という点だ。でも、本当に見方・考え方は評価しなくて、授業はうまく進むの？　という疑問も湧いてきそうだ。この点について自分の捉えを書く。

　確かに授業で育成を図るのは「資質・能力の三つの柱」に基づいた具体的な「資質・能力」の三つの要素であり、したがって評価もこの「三つの柱」に基づいて行うべきである。そう考えると「見方・考え方は評価しない」という理屈は分かるのだが、しかし、資質・能力の育成に大きく関係する「見方・考え方」を子どもが生かして、自分の思考力・判断力・表現力等を鍛えているかどうかを評価しなくて良いのか？という疑問が出てくる。自分の思いとしては、当然それは評価すべきだと考える。ただし大事なのは、その「見方・考え方」それ自体の評価ではなく、それを生かして「目指す資質・能力」が育成できたかの評価をすべきということだ。言い方を変えれば、「目指す資質・能力」が育成されていれば、そのために必要な「見方・考え方」が生かされていたと評価されるべきということであり、逆に言えば、そうなる「見方・考え方」と「資質・能力」の「関係」を指導者は考えて指導することが大事だということではないかと思う。

　つまり、結果論として「目指す資質・能力」が育成されていればそれで良しということではなく、目指すべき「見方・考え方」を使って「目指す資質・能力」が育成される、という展開を考えるべきだということである。くどく言えば、目指すべき「見方・考え方」を使わなければ「目指す資質・能力」が育成されない、と言いかえても良いのかもしれない。

　したがって教師は授業中に、子供たちの中に目指すべき「見方・考え方」が働いているかを授業の評価として見ていくべきだし、それが授業の改善にもつながると考える。働いていなければ、何がその要因かを検討し、働くように授業を改善していく必要があるだろう。た

だし、それも目指すべき具体的な資質・能力との関係で見ていかなければ、「見方・考え方のスキルを教える」ような形式的なものになってしまうことは前述の通りである。そして、もし必要とする「見方・考え方」が子どもの中に育っていないとしたら、それを育てるような既習学習や経験を想起させることで、必要とする見方・考え方を使えるようにしていくことが大事になる。

　したがって今課題としている「子どもの評価」としては、期待する「見方・考え方」を生かして、目指すべき「資質・能力」が育成されたかどうかで評価すべきだろう。

　つまり、「見方・考え方」自体は評価しないが、それによって育成すべき「資質・能力」については、「見方・考え方」の働き具合も見ながら評価するということではないだろうか。それには、教師自身が「育てたい資質・能力」と、そのために必要な「見方・考え方」の関係をしっかり理解し、その「見方・考え方」もしくは、その「見方・考え方」が実現するような、つながる「見方・考え方」や「経験」などが子どもの中にあるかの見極めが必要条件になる。

4. 改めて「見方・考え方」とは何かを考える

　ここまで「見方・考え方」とは何かについて、総合も含めて考えてきたが、もう一度原点に戻って確認しなければならないことに気付いた。この議論に入るまでの自分の「見方・考え方」に関する捉えは、「見方・考え方は、各教科等の特質に応じたもの」であり、そこにその教科の存在理由があり、また学ぶ意味もある。総合には、それら各教科等の学びを総合した、学びとしての「見方・考え方」と、総合ならではの「見方・考え方」があり、それらを駆使することで、各教科等の学習の基盤となる資質・能力のみならず、全ての学習における基盤となる資質・能力の育成が実現する、というものだった。

　しかし、Q&A⑤（P128）での生活科や2.で見てきたように、本来、「見方・考え方」は子どもの中にあるものであり、したがってそれは「育てる」ものであり、最初から教科ごとに「ある」ものではなかった。そんなことはここまでの考察から当たり前のはずだが、どうも、今回の学習指導要領の目玉である「各教科等の特質に応じた見方・考え方」という点を強調しながら考えていて気がつくと、自分はそのような本末転倒的な考え方（最初から各教科等の中にあるといった）になっていることに気付くことがある。本来、子供たちの持っている「見方・考え方」には、教科等の枠組みはない。それを育てるための有効な「窓口」として、「適切な教科」を人間が設定しただけである。

　したがって、総合の「探究的な見方・考え方」は、各教科等の「見方・考え方」を総合して実現する最終的な「見方・考え方」の姿ではなく、逆にそのような探究的な見方・考え方の「種（子どもの中に既にある）」としてあるものを、各教科等の特性に合わせて育てていった結果としての、「スタートであり、ゴールでもある姿」ではないかと考える。そのスタートにあたるのが、小学校教育では「生活科」における「見方・考え方」で、ゴールに当たるのが「総合」におけるそれだろう。

改めて「学力の捉え」について
～ここまでの「振り返り」～

第15章

1．学力の捉えの二つの側面からの「主体的・対話的で深い学び」

　ここまでの検討を振り返ると、「学力」の捉えには二つの側面があると考えられる。一つは、「知識」とはそもそもどのようなものなのか？という、どの教科にも共通する<u>知識観</u>に基づいた「学び」に関するものであり、もう１つは、特に「深い学び」につながる、<u>教科の「領域固有性」に関する学び</u>に基づくものである。この２つの捉えの視点から、「主体的・対話的で深い学び」について考えてみる。

(1)「習得・活用・探究」という学びの構造化の過程と「主体的・対話的で深い学び」の関係

　一つ目の捉えは、「質の高い知識＝関連付けられた知識、概念的な知識」という理解が基本であり、この捉えは<u>どの教科でも共通</u>である。この捉えに基づいた知識の構造化を実現するための手だてが、この「知識観」を大事にした「どのように学ぶか」という、「習得・活用・探究」の学びの過程における<u>「主体的・対話的で深い学び」</u>という「学び方（学びの姿）」ではないかと考えられる。したがって、新学習指導要領で注目される「主体的・対話的で深い学び」の実現は、この<u>「習得・活用・探究」</u>という学びの構造化の過程に則ることが大事であり、その実現を図る「学び方、学びの姿」が「主体的・対話的で深い学び」であるということを忘れてはいけないだろう。

　このように、「主体的・対話的で深い学び」は、どの教科にも共通する前提となった「知識観」に基づいた「学び」であり、そこから、「主体的な学び」の「メタ認知的捉え」の大事さや、「対話的な学び」の「他から得た情報による自己の変容の大事さ」などが出され、「深い学び」は、これらの学びの上に成り立つ重要な学びであるという捉えに結び付く。繰り返すが、これらは、どの教科の学習でも共通して大事なものである。

(2) 特に「深い学び」に関する、教科の「領域固有性」に関する学びから考える「主体的・対話的で深い学び」

　それに対して２つめの捉えは、特に「深い学び」に関する、<u>教科の「領域固有性」に関する学び</u>という側面からである。つまり、(1)に述べたような知識観に立ち、どの教科にも共通するような「主体的・対話的で深い学び」を行うだけでは、目指す資質・能力の獲得には達せず、そこには、その教科なればこその「領域固有性」がある、ということである。これは、その教科ならではの（存在理由に関する）「見方・考え方」による「思考力・判断

力・表現力」を働かせることによって、その教科ならではの「知識や技能」の構造を創り出すことができる、ということであり、もっと言えば、同じ教科内でもそれぞれの分野や単元の学びでの「領域固有性」があり、それを克服していくことが大事だということである。

　例えば同じ理科でも、生物に関する見方・考え方と物理に関する見方・考え方は異なる。しかし、それでも「理科（自然科学）」として共通な見方・考え方はあり、それに気付き、育てることが、理科として（生物や物理としてだけでなく）の資質・能力を高めていくことにつながる。そして、そのような見方・考え方の中には、算数・数学や社会など、他教科にも共通して働かせることができるものがあり（教科等横断的な見方・考え方）、それは総合的な学習の時間において「探究的な見方・考え方」となり、やがて「全ての学習における基盤となる資質・能力を育成」することにつながることは、前章でも見てきた。

　このように、「見方・考え方」や「思考力・判断力・表現力」レベルで、他教科との「領域固有性」の壁を破った共通性への気付きや活用が大事になってくる。これが「教科等横断的な取組」ということだろう。

　したがって、この2つめの側面も踏まえた「主体的・対話的で深い学び」という「学び方」を習得していくことが、これからの学びにとって重要と考えられる。

※ここでは、「習得・活用・探究」と「見方・考え方」という2つの面に分けて考えたが、そもそもの「習得・活用・探究」という考え方の中にも「教科の特性」という「見方・考え方」に関する記述があることは以前にも触れた。しかし、「見方・考え方」を明記した今回の「主体的・対話的で深い学び」の提示で、より、その方向性が明確になったと捉え、敢えて分けて考えてみることとした。

2.「社会に開かれた教育課程」との関係

　第7章　「主体的・対話的で深い学び」は、どのように出てきたのか？　②では、「社会に開かれた教育課程」の意義について考えた。そこでは、「習得・活用・探究」という学びのプロセスでは、社会とのつながりをより意識した教育が必要で、そうして習得した知識こそが、実社会や実生活の中で活用でき、それが「主体的・協働的に探究」する姿の実現につながるのではないかと考えてきた。しかし、「習得・活用・探究」という学びのプロセスの実現にはなぜ社会とのつながりをより意識した教育が必要なのか、その具体的なイメージはまだ掴めていなかった。

　その後、これまでの学力の捉えから考えると、今時教育課程の改訂で目指している「社会に開かれた教育課程」実現の重要性が少し見えてきたように思える。というのは、上述の考察から、目指す学力の育成には、まず学校内における上述した「学習観（知識観）」の共通理解が必要であり、その共通土台に立った「教科の専門性」の育成を大事にした「教科間で開かれた教育課程（教科等横断的の真の意味）」の実現が大事である。さらに、総合的な学習の時間を生かした「全ての学習における基盤となる資質・能力を育成」に向かうということは、<u>結果として</u>「社会に開かれた（社会でも生かされる）教育課程」編成につながるので

はないか？と思える。この一連の流れで共通して重要なのは**「共通」することをだんだんと広く「開いていく」こと**だと思える。

　つまり、単に社会と共有するとか連携することが目的ではなく、今回の学習指導要領で最も大事にしている「資質・能力」の育成を、教科から教科等横断的、学校内から学校種間、そして社会へと開いていくための、**最終目標としての全ての学習における基盤となる資質・能力の育成を実現するための「社会に開かれた教育課程」を実現していくことが目的**、ということではないかと思える。と言うことは、今回の学習指導要領のキーワードは、教室においても、学校内においても、学校間においても、そして社会においても**「開くことと共有することで、連携していく」**ことなのかもしれない。これについては、ここからの議論も踏まえて、第20章「社会に開かれた教育課程」の意味と重要性、で更に詳しく考えてみる。

第16章

「主体的・対話的で深い学び」の実現に向けて
～「真正の学び」としての「深い学び」を中心に考える～

　ここまで、「習得・活用・探究」から始まった学びの過程を検討しながら、その実現に向けての「主体的・対話的で深い学び」の在り方について、中でも「深い学び」の重要性について考えてきた。

　その流れを振り返って見ると、第10章の4.「深い学び」の重要性の意味で、「主体的・対話的で深い学び」の大事なポイントは「深い学び」にあったことを確認した後、「諮問」の「主体的・協働的」には元々「深い学び」を求めるねらいが含まれていたのではないかという考えの元、「深い学び」の実現を目指す学びの姿を、それを実現させる「主体的な学びの姿」と「対話的な学びの姿」から、そしてもう1つの柱である「教科の特質面」から考えられる「見方・考え方」の在り方から明らかにしていこうとする展開で議論を深めてきた（P110〔「深い学び」と「主体的・対話的で深い学び」実現の関係〕の関係図参照）。

　そして、その後は「見方・考え方」面からの検討を先に行ってきたが、ここでは、「深い学び」の実現を目指すために元々考えていた、「主体的な学びの姿」と「対話的な学びの姿」の実現を、具体的に検討していきたいと思う。

1.「深い学び」が実現する「主体的、対話的な学び」とは？

　ここまでの議論から、「深い学び」では、教科固有の学びのプロセス（総則解説 P37、78）に沿って、教科固有の見方・考え方を働かせながら、身に付けた知識や技能を活用したり、発揮したりして関連付けていくという「学びのプロセス」が大事になってくると言える。そして、その際に大事になってくる具体的な関わり方が「主体的、対話的」ではないだろうか、と考えてきた。では、その「深い学び」は、どのような主体的、対話的な学びによって実現するのか、総則解説 P77 のそれぞれの学びの解説をもとに、「深い学びが実現する主体的、対話的な学びの具体像」について考えていきたい。

　まず、総則解説の第3節　教育課程の実施と学習評価　1　主体的・対話的で深い学びの実現に向けた授業改善の（1）に書かれている、「主体的、対話的、深い学び」それぞれの説明から確認していきたい。

（1）主体的な学びの実現に向けた授業改善

①学ぶことに**ア**興味や関心を持ち、**イ**自己のキャリア形成の方向性と関連付けながら、**ウ**見通し

をもって**エ**粘り強く取り組み、自己の学習活動を**オ**振り返って次につなげる「主体的な学び」が実現できているかという視点。 (総則解説 P77、下線、**ア〜オ** は筆者)

　上記を読むと、「主体的な学び」実現には、ア「興味や関心」、エ「粘り強い取り組み」という「学習への意欲の喚起と継続への意思」が必要であり、イ「自己のキャリア形成の方向性との関連付け」、ウ「見通しを持つ」ためには、「ゴールと、その解決への見通し」が大事になる。また、オ「振り返って次につなげる」には、「ゴールの内容や価値の確認と、自己変容の自覚」が大事であり、「次の学習への見通し」を持てることが、その後の主体的な学びの継続に必要になってくる、ということが分かる。

　また、「見通しを立てたり、振り返ったりする学習活動」が、特に主体的な学びと関係する点については、総則解説 P88 に、「主体的・対話的で深い学び」の実現に向けた 7 つの授業改善の中の 4 つ目として書かれている（構成図も参照）。これらを田村氏の著作[38] なども参考に、具体的な授業の展開に沿ってまとめると、以下のようになるだろう。

〔「深い学び」のための「主体的な学び」が実現する授業の条件〕
①〔「課題設定」の段階〕
　1）児童にとって解決の必要感があり質の高い「課題設定」により、課題追究の意欲を持たせることができること。←上記のア
　2）学習活動の見通しが明らかになっていること。それにより、
　　ア）解決に向けての取組の見通しが持てる
　　イ）学習活動のゴールの見通しが持てる
　　→これらにより、児童は「知的意欲や関心」に基づいて、粘り強く解決に向けて取り組もうとするだろう。←上記のイ、ウ、エ
②〔「振り返り」の段階〕←上記のイ、オ
　・自分の学びを意味付けたり価値付けたりして、自己の伸びを自覚すると共に他者と共有できていること。
　　ア）「本時の学習内容を理解し確認できる」
　　イ）「学習内容をこれまでの学習内容と関連付け、より一般化できる」
　　ウ）「学習内容や方法を振り返り、自己変容を自覚できる」
　・次の学びへの意欲と見通しが持てること。

（2）対話的な学びの実現に向けた授業改善

②子ども同士の協働、教職員や地域の人との対話、先哲の考え方を手掛かりに考えること等を通じ、自己の考えを広げ深める「対話的な学び」が実現できているかという視点。

(総則解説 P77、下線筆者)

上記を読むと、「対話的な学び」実現には、「子ども同士、教職員や地域の人、先哲との"対話"」による「自己の考えの広がりや深まり」が必要だと言える。これを元に、田村氏の著作[39]なども参考に、具体的な授業の展開に沿ってまとめると、対話的な学びによる「自己の考えの広がりや深まり」で大事な点は、次の3点と考えられる。

　1つは、「考えの広がりや深まり」とは、これまで考えてきたように、単に知識が増えたとか深い内容になったということではなく、自分がこれまでに持っていた知識に新しい知識（情報）が構造化して加わる（見方・考え方を生かした思考・判断・表現等によって）ことで、これまでの考えが広がったり深まったりする、ということである、という点。

　2つめは、「自己の考えの広がりや深まり」への「対話の寄与」という面である。大事なのは「自己の」という点である。つまり、最終的には「自己の考えの広がりや深まり」のための「対話」ということであり、当たり前と思うかもしれないが、結局は「自分はどう考えているのか？」という、自己との対話に結び付く、ということである。「対話」と言えばすぐに、例えば全体での話し合いや、グループでの話し合い、また資料を読む場合などの読み取る活動を通しての、相手からの情報を得て自分はどう考えるか？という場面が思い浮かぶが、上記のように捉えれば、それだけでなく、「話し合い」の前の、自分の考えを持つ段階での「自分自身との対話」、そして、話し合いを終えて自分の学びを振り返る段階での「自己との対話」も含まれると考えられる。

　そんなことを言うと、授業の全ての場面が「自己との対話」なのだから「授業改善」として取り立てて言う意味がなくなる、という声も聞こえてきそうだ。勿論、ここで揚げている授業改善は「子ども同士の協働、教職員や地域の人との対話、先哲の考え方を手掛かりとした対話」における改善であるが、言いたいのは、その底に流れているこのような考えを大事にしないと、形式的な取組に陥ってしまう危険があるということである。例えばこのような共通意識に立つと、次のような場面も、自己の考えを広げ深める重要な「対話的な学び」の場面と言えるだろう。それは、友達や先生などに、自分の考えを説明する（言葉だけで説明する場合もあるだろうが、算数・数学で式を使って説明したり、理科で実験方法や実験装置を示して説明したり、図工で表現物を示して説明したりすることもある）ことで「改めて自分の考えを知る」または、「自分の考えや表現の足りない点に気付く」等という「対話」（ここでは、説明後の質疑応答という「対話」からではなく、単に説明するという行為そのものから気付くことを指している）場面である。これは、他者と特別に対話したわけでもないが、説明すること自体による「自己との対話」によって気付くということである。

　このように、ここでは「対話」の意味する「精神」を大事に、「対話」場面の前後も含めて、その重要性を考えていきたい。

　このように考えてくると、3つめのポイントとして、「情報表出と獲得の意義の実感」の重要性が見えてくる。これは、「自分の情報を表現することと、外からの情報を得ることの大事さ」を実感することである。つまり、上記のような学びができるのは、「他者との対話」があればこそ、とその良さを実感することであり、これからも自らの学びに「対話（自己内対話や表出も含めて）」を積極的に取り入れていこうとする「学びの姿勢」が育ってくる、

ということである。

　これは、「外からの新しい情報の獲得」という量的な面の価値だけでなく、それがどう既知の情報と結び付くかという質的な面、つまり見方・考え方の育ちや更新という面で、特に価値があると思える。その意味では、**「自分とは（質的に）異なる意見」の存在が大事に**なってくると言える。それを裏付けるように、新学習指導要領の総合的な学習の時間の解説編には"なお、従来「協同的」としてきたものを今回の改訂で「協働的」と改めた主旨は、意図するところは同じであるが、ここまで述べてきたような、異なる個性をもつ者同士で問題の解決に向かうことの意義を強調するためのものである。"（P123 下線筆者）との文がある。この主旨は、学習指導要領全体に共通した捉えでもあるだろう。

　以上から「対話的な学び」が実現する条件として、目にみえる「対話」の段階だけでなく、その前後も含め、以下のようにまとめた。

〔「深い学び」のための「対話的な学び」が実現する授業の条件〕
①〔「自分の考えを持つ」段階〕
　・自分の予想や考えが、どのような根拠から出されているのかや、その妥当性を自分と対話しながら考えている。
②〔「話し合い」の段階〕
　1) 他者に説明することで、自分の情報を構造化できる。（はっきりする、気付かなかった点に気付く等）…質疑応答前
　2) 他者からの多様な、そして異質な情報を得ることで、今まで気付かなかった点や新しい視点などを加えて、自分の知識の構造が広がったり、質的に高まる。…質疑応答中、後
③〔「振り返り」の段階〕
　・自分の学びを意味付けたり価値付けたりすることで、その変容の良さを自覚し、他者と共有できている。
④〔「対話的な学び」の良さを実感できる段階〕
　・上記の①、②、③の段階を経ることで、「対話的な学び」の良さを実感し、今後も積極的に進めていきたいと考える。

(3)「対話的な学びの実現」に向けた「主体的な学び」

　このように、「深い学び」が実現するための「主体的学び」と「対話的な学び」の在り方を見ていくと、この2つの学びの間にも深い関係のあることが分かる。

　例えば「対話的な学び」の①〔「自分の考えを持つ」段階〕では、「主体的な学び」の①〔「課題設定」の段階〕での、課題追究の意欲や学習活動の見通しが持てることが必要不可欠である。そして、「対話的な学び」のどの段階でも、自ら学ぼうとする「主体的な学び」がその根底に必要なことは明白である。したがって、この二つの授業改善（「主体的学び」と「対話的な学び」）を常に関連させて取り組むことが重要だろう。以上の点を考慮した「対話的な学び」の実践例[40]について、以下のコラムで紹介する。

コラム⑥　〔「主体的な学び」と関連させた「対話的な学び」の実現を軸に考える〕

・「主体的・対話的で深い学び」の授業を実現しようということで、多くの熱心な実践がなされている。中でも、ペアやグループで行う「対話的な学び」の風景は、中学校も含めて最近はどの学校でもよく見られるようになってきた。しかし、同時によく聞かれるのが「単なる意見交換や交流だけに終わってしまいがち。」という悩みだ。そして、「互いの意見を交流しながら、自分の考えが広がったり深まったりすることが大事。」という反省になる。それはその通りなのだが、では具体的にどのように働きかけ、どう進めていけば良いかについてはまだまだ議論や工夫が必要な気がする。

・「対話的な学び」の実現にむけては、「机の配置を話しやすいように工夫する」、「交流にはホワイトボード等を使って互いの考えの可視化を図る」、「司会や記録係を決め、順番に発言させながら、話し合いが進むようにする。」など、具体的な手だては様々に出されているが、形式的になりがちなのが難しいところである（これらの取組だけでは、先に述べた"形式的な「主体的・対話的で深い学び」"になってしまう心配がある）。

・そこで大事なのは、「対話的な学び」に向けた「主体的な学び」と「深い学び」の関連を意識した取組だと考える。当然だが、授業における「話し合い（対話）」には、その「ねらいの自覚化と共有化」が必要である。これは「主体的な学び」に関係する。そうすると、「深い学び」のための「主体的な学び」が実現する条件で述べたように、教科的に質が高く、児童に解決の必要感がある「学習課題」の設定がまず大事である。しかもそれは、子どもにゴールの見通し（ここまでできたら良い）と、解決への見通し（このように進めていったら良さそうだ）が持てることで、取組の意欲が持続し続けるものでなければならない。そこで、学習問題の質とその提示の仕方（言葉の表現や提示方法も含めて）は、極めて重要と考えられる。

・この流れから考えれば「主体的な学び」を生かした「対話的な学び」を実現するポイントは、「話し合いの"主体的な"目的を、（事前に）明確に確認してから対話的活動に入る」ということになる。

・この「目的」に関して「深い学び」の点から考えれば、これまでの知識の再構成による理解の変容を目指すという「深み」を目指すための段階として、「この話し合いは、その変容のためのどの段階に位置付けるのか」という「話し合いの目的」の確認が大事だろう。つまりこの話し合いは、互いの意見を集めて「問題をはっきりさせるためか、自分の考えを広げるためか、深めるためか」等、何を目的に行うのかというレベルでの、子供たちの共通理解である。これが明確になれば、当然話し合いは焦点化し、活性化する。そして、話し合い後に「そんな話し合いが成立したか」と確認することで、その後の展開の焦点化も図れる。

・右写真は、ある小学校での取組例である[40]。「どうして交流するのかな」と書かれた表には、①考えを

〔「交流」の目的を明示した表〕

「はっきりさせるため」、②考えを「広げるため」、③考えを「深めるため」と、話し合いの目的が書かれており、それぞれ、①「わからないな、考えに自信がないな」、②「考えをふやしたいな、他にどんな考えがあるかな」、③「もっとよい考えはないかな」と、具体例が書かれている。この表を全教室の前面黒板上に掲示し、話し合いに入る際には教師から、「グループで、何のための話し合いをしますか？」等と問いかけがある。子供たちが①番と言ったとしたら、「それでは○○をはっきりさせるための話し合いをしましょう。」等と投げかける。そして時間がきたら、「○○について、はっきりしましたか？」と、内容を確認することになる（因みに、表は高学年用と低学年用がある。写真は高学年用）。このような取組を全校で進めることで、「深まり」につながる「対話的な学び」が実現していくと考えられる。

- このように、「対話的な学び」を、「主体的な学び」と「深い学び」をつなぐ、両者の価値を基に交流する場と考えることが大事ではないかと思える。

- さらに、このような「交流ができる」ための手段として、具体的には例えば「話し合いのやりとりが３回（以上）続く」ことが１つの目安になるのではないかと思う。これは、先にあげた「形式的な手だて」と言われそうだが、次のようなものだ。まずＡさんが「自分の考えを話す」。それを聞いたＢさんが「それについて、質問や考えを話す。」そしてＡさんが再び、それに対して「自分の考え（回答や反応など）を話す。」という３回のやりとりである（それ以上もある）。

- このやりとりの中で発表したＡさんの中には「考えの広まりや深まり（確信や変更も含めて）」が生まれてくるはずである。質問や意見を言ったＢさんも同様だろう。この「話し合いのやりとりが３回（以上）続く」という「取組」は、児童にも分かりやすく提案できるだろう。

- この取組が形式的にならないために大事な点は、「聞くことの大事さ」である。Ａさんの「言いたい意見」を、「どれだけ的確にＢさんが聞けるか」がこの取組のポイントである。つまり、「相手が何を言いたいのか。」を、的確に聞き取る力である。これがないと、どのような意見に対しても、「それはどこから思いましたか？」とか「その理由は何ですか？」等の、いつでも使える形式的でワンパターン的なやりとりに陥ってしまうことになる（そのような質問がいつも駄目という訳ではないが）。その克服には、<u>教科の特質としての見方・考え方を働かせながら聞ける</u>か？という点と、<u>聞き合える学級の体制</u>ができているかが大切だろう。これらの課題について以下で具体的に考えてみる。

- 「見方・考え方」に関しては、授業を見ていると、互いの意見の表面的な共通理解や確認、せいぜいがすり合わせ程度で終わっている話し合いがまだまだ目につく。話し合いの観点としての、そして教科の特質としての共通する見方・考え方が意識されていないため、どのような話し合いでも「似たような展開」になってしまい、深まりが見られない原因の１つと考えられる。

- また、聞き合える体制づくりについては、当然発表するＡさんが「わかりやすく話す」ことも大事だが、わかりにくかったら「わかりにくい」と言えるような「聞く態度」が大事になる。このように書くと、意見が自由に出せる「学級作り」の大事さにつながり、話がそれてしまうと感じるかもしれないが、総則解説の「主体的・対話的で深い学びの実現に向けた授業改善」の７つの改善の２番目の「言語環境の整備と言語活動の充実」には、「⑥児童が集団の中で安心して話ができるような教師と児童、児童相互の好ましい人間関係を築くことなどに留意する必

要がある。（総則解説 P81）」とある。当然ながら生徒指導的な面も、学習指導と密接に関連して捉えていく必要がある。「構成図」の 7 つの授業改善の（2）言語環境の整備に、「望ましい人間関係」が大事！と矢印でつなげたのは、そのような意味である。

・改めて「対話（話し合い）」の基本は「聞く力」という点は（当たり前だとは思うが）大事にしたいことであり、これらの重要性をしっかり認識して「主体的・対話的で深い学び」の育成を図ることが重要である。

2.「深い学び」が実現する「教科の本質」とは？

　では、「深い学び」を実現していくには、上記の「深い学び」のための〔「主体的な学び」が実現する条件〕と〔「対話的な学び」が実現する条件〕を、この 2 つの学びが関連するように進めていけば、それで良いのだろうか？ここで忘れてはいけないのは、「深い学び」は、大きく教科の本質に依存しているという点である。

　P110 でも示した「深い学び」の視点を見ると、「深い学び」は「習得・活用・探究」という、"知識・技能の習得を基にして、思考力・判断力・表現力を活用しながら教科の「見方・考え方」を働かせて探究する学びを通して、知識の構造化を図っていく学び"と考えられる。その際、教科の特質に応じて、その構造化には①から④の特色（①知識を相互に関連付けてより深く理解したり、②情報を精査して考えを形成したり、③問題を見いだして解決策を考えたり、④思いや考えを基に創造したりすることに向かう「深い学び」）のあることに留意する必要がある（第 10 章で考えた）ことが分かった。このような、学びにおける教科の特質の違いを、どう考えていけば良いのだろうか？

3.「深い学び」実現の条件…「主体的、対話的な学び」と「教科の本質」から

　以上の「主体的な学び」、「対話的な学び」、そして「深い学び」が実現する条件を見てくると、1. にまとめたような「どの教科にも共通する取組の型」の指導はとても大事なことは分かるが、それを形式的にやっているだけでは「深い学び」には達しないということが分かる。2. にまとめたような「深い学び」に不可欠な、教科の特質に応じた学びが必要になってくる。これを踏まえると、「主体的・対話的で深い学び」を実現するための、二つの注意すべき点が見えてくる。

　一つは、「型の指導」を「教科内容の指導」と分けて行うことは意味がない、ということである。「主体的・対話的で深い学び」を実現する取組事例として、時々「〜型学習モデル」というものを見ることがある。それが一概に良いとか悪いということではないが、その型を教え、その型を実行するための学習展開を形式的に目指すようでは本末転倒だろう。そんな場合の問題点の多くは、指導者の「教科の本質を理解していない教材解釈」によることが多

いのではないだろうか？

　二つ目は、これがなかなか難しくて、しかし大事なのだが、「教科の本質として本時で取り上げた内容や結果」が、その時間の問題設定の場面に限定され、**なかなか他の場面への応用が効かない**という事実（領域固有性）である。これまでの認知心理学や構成主義の研究などから、本来的に人間の学習や知性の発揮は領域固有的であり、文脈や状況に強く依存していることが分かってきた。したがって状況が変わればその学び（つまり知識や技能の活用）は簡単には転移しない（活用できない）ことも分かってきている。（「状況的学習、状況に埋め込まれた学習」）

　この事実から考えれば、「学ぶ」には、その知識が現に生きて働いている本物の社会的実践に当事者として参画することが必要であると考えられる。そのような状況で得られた「学び」こそ、実際に使える学びということである。そこで注目を浴びてきたのが**「真正な学び」**という考え方である。なお、この点も「社会に開かれた教育課程」の重要性に関係していくと思われるが、その関係は後から考えてみることにして、ここでは、この「真正な学び」自身について少し考えてみる。

4. 「真正（オーセンティック）な学び」の必要性

　これまで自分が行ってきた授業を振り返ると、その時間で得られる知識が一般化され、どのような場面でも自在に使えるようにしたいとの思いから、理想化され、抽象化された条件や場面の元で考える状況設定が多かったような気がする。そのことで、どんな場面でも使えるような、基本的で本質的、広く使える知識や技能、見方や考え方を身に付けて欲しいと思ったからである。

　そんなある年、小学校理科5年生の「種の発芽と成長」の導入の場面の「種が発芽するにはどのような条件が必要か？」の授業で、いつもはシャーレの中に脱脂綿を敷いてインゲンマメの種子を置き、「この種を発芽させるにはどのような条件が必要かな？」等と聞いていたのを、市販の袋から取り出した種子だけを見せて聞いてみたことがある。これまでの設定があまりに作為的で不自然に感じたからだ。

　すると子供たちからは、「空気、水、適切な温度」などの条件以外に、土、光、肥料の予想が出された。これらの予想が出されたのは、これまで学級園や鉢等で植物を育ててきた経験から、当然と言えるだろう。こちらとしては「空気、水、適切な温度」の「こちらが望む条件」に加えて、せいぜい「光、肥料」あたりが出てくれば、条件制御の実験を通して想定通りに進めることができたのだが、「土」が出てきてしまった。このような複数の条件が混在したものを扱うのは難しいし、やっぱりこの導入は失敗したかなと思っていたら、予想の話し合い段階で子供たちが一番盛り上がったのがこの「土」についてだった。

　「土は、条件としては良くないと思う。なぜなら、土の中には肥料も入っているから、肥料の条件と重なる。」、「土には隙間もあり、空気も入っている。だからミミズや小さな虫も土の中で生きていることができる。だから、条件としては空気と重なって良くない。」、「土

の黒い色は、温度を上げる働きがある。だから温度の条件とも重なる。」等だ。そして話し合いの結果、「土という条件は、肥料、空気、温度の条件と重なるから、発芽の条件として調べるには向いていない。」という結論になった。

　この日の授業の後、子供たちの書いたレポートを読むと、思った以上にこの「予想段階」が印象的だったことも分かった。そこから読み取れたのは、まず、この話し合いにより「条件制御」という、5年生の理科で育てたい大事な考え方（新学習指導要領でも同様の扱い）の認識が深まったということだ。複数の条件が含まれている「土」を意識したことで、「条件制御」の意味と意義を、より深く認識できたと思える。2つ目は、「土」の意義を子供たちが発見したことだ。この話し合いを通して、「では、どうして自分たちは今まで土に種をまいてきたんだろう？」と書いてきた子がいた。そこには「今日話し合ったように、土には水や空気をためたり、温度を上げたりする働きがあり、これが種の発芽や成長に役立っていたのかもしれない。土の役割はすごいな。」と書かれていた。この子の中では、これまでの何気ない「土に種をまく」という行為の再認識につながったのである。

　正直、この「予想の話し合い」には時間がかかり、しかも多くの子どもが話し合いに参加したというわけでもなかったが、自分は勿論、話し合いに参加せずに聞いていた子供たちも含めて、教室全体が真剣に考え、そして「分かった！」というような高揚感に包まれたことを覚えている。

　新学習指導要領には、「養分などの要因によって発芽や成長に関わる環境条件の制御が困難になることがないようにするため、養分の含まれていない保水性のある基質を使用することが考えられる。」とある。逆に言えばこれは「養分は発芽のための条件としては考えない（考えさせない）」という前提を示しているとも考えられる。これはこれまでの学習指導要領でも同じである。つまり、発芽の条件として必要な「水、空気、適温」以外の条件は扱わないこととすると考えられる。しかし、これでは、実際の場面で、養分のような不要な条件が混ざってきたり、また土のような多様な条件が重なって出てくるような学びには適用できないのではないだろうか？勿論そのような疑問に対して文科省は、「その通りだが、考えていくための段階がある。まずは一番簡単で単純な段階で"条件制御"の基本的な捉えを経験させ、それから学年が上がるにつれて、より多様で複雑な段階に進むべきである。」等と答えるのではないかと思う（勝手な回答予測ですみません）。自分も、それはその通りだと思うのだが、その場合に大事なのは、①そのことを少なくとも教師は知っていて、そんな指導段階のどこに今の学習を位置付けて授業しているのかを自覚した指導計画を立て、実践する必要があり（そのためには、学年内、学年間、学校間の系統だった計画が必要）、②その認識の段階を、少しずつ子供たちにも自覚させていくことが大事（これも系統だった計画が必要。条件制御スタートのこの単元では、なぜ調べる条件以外を揃える必要があるのかの意味を実感を持って理解することが重要）ではないかということだ。

　例えば5年生の理科では、この後「ふりこの運動」の単元がある。ここは「振れ幅、糸の長さ、おもりの重さ」等の条件を制御しながら振り子の周期は何で決まるのかを探っていく「条件制御」にとって重要な単元である。そして、生物分野の「種の発芽と成長」で学ん

だ「条件制御」の考え方を、物理分野でどう使えるかが大事な単元となる。ここを「振れ幅、糸の長さ、おもりの重さ」の３つの条件を対象にして機械的に進めていくだけの「条件制御」の学習と扱って良いのかを考えることが、「見方・考え方」を教科内で育て（単元間、領域間、学年間）、教科等横断的に育て、総合における探究的な見方・考え方に育てて、「全ての学習における基盤となる資質・能力の育成」（第13章）につなげることになるのではないかと思える。

この「種の発芽と成長」単元に話を戻せば、個人的には、いっぺんに多くの、または複雑な条件を入れないにしても、子どもの発達段階を考慮して、「この条件は不要ではないか？」等と考えたり、「この条件には複数の条件が含まれているのではないか？」等と考えたりして条件を整理させるような過程が合っても良いのではないかと思えるがどうだろうか？　自分のささやかな実践からは、準備に工夫がいったり、話し合いの時間が増えたり、必ずしも全員が付いてこられる展開にはなりづらかったりしたが、年間で「ここぞ！」と思えるいくつかの重点単元で実践してみる価値はあるように感じた。

このような実践から感じたのは、「分かりやすく、考えやすく」する配慮が過ぎると、結局は日常経験や現実から離れてしまい、「どこでも使える知識」の獲得を目指していたはずが、結局はテストの穴埋め問題以外は「どこでも使えない知識」の獲得になってしまう危険性があるのではないか、ということだ。

先に、学びは簡単には転移せず、「学ぶ」にはその知識が現に生きて働いている本物の社会的実践に当事者として参画することが必要であり、そのような状況で得られた「学び」こそ実際に使える学びだと書いたが、その些細な実践例がこれだと思えた。

最初にこの「学び観」を知ったときは、正直「面倒なものだな。もっと一般化して“分かる”ような学びはないのかな？」と思ったが、そうではないことが実感できた経験だった。この「学び観」に立った学習は「真正な学習」と呼ばれ、これは「authentic（オーセンティック）な学習」の訳語で、「本物の学習」と訳されることもある。それについて、少し考えてみたい。

5. 「真正（オーセンティック）な学び」

「真正（オーセンティック）な学び」とは、「私たちが学習できる場面や内容の設定は、一般化、抽象化されたものではなく、具体的で自分に関係するものに限られる」という考え方に立った学びのこと。具体的で自分に関係するようにするとは、課題やその設定を無理矢理に一般化した結果、子どもの実体験や感覚と合わないような場面や内容の設定にするのではなく、子どもの環境や実態に合わせた、つまり本物の社会的実践に参画するものとして学びをデザインすること。そのことで、子どもは取組への意欲と見通しを持って追究していくことができると考えられる。

しかし、ここで疑問に浮かぶのは「真正な学び」の価値は分かるが、果たしてそのような「本物の条件設定」で授業を行った場合、その複雑さに子どもは付いてこれるのか？また、

その学習のための時間が多くかかるのではないか？ということだと思う。先に3.で書いた発芽の条件の授業のように、価値はあったが課題を感じた経験もある。自分もこの件に関しては、どのように取り組んでいけば良いのか明確に書くだけの実践も知識もないのでこれ以上は書けないが、この真正な学びに関しての書物や論文は多く、これからの学びの在り方に関して、避けては通れない問題だと思う。これに関しては多くの関連著作もあるが、中でも奈須正裕氏の論は大いに参考にも刺激にもなると感じた。

　少し紹介すると[41]奈須氏は、真正な学びを取り入れることで「興味深いのは、既習事項の定着状況に不安のある子、その教科が苦手な子も何らかの角度で議論に参加できる可能性が高まる。何より、複雑で混濁した状況で学んだ知識であってこそ、複雑で混濁した現実場面での問題解決に耐えうる。」とその利点を揚げ、その学びを続けることで時間的な負担も徐々に減り、却って授業の進度が早くなることもあり、何より使える知識として習得される旨を述べている。

　確かに、先の自分の実践でも、最初の予想段階では、土も含めたいくつもの予想が、学習や生活経験を基に多くの児童から活発に出されていた。その後の進め方に課題はあったものの、たくさんの児童が興味を持って参加していたのは事実である。読者の皆さんも、これらの書物に是非目を通し、今後の取組にも生かして欲しいと思うが、ここでこの「真正な学び」をことさら取り上げたのには、もう1つの理由がある。それについては次の6.「真正（オーセンティック）な学び」と「深い学び」で述べたい。

　なお、この「真正な学び」の考え方は、教科書でどう扱われているのか気になったので、少し調べてみた。その結果をコラム⑦で紹介する。

コラム⑦　「真正な学び」をどこまで意識しているか？教科書の実際例

「発芽の条件を、どのように考えさせているか？〜真正な学びの視点から考える〜」

・本文では、小学校5年生の「種の発芽と成長」の単元の「発芽の条件」に関する学習での「真正な学び」について述べたが、教科書はその点について、どう扱っているのだろうか？学習指導要領改訂前後での変化はあるのだろうか？

・まず改訂前の様子を、手元にある教科書を例に、発芽の条件をどのように予想させているのか、そのための素材の提供はどうなされているのかについて見てみる。

・「発芽する条件」と題されたページでは、3〜4年生で「植物を育てたときのことを思いだそう」の記述と、インゲンマメの芽生えの写真が掲載されている。そして、次ページの「種子が発芽するためには、何が必要なのだろうか。」の課題には、「予想しよう」ということで、「これまでの体験をもとに、種子が発芽するためには何が必要か、考えましょう」と投げかけている。そして、その下には、「水、適当な温度、空気」が、それぞれ登場人物の経験を元に出されている。これを見た範囲では、光や土、そして肥料などへの意識は配慮されていないように見えるが、実験のページの「理科のひろば」には、「インゲンマメの種子が発芽するために、日光は必要なのでしょうか。調べる条件と同じにする条件に注意して、調べてみましょう。」とあり、光

に関しては、追加実験の形で出されている。しかし、その下のイラストでは男児が「種子を土の中にまいたとき、日光はとどいているのかな。」とつぶやいており、必ずしも必須の実験ではないような扱い（結果が予想できる）に見える。では、なぜ光との関係が入ったかというと、前ページの「温度と発芽」の実験で、低温の冷蔵庫の中（暗い）との条件統一のため、室温でも箱をかぶせて光を当てずに実験をしたからではないか？と思える。つまり、温度の実験における「光」の存在を、条件統一のための条件として意識させたかったからではないだろうか。なお、ここでもし光が必要なら、両方とも発芽しないことになる。

・元に戻って、実験の計画では、バーミキュライト（肥料なし）に種子を入れた実験装置の絵が提示されているが、ここでは、肥料との関係は特に明記されていない。

・また、注目したのは、発芽実験の結果を示した班毎の実験結果の一覧表で、「水と発芽」と「空気と発芽」の各班の結果が、一部揃っていないことである。発芽実験では種子のばらつき等により必ずしも全体の結果が揃わないこともよくあり、そんなときの班毎の結果全体の考察が大事である。その意味では、真正な学びを意識したと考えられるこの「実験結果」は、評価できると考えられる。授業では、それをどう扱うかが勿論大事になる。

〔R2年度（改訂後）の教科書〕

・では、この会社の新しい教科書ではどうなっているだろうか？新しい教科書の導入では前と同じくインゲンマメの芽生えの写真が掲載されているが、かなり大きくなってからの写真で、これは、発芽と成長の条件を見通しをもって考えるという、前回とは異なる単元の展開によるものだろう。学習は「種子は、どうして、ふくろの中では芽を出さないのかな。」という疑問から出発し、「ふくろから出したときとふくろの中とは、何がちがうのかな？」という問題意識から出発している。

・子どもからは「太陽の光が必要なのかな」「水は、関係がありそうだね。」との予想が出され、その後教師から「種子が芽を出した後、大きく成長するためには、何が必要でしょうか。」の発問があり、子供たちはさらに予想する展開になっている。ここで注目したいのは「光」が予想に入っていることである。暗い袋から出すという提示から予想として出されるのは自然なことである。

・その後「種子が発芽する条件」の場面では、「これまでの経験をもとに、種子が発芽するためには何が必要か、考えましょう。」とあり、予想が出されているが、それらは前回の教科書と同じである。ただ、その脇に「もやしは、光を当てずに、土を使わないで育てると聞いたことがあるから、光と土は必要ないと思う。」と発言する児童のイラストがある。

・このような方法（もやしの例、つぶやきとして扱う等）の是非はさておき、袋から取り出す活動により最初の予想に光が含まれたこと、土の存在も考慮したことなど、前回よりは真正の学びを意識しているのではないかと感じる。

・前回気になっていた「温度の実験で光を遮断する」条件については、前回は意味付けが特になかったが、今回は「冷蔵庫の中は暗いから、条件が変わってしまうよ。」とあり、冷蔵庫という条件との統一が意識されている点は評価できるが、これだけでは「形式的な条件統一」で思考が止まってしまう恐れがあるのではないか。そうではなく、「日光（光）」の条件を排除するた

めだという意識が必要だろう。単に条件を揃えるならば、冷蔵庫の中に乾電池につないだ豆電球や懐中電灯等を入れておけばすむ。最初に「光は必要ないだろう」と書いているので、それに関連させるという手立ても考えられる。

・前回注目した発芽実験の結果の扱いについては、前回同様、結果にばらつきがある点は同じだが、それについて「1つのはんの結果だけがちがうようですね。どう考えたらよいですか。」と具体的な働きかけがあり、より真正な学びへの働きかけとして評価できると考えられる。

・以上から、この教科書の植物の発芽条件に関する記述は、今回、①導入で「袋の中ではなぜ芽が出ないのか?」という疑問から入った点、②発芽条件の予想で、もやしを例に「光と土」の条件を意味付けしながら除外している点も、真正な学びにつながるだろう。そして、③実験結果の分析で、結果のばらつきの処理を考えさせる展開も、前回より一層真正な学びが意識されていると考えられる。

・他の教科書についての解説は省くが、調べて見た結果、多くの教科書でこのような「真正な学び」を意識した傾向が、従来の教科書に比べてよく見られるようになってきたと思える。これからも、理科に限らず全教科において、このような傾向が見られてくるのではないかと考えられる。教師の指導においても、子どもの意識と意欲を大事にしながらの実践の工夫や検証が、今後益々大事になってくると思える。そのためにもまず、教科書の記述や展開の中の真正な学びへの取組を意識して読み解くことが大事になってくるだろう。

6. 「真正（オーセンティック）な学び」と「深い学び」

　ここまで「真正な学び」の意味や意義を読んでこられた読者は気付いておられるかもしれないが、この「真正な学び」が目指している「どこでも、実際に使える知識や技能の習得」とは、今回の学習指導要領が目指している「資質・能力の三つの柱」の中の「生きて働く知識・技能」に似ているのではないだろうか？また、「主体的・対話的で深い学び」の、「深い学び」が目指している「資質・能力の三つの要素」の中の、特に「伝統的な教科等の枠組みを踏まえながら、社会の中で活用できる力」としての、「教科等を越えた全ての学習の基盤として育まれ活用される力」、「現代的な諸問題に対応できるようになるために必要な力」の獲得と似ている、或いはつながっているのではないかということだ。

　そう考えていた矢先、令和元年度の金沢市の夏季教員研修会で、田村　学氏が語った次のような内容に少なからずビックリし、また納得もした。田村氏はこの研修会で、「深い学び」とは「真剣に本気で学ぶ」ことと言い換えてもよく、「主体的・対話的で深い学び」を文科省は外国にどう言っているかというと、ということで、その英語訳を紹介された。「主体的」の英語表記は「Proactive＝前に進む」、「対話的」は「interactive＝相互作用」、そして「深い学び」は「deep learning」ではなく、「authentic＝真正な、本質的な」だと紹介されたのだ。

　これを聞いて、「真正（オーセンティック）な学び」と「深い学び」、これらは、実は同じ

「学び」を少し違う角度から光を当てて見ているのではないかと感じた（その具体的な内容は次の7. に書く）。これが、ここで「真正な学び」を取り上げたもう1つの理由である。

　つまり、これからも「深い学び」を理解し、またその学びの実践を深めていくためにも、この「真正な学び」を常に意識して取り組んでいく必要があるということだ。また、社会で実際に使える学びとしての「真正な学び」を大事にするということは、新学習指導要領の理念である「社会に開かれた教育課程の実現」にもつながると考えられる。これについては第20章「社会に開かれた教育課程」の意味と重要性で、改めて考える。

7. 「真正な学び」から見た「深い学び」～二段階の「深い学び」～

　このように、「真正な学び」という面から、改めてこれまで考えてきた「深い学び」を考えてみると、何か新しい視点に気付くだろうか？自分はここまで「真正な学び」とは、「私たちが学習できる場面や内容の設定は、一般化、抽象化されたものではなく、具体的で自分に関係するものに限られる」という考え方に立った学びと捉え、主に学ぶ際の場面や条件の設定など、子どもの環境や実態に合わせた、本物の社会的実践に参画するものとして、専ら**学びをデザインすることの重要性**に焦点を当てて考えてきた。

　では、そうして学ぶ「真正な学び」は、「深い学び」としては、どのような姿となるのだろうか？それは、「本物の社会的実践に参画する」形で学んだ結果として、**「本当に分かった」と「本質」を納得できた**学び、そして、その社会参加において学んだ**「知識」を活用できた、活用して探究できたという「深い学び」が実現した姿**ではないだろうか？

　このように考えてくると、自分は「はじめに」で、深い学びとは、「『なるほど！』と納得した『その単元等での価値ある学び』のこと」と書いたが、この「なるほど」には、大きく2種類あるのではないかと思える。1つは、「習得、活用、探究」の「活用段階」における、本単元での「新たな知識の再構成」ができ、「本質」を実感した段階である（活用①）。それは、「なるほど、分かった！そういうことか！」という、腑に落ちた段階である。そしてもう1つは、その「新たに再構成した知識」を、新たな、或いは現実社会における課題に「活用」して「探究」し、自分なりの解決ができて「やった、できた！」と、**学びの価値を実感できた段階**である（活用②）。つまり、「自分なりの解決ができた！」と、学びや取組の価値、やり甲斐や充実感を感じる段階である。この2つの「納得と価値」を実感することをまとめて「深い学び」と言っても良いのかもしれない。

〔2つの段階の「深い学び」〕

～本物の社会的実践に参画する「真正な学び」面から考える～

・「習得、活用、探究」の学びの段階において

①「活用段階」における、本単元での「新たな知識の再構成」ができた段階。

→「なるほど、分かった！そういうことか！」と「本質」を理解し、**納得の実感が持てる段階**。

→「活用①」における**「深い学び①」**

---

②「探究段階」における、「新たに再構成した知識」を、新たな或いは現実社会における課題に「活用」して「探究」した段階。

　　→自分なりの解決ができて「やった、できた！」と、<u>学びや取組の価値、やり甲斐や充実感を感じる段階。</u>

　　→「活用②」における「深い学び②」

8. 「深い学び」の実践例

　ここまで「深い学び」について、「真正な学び」の観点も含めて考えてきたが、「深い学び」の実際の授業で、少し気になることがある。それは、書籍などに紹介されている実践例や指導案の多くが"難しすぎる"のではないかということだ（勿論そうでないものもあるが）。理科で言えば単元の学習が一通り終わった後の発展学習的なもの、算数・数学で言えば、とりあえず本時で扱わなければいけない「共通理解」的な部分を終えた後の、少し難度が上がった「適用問題」だったり、社会で言えば、実際の生活や状況での「活用問題」だったりする場合が多いような気がする（最近はそうでもないように感じるが）。

　勿論それらは「深い学び」として違うわけではないだろうが、ここまで「深い学び」を考えてきた結果から考えると、これらの「深い学び」は、7. で考えた「深い学び②」に相当するのではないかと思える。「深い学び」とは、子供たちが、本来その単元で働かせて欲しい教科の見方・考え方を生かした思考・判断・表現で、身に付けて欲しい知識の再構成を図ってこれまでの見方・考え方を育てる学びでもあり（「深い学び①」）、それを活用して探究する学び（「深い学び②」）でもある。そう捉えると、「深い学び②」の前の「深い学び①」の実現が何より重要となる。その点が疎かになっては、本末転倒と言えるのではないだろうか？

　第7章で引用した答申 P53 の内容（○子供たちの実際の状況を踏まえながら、資質・能力を育成するために多様な学習活動を組み合わせて授業を組み立てていくことが重要であり、例えば高度な社会課題の解決だけを目指したり、そのための討論や対話といった学習活動を行ったりすることのみが「主体的・対話的で深い学び」ではない点に留意が必要である。）にも、その点が書かれているように思う。

　つまりは、**学習指導要領に書かれている各単元の「目標」をしっかり捉えることが「深い学びである」**と考えられる（深い学び②は、それを越える場合もあるだろうが）。「しっかり捉える」には、納得して理解すると共に、その価値（本質）に気付くという段階（深い学び①）があるが、その段階を意識しないうちの難しい発展問題や活用問題への取組は「深い学び」とは言えないのではないかと考える。そこで、「深い学び①」を大事にする授業のイメージを伝えるため、自分が見た日頃の授業における「ささいな実践例」をいくつか紹介して「深い学び」の意味を考えてみたい。

コラム⑧　自分が考える「深い学び（深い学び①）」の実践例 [42]

・本授業は、小学校5年生理科の「種の発芽と成長」単元であり、ここで5年生に求める主な「考え方」は「条件の制御」の「解決したい問題について、解決の方法を発想する際に、制御すべき要因と制御しない要因を区別しながら計画的に観察・実験などを行うこと」であり、求める「見方」は、生物区分の「主として多様性と共通性の視点」である。この単元の、ある授業場面を例に、「深い学び」とはどのような学びなのか考えてみたい（今回は特に「深い学び①」）。

〔複数の教材（資料）の効果的な活用で「深い学び」につながる展開〕
～5年「種の発芽と成長」の授業から～

・教師の適切な支援によって、自分たちの力で種の発芽に必要な条件、特に「適当な温度」を見つけ出すことができた日常の授業である。活用した教材に合わせて要点を紹介する。

1．シンプルな「結果の表」活用のしかけ

・前時までに観察してきた、各種条件下におけるインゲンマメの種の発芽の様子について発表して表にまとめていく活動を行う。（下の表、表の項目は、左上から下に水、温度、空気、右上から日光、肥料、土の6つの条件）

・指導のポイントの1つは、1つ目の「水あり、水なし」の結果発表とその確認を、全員でやること。この活動で、その後の各自の発表の「スタイル」が自然と子供たちに共有された。その際、工夫されていたのは、単に「発芽した（○）、しなかった（×）」の結果だけでなく、その際の種の状態も発表させ、結果を表に端的にメモしていく手法をとった点だ（表中の太字の記入、例えば表の中段右の「肥料のありなし」では「肥料がありは○で茎太、元気、肥料なしも○だが、くちゃとして元気△」等と、結果と共にその状態のキーワードも記載していく。）状態の記載は、「結果だけでなく、根拠となった状態も記録しておく」という「科学的検証の常識」的な捉えだけでなく、もっと深い理由があることが後からわかった（後で説明）。

・各条件の表には発表する児童の名札を示して発表させ、皆で確認していった。結果と共にその状態のキーワードも記載していく非常にシンプルで作りやすい表で、子どもと一緒の手作り感があり、見やすく効果的と感じる。

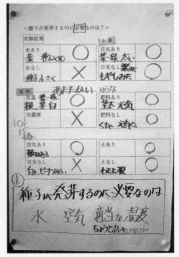

2．自然な教科書の活用

・発表で問題になったのは、温度を変えた「室温と冷蔵庫」の場合で（表の中段左）、発表者が結果を述べた後に、「温度がある時は発芽し、ない時は発芽しない」とまとめた場面。それに対して「温度はあったり、なくなったりするものかな？」という疑問が他の子から出され、教師も「温度がないっておかしいね。どう言ったらいいかな？」と問いかけた。子供たちからは、「発芽に良い温

〔授業で活用した表〕

度、ちょうどいい温度」などと言う意見が出される。

- そこで教師が「教科書にはどう書いてあるかな、見てみよう」と促すと、子供たちは調べて「『適当』な温度だ。」と見つけた。このように、自然にこの単元での「理科的用語」とも言うべき「適当な温度」を、その意味付けを基に、引き出すことができた。

３．必要感のある辞書の活用

しかし、これだけで子供たちは、この理科的用語を本当に理解していると言えるだろうか？

- 教師が、みんなで見つけた「適当な温度」という言葉を表の下に３つの条件の１つとして書くと、１人の子が「適当ってどんなのでもいいってことかな？」とつぶやいた。確かに日常会話の「適当」はその意味が多い。子どもは、自分たちが見つけた「発芽に良い温度、ちょうどいい温度」という意味を「適当な温度」という言葉に集約することに違和感を感じていたのだ。それを聞いた教師は、「この適当って、そんな意味かな？辞書で調べてみよう。」と促すと、子供たちは早速机上に出して調べ、「ちょうど良い」という意味を見つけ、自分達の思いと同じだと確認した上で、教師はそれを表に付け加え、子供たちも了解した。（表を参照）

- この一連の取組は、日頃から国語に限らず日常的に辞書を活用している雰囲気で良かったが、このままでは、最初に子供たちが見つけた「発芽に良い温度、ちょうどいい温度」という言葉を、理科用語である「適当な温度」に無理に（？）言い換えただけではないのか？子供たちに、この「理科的用語」の意義が、これで本当に実感できているのだろうか？

４．真の「適当」の意味理解のための「袋の利用」＝「深い学び」への導き

- 授業者はそこで、「では、みなさんのまいたインゲンマメの発芽する「適当な温度」は何度だと思いますか？」と聞いた。子供たちの中からは、「20度くらいかな？」「種をまいたときは、もう少し高かったんじゃない？」などのつぶやきが聞こえてくる。すると教師は、彼らがまいたインゲンマメの袋を提示し、その袋の後ろを子供たちに見せた。（下写真参照）身を乗り出して見る袋の裏には、「発芽適温：23〜25℃」と書いてあることを見つけた子供たちは、「やった！」、「ちがった〜」などと歓声を上げている。

- そんな子供たちに教師は、「植物はインゲンマメは23〜25℃が発芽の適当な温度というように、それぞれの種類によって適当な温度が違うんだね。」と説明を加えた。確かに「適

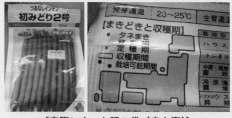

〔実際にまいた種の袋（表と裏）〕

当な温度」とは「発芽に適した温度」ということで、ということは、「それぞれの種類によって発芽に適切な温度が違うから、『発芽に適した温度とは？』と聞かれたら、その種類にあった『適当な温度』としか表現できないんだ。」と、「発芽の条件としての『適当な温度』の意味が分かった！」と、参観している自分も実感した。

- 最初に子供たちが見つけた「発芽に良い温度、ちょうどいい温度」に込められたインゲンマメに限定した「適温」が、その他の植物も含めた「それぞれの適温」の意味を込めた「適当な温度」という理科用語に集約された授業だった。

- 「深い学び」とは、発展的なことや応用的なことに取り組むだけではなく（勿論、それも否定

しないが）、「適当な温度」などの、この単元で必ず扱うべき、学習指導要領や教科書にも書いてある事項について、「本当にわかる」ということなのだと改めて感じた（本文の「深い学び①」に相当する）。**「適当な温度」とは、「暖かくなってきた春の温度」ではないのである。**

5．次の学習につながる表

- こうして当日の授業は終わったが、先に「単に結果だけでなく、その根拠となった状態も記録しておくことは、単に科学的検証としてだけでなく、もっと深い理由がある」と書いた点について触れておく。

- この件に関して、「肥料あり、なし」では、子どもの発言として「両方発芽したが、その状態が異なっている点」を表に記述して残した点が気になって、授業者に後から聞いたところ、「この違いを、次の『成長するための条件』を考える<u>きっかけにしたい</u>」ということだった。つまり、発芽条件の結果発表での発芽後の状態の違いから、次の成長における日光の必要性の有無について気付かせたいというねらいがそこに隠されていたのだ。シンプルでわかりやすい表だからこそ、教師の仕掛けからきっと子供たちも自然にその違いの意味に気付き、次の学びにつながっていくだろうと感じた。このような学びのつながりも、カリキュラム・マネジメントの重要性として今回の学習指導要領では重視されており、ついてはそれが「深い学び」につながっていくと考えられる。研究授業などの特別の機会でなく、日常の授業の中でこのような学びが、無理なく行われていたことに価値を感じた。

コラム⑨　教科書では「適当な温度」は、どう扱われているか？

- コラム⑧の授業を参観し、改めて「適当な温度」の持つ意味の重要性に気付かせてもらったが、では新しい教科書では、この「適当な温度」はどのように扱われているか気になって、手元にあったものを見てみた [43]。

- そこでは、「種子が発芽する条件」を予想する段階で、「ヘチマの種子は、あたたかくなってからまいたから…。」という経験をもとに、「発芽には適当な温度が必要だろうか。」と、すぐに「適当な温度」という「言葉（理科的用語）」が出されている。この段階で「適当」の意味が子ども達に実感できるだろうか？

- その後の実験計画を立てる段階では、「温度と発芽」の関係を調べるとして、「まわりの空気の温度と同じ。」と「まわりの空気より温度を低くする。」の条件を設定している。ここでは、「（今の）まわりの空気の温度は、あたたかくなってきて発芽に適した温度だ（適温）」という共通理解が必要だろう。その後、実験結果を受けて、「適当な温度が必要」とまとめているが、これで、先の実践例で子供たちが実感したような「適当な温度」を獲得する深い学びに達することができるのだろうか？

- その「適当な温度」に関して、教科書の「まとめ」の後には、「学びを生かして深めよう」の欄があり、そこには写真と共に「たねまきに適した季節にまく」の記述がある。この記述等をきっ

かけに、「それぞれの種子には、それぞれに適した発芽に適した温度がある」ことが実感できる取組をしても良いのではないかと思う。授業では、教科書の適切な活用が重要だと感じた。

- 今回はたまたま手元にあった教科書を例に考えたが、ここでは、この教科書はどのような捉え方からこのような展開をしているのか、扱いをしているのかといったことを理解していくことが大事ということで、この教科書は良い、悪い等ということを言っているのではない点に注意して欲しい。その意味では、いくつかの教科書を比較しながら、その捉え方について自分はどう考えるかを確認していくことも良い教材研究になるだろうし、ひいては現在使っている教科書の、より良い活用にもつながっていくだろうと思える。

コラム⑩　小学校６年理科「動物のからだのはたらき」から
〜チコちゃんと「深い学び」〜

- 小学校理科の６年「動物のからだのはたらき」の授業の１コマ。人の呼吸のはたらきを学習後、子ども達は映像資料で、魚の呼吸の様子を説明するビデオを視聴し、その後、各自で「呼吸のはたらき」をまとめる場面を参観した。まとめている際に、１つのグループ（男女各２人の４人）に、「人の呼吸と魚の呼吸は同じかな？違うかな？」と聞いてみた。しばらく考えた後、全員が「違う」と答えた。理由を聞くと、１人の男子が「人は肺で呼吸するが、魚はえらで呼吸する。だから違うと思う。」と話し、他の児童も同じ考えのようだった。

- そこまでの参観で、授業はその後どのように展開したのかわからなかったが、この児童とのやりとりから、ビデオ等の映像資料を見たり、実験や観察をする際の観点について考えさせられた。

- 話は変わるが、先日ＮＨＫの人気番組「チコちゃんに叱られる」の中で、人の呼吸と魚の呼吸について扱っている問題があって、確か結論は、「人の呼吸も魚の呼吸も同じ」という答えだったと記憶している。その意表を突く（？）答えにスタジオはびっくりした様子だったが、結局「人も魚も、肺やえらと形は違っても、それらを使って呼吸という酸素と二酸化炭素を交換する働きを行っている点では同じ」という解答に、出演者は納得した風だった。

- この授業に話を戻せば、教師はこの授業で「呼吸という作用の、何を子供たちにつかませたかったのか？」という点が大事になる。それによって、ビデオを見せる際の「観点」が異なってくるからだ。新学習指導要領には、「生物は酸素を吸って二酸化炭素をはき出しているが、…」とある。児童が使用していた教科書には、「理科のひろば」として、「ウサギは人と同じように、肺で呼吸をしています。一方、魚は、人やウサギとちがい、えらで呼吸をします。えらには血管が通っていて、水中の酸素を取り入れて、二酸化炭素を水中に出しています。」とある（下線筆者）。この下線部分に注目して読むと、魚はえら呼吸だから人やウサギとは違うという感じがするが、しかし、教科書後半の「えらには血管が通っていて、水中の酸素を取り入れて、二酸化炭素を水中に出しています」まで読むと、「酸素を取り入れて、二酸化炭素を出す」という点では、魚は人と同じなのかな？という気がしてくる。そして、それは学習指導要領にも合致し

ている。

〔どう扱うかは教師の教材解釈の深さ〕

・では、この単元の「呼吸」で、子ども達につかませたかったことは何なのか？それは「生物は、酸素という生きていくために必要なものを取り入れ、不要になった二酸化炭素を出すという働きをすることで生きていくことができる」という、生き物の「呼吸」という巧みなつくりに気づかせることだろう。「巧み」と書いたのは、空気中や水中という、それぞれの生活環境に合った「巧みな取り入れ方」をしているからだ。そう考えると、肺を持つ人やウサギも、えら呼吸する魚も、「呼吸する同じ生物」という目で見ることができる。「肺とえら」の違いを単なる「機能の違い」と捉えるか、「環境に合わせた巧みなつくりの違い」と捉えるかは、教材研究の深さの違いと言える。

〔どのように気付かせるか？〕

・では、どうやってその「巧みなつくり」に気付かせたら良いのか？それには、人の呼吸を扱う際に、呼吸とは肺による酸素と二酸化炭素の交換作用という単なる機械的なメカニズムだと捉えるのではなく、「酸素は生きていくために必要であり、その必要なものを取り入れ、不要な二酸化炭素を身体から出すという作用が『呼吸』で、それを肺が巧みに行っているのだ。」という「生きていく」という生命活動との関連を意識した進め方が大事になると思われる。つまり、「呼吸の意味を実感しながら進める」ということだ。そのためには、例えばビデオを見せる前に「人の呼吸と比べて、同じかどうかを考えながら見てみよう。」と、見る観点を与えておくことが大事になる。すると見た後には、「人は肺で呼吸し、魚はえらで呼吸するので呼吸のやり方は違うが、生きていくのに必要な酸素を取り入れて、不用になった二酸化炭素を出すという呼吸の働きは同じだ。」という考えに至ると思われる（教師の適切な支援は勿論必要だが）。

〔発問の微妙な違いについて〕

・ここで注意したいのは、この「呼吸のはたらき」に気付かせるために、例えばビデオを見せる際に、「人の呼吸の働きと、魚の呼吸の働きは比べてどうかな？」等と聞くことがないようにすることだ。このように聞けば子供たちは、「人も魚も、酸素を取り入れて二酸化炭素を出すという働きは同じ」と答えるだろう。しかし、そこには先の「人の呼吸と比べて、同じかどうかを考えながら見てみよう。」という発問との大きな違いがある。それは、この発問には「求める見方・考え方が示されている」ことだ。つまり「働きを比べなさい」というこの発問には、「呼吸の働きそのものという『見方』で見てみなさい。」という方向性が明確に入っているからだ。したがってこのような発問をした結果、仮に子供たちがそのような「見方」をして、教師が求めるような反応をしても、その価値に気付いているかは疑問である。「見方・考え方」は教えるのではなく、子どもの中にあるものを用いさせることで鍛えていくと言われる所以はこんな所にもあると思われる。一見曖昧な発問と思われる「ヒトの呼吸と比べて、同じかどうかを考えながら見てみよう。」は、それまで子供たちがどのような観点（見方・考え方）を大事に授業に臨んできたか、また同時に教師はそれをどれだけ意識して授業をしてきたかを評価できる発問でもある。

〔チコちゃんの人気の理由〕

・話はチコちゃんに戻るが、あの番組の人気の一つは、「思いがけない解答」にあると思われる。この場合で言えば、「人の呼吸も魚の呼吸も同じなの？だって一方は空気中で肺呼吸だし、他方は水中でえら呼吸だし。なぜ一緒なの？」という、素朴で一見もっともな疑問が、「そうか、生物が生きていくために必要な酸素と二酸化炭素の交換という呼吸作用の意味から考えれば、肺とえらと機関は違っても、そのはたらきは人も魚も一緒なのか！　生き物のつくりはうまいことできているな！」という、新しい「見方」の発見により、納得した解答になるだろう。ここでは、「最初の見方」から「後の見方」への転換があり、「なるほど！」という驚きと納得が得られる。それがこの番組の人気の秘密ではないだろうか？

・つまり、人は「なるほど！」という見方や考え方の変容を「面白い、心地よい」と感じ、「わかった！」という満足や快感につながる思考法を持っているのではないだろうか？これは、今回の新学習指導要領で求められている「深い学び」にも通じるような気もする。つまり、**人は「深い学び」を面白い、心地よいと感じ、分かった！と受け留めるものと言える**のではないだろうか？そして、これは「深い学び」が、本当に成立しているかどうかの大事な評価の観点にもなると思われるがどうだろうか。

9. 「深い学び」とはどのような学びか?

(1) 再び「真正な学び」について考える

　ここまでを振り返り、再度「真正な学び」とは何かを考えてみる。「真正な学び」とはそもそも、「私たちが学習できる場面や内容の設定は、一般化、抽象化されたものではなく、具体的で自分に関係するものに限られる」、という考え方に立った学びのことだった（P149）。それが P153 の 7. で考えた「本物の社会的実践に参画するものとして<u>学びをデザインすることの重要性に焦点を当てて考えてきた。</u>」ことにつながる。

　しかし、ややもすると、「真正な学び」とは「子供たちの現実の生活場面に合わせた」授業場面の設定により「現実場面でも使える知識や技能が獲得できる学び」だという、本来の「学びの意味」の捉えから外れた、単に現実でも使えるという「学びの結果」に重点を置いた捉えに移ってしまう危険性がある。それに気付いたのは、「真正な学び」と「深い学び」の関係を考えていく中で、「現実場面でも使える」ことは「結果」であり（大事な結果ではあるが）、あくまでそのための「知識や技能を得る」ことこそが「真正な学び」の真の意味ではないかと思い至ったことによる。その理由を、例を挙げて説明する。

　コラム⑧の「種の発芽と成長」単元では、「適温」という理科用語の真の意味（知識）を捉えるのが「深い学び」、「真正な学び」であり、<u>その学びの結果として</u>子供たちは、「それぞれの植物に合った適温で、種をまくことが<u>できる</u>」ようになると考えた。つまり、授業で扱ったインゲンマメについて、春の頃の気温である 23〜25 度を種をまく「適温」と理解し<u>て現実場面で使えるようになった</u>としても、それだけでは不十分で、「適温」の真の意味を

理解していなければ、キュウリの25〜30度、ペチュニアの15〜18度の「適温」に種をまくという、真の「現実場面でも使える」知識の習得には至っていないと考えられる。

　もう１つ、小学１年生の「足し算」の学習を考える。「リンゴ１個とリンゴ２個、合わせて何個になりますか？」という問題があったとする。答えは「１＋２＝３」だが、この「合わせて」はどういう意味だろうか？　１年生を担任したことのある教師なら「合併」の考え方と「増加」の考え方があることは先刻承知である。「合併」とは、「私はリンゴを１個持っている。お母さんは２個持っている。合わせて何個になりますか？」という状況設定である。また「増加」とは、「私はリンゴを１個持っている。お母さんから２個もらいました。合わせて何個になりますか？」という状況設定になる。共に式にすると「１＋２＝３」と同じ表示になり、「合わせて何個か？」という同じ表現になるが、「合わせて」の意味がそれぞれ異なる。ここで大事なのが、敢えて言うと「問題が解けることよりも、この"合わせて"という言葉に込められた２つの足し算の意味を理解する」ということだろう（勿論、理解できれば解けるのだが）。そして、その理解に基づいて計算できるのが「真正な学び」ではないだろうか？　その意識が弱くて「計算ができれば良い」という意識が強くなると、例えば引き算を学習した後、扱う問題が足し算の問題か引き算の問題かを考える際に、「この問題には"合わせて"と書いてあるから足し算ですね。」等と、「合併」と「増加」の考え方を無視したようなパターン化した指導をしてしまうことにもなる。これは、この「加法」の本当の意味、つまり「深い学び」でもある「真正な学び」を教師自身が実感していないからではないかと思える。なお、学習指導要領算数編には、この「合併」と「増加」以外に「順序数を含む加法」「求大」「異種のものの数量を含む加法」を加えて、計５つの「加法」が示されている（P84）。この中には「合わせて」という表現にはそぐわない「加法」もある。

　単にその場で「できる」、つまりインゲンマメの種を「春」という適温にまくことが「できる」、「合併」と増加の加法が「合わせて」という表現に目をつけることで「できる」という「現実場面でも使える」だけでなく、その意味を分かって使えるための「知識や技能を得る」ことこそが「真正な学び」の真の意味ではないかと考える。

　この２つの例からもわかるように、「真正な学び」は何も特別な学びではなく、これまでも行ってきた学びの中にもあることを私たちはもっと自覚すべきではないかと思うと同時に、「深い学び」もそうであることを改めて実感した。

(2) 「真正な学び」から「深い学び」を考える

　ここまで「真正な学び」面から「深い学び」を考えてきた結果を踏まえて、再度「深い学び」とはどのような学びかを考えてみたい。

　「真正な学び」面からの考察で、「わかる」には「状況に沿った学び」の必要なことが分かった。「状況に沿った学び」の意味する所は何だろう。「状況」とは意図的に手を加えた場の設定ではなく、「自分を取り巻くそのままの環境」のことである。したがってその「状況」を「どのように捉えるか」は、学習者個々の「自分の見方・考え方」によって異なり、その捉え方に基づいた「学び」とは、子供たち個々にとって「最も良いと思える、自分なりに納得できる回答」を得ることだと思われる。つまり、その状況の中で、自分の見方・考え方を

働かせて「自分なりに納得できるより良い回答」を得ることが「真正な学び」であり、「深い学び」でもあると考えられる。

この「深い学びとは自分なりに納得した回答（納得解）を得る学び」という捉えは、例えば理科の、主に小学校6年生で育成を目指す問題解決の力である「より妥当な考えをつくりだす力（小学校学習指導要領解説理科編P18）」という記述や、総合的な学習の時間で育成する資質・能力である「よりよく課題を解決し、自己の生き方を考えていく（小学校学習指導要領解説総合的な学習の時間編P11）」等の記述からも明らかである(共に下線は筆者)。

この「深い学び」における「納得解」の重要性を、資質・能力の三つの柱の面から捉えてみると、自分は今までもっぱら概念の構造化による理解という「思考力・判断力・表現力等」の面から「深い学び」を捉えていたが、この「真正な学び」面からの考察により、「学びに向かう力、人間性」という「主体性」に関係する面からも考える重要性に気付いた。

つまり、「状況の中から、どのような情報に目を付けてどのように取り組んでいくのか」に関係する**「見方・考え方」**は、決して教科の**「思考力・判断力・表現力等」**のみに関係するのではなく、何に興味を持ち、どのような生き方に価値を置いているのか等**「学びに向かう力、人間性」**にも大きく関係していることが分かった。そして、この2つの資質・能力によって、3つ目の資質・能力である「生きて働く知識・技能」が習得されるのだろう。

このように見てくると、先に「探究段階」における「新たな知識の再構成」ができた段階を「深い学び①」、「新たに再構成した知識」を、新たな或いは現実社会における課題に「活用」して「探究」する段階を「深い学び②」と考えたが、この両者に**質的な違いはなく**、共に「主体的に、自分なりの見方・考え方を働かせて、自分なりに納得できるより良い回答を得ようとする学び」としての**「深い学び」として統一して考えることができる**と思える。

10. ここまでのまとめ

・第16章で考えてきた「習得・活用・探究」と「主体的・対話的で深い学び」の関係（関係②）に、これまで考えてきた「習得・活用・探究」と「資質・能力の三つの柱」の関係（関係①）を加えて、「資質・能力の三つの柱」と「主体的・対話的で深い学び」の関係を考え、ポイント⑥としてまとめてみる（下表）。

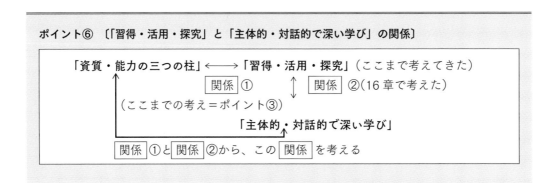

ポイント⑥〔「習得・活用・探究」と「主体的・対話的で深い学び」の関係〕

「資質・能力の三つの柱」←―――→「習得・活用・探究」（ここまで考えてきた）
関係①　　↑　関係②（16章で考えた）
（ここまでの考え＝ポイント③）
「主体的・対話的で深い学び」
関係①と関係②から、この関係を考える

- P76 のポイント③で考えた「習得・活用・探究」と「資質・能力の三つの柱」の関係に、ここまで考えてきた「習得・活用・探究」と「主体的・対話的で深い学び」の在り方を加えて、「資質・能力の三つの柱」と「主体的・対話的で深い学び」の関係を考えてみる（左下表）。

〔「習得・活用・探究」と「主体的・対話的で深い学び」の関係（関係②）〕…16 章での検討から

- 「習得・活用・探究」は、知識の再構成を目指したこれからの学習で目指す「学びの過程」で、それは時間的な単元の流れというより、「知識を習得し、活用し、探究していく」という「学びそのもの」の「在り方」と考えられる。

- それに対して「主体的・対話的で深い学び」は、その「学びの在り方」が実現するような「求める学びの姿」であるが、それは「習得・活用・探究」が意味する「知識の再構成」に基づいたものであり、それを実現させる際の全教科共通の捉え方に基づいた学びの捉えと、各教科等に特有の「見方・考え方」が重要になってくる。

- このような学びの在り方から、この「主体的・対話的で深い学び」は 1 時間単位ではなく、単元や題材など内容や時間のまとまりを見通しながら、各教科の特徴を生かして行うことが大事だと考えられる。

- 以上から、「習得・活用・探究」の「学びの過程」を大事にした教材研究が大事であり、それを実現するための「主体的・対話的で深い学び」は、単元や題材など内容や時間のまとまりを見通しながら設計し、取り組んでいくことが大事と考えられる。

- その際に大事になってくるのが「各教科の特質」であり、それに沿った「見方・考え方」と「問題解決過程」が大事になる。

〔以上から考えられる「資質・能力の三つの柱」と「主体的・対話的で深い学び」の関係〕

- P76 で考えていた学びの過程とは、既習の知識（概念）を「思考力・判断力・表現力等」を活用することで再構成した新たな知識を「習得」し（活用①）、また、そうして得た新しい知識を実際の課題を探究する活動に活用する（活用②）ことで、自ら学び自ら考える力を育成する（探究）過程のことであった。…ポイント③での関係

- その P77 の図の、「既得の知識（概念）」が「新たな知識」に働きかける「活用①」の◀、その結果「再構成された知識」を「実際の課題を探究する」際の「活用②」の➡、その結果としての「探究」過程の➡の 3 つの「矢印」が、**「主体的・対話的で深い学び」の学習過程である**と考えられる。

- そして、その過程は、「1 時間単位ではなく、単元や題材など内容や時間のまとまりを見通し」ながら行うことが必要であり、また、各教科の特徴を生かした**「見方・考え方」が重要**になってくることが今回の検討で明らかになった。

- したがって、P77 の図の「活用①」の矢印にある "「思・判・表力等」を発揮して" の表記は、**"「見方・考え方」による働きかけ" に修正**したい。さらに、この「学びの過程全体」は、1 時間単位などではなく、単元や題材など内容や時間のまとまりを見通したものであることも確認しておきたい。これらを改善した図は、この後の検討も加えた P284 の「ポイント⑫」にまとめておく。

第17章 「カリキュラム・マネジメント」の位置付け

　ここまでは、「主体的・対話的で深い学び」の実現に向けて、主に「主体的・対話的で深い学び」の実現に向けた授業改善に着目して考えてきたが、ここからはもう1つの柱である「カリキュラム・マネジメント」について考えていく。

　総則の解説で「カリキュラム・マネジメント」が最初に出てくるのは第1章　総説の（1）改訂の経緯の、次の部分である。

> ・（前半省略）学習指導要領等が、学校、家庭、地域の関係者が幅広く共有し活用できる「学びの地図」としての役割を果たすことができるよう、次の6点にわたってその枠組みを改善するとともに、各学校において教育課程を軸に学校教育の改善・充実の好循環を生み出す「カリキュラム・マネジメント」の実現を目指すことなどが求められた。
>
> （以下略、総則解説P2、下線筆者）

　この文章の後に、構成図にある〔学習指導要領等の枠組みの見直し〕の6点が具体的に出ている。上記の文の構成は、「学習指導要領等」が「学びの地図」としての「役割が果たせるよう」、ア）「6点にわたってその枠組みを改善」すると共に、各学校において、その実現が図られるような、イ）「カリキュラム・マネジメント」の実現を目指すことが求められる、と読める。つまり、学習指導要領を、ア）「6点にわたってその枠組みを改善」して、その内容をわかりやすく提示し、その実現をどのように配置して図るかという、イ）「カリキュラム・マネジメント」の実現を通して、学習指導要領が実現できるようにする、という構成である。

　そこで、本書の冒頭で揚げた構成図では、このア）「6点にわたってその枠組みを改善」の、特に中心となると思われる前半の3点（①何ができるようになるか、②何を学ぶか、③どのように学ぶか）を中心とした「主体的・対話的で深い学び」の実現に向けた7つの授業改善と、イ）「カリキュラム・マネジメント」の実現を、「手だて」の2本柱として配置した。

　したがって、本書ではこれまでア）の「6点にわたってその枠組みを改善」の、主に前半の3点に関わる「主体的・対話的で深い学び」の実現に向けた授業改善について述べてきたことになる。そしてここからは、イ）の「カリキュラム・マネジメント」、つまり「計画と結果」について考え、この2つの関係性を考えた後、最後にこれら全体につながる「社

会に開かれた教育課程」の真の意味を考えたい。

1. 「カリキュラム・マネジメントの推進」とは？

　総則解説では、上に引用した文に続いて、（2）改訂の基本方針として、①今回の改訂の基本的な考え方、②育成を目指す資質・能力の明確化、③「主体的・対話的で深い学び」の実現に向けた授業改善の推進、④各学校におけるカリキュラム・マネジメントの推進、⑤教育内容の主な改善次項、の順に書かれている。①から③は、ここまで考えてきた内容に対応するだろう。それに続く④は、以下の内容である。

---

④　各学校におけるカリキュラム・マネジメントの推進

　各学校においては、**ア）**教科等の目標や内容を<u>見通し</u>、**特にイ）**学習の基盤となる資質・能力（言語能力、情報活用能力（情報モラルを含む。以下同じ。）、問題発見・解決能力等）や**ウ）**現代的な諸課題に対応して求められる資質・能力の育成のためには、**エ）**教科等横断的な学習を充実することや、**オ）**「主体的・対話的で深い学び」の実現に向けた授業改善を、単元や題材など内容や時間のまとまりを見通して行うことが求められる。これらの取組の実現のためには、<u>学校全体</u>として、児童生徒や学校、地域の実態を適切に把握し、**A**<u>教育内容や時間の配分</u>、**B**<u>必要な人的・物的体制の確保</u>、**C**<u>教育課程の実施状況に基づく改善</u>などを通して、教育活動の質を向上させ、学習の効果を図る<u>カリキュラム・マネジメント</u>に努めることが求められる。

（総則解説 P4、以下略、**ア）**〜**オ）**、**A，B，C**及び下線は筆者）

　ここには、カリキュラム・マネジメントを推進するために、その「内容」と実現のための「手だて」、そのための「取組」が書かれている。内容は、「ア）教科等の目標や内容」を<u>見通す</u>ことが求められ、「イ）学習の基盤となる資質・能力と、ウ）現代的な諸課題に対応して求められる資質・能力」の<u>育成</u>が求められている。そして、特にイ）、ウ）育成のための「手立て」として「エ）教科等横断的な学習の充実」と、「オ）「主体的・対話的で深い学び」の実現に向けた授業改善」が挙げられている。

　このア）イ）ウ）は、後に総則解説 P47 下〜48 上に書かれている「求める３つの資質・能力」の要素である。これらの意味や意義についてはこれまでも扱ってきているが、特に第３章の 5. 改めて「資質・能力の三つの柱」を考える（P69）で詳しく考えてきた。それを踏まえて、ここで「ア）教科等の目標や内容を<u>見通し</u>、<u>特に</u>」の、「<u>見通し</u>」と「<u>特に</u>」と書いてある意味について考えてみる。

2. 「見通し」と「特に」の意味

(1)「教科等の目標や内容を見通し」の意味
　「ア）教科等の目標や内容」を<u>見通す</u>ことが求められているのは、「イ）学習の基盤となる

資質・能力と、ウ）現代的な諸課題に対応して求められる資質・能力」の育成には、ア）の「その基盤となる教科等での学習」が不可欠であり、そのため、その内容を「見通す」ことの重要性を言っているのだろう。それは当然のことと思われる。

この④　各学校におけるカリキュラム・マネジメントの推進、に先立つ①今回の改訂の基本的な考え方、②育成を目指す資質・能力の明確化、③「主体的・対話的で深い学び」の実現に向けた授業改善の推進では、資質・能力の三つの柱やその育成のための、特に見方・考え方を働かせた「教科学習」の重要性について述べている。それを受けての④での「教科等の目標や内容を見通し」であることの重要性を、まず確認しておきたい。つまり「見通し」とは、単に各教科学習の各単元等における「学習の内容」を見通すことだけではなく、そこで得られた「資質・能力」や育った「見方・考え方」、その育成のための主体的・対話的で深い学びの在り方なども見通すという重要な意味を含んでいると考えられる。

それは、これまでも確認してきたように、学んできた知識や技能を使える力として見通し、その獲得のための「主体的・対話的で深い学び」を学ぶ力として見通すことであり、それが教科等の学習のねらいだと見通すことである。それは具体的にはどのようなことなのか？そこで、教科等の学びと教科等横断的な学びの「見通す」関係について考えてみる。

(2)「見通し」の持つ重い意味

教科等横断的な取組が育成を目指すのは、「資質・能力」レベルでの学びの育成である。それに関して文科省中央教育審議会委員の無藤　隆氏の以下のような文章がある[44]（以下要旨）。

・教科横断的という考え方は、学習した際にものの見方・考え方を身につけることにとどまらず、資質・能力の育成に移っていくことである。

・例えば「思考力」は、それぞれの教科で固有のものがある。数学的思考力、言語読解力などは、それ自体が個別・固有のものではないが、他教科とつながる部分も持ち合わせている。各教科での思考力を育てながら、それを超えた思考をしていくことで資質・能力の育成につながる。

・例えば、林間学校でカレーを作る活動は、その前に社会科で農業について学習し、家庭科で米をとぐ実習をする。その知識や経験を持って、林間学校では、内容的なつながりが考えられるようになる。このような、学習と生活がつながるという体験からさらに見方・考え方をつなぎ、より学びは深まり、資質・能力の育成に役立つ。

（無藤　隆、『総合教育技術』2017 年　11月号、小学館から要旨抜粋、下線は筆者）

このカレー作りのような場合、自分の従来の「教科等横断的な捉え」では、社会科で学んだ「米」の学びと、家庭科で学ぶ「米」の学びを、「同じ米という素材を扱う」という重なりを見通してつなぎ、「カレー作り」という実習活動の中に「生かしてきた」、というものだったが、改めて考えれば、これは無藤氏の言う「学習と生活が内容的につながる」レベルではなかったかと思う。つまり、「学校で学んだことが実生活で使える（多くはこの例のように、教科をまたいだ姿として）」レベルの「見通し」である。これはこれで価値のあるこ

とだとは思うが、この文章を読むと、これからはここに留まらず、例えば「米に対する見方・考え方をどのように育てるのか」や、この活動を通して「どのような資質・能力を身に付けたいのか」という、見方・考え方や資質・能力レベルまで「見通した」教科等横断的な指導や評価をしていくことが大事なのではないかと思える。

そのためには、本文にあるように、教科等横断的な学習に関しては、その内容を教科等の目標、つまり見方・考え方や資質・能力レベルで、見通すことが大事になるだろう。そして、その上で、教科学習においても、その教科内の学びだけでなく、見方・考え方や資質・能力レベルでの教科等横断的な学びへの「見通し」を意識した指導が大事になってくると思われる。それがこれからの学習で必要になってくる「見通し」だろうし、その見通しを持って作成されるのが、望まれるカリキュラム・マネジメントなのだろう。これは、第15章でまとめた「主体的・対話的で深い学び」における、各教科の「領域固有性」の壁を破った学びの重要性にもつながる。

(3) 「特に」の持つ意味について

総則解説では、「見通し」に関して考えた教科学習の重要性の上に立って、特に「イ）学習の基盤となる資質・能力と、ウ）現代的な諸課題に対応して求められる資質・能力」育成のための「手立て」として、「エ）教科等横断的な学習の充実」や、「オ）主体的・対話的で深い学び」の実現に向けた授業改善」の2つが求められている。ここで、「エ）教科等横断的な学習の充実」は、このイ）、ウ）育成のための手立てとして当然と思われる。その内容は、扱う内容を教科等横断的な視点から見ながら、（2）で考えた、どのような資質・能力を身に付けたいのかという、見方・考え方や資質・能力レベルまで考えて教科等横断的な学習を充実させていくということだろう。

では、それに加えて、オ）「主体的・対話的で深い学び」の実現に向けた授業改善も「特に」に含まれているのはなぜだろう？ 「主体的・対話的で深い学び」の実現は、特にイ）とウ）育成のためだけでなく、全ての学習において重要ではなかったのだろうか？この、④各学校におけるカリキュラム・マネジメントの推進も含まれる（2）改訂の基本方針には、この前に、③「主体的・対話的で深い学び」の実現に向けた授業改善の推進があげられている。③で述べられている「主体的・対話的で深い学び」の実現に向けた授業改善の推進と、ここで述べられている「主体的・対話的で深い学び」とは何が違うのだろうか？

「主体的・対話的で深い学び」の実現に向けた授業改善についてはこれまでもその内容について考えてきたが、注意したいのは構成図にもある「主体的・対話的で深い学び」の実現に向けた7つの授業改善と、その中の1つである（1）「主体的・対話的で深い学び」の実現に向けた授業改善の関係である。つまり、「主体的・対話的で深い学び」の実現に向けた授業改善が、7つの授業改善全てを指す場合と、その中の（1）だけを指す場合の区別である。おそらくここの「特に」で述べられているのは「主体的・対話的で深い学び」の実現に向けた7つの授業改善の中の、主に（2）から（7）ではないかと思われる。前にも書いたように、（2）言語環境の整備と言語活動の充実から（7）学校図書館、地域の公共施設の利活用の6点は、全て、特に教科等の枠組みを越えた「資質・能力」に対応していることが

わかっているからだ。

　したがって、特に「イ）学習の基盤となる資質・能力と、ウ）現代的な諸課題に対応して求められる資質・能力」育成のためには、「主体的・対話的で深い学び」の実現に向けた7つの授業改善の中の、特に（2）から（7）に関する改善が必要である、と言いたかったのではないかと思う。

(4)「(1) 主体的・対話的で深い学び」実現に向けた授業改善」の意味

　では、（1）の「主体的・対話的で深い学び」実現に向けた授業改善（その内容に各教科等の特質に応じた見方・考え方を働かせながらとあるように、主に教科等学習が対象と思われるが）は、教科等横断的な学習には直接関係しないのだろうか？　これについてはそうではなく、教科等横断的な学習でも、教科の学びで育てた見方・考え方や資質・能力を生かし広め深める意味において（探究的な見方・考え方を育てたり、全ての学習における基盤となる資質・能力を育成する意味において）、深く関係していると考える。

3.「主体的・対話的で深い学び」実現に向けた授業改善と教科等横断的な学習の関係

　このように見てくると、ここまで考えてきた「特に学習の基盤となる資質・能力（言語能力、情報活用能力（情報モラルを含む。以下同じ。）、問題発見・解決能力等）や現代的な諸課題に対応して求められる資質・能力育成のためには、教科等横断的な学習を充実することや、「主体的・対話的で深い学び」の実現に向けた授業改善を（P155の総則解説）」、その単元や題材などの特徴を踏まえた上で、内容や時間のまとまりを見通して行うことが求められる。具体的には、単元や題材などの特徴を踏まえた「見方・考え方」や「「主体的・対話的で深い学び」の実現に向けた7つの授業改善」の明確化や重点化による授業改善と考えられる。

　以前、形式的な「主体的・対話的で深い学び」の型のみの推進は否定したが、このような、学ぶ内容（資質・能力や見方・考え方レベル）に関連した「学び方」としての捉え方の上に立った有効活用は大事だと考える。

4.「カリキュラム・マネジメントの推進」に向けて

　以上のように見てくると、カリキュラム・マネジメント推進を通して資質・能力を育成するには以下のような取組が必要だとまとめられる。

〔カリキュラム・マネジメント推進を通した資質・能力の育成〕

資質・能力の育成

〔育成の手だて〕

> **ア）各教科等の学習を通して育まれる資質・能力については**
>
> ・教科等の目標や内容を<u>見通す</u>ことが大事
>
> ←各教科等の学習を通して育まれる資質・能力を明確にする
>
> ←育成の手だて
>
> ①「主体的・対話的で深い学び」の実現に向けた授業改善（1）から（7）全ての面から、
>
> **特に（1）から取り組む**
>
> ②教科等横断的な学習の観点からも検討する←内容や見方・考え方の面から

> **特に**
>
> **イ）学習の基盤となる資質・能力**
>
> **ウ）現代的な諸課題に対応して求められる資質・能力　については**

←育成の手だて

①「主体的・対話的で深い学び」の実現に向けた授業改善

　←**(2)から(7)面を中心に、(1)も関係する**

②教科等横断的な学習の充実←内容や見方・考え方の面から

〔表の解説〕

　資質・能力育成のためのカリキュラム・マネジメント推進には、ア）各教科等の学習を通して育まれる資質・能力と、イ）学習の基盤となる資質・能力、ウ）現代的な諸課題に対応して求められる資質・能力のそれぞれについて、個々に重点的な手だてがある。ア）は、「主体的・対話的で深い学び」の実現に向けた授業改善の特に（1）を中心に、教科等横断的な学習の観点からも検討、イ）とウ）は教科等横断的な学習の充実を中心に、「主体的・対話的で深い学び」の実現に向けた授業改善の（2）から（7）面を中心に取り組み、この両者は「見方・考え方」を介して密接に関連していると思われる。

5. 「カリキュラム・マネジメントの推進」と「特色ある学校づくり」の関係

(1)「特色ある学校づくり」

　「カリキュラム・マネジメント」と言えば、これまでの学習指導要領では「特色ある学校づくり」が盛んに言われてきた。今回の総則解説でも、第3章第1節　小学校教育の基本と教育課程の役割の、2 生きる力を育む各学校の特色ある教育活動の展開（P22）で触れている。そこでは、「創意工夫を生かした<u>特色ある教育活動の展開</u>の中で、知・徳・体のバランスのとれた「生きる力」の育成を目指す（下線筆者）」という方向性が述べられているが、具体的な内容は書かれていないように見える。これについて「カリキュラム・マネジメントの推進」に関して、以下のような資料がある[45]。

> ・カリキュラム・マネジメントの導入には、教育課程を核に協働を生み出し、セクショナリズムを克服するねらいがある。これは、<u>すべての教職員で特色づくり</u>に取り組む学校づくりに直結する。つまり、カリキュラム・マネジメントは、すべての教職員が参加することによって、<u>学校の特色</u>を創り上げる営みと考えられる。
>
> ・学校の特色づくりは、ある意味、言われ続けてきたことであるが、それがカリキュラム・マネジメントの提起によって、ようやく<u>実現のためのツールを得た</u>。それぞれの学校における特色あるカリキュラム・マネジメントの多様な展開が期待される。
>
> （千葉大学特任教授　天笠　茂氏の文章から一部要約を抜粋、下線、文責筆者）

　この資料を読むと、「特色ある学校づくり」が何であるかがはっきりしたように感じる。それは「特色」ありきではなく、その地域の環境で、その学校の子供たちや教職員の実態や願いを受けて、いかにして育てたい資質・能力を身に付けさせるかの「取組そのもの」と考えられる。したがって、それが実現するためには全ての教職員が参加するカリキュラム・マネジメントの推進が大事である。つまり、<u>「カリキュラム・マネジメントの推進」の結果として「特色ある学校づくり」</u>が実現するのであり、それ自体は目標ではないということである。

(2)「特色ある学校づくり」の位置付け

　なぜここで急に「特色ある学校づくり」を取り上げたかというと、上記資料からわかるように、「特色ある学校づくり」は、必要な「資質・能力」を育成するための「カリキュラム・マネジメントの推進」の結果として出てくるものだ、という点を確認したかったからである。そして、その「カリキュラム・マネジメントの推進」は、「主体的・対話的で深い学び」の実現に向けた授業改善と、教科等横断的な学習の充実が柱になっていることを4. で確認してきた。つまり、「特色ある学校づくり」も含めて、**「カリキュラム・マネジメントの推進」は、「主体的・対話的で深い学び」の実現に向けた授業改善と、「教科等横断的な学習の充実」の2つが関連しながら柱になっている**ことを再確認したかったからである。

6.「カリキュラム・マネジメントの推進」の意義
　～「つながり」が意味すること～

　ここまで考えてくると、4.「カリキュラム・マネジメントの推進」に向けて、でまとめたように、「カリキュラム・マネジメントの推進」のための「教科等横断的な学習の充実」は、「主体的・対話的で深い学び」の実現に深く関係していることが改めて分かるが、その関係をより感じさせるのが以下の、文科省初等中等教育局教育課程課教育課程企画室の文章（要約）[46]である。

> ・新たに総則第1の4で、<u>カリキュラム・マネジメントに関する記述</u>が設けられた（総則P18）。
> ・**改定のポイント①〔資質・能力の明確化〕**

今回改定のポイントの1つが、身に付けるべき資質・能力を3つの柱から整理仕直したこと。この「整理仕直し」は、カリキュラム・マネジメントと深く結び付いている。資質・能力は、各教科・科目にわたる学習を通じて育成されるものであるが、それらは、必ずしも特定の教科・科目あるいは単元等のみによって育まれるものではない。同じ資質・能力でも、国語の文章を読み解く、理科の実験や観察、数学の文章題、特別活動などを通じて育まれる。そこで、各教科・科目を通じて育成しようとする資質・能力がどのようなものなのかを明らかにしたことで、子どもたちや地域の実態に応じたカリキュラムを組み立てるとともに、それを実施していく中で、随時必要な改善を行っていくことが期待される。

・改定のポイント②〔社会に開かれた教育課程〕

　社会とのつながりを重視しながら、学校の特色作りを図っていくこと、社会との関わりの中で子どもたち一人一人の豊かな学びを実現していくことが求められる。多様な人々とつながりながら学ぶことができるよう、学校が開かれた環境にあることが不可欠。そのためには、教育課程もまた社会とのつながりを大切にする必要がある。様々な情報や出来事を受け止め、主体的に判断しながら、課題を解決していくための力を育成していくことが社会的な要請。

(『中等教育資料』平成29年6月号　一部要約、下線、文責筆者)

　ここには、今回の改訂の2つのポイントである〔資質・能力の明確化〕と〔社会に開かれた教育課程〕の双方に、カリキュラム・マネジメントが深く結びついていることが書かれている。

　1つ目の〔資質・能力の明確化〕については、今回の学習指導要領で育てようとしている「資質・能力」自体が、特定の教科や科目で育成されるものではないという基本的な捉えを再確認できる。ここまで「資質・能力の育成」については随分検討してきたし、認識も深まってきたと感じている。その中で、資質・能力を育成するための「主体的・対話的で深い学び」実現に向けた授業改善のカギになる「見方・考え方」は各教科等の特質に応じていること、そしてその学習で得られた資質・能力は容易には他の場面での学びには転移しない状況依存性があることを知り、だからこそ真正な学びの重要性にも気付いてきた。そして、この真正な学びの意義は、特殊な環境を設定してその場限りで扱える知識・技能を育成することではなく、逆にその学びを通して、より汎用性のある学びにつながる資質・能力を育成したいということだったはずだ。したがって、「資質・能力」が、特定の教科や科目で育成されるものではないという基本的な捉えから考えれば、資質・能力の育成には各単元での学びだけでなく、同じ教科においても単元間の学びや学年間の学びの関係、そして教科間の学びの関係、さらには教科等横断的な学びの実現が、つまりカリキュラム・マネジメント面からの検討が、必要不可欠ということがわかる。それは、例えば第13章の4で見てきた総合での学びを始め、これまでも確認してきた。

　したがって、身に付けるべき資質・能力を三つの柱から整理した〔資質・能力の明確化〕と「カリキュラム・マネジメント」の関係は、「主体的・対話的で深い学び」の、敢えて言えば「わかり」に関する「深い学び」からの検討の面が強いのではないかと感じる。

2つ目の〔社会に開かれた教育課程〕と「カリキュラム・マネジメント」の関係については、上記資料中の「多様な人々とつながりながら学ぶ」や「主体的に判断しながら、」などの記述から、敢えて言えば「主体的・対話的で深い学び」の、「主体的」「対話的」からの検討に関する面が強いのではないかと感じる（主体的、対話的、深い学びをそれぞれ別個に考えるのは適当でないことは前にも書いたが、ここはあくまで重点的ということである）。以上をまとめたのが下図である。

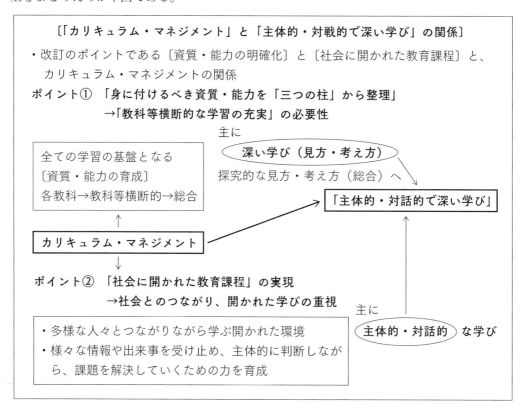

7.「取組の実現」に必要なこと

　総則解説の「④　各学校におけるカリキュラム・マネジメントの推進」の文章に戻ると、その後半では、このカリキュラム・マネジメントを推進する取組として、「学校全体としての、A 教育内容や時間の配分、B 必要な人的・物的体制の確保、C 教育課程の実施状況に基づく改善など」が求められることが書かれている。これらA，B，Cは、この後から詳しく書かれているカリキュラム・マネジメントの三要件に当たる。次に、それら三要件について確認してみる。

第18章 「教科等横断的なカリキュラム・マネジメント」の重要性

1. 「カリキュラム・マネジメント」三要件の中で注意すべきもの

　「カリキュラム・マネジメント」について総則の解説で具体的に書かれているのは、第3章　第1節　小学校教育の基本と教育課程の役割の「4　カリキュラム・マネジメントの充実（総則解説 P39）」である。ここでは、カリキュラム・マネジメントの三要件（本文では「三つの側面」と表現）である「教科等横断的な視点」、「評価と改善」、「人的又は物的な体制」について書かれている。これらが第17章の7で述べた A，B，C に相当する（順番は異なる）が、その中でも今回の改訂で重要な位置付けである一つ目の「教科等横断的な視点」については、総則解説の第2節教育課程の編成の、「2　教科等横断的な視点に立った資質・能力」の P48「(1) 学習の基礎となる資質・能力（第1章第2の2の (1)）」と、P52「(2) 現代的な諸課題に対応して求められる資質・能力（第1章第2の2の (2)）」に書かれている。ここからは、三要件の中でも特にこの「教科等横断的な視点」に焦点を当てながら、カリキュラム・マネジメントについてさらに考えていきたい。

2. これまでの「教育課程の編成」とのちがい〜意識すべきこと〜

　今回「カリキュラム・マネジメント」という言葉が出てきて、現場でも、これまでの「教育課程の編成」とどう違うのか？　等の疑問が出てきたのではないだろうか？上記から考えると、カリキュラム・マネジメントとして出された三要件は、何れもこれまでも何らかの形で意識して取り組んできたものだが、特に1つ目の「教科等横断的な視点」でのカリキュラムデザイン及び具体的な取組が、今回強調されている。この強調点が、これまでの教育課程の編成と特に異なってきている点ではないだろうか。その結果が、第4章「学校の教育目標」の意義と「総合的な学習の時間」の意義の項目で述べた「学校の教育目標」の重要性と、それにつながる総合的な学習の時間の目標設定の重要性への言及（総則解説 P47）に表れていると考えられる。つまり、総合に関して、第13章の4.「総合的な学習の時間」における「見方・考え方」、でも考えてきたように、これからのカリキュラム・マネジメントでは、教科等を越えた探究的な見方・考え方の育成を目指し、全ての学習の基盤となる「資質・能力」の獲得を目指すことになる。

教科等横断的な視点でのカリキュラムデザインの重要性に関わって、ここで是非確認しておきたいのは、その考え方の流れは、実は前回の改訂における「言語活動の充実」から続いているということである。第1章　学習指導要領総則の構造の（6）言語能力の育成の意味すること、でも述べたように、言語活動の充実の真のねらいは、どの教科でも大事になる言語活動を、各教科等を貫く改善の視点として掲げることだけではなく、その教科等横断的な視点からの働きかけをきっかけとして、「教科等横断的な資質・能力の育成と子どもの発達、教育課程との関係」の重要性を、明確にすることにあったのではないかと考える。つまり、全教科を通した言語能力（単に言葉だけでなく、式や記号、図なども含めた"考えを伝える手段"として）の「資質・能力」としての育成は、今回の、全ての学習の基盤となる「資質・能力」の獲得を目指す「本格的な教科等横断的な視点からの教育課程編成」を実現するための、有力な取組例と考えられる。したがって、この経緯を意識し、理解して教科等横断的な視点からの取組を進めることでこそ今回提案されている資質・能力の育成が図れることを認識し、再度「言語能力育成の意義」と、その重要性を確認する必要があるだろう。

3.「教科等横断的な視点」と「教科等の枠組みを越えた」が意味すること

(1)「教科等横断的な視点」が意味すること

　では、この「教科等横断的な視点」とは何を指しているのだろうか？今まで曖昧にしてきたが、ここではっきりさせたいと思う。総則解説の第2節　教育課程の構成の2　教科等横断的な視点に立った資質・能力に、以下の記述がある。

　1点目の教科等の枠組みを踏まえて育成を目指す資質・能力については（途中略）、指導に当たっては、教科等ごとの枠の中だけではなく、教育課程全体を通じて目指す教育目標の実現に向けた各教科等の位置付けを踏まえ、①教科等横断的な視点をもってねらいを具体化したり、他の教科等における指導との関連付けを図りながら、幅広い学習や生活の場面で活用できる力を育むことを目指したりしていくことも重要となる。

　このような教科等横断的な視点からの指導のねらいの具体化や、教科等間の指導の関連付けは、前述の答申が大別した2点目及び3点目にあるような②教科等の枠組みを越えた資質・能力の育成にもつながるものである。　　　　　　　　　　　　（以下略、下線、番号は筆者、総則解説P48）

　これを読むと、伝統的な教科等の枠組みを踏まえながら育てる「教科等の枠組みを踏まえた資質・能力」の育成を、教科等横断的な視点からどう考えるかがわかる。ここでは、各教科等の学習における、「教科等ごとの枠の中だけではなく」、①「教科等横断的な視点、他の教科等における指導との関連付けを図りながら、」育成することの重要性を言っている。つまり、理科なら理科という教科等の枠組みから育成を目指す資質・能力を扱う学習においては、その教科等なりの大事な「資質・能力」を吟味し、指導していくことは勿論大事だが、

同時にその資質・能力の教科等横断的な視点も考慮しながら吟味すること、そして他の教科等における指導との関連付けを意識していくことが大事だと言える。

　つまり、各教科等における資質・能力の育成にも、他教科等との関連を踏まえながら行う①「教科等横断的な視点を伴った指導」が大事だとわかり、それは、伝統的な教科等の枠組みを踏まえながら育てる指導においても、他教科との関連性を生かした指導が大事であり、それが、「幅広い学習や生活の場面で活用できる力を育む」、つまり、その教科で育てたい真の学力を育てることにもつながるということになる。

　そして、このような「教科等の枠組みを踏まえて育成を目指す資質・能力について」の「教科等横断的な視点を伴った指導」は、同時に、②「教科等の枠組みを越えた資質・能力の育成」にもつながると書かれている。

　では、「教科等横断的な視点」と「教科等の枠組みを踏まえた資質・能力」、そして「教科等の枠組みを越えた資質・能力」の関係は、どうなっているのだろうか？

(2)「教科等横断的な視点」と「教科等の枠組みを踏まえた資質・能力」、「教科等の枠組みを越えた資質・能力」の関係

　ここまで考えてくると、「資質・能力育成」に向けた「教科等横断的な視点」からの取組の重要性が一層明らかに見えてくる。これまで自分は、「教科等横断的な視点」は専ら、求める「資質・能力」の３つの要素の中の、「教科等の枠組みを越えた資質・能力」、つまり「学習の基盤となる資質・能力」と、「現代的な諸課題に対する資質・能力」育成に必要な視点と考えてきた。しかし、ここでの検討から、忘れてならないのは、**「教科等の枠組みを踏まえた資質・能力」育成にこそ、この「教科等横断的な視点」からの取組が重要になる**ということである。

　この考え方の前提には、「各教科等の学習で獲得される資質・能力は、全ての学習の基盤となる資質・能力の一部であり、それを構成するものである。」という捉えがあると考えられる（全ての学習の基盤となる資質・能力の存在）。これは第13章で、総合的な学習の時間のねらいも検討しながら考えたことでもある。

　そう捉えたとき、例えば理科という教科で学ぶ資質・能力は教科等横断的に考えた際の他教科における「資質・能力」とはどのような関係にあるのかと、「メタ認知」的に俯瞰的に「資質・能力」を捉える必要があることがわかる。つまり、「理科」という教科の世界の中に閉じるのではなく、他教科との中で俯瞰的に資質・能力を吟味していく、いわば「メタ認知的な教科観」に基づく姿勢が必要になるのではないかと思える。

　さらに言いたいのは、日頃の同じ教科の中の学習においても、単元や領域ごとの資質・能力の育成という狭い捉え方ではなく、教科全体を「横断して俯瞰的に」捉えるメタ認知的な捉え方が重要だということである。例えば理科では「生物分野」の生き物を捉える概念と「物理分野」の物質を捉える概念は異なるが、しかし「自然科学」としての科学的概念としての共通性はあるだろうし、それを意識しながら育てていくことが、結局は生物分野や物理分野の概念を育てていくことにもつながる。このように、他分野との関連性を生かしていくためにも、その教科における「学年や領域を越えた横断的な指導」がますます重要になって

くると考えられ、その観点でのカリキュラム・マネジメントが重要になってくるだろう。そして、例えば理科の「自然科学」としての概念や資質・能力は、他教科も含めた「教科」という枠組み全体としての概念や資質・能力と、どう位置付いているのかを考えることにもつながるだろう。ここまで書いてきて気付いたのだが、この「概念」という言葉を「見方・考え方」と置きかえても、同じようなことが言えそうだ（「概念」と「見方・考え方」が同じという意味ではない）。それは第13章で考えた、総合も含めた「見方・考え方」の捉えと同じ構造だと考えられる。ここからも、「見方・考え方」や、「知識・技能」に含まれる「概念」、そして「資質・能力」は、同じような構造をしているのではないかと考えられる。これらの関係については第25章「イメージ」の持つ意味と重要性等でも考えていく。

（3）「教科等の枠組みを越えた」取組

引用文後半の、「このような教科等横断的な視点からの指導のねらいの具体化や、教科等間の指導の関連付けは、前述の答申が大別した2点目及び3点目にあるような②教科等の枠組みを越えた資質・能力の育成にもつながるものである。」では、2点目及び3点目に当たる「学習の基盤となる資質・能力」と、「現代的な諸課題に対する資質・能力」は、教科等の枠組みと並ぶ第2、第3の資質・能力というよりは、1つ目の「教科などの枠組みを深めた資質・能力」に対する「教科等の枠組みを越えた資質・能力」という1つにまとまった観点からのもので、資質・能力は大きく2つに分けられるという見方を表しており、この見方も大事と思える。そして、その上で、これらどの資質・能力も「教科等横断的な観点」を踏まえているということで、この3つがつながると考えられる。

（4）「教科等の枠組みを越えた」取組としての「言語能力」の捉え方

「言語能力」の捉え方については、ここまで 第1章　学習指導要領総則の構成の7.「言語能力の育成」の意味すること（P20）や、本章の2. これまでの「教育課程の編成」との違い〜意識すべきこと〜でも考えてきた。ここで、その育成に関わる「カリキュラム・マネジメント」面からの考察も含めて、その捉えをまとめておきたい。総則解説の「カリキュラム・マネジメント」に相当する第2節教育課程の編成の、2教科等横断的な視点に立った資質・能力に、以下の文章がある。

> 言語能力を育成するためには、第1章総則第3の1（2）や各教科等の内容の取扱いに示すとおり、全ての教科等においてそれぞれの特質に応じた言語活動の充実を図ることが重要であるが、特に言葉を直接の学習対象とする国語科の果たす役割は大きい。今回の改訂に当たっては、中央教育審議会答申において人間が認識した情報を基に思考し、思考したものを表現していく過程に関する分析を踏まえ、創造的・論理的思考の側面、感性・情緒の側面、他者とのコミュニケーションの側面から言語能力とは何かが整理されたことを踏まえ、国語科の目標や内容の見直しを図ったところである。
> （以下略、下線筆者　総則解説 P49）

この文章は、国語科における言語能力の重要性を言ったものであるが、忘れてならないのは「（教科等の）それぞれの特質に応じた言語活動の充実（下線部分）」の部分ではないだろ

うか。それは例えば、算数などの文章題の説明などでは、算数なればの論理的な言語活動の育成が大事になってくるし、またその育成は他教科の論理的な言語活動の育成にも大いに役立つという点である。式や図、表やグラフなどを根拠としながらのコミュニケーションの側面からの言語能力の育成も、国語科とはまた違ったポイントがあるだろうし、理科や社会科と共通する点も多いだろう。また、国語科の学習に寄与する面（説明文の読解など）も多いだろう。

　したがって、この「言語能力」の、特に「創造的・論理的思考の側面、感性・情緒の側面（下線部分）」とは、例えば算数などの文章題の説明における、算数なればの論理的な言語活動力だろうし、国語科における作品や言語から受ける感性の言語表現力、音楽科や図工科などにおける作品から受ける感動の言語的表現力や作品として表す表現力などだろう。そして、これらの「言語表現力」は、他教科の言語活動の育成にも大いに役立つと考えられる。

（5）言葉の習得段階から考えた「言語能力」の意義

　ここで学習指導要領から少し離れて、「言葉の持つ意味」についてもう少し考えてみたい。それは、P22の「Q＆A②「言語能力の育成」が図られる真の理由は？（資質・能力育成の立場から）」で、「「わかる」という「学びの在り方」から、言語活動の重要性を考える必要がある。」と書いたことへの回答である。

　「学びとは何か（今井むつみ、岩波新書）」[47] に、次のような文章がある。

　日本語なり、英語なり、どのような言語でも、言語を使うにはその言語の音、文法、語彙について知識がなければならないが、それぞれの要素についてどんなに多くの知識を持っていてもそれだけでは言語は使えない。それらの要素の知識が互いに関連づけられたシステムになっていなければならない。英検一級、TOEFL、TOEICで高得点を取ることができるのに、英語を自由に使えない人は、要素の知識はたくさん持っているのに、それらがシステムになっていないのだ。言い換えれば、子どもの言語の習得の過程とは知識の断片を貯めていく過程ではなく、知識をシステムとしてつくり上げていく過程に他ならない。

（『学びとは何か』今井むつみ、岩波新書　P40、下線筆者）

　この下線を引いた文にある「言語を習得していく過程」は、「ポイント③「習得・活用・探究」から考えた「資質・能力の三つの柱」（P76）」にまとめた「知識を習得する際の、知識の再構成」の過程を指していると考えられる。つまり、**言語を習得していく過程は、知識を習得していく過程と、基本的には同じと考えられる**と言える。

　さらに、この文章の前に、興味深い記述がある。それは、次の文章である。

（途中から）子どもがことばを学習するとき、大人からことばについて直接教えてもらうことはしない。大人は子どもに言語を使ってみせることはできるが、ことばを使ってことばについて直接教えることはできないのだ。

　しかし、考えてみればこれは不思議なことである。人はそこに結び付けられる知識を持たない

情報は記憶することも学習することも難しい。ところが、乳児はことばを学習するときに、ことばに関する知識をほとんど持たない。最初のうちは単語もほとんど知らないから、ある単語の意味をことばで説明することもできない。それなのに、子どもはあっという間に多くの単語を覚え、文法を覚え、話ができるようになり、知識をどんどん増やしていくことができる。

（この後、上記のP40引用文に続く。下線筆者）

　この文を、先に書いたように、言語を習得していく過程は、知識を習得していく過程と、基本的には同じと考えて読めば、先のポイント③のまとめで言えば、新たな知識を「断片的な知識」ではなく「習得された知識」として再構成するための**「既習の知識（概念）」**がないにも関わらず、新たな知識を**「習得していける」**ということになる。これまで、「習得・活用・探究」の学びの姿を基本としてで考えてきたことは、最初に「既習の知識（概念）」が頭の中にあることが、学びの前提だということだった。それがなくても「学び」が成立する、ということだろうか？

　本書で今井氏は、では「初めて聞くことばの範囲をどのように推論しているか」と言うと、"（一歳半ばを過ぎたころには）「思い込み」を持って、ことばの指す対象と範囲をすぐに決めてしまい、あれこれ迷わない。（P46）"と書いている。そして自分が考えた（発見した）「形ルール」を使って言葉を覚えていくということである。そしてこれは"「学び方の学び」を学習することなのだ。（P51）"と書いている。

　「素朴概念」という言葉が、理科教育ではよく使われる。それは、小学校に入って理科という教科を学ぶ前から、子供たちが日常生活を通して持っている自然現象に対する「素朴な概念」のことである。例えば「重い物は速く落ちる」、「水に溶けて見えなくなった砂糖は、重さがなくなった」など、たくさんある。その多くは間違った「誤概念」であり、「学びを邪魔するもの」と考えられていたこともあった。しかし、「知識を再構成させて習得する」ことが学びという捉えが定着するにつれ、この「素朴（誤）概念」の重要性が言われてきた。つまり、これを邪魔者扱いするのではなく、既に子どもの中にあるこれらの「素朴（誤）概念」を生かして、子どもの「知識の変容」を促すということである。つまり、今井氏の考えを取り入れれば、言葉の習得の「思い込み」に相当する「素朴（誤）概念」が、学びの基本となる「既習の知識（概念）」に相当すると考えられる。そう考えれば、この「素朴（誤）概念」が最初に「既習の知識（概念）」として頭の中にあることで、学びの前提が成立することになる。つまり、理科に限らず、全ての教科において、その教科に関する「素朴（誤）概念」を学びの出発点とすれば、ポイント③の学びの過程は実現することがわかる。

　つまり、今井氏の本を読んで思ったのは、**学びにおける知識獲得の過程が、その形式だけでなく内容的にも言語獲得の過程と同じではないか**、ということである。そして、言語の活用は全ての教科に共通である。ならば、この「各教科における知識獲得の過程」の意味と意義を、言語獲得の面を共通基盤として、そこから共通理解することが可能であり、また重要ではないかと思える。

　今井氏は次のようにも述べている。"ことばを覚えることは、単にコミュニケーションの

道具を得るということに止まらない。子どもはことばを覚えると、そこから今まで持っていなかった概念―とくに直接目で見ることのできない抽象的な概念―を自分で創り出す。その例のひとつが、数をことばで覚えることによる「数の概念」の創出だ。(P59)"

　このように、自分がこれまで「言葉における概念形成」と「教科の学びにおける概念形成」とを別のものとして考えてきたことは、一体化して考えることができそうだ。その意味で「言語能力の重要性」を、再度共通理解することが大事と思える。言葉は、どの教科でも大事な共通したコミュニケーションの道具としての重要性だけでなく、**言葉の習得自体が「学び」の過程そのもの**であり、それは、その教科の学びの過程実現と離れがたくつながっているということである。したがって、例えば授業で「話し合ってコミュニケーションする」ことや、わかったことを「言葉でノートにまとめる」ことなどの価値も、「コミュニケーション力」や「まとめて表現する力」の育成という話したり書いたりする国語的な、言語能力育成にだけあるのではなく、**その活動自体が、その学習の「わかり」のための再構成を促す**という点を忘れてはならないだろう。

　したがって、先に揚げた総則解説 P49 の「国語科の目標や内容の見直しを図る」の内容は、国語科での指導が中心ではあるが、各教科での「国語科の下請けではない」言語能力育成への取組意識が大事と思える。そこで、P22 の Q & A ②「言語能力の育成」が図られる真の理由は？（資質・能力育成の立場から）の内容に、このカリキュラム・マネジメント面からの考察も加えて、以下のようにまとめたい。

Q & A ⑥　「言語能力の育成」が図られる真の理由は？②
　　　　（資質・能力育成のためのカリキュラム・マネジメントの面を加えて）

・前回、そして今回と、学習指導要領で「言語環境の整備と言語活動の充実＝言語能力の育成」が強調され、それが「学習の基礎となる資質・能力」として位置付いているのは、

①どの教科でも大事になる言語活動を、各教科等を貫く改善の視点として掲げることだけが目的ではなく、

②この教科等横断的な働きかけをきっかけとして、「各教科等の縦割りを超えた指導改善の工夫」による、全教科の学習に共通する「何ができるようになるか」という、「資質・能力育成」の重要性や必要性に気付かせたかったからである。（ここまでは P22 の Q & A ②と同様）

加えて、

③「創造的・論理的思考の側面、感性・情緒の側面、他者とのコミュニケーションの側面」から「言語能力」を、各教科の特質から考え、その育成を図っていくことが大事である。その際、**学びにおける知識獲得の過程が、言語獲得の過程と類似している**という面から、「言葉における概念形成」と「教科の学びにおける概念形成」を一体化して捉え、言語を活用した知識の再構成による学びを、教科における概念形式と共に推進していく必要があると考えられる。

　以上をまとめると、「教科等横断的な視点に立った指導」には、以下の３点があると考えられる。

〔教科等の枠組みを踏まえた指導〕

① 「伝統的な教科等の枠組みを踏まえながら育てる資質・能力」の育成における、「他教科との関連性を生かした教科等横断的」な指導。

　・教科内における見方・考え方を軸とした関連性の育成が大事であり、その上に立った他教科との関連性を意識した指導は、「教科等の枠組みを越えた資質・能力の育成（②と③）」にもつながる。

〔教科等の枠組みを越えた指導〕

② 「学習の基盤となる資質・能力」、特に言語能力などの育成における「（教科等の）それぞれの特質に応じた言語活動」の充実と共有を図る「教科等横断的」な指導。

　・国語科が中心ではあるがそれだけでなく、各教科の特質を生かした取組が重要である。

③ 「現代的な諸課題に対応して求められる資質・能力」の育成における、各教科等で得られた資質・能力を「教科等の枠組みを越えた」場で生かしながら進める「教科等横断的」な指導。

※これら全ての指導では、「学びにおける概念形成」における「言語能力の育成」の重要性の理解が重要である。

（6）「教科等横断的な視点」と「教科等の枠組みを踏まえた資質・能力」、「教科等の枠組みを越えた資質・能力」の関係（まとめ）

　このように見てくると、「教科等横断的な視点」と「教科等の枠組みを踏まえた資質・能力」、「教科等の枠組みを越えた資質・能力」の関係は、上表の①から③全てを「教科等横断的な視点に立った指導」と捉え（総則解説もそのような捉え）、①を「教科等の枠組みを踏まえた資質・能力」、②、③を「教科等の枠組みを越えた資質・能力」と表しているとわかる。①では「教科等」なればの資質・能力を大事にしながらも、教科等横断的な視点も大事にし、②、③では教科等を横断して考える力を付けながら、「教科等」という枠組みそのもので育つ資質・能力の大事さを再認識することが大事になってくるだろう。

　ここまで見てきて、自分としては特に、日頃の教科学習においても「教科等横断的な視点に立った指導」を意識して行うことの大事さと、言語活動の充実を国語科だけでなく各教科の特質を意識して行うことの大事さが、忘れてならない点ではないかと思えるが、読者の皆さんはどう思われるだろうか？

　ここで、「教科等横断的な視点に立った指導」に関係する「学校研究」の在り方についてコラム⑪で、また「言語能力」育成の重要性に関してコラム⑫を載せる。

コラム⑪　学校研究と学力向上

　以前訪問した小学校の話です。その学校は、ここ何年か学校研究を国語を窓口として進めてい

ます。その間の学校研究の取組を読ませていただくと、「資料や文章の読み取りや話し合いにおいて、自分の考えを上手く伝える力」に課題があり、言語能力の育成が重要だとわかったので、国語に焦点化して取り組んでいるとのことでした。

　一方、その年度の１学期の学力向上の取組を読ませてもらうと、「算数の図や式、表などを使って自分の考えを説明する力」が一番の課題にあげられていました。学校研究で取り組むべきことと学力向上での課題とは、どのように関係付けていけば良いのでしょうか？

　「子どもの学力を向上させることがそもそもの学校研究だ」と言われれば、それはその通りですが、研究主題が毎年の子どもの実態でころころ変わるのは一貫性がないですし、この学校のように、ある教科に絞って取り組んでいる学校は、その教科以外の課題にはどのように取り組んだらいいのかも問題になります。

１．三種類の「資質・能力」

　そこで、そもそも子供たちに育てたい「資質・能力」について、新学習指導要領を見てみると、大きく三種類あることがわかります（構成図の、求める「資質・能力」の要素参照）。総則編解説のP47「２　教科等横断的な視点に立った資質・能力」には、「・例えば国語力、数学力などのように、伝統的な教科等の枠組みを踏まえながら、社会の中で活用できる力」、「・例えば言語能力や情報活用能力などのように、教科等を越えた全ての学習の基盤として育まれ活用される力」「・例えば安全で安心な社会づくりのために必要な力や、自然環境の有限性の中で持続可能な社会をつくるための力など」の三種類とあります。

　大事なのは、表題の「２　教科等横断的な視点に立った資質・能力」にもあるように、これら３つの資質・能力はどれも、教科等横断的な視点に立っているということです。１点目の教科等学習についても、「教科等横断的な視点を持ってねらいを具体化したり、他の教科等における指導との関連性を図りながら指導を進めていくこと」が大事だと書かれ、さらに２、３点目についても「教科等の枠組みを越えた資質・能力の育成にもつながる」とあります。

　ここから言える大事なポイントは次の２つと考えられます。

　１つは、例えば「国語」のように、ある教科等を学校研究、つまり学力向上の「窓口」にしたとしても、当然その教科を中心として他教科の資質・能力を教科等横断的に育成することが大事であり、しかもその際には２、３点目の教科等横断的な資質・能力の育成も視野に入れながらということになります。その取組の中心（窓口）が国語ということになります。

　そうすると、先にあげた「国語の研究をしながら算数の課題への対処」はどう考えれば良いのでしょう。この学校で課題として挙げた「言語能力の育成」は上記の２つ目の資質・能力です。これは全ての教科で育てるべきものです。ですから、例えば国語の時間に扱う様々な表やグラフ、資料などの解釈や説明力の指導を、算数や社会、理科の時間への活用を意識しながら行うと共に、それらの教科での指導でも国語での指導を意識させることが大事と思われます。

　その際、特に課題である算数との連携を意識して進めることが大事になってくるでしょう。ある教科等を窓口として研究を進めている学校では、職員間での、このような捉えの共通認識が大事ではないでしょうか。

２．国語が窓口という意味

もう１つのポイントは、「国語が窓口」という意味の捉えです。これは、例えば「言語能力をつけるための窓口が国語」という意味ではありません。国語には国語の、算数には算数のその教科なればの育てたい資質・能力があり、だからこそ、その教科なりの見方・考え方があり、教科の存在意義があります。ですから、国語なら国語の、教科としてのねらいの達成が第一なのですが、そのためにも教科等横断的な力の育成を意識し、この場合は特に言語能力の育成を重点化して進めようということです。ですから、新学習指導要領になったからといって、教科等横断的な資質・能力育成が優先して、そのために教科がある、という本末転倒的な捉えにならないことに注意が必要だと思います。

コラム⑫　言語習得と新たな認知能力の獲得の関係

・これまでも、「学習の基盤となる資質・能力」として、「言語能力」育成の重要性については度々述べてきた。つまり、国語科としての言語能力の育成は勿論大切だが、各教科等の特色を生かした「言語能力の育成」も大事であり、さらにこの「言語能力」という「教科等横断的な学びの価値」の自覚を切り口に、教科等横断的な資質・能力や見方・考え方の育成につなげていくことの重要性を共通理解することが、これからの教育においては大きな目的になるのではないかと考えられる。

・その考え方の根底には、ここまで繰り返し述べてきた「わかる」ことの捉えがあるのだろう。つまり、「言語がわかる」とはどのようなことか？ということである。その意味で、以下に引用した文章 [48] は考えさせられる。

・「言語習得による新たな認知能力の獲得は、別に外国語に限らない。同一言語であっても、初等教育で身に付けるものと高等教育で接するものとは、別の言語体系といえるほど異なっている。高等教育のメリットの大部分は、おそらくはそこに由来しており、個々の学科での新知識の獲得ではないのだろう。言語心理学界の最近の研究の１つの焦点は、異なった社会構造における言語の違いと、認知機能の違いとの関係である。」

　　　　（銀河の片隅で科学夜話　第15夜　言葉と世界の見え方　全卓樹　朝日出版社より）

・上記文章にもあるように、同じ言葉でも、その意味する所の捉えは教科や学年などにより異なってくる。それは、言葉で書けば同じ「知識」でも、その受け取り方（納得の深さ）が、見方・考え方の違いや深さの度合いによって変わってくるからだろう。第16章の実践例②で書いた「理科用語」の重要性も、その言葉を「どう理解して使用しているか」が大事になる例だった。算数や数学における算数・数学用語は勿論、公式なども式の形をした「言葉」であり、理科の法則も同様である。

・場合によっては小学校低学年で学習したその教科の「言葉」を、高学年になって再度その学年での理解に基づく解釈をさせることで、意味理解の豊かさと大切さに気付かせ、学びの面白さを実感させるような機会があってもよいのかもしれない。

第19章　「カリキュラム・マネジメント」と「主体的・対話的で深い学びの実現に向けた授業改善」の関係について

　第18章で見てきたように、「教科等横断的な学び」の視点は、教科の学びも含めて全ての学びで大事になってくることがわかった。そして、これが、カリキュラム・マネジメント充実のための「三つの側面」の中の1つであり、指導の際のポイントである（総則解説p39）ことを考えれば、カリキュラム・マネジメント充実のポイントは、この「教科等横断的な学び」の充実と言ってよいだろう。

　このように、そのポイントが明確になってきた「カリキュラム・マネジメント」と、第16章まで見てきた「主体的・対話的で深い学びの実現に向けた授業改善」の関係について、ここでまとめておきたい。

　第17章の1から、特に学習の基盤となる資質・能力や、現代的な諸課題に対応して求められる資質・能力の育成には、教科等横断的な学習の充実や、「主体的・対話的で深い学び」の実現に向けた授業改善が求められることが分かり、4.では、「カリキュラム・マネジメント」と「資質・能力」の関係について考えた（P168〔カリキュラム・マネジメント推進を通した資質・能力の育成〕）。そして、5.からは、「カリキュラム・マネジメント」と「主体的・対話的で深い学び」、「教科等横断的な学習の充実」の関係が見えてきた。

　そして第18章からは、「教科等横断的な視点」と「教科等の枠組みを踏まえた資質・能力」、「教科等の枠組みを越えた資質・能力」の関係も見えてきた。これらに第17章で提示した〔「カリキュラム・マネジメント」と「主体的・対話的で深い学び」の関係（P172）を加えて、「カリキュラム・マネジメント」の推進による「主体的・対話的で深い学び」の実現を通した、身に付けるべき「資質・能力」の育成としてまとめたのが次ページの図である。

〔「カリキュラム・マネジメント」の推進による、「主体的・対話的で深い学び」の実現を通した、身に付けるべき「資質・能力」の育成〕

・身に付けるべき「資質・能力」の育成のための、「カリキュラム・マネジメント」の推進における「主体的・対話的で深い学び」実現の関係を、改訂のポイントである〔資質・能力の明確化〕と〔社会に開かれた教育課程〕との関係からまとめる。

カリキュラム・マネジメント の推進

ポイント① 「資質・能力の明確化」
・「教科等横断的な学習の充実」面から

ポイント② 「社会に開かれた教育課程」
・「社会とのつながり」を重視した面から

全ての学習の基盤となる
〔資質・能力の育成〕
各教科→教科等横断的→総合
①教科の枠組みから
②学習の基盤から
③現代的課題から

教科等の枠組みを踏まえた学習
教科等の枠組みを超えた学習

・多様な人々とつながりながら学ぶ開かれた環境
・様々な情報や出来事を受け止め、主体的に判断しながら、課題を解決していくための力を育成

深い学び ・主に教科等の特質から考えた見方・考え方→ 探究的な見方・考え方（総合）

「主体的・対話的で深い学び」 の実現

・授業改善の（1）から（7）全体で取り組む

・まず教科等の特質から考えた深い学び（見方・考え方）の実現が大事。そのためには特に（1）の「主体的・対話的で深い学び」実現に向けた「授業改善」が基盤になる。

・社会とのつながりを重視した学びが深まるにつれて、授業改善の（1）に加えて、（2）から（7）を生かした取り組みが大事になる。

身に付けるべき「資質・能力」の育成

※この表は、カリキュラム・マネジメント推進のための、「資質・能力の明確化」と「社会に開かれた教育課程」の重要性と関係性を表したもので、カリキュラム・マネジメントのためにこの2つがあるわけではないことに留意。

〔解説〕

・「カリキュラム・マネジメント」の推進には、大きく「身に付けるべき資質・能力を3つの柱から整理」する「資質・能力の明確化」（ポイント①）と、社会とのつながりを大事にした「社会に開かれた教育課程」の推進（ポイント②）がある。

・ポイント①に関する資質・能力の明確化には、①教科の枠組み、②学習の基盤、③現代的課題から考えられるものがある。それらを育成するために教科等横断的な学習の充実が必要になる。その具体的な取組として、「主体的・対話的で深い学び」の実現に向けた授業

改善（1）から（7）の取組が必要になるが、教科等の枠組みを踏まえた学習 では、育成する資質・能力において、特に、①教科の枠組みや、②学習の基盤を意識した取り組みが重要になってくる。また、教科等の枠組みを超えた学習 では、同じく資質・能力において、②学習の基盤に加え、③現代的課題を意識した取り組みが重要になってくる。これらの効果的、継続的な取組の関係から、上表の 教科等の枠組みを踏まえた学習 から右方向に 教科等の枠組みを超えた学習 とつながり（逆の流れもあるが）、ポイント①とポイント②をつなげることができるようになると考えられる。

・この一連の流れの中で、「深い学び」も、主に教科等の特質から考えた「見方・考え方」を生かしたものから、総合学習などで扱う、より探究的な見方・考え方を生かした学びへと深化・発展していくことになる。

・ポイント①で明確化した「資質・能力」を、ポイント②の「社会に開かれた教育課程」に則った「主体的・対話的で深い学び」の実現によって、身に付けたい「資質・能力」としてその育成を図るわけだが、この「主体的・対話的で深い学び」の"重点化"を敢えて考えれば、ポイント①の「資質・能力の明確化」は、教科等の本質から考えた「深い学び」が特に大事になり、授業改善の（1）から（7）の、特に（1）「主体的・対話的で深い学び」実現に向けた「授業改善」が、その基盤になるだろう。また、ポイント②の「社会に開かれた教育課程」では、社会とのつながりを重視した、授業改善の（2）から（7）を生かした取り組みが特に大事になってくると考えられる。

第20章 「社会に開かれた教育課程」の意味と重要性

1. 「社会に開かれた教育課程」の重要性
～これまでのふりかえりと前文から～

　最後に、ここまでの議論を踏まえた上で、今回の学習指導要領改訂で一番大事だと思われる「社会に開かれた教育課程」について検討してみる。

（1）これまでのふりかえり

　「社会に開かれた教育課程」に関しては、これまでも折に触れて考えてきた。第7章の2.「社会とのつながり」と、「社会に開かれた教育課程」との関係では、「習得・活用・探究」という学びのプロセスでは、社会とのつながりをより意識した教育が必要で、そうして習得した知識こそが、実社会や実生活の中で活用でき、それが「主体的・協働的に探究」する姿の実現につながる、と捉えた。同時に、「学校教育を通してよりよい社会を創るという理念を学校と社会が共有する」とあるように、学校が主体の連携と協働である点も確認してきた。しかし、ここまでの考察では、そもそもなぜ「習得・活用・探究」という学びのプロセスの実現には、社会とのつながりをより意識した教育が必要なのかははっきりしていなかった。同時に、今の社会に必要な資質・能力の育成が必要だから「社会に開かれた教育課程」を理念とする、という程度の、単純なものではないような気もする（P90）と書いた。

　そして第15章の2.「社会に開かれた教育課程」との関係では、「学力」の捉えの面から「社会に開かれた教育課程」を考えてみた。つまり、目指す学力の育成には、まず学校内における「学習観（知識観）」の共通理解が必要であり、その共通の土台の上に立った「教科の専門性」の育成を大事にした「教科等間で開かれた教育課程」の実現が大事になり、さらに総合的な学習の時間を生かした「全ての学習における基盤となる資質・能力の育成」に向かう学びが大事になる。この学びを学校内から学校種間、そして社会へと開いていくことで、最終目標としての全ての学習における基盤となる資質・能力の育成が実現することになる、ということだった。つまり「社会に開かれた教育課程」は、単に社会と共有するとか連携することが目的ということではなく、共通する「学び」の捉えを、校内、校種間、社会へと、徐々に広く「開いていく」ことにより、今回の学習指導要領で最も大事にしている「資質・能力」を育成（最終目標は全ての学習における基盤となる資質・能力の育成）することが目的ではないかと考えた。（P139）その取組が結果として「社会に開かれた（社会でも生

かされる）教育課程」になるのではないだろうか。

さらに、第16章の6.「真正（オーセンティック）な学び」と「深い学び」では、「真正の学び」と「深い学び」の2つの学びの共通性に着目し、社会で実際に使える学びとしての「真正な学び」を大事にするということは「深い学び」を実現することにもつながり、それは、今時学習指導要領の理念である「社会に開かれた教育課程の実現」にもつながると考えてきた。（P152）

また前章においても、社会とのつながりを重視した「主体的・対話的で深い学び」実現のために「社会に開かれた教育課程」が重要であると考えてきた。

(2)「社会に開かれた教育課程」の内容（前文から）

このように、ここまで折に触れて「社会に開かれた教育課程」について考えてきた結果、その意義や重要性も見えてはきたが、それは「習得・活用・探究」という学びのプロセスや、「学力」の捉えなどの面からであり、直接「社会に開かれた教育課程」を考えたものではなかった。「資質・能力」の育成におけるその位置付けも、前章のP184の表に示したように、カリキュラム・マネジメント推進のためのポイント②という位置付けであった。これで「今回の学習指導要領改訂では、社会に開かれた教育課程が一番大事」と言えるのだろうか？そこで、ここでは、ここまでの成果も踏まえながら「社会に開かれた教育課程」そのものの検討をしてみることにする。

そもそも、よくその内容や意義をつかまない前から「社会に開かれた教育課程」が今回の学習指導要領改訂で一番大事だと思われる、と書いたのは、総則の前文にある、以下の文章からである。

　教育課程を通して、これからの時代に求められる教育を実現していくためには、よりよい学校教育を通してよりよい社会を創るという①理念を学校と社会とが共有し、それぞれの学校において、必要な学習内容を②どのように学び、どのような資質・能力を身に付けられるようにするのかを教育課程において明確にしながら、③社会との連携及び協働によりその実現を図っていくという、④社会に開かれた教育課程の実現が重要となる。

（小学校学習指導要領 P15、ゴシック、番号、下線筆者）

上記文章は、「これからの時代に求められる教育を実現していくためには…社会に開かれた教育課程の実現が重要となる。」という構成で、「社会に開かれた教育課程の実現」が、これから求める教育の目的となることは明らかである。これが、「社会に開かれた教育課程」が今回の学習指導要領改訂で一番大事だと捉えた根拠である。

では、その内容を丁寧に見ていくことにする。上記の記述から、その内容の構成は次の4点の関係と読みとれる。

「社会に開かれた教育課程の実現」について
①よりよい学校教育を通してよりよい社会を創るという「理念」を学校と社会とが共有し、

②必要な学習内容を<u>どのように学び</u>、どのような<u>資質・能力</u>を身に付けられるようにするのかを教育課程において<u>明確</u>にしながら、

③<u>社会との連携及び協働</u>によりその（理念の）<u>実現</u>を図っていくことが、

④「社会に開かれた教育課程」を実現していくことになる。（小学校学習指導要領 P15 を元に整理）

つまり、「学校が『よりよい学校教育を通してよりよい社会を創る』という<u>理念</u>を社会と<u>共有し</u>、<u>ねらい</u>（資質・能力）と<u>手だて</u>（どのように）を明確にして、社会との連携と協同によって理念を実現していく『社会に開かれた教育課程』を実現する」という構造である。この構造から、**「社会に開かれた教育課程」の実現が「目指すもの（目標）」と分かる。**

2. 「理念」と「目標」の捉え方

小学校学習指導要領 P15 にある上記に引用した文章は、総則の解説 P6 にも、ほぼ同じ形で書かれているが、これらの前身である答申には、「はじめに」で以下のように書かれている。

そこで本答申は、学校を変化する社会の中に位置付け、学校教育の中核となる教育課程について、①<u>よりよい学校教育を通じてよりよい社会を創るという**目標**を学校と社会とが共有し、それ</u><u>ぞれの学校において</u>、必要な教育内容を②<u>どのように学び、どのような資質・能力を身に付けられるようにするのかを明確にしながら、③社会との連携・協働によりその実現を図っていくという</u>④「社会に開かれた教育課程」を目指すべき**理念**として位置付けることとしている。これによって、教職員間、学校段階間、学校と社会との間の相互連携を促し、更に学校種などを越えた初等中等教育全体の姿を描くことを目指すものである。　　　（答申 P1、番号、ゴシック、下線は筆者）

これを読むと、答申では「よりよい学校教育を通してよりよい社会を創る」が「<u>理念</u>」ではなく「目標」になっており、「社会に開かれた教育課程」は「目指すべき理念」となっていて、総則とは異なり**捉え方が逆**になっている。総則では、「社会に開かれた教育課程」が目標だとは明記されていないが、1. の文章構成からの考察から「目標」に準ずるものと考えた。では、答申から総則の間で、捉え方が変わったのかというと、総則の解説 P2 の 1 改訂の経緯及び基本方針の（1）改訂の経緯、の中で、「中央教育審議会答申においては、"よりよい学校教育を通じてよりよい社会を創る"という**目標**を学校と社会が共有し、連携・協働しながら、新しい時代に求められる資質・能力を子供たちに育む「社会に開かれた教育課程」の実現を目指し、…（以下省略、下線筆者）」とあり、答申の捉え方を踏襲しながらも、上記の総則の表現になっていることがわかる。

そこで、「理念」と「目標」（目的）の意味を辞書で調べると、概ね以下になる。

・理念…俗に、事業・計画などの根底にある根本的な考え方

・目標…目的を達成するために設けた、めあて。（因みに目的…成し遂げようと目指す事

柄。行為の目指すところ。意図している事柄。）（広辞苑より）

　これを見ると、「理念」は「こうあるべき」という「あるべき、目指すべき」考え方で、「目的」は、その理念を達成するための目指す具体的な事柄。そして「目標」は、その目的を「どのようなレベルや期間などで達成するかという到達レベル」と考えられる。つまり、「理念」の方が「目標」より上位の概念で、理念の実現に向かって取り組む「めあて」が「目標」と考えられるのではないだろうか。

　答申と総則の間で、「理念」の対象は変化しているが、後から出された総則を優先して考えれば、理念は「よりよい学校教育を通してよりよい社会を創る」で、「社会に開かれた教育課程」はその理念の実現を目指す目標ということになるだろう（目標とは明示されていないが）。つまり、「よりよい学校教育を通してよりよい社会を創る」という「理念＝あるべき姿」を実現するために、「社会に開かれた教育課程」の実現を目指すという「目標」を掲げたと考えられる。

　自分としては、「よりよい学校教育を通しての社会づくり」という上位の「理念」に基づいての「社会に開かれた教育課程」という学校教育の「目標」がしっかり位置付いていると感じるこの捉え方は納得できると感じた（後から、この捉え方の問題点について触れる）が、では答申の捉えは、どのように考えたら良いのだろうか？　ここからはやや自分の思いが強い考え方になるかもしれないが、自分なりの捉えに沿って考えを進めていく。

　答申では最初に、①「よりよい学校教育を通じてよりよい社会を創るという目標を学校と社会とが共有し、」と、「目標」を、社会と学校が共有するところから始まる。そして、この目標を実現するために、②必要な教育内容をどのように学び、どのような資質・能力を身に付けられるようにするのかを明確にしながら、③社会との連携・協働によりその実現を図っていくという、④「社会に開かれた教育課程」を目指すべき理念として位置付けていると読み取れる。

　すると、「社会に開かれた教育課程」という目指すべき理念を具体的に示した②、③は、①「よりよい学校教育を通じてよりよい社会を創るという」目標の下に位置付くと考えると、理念と目標の関係がおかしなことになってしまう。しかし、そうではなく、目標を共有した後は、「それぞれの学校において、」（P188）と、対象を学校に限定している文に着目し、①「よりよい学校教育を通じてよりよい社会を創るという目標」を社会と学校という組織間の関係の中で共有した後、その目標実現のために「それぞれの学校が掲げる」のが④「社会に開かれた教育課程」という目指すべき理念という関係になるのではないかと考えた。

　つまり、学習指導要領が目指す「よりよい学校教育を通じてよりよい社会を創る」という学校と社会が共有する「目標」を掲げ、その実現のために、「それぞれの学校」において目指す高位に当たる理念として、「社会に開かれた教育課程」を掲げたという捉えである。そう捉えるなら、やはり最終的に目指すのは総則と同じ「よりよい学校教育を通してよりよい社会を創る」ということになり、結果的には答申と総則で目指す方向は同じと言うことになるのではないだろうか。やや理屈っぽい、そして苦しい捉えかもしれないが、この検討を通して「社会に開かれた教育課程」ありきではなく、それは「よりよい学校教育を通じてより

よい社会を創るという」という、これまでも自分たちが目指してきた「理念」実現のためである、という思いにつながる「納得できる解釈」が得られたと感じられるが、読者の皆さんはどう考えるだろうか？

3. 「理念」と「目標」の捉え方から総則を読み直す

　このように（やや思い込みが強い解釈かもしれないが）答申と総則の「理念」や「目標」部分の関係を考えてきた結果、自分の「総則部分」の読み方が変化してきたことに気付いた。

　それは、総則にある"「よりよい学校教育を通してよりよい社会を創る」という「理念」"の捉え方の変化である。自分は、この"「よりよい学校教育を通してよりよい社会を創る」という「理念」"を、今回、"「社会に開かれた教育課程」の実現を通し、…その実現を図っていく"という答申の該当箇所との関係を考えて検討するまでは、次のように解釈していた。

　P187に書いた小学校学習指導要領P15の①から④の文章構造の、①の"よりよい学校教育を通してよりよい社会を創るという「理念」を学校と社会とが共有"する、ということは、「学校教育が前提（主体となる）」であり、その上に立って、②の「必要な学習内容をどのように学び、どのような資質・能力を身に付けられるようにするのかを教育課程において明確にしながら」、③を通して④の「社会に開かれた教育課程」を実現させていく、という捉えであった（下の囲み参照）。

〔社会に開かれた教育課程の実現のための学校と社会の関係〜自分の最初の捉え〜〕

①よりよい学校教育を通してよりよい社会を創るという理念を、学校教育が前提（主体となる）
　として捉え、学校と社会とが共有し、その上に立ってそれぞれの学校において、

②必要な学習内容をどのように学び、どのような資質・能力を身に付けられるようにするのかを
　教育課程において明確にしながら、

③社会との連携及び協働によりその実現を図っていくという、

④社会に開かれた教育課程の実現が重要となる。　（小学校学習指導要領P15より抜粋、番号筆者）

　つまり、①の「学校教育を通して」の捉えを、「あくまで社会との関係は学校教育が主」と必要以上に強く意識したことで、②の教育課程における学びの明確化もあくまで「学校での学び（従来のような「学校」という枠に囚われた）」が主体になってしまい、それを中心として③「社会との連携及び協働」を図ることで社会とのつながりを強化することが④「社会に開かれた教育課程」というような、あくまで**学校から社会へ向かう学びが主体**という捉え（ややオーバーな表現ではあるが）だった。

　しかし、2. で述べたように、「よりよい学校教育を通してよりよい社会を創る」という「学校教育の理念」を学校教育の「目標」とし、その実現を図るための「それぞれの学校に

おける理念」を「社会に開かれた教育課程」と読むと、この捉えは一変した。

　つまり、①の"よりよい学校教育を通してよりよい社会を創るという「理念」を学校と社会とが共有し、"は、確かに学校教育を通してという学校教育が主体である点は確認しながらも、総則にあるように、"これからの時代に求められる教育を実現していくためには、"という課題に基づいた"学校内だけでなく、学校と社会がどのようにしてその実現を図っていくものか"が大事であるという「理念」であることを考えると、次の②"必要な学習内容をどのように学び、どのような資質・能力を身に付けられるようにするのかを教育課程において明確に"は、①を前提条件とするものではなく、①の理念実現のためのものと考えられる。そしてその実現は、「それぞれの学校において、」考えていく必要がある。

　このように読むと、②の「学校での学び」の実現には、よりよい学校教育を通してよりよい社会を創るという①の理念が含まれるべきだということになる。そして、そのことを前提とした学校での学びにおいて、③社会との連携及び協働が、①の実現のための④「社会に開かれた教育課程」を実現していくことになると考えられる。

　このように読むと、③社会との連携及び協働によりその実現を図っていく、にある「その実現」とは、自分は最初は、その上にある②の「資質・能力」の育成と狭く捉えていたが、そうではなく、①の「よりよい学校教育を通してよりよい社会を創るという理念」の実現ということになるだろう。

　この一連の考察から言えるのは、**「社会に開かれた」は、「学校で学んだことを社会に開く」ということではなく、「学校の学びにおいても社会に開かれた学びをしないことには、これから求められる学びの実現には結び付かない」**ということではないだろうか。P189 で、『自分としては、「よりよい学校教育を通しての社会づくり」という上位の「理念」に基づいての「社会に開かれた教育課程」という学校教育の「目標」がしっかり位置付いていると感じるこの捉え方は納得できると感じた（後から、この捉え方の問題点について触れる）』と書いた「問題点」がこの点である。つまり、あの時点では、まだ「狭い意味での学校教育主体」の考え方から抜け出してはいなかったと思える。

　振り返ってみれば、この「社会と学校との関係」の捉えは、ここまで考えてきた「習得・活用・探究」の学びや新しい学力観から捉えてきた「社会に開かれた教育課程」の在り方にも通じる。また、第 16 章で考えたような、「深い学び」及び「真正な学び」の重要な成立要件でもあった。「社会に開かれた教育課程」は、改めて「学ぶとはどのようなことか」に深く関係していると考えられるのではないだろうか。

4. 「社会に開かれた教育課程」の意義を改めて考える

　ここまでの議論を踏まえ、「よりよい学校教育を通してよりよい社会を創るという理念」を実現するための「社会に開かれた教育課程」の意義が理解できてきたように思えるが、まだ自分の中では釈然としない部分も残る。

　それは、ここまでも考えてきた「資質・能力」の在り方や「主体的・対話的で深い学び」

の意味やその実現に向けた授業改善などが、具体的に「社会」とどのように関係してくるかということだ。つまり、今回の学習指導要領改訂で大事だと思われる「資質・能力」の在り方や「主体的・対話的で深い学び」と、「社会に開かれた教育課程」の関係について、今ひとつピンと来ないのだ。3. で、「社会に開かれた」は、「学校で学んだことを社会に開く」ということではなく、「社会に開かれた学びをしないことには、これから求められる学びの実現には結び付かない」と考えられるのではないかと、総則と答申の記述を比較しながら、一応その関係の捉えを書いたが、その実感が自分にはまだ乏しいと感じる。それは以下のような点からだ。

　今回の改訂で特に注目されているのは、「資質・能力」の位置付けとその重要性についてであった。「資質・能力」の捉えによって学習指導要領が、これまでの「知識の体系（②「何を学ぶか」が中心）」から、「資質・能力の体系（①「何ができるようになるか」）」こそが重要であると転換したことは大きな変更点であった。そのことで、③「どのように学ぶか」という視点に立った、「主体的・対話的で深い学び」の実現に向けた授業改善の重要性も出てきたと言える。しかし、これらの転換は「学びとは何か？」という観点からで、社会の在り方とはまた違う、もっと「学習の在り方」の根元的な所から出てきたようにも思える。それは、これまで、「深い学び」や「真正の学習」などについて考えてきた内容にも関係すると思われる。実際、いくつかの学習指導要領の解説書や関連した雑誌の記事などに目を通してみても、やはり「資質・能力」の捉えによる学力観の解説と、それを実現するための「主体的・対話的で深い学び」の実現に関する内容が中心になっており、それに比べて「社会に開かれた教育課程」の扱いは地味なように感じる。では、「社会に開かれた教育課程」の説明は、総則やその解説でどのように書かれているかというと、先に紹介した部分以外にはないように見える。

　「社会に開かれた教育課程」は、これらの「学びとは何か？」という捉えとは、どのような関係にあるのだろうか？　P184 でまとめた表で言えば、専ら「学びとは何か？」に関係するのはポイント①の「資質・能力の明確化」に当たり、ポイント②の「社会に開かれた教育課程」と「学びとは何が？」の関係が、まだよくは見えていないように感じる。そこで、これまで随所で見てきた「社会に開かれた教育課程」に関係する内容も考慮しながら、「これから求められる力」を、「学びとは何か？」という根元的な問いと、「社会に開かれた」の意味する所、特に「社会に開かれた教育課程」の意義に着目しながら検討してみることにした。

5. 「社会に開かれた教育課程」が意味していること①
〜「真正な学び」から考える〜

　「社会に開かれた教育課程」について、いろいろ資料を遡って見ていたら、以下のような文章[49]に出会った。

・資質・能力の三つの柱は、学力の三要素（「知識・技能」「思考力・判断力・表現力等」「主体的に学習に取り組む態度」）それぞれについて、「使える」レベルのものへとバージョンアップを図るものと（捉えることができ：筆者注）、AL（アクティブ・ラーニング：筆者注）の三つの視点は、学習活動の三軸構造に対応するもの（対象世界との深い学び、他者との対話的な学び、自己を見つめる主体的な学び）と捉えることができる。

・各教科において「真正の学習」をめざす方向で、知識・スキル・情意の育ちを統合的に追求していく。これにより、「できた」「解けた」喜びだけでなく、内容への知的興味、さらには自分たちのよりよき生とのつながりを実感するような主体性が、また、知識を構造化する「わかる」レベルの思考に止まらず、他者とともに持てる知識・技能を統合して協働的な問題解決を遂行していけるような、「使える」レベルの思考が育っていく。その中で、内容知識も表面的で断片的な形ではなく、体系化され、さらにはその人の見方・考え方として内面化されていくのである。（中央教育審議会初等中等教育分科会教育課程部会、「学習評価のあり方について」石井英真　2017年　下線筆者）

　読者の皆さんは、これを読まれてどう感じただろうか？自分がまず感じたのは、「題名と内容の整合性への違和感」だった。「社会に開かれた教育課程」に向けて、という題名なのに一点目に書かれている内容は、「学力の三要素」と、AL、つまり「主体的・対話的で深い学び」についてである。「学力の三要素」については「使える」ものであること、ALについては（その実現のための）学習活動の三軸構造であることが書かれている。つまり、今回の学習指導要領で求めている「資質・能力」と、それを実現する「学びの姿」を表していると考えられる。ということは、ここには「育てたい資質・能力の三つ」と「そのための取組」について、つまり「求めるものが書かれている」と捉えることができる。しかし、「社会」との関係は直接は見えないように思える（「使える」レベルという表現が関係するとは考えられるが）。これはどういうことだろうか？

　そこで、続けて読んでいくと二点目に注目する言葉があった。「真正の学習」である。これについては、第16章で触れたが、その3.「深い学び」実現の条件…「主体的、対話的な学び」と「教科の本質」から、では以下のように書いた。

　"この事実から考えれば、「学ぶ」には、その知識が現に生きて働いている本物の社会的実践に当事者として参画することが必要であると考えられる。そのような状況で得られた「学び」こそ、実際に使える学びということである。そこで注目を浴びてきたのが「真正な学び」という考え方である"。（P147、下線追加）

　この文章に「社会」との関係性が見られ、そのことで、上記の一点目に書かれている「実際に使える」が実現する、ということで、一点目と二点目の文章のつながりが見える。では、二点目の後半には何が書かれているかというと、「主体性」、「協働的な問題解決」、「内容知識も表面的で断片的な形ではなく、体系化され、さらにはその人の見方・考え方として内面化されていく」とあるように、一点目の「学習活動の三軸構造」に対応する「主体的・

対話的で深い学び」及びそれに関連した「見方・考え方」の重要性に言及していると考えられる。

　このように見てきた上で、自分の思いも含めて「社会に開かれた教育課程」に関する「社会との関係」を考えてみると、まず今回の学習指導要領で求める「資質・能力」は「使えるもの」であることが重要である。それは「結果として社会で使える」ということだけでなく、「知識が再構成され概念化されたもの」は、「活用できるもの」、つまり「使えるもの」になっているべきだという捉えから来ていると考えられる。「汎用的に活用できる知識・技能」こそ、真の知識や技能というこの捉えから考えると、「社会に開かれた教育課程」の「社会」という語句に必要以上に執着する必要はなく、「社会」は、「同じ教科の他単元、他学年、他教科、そして実際の社会」場面など、つまり「本時の学び以外の場面でも活用できる」ということが大事と捉えれば良いのではないだろうか？つまり、実生活に生かせるということを意識しすぎるのではなく（勿論、それが最終的には大事になるが）、「他の場面でも活用できることが大事」という捉えなのではないかと思える。

　これは、本章の最初の1の（1）で考えていた、「社会に開かれた教育課程」とは、単に社会と共有するとか連携することが目的ということではなく、共通する「学び」の捉えを、校内、校種間、社会へとだんだんと広く「開いていく」教育課程と考えられると書いたことと一致する。

　以上のように考えてくると、この資料の『「社会に開かれた教育課程」に向けて』という題名と、主体的・対話的で深い学び、つまり真正な学びを実現していくことで「使える知識や技能、思考」が育っていくことが「社会に開かれた教育課程」が目指すことに他ならない、という内容の間には何ら違和感がないことがわかった。

　この資料は2017年10月16日の教育課程部会の学習評価に関するワーキンググループ第1回会議のものだが、同じ2017年の3月には総則が、7月には総則解説が出されている。つまり、総則やその解説が出された後のものであり、内容的にはその趣旨に則っていると考えて良いだろう。これは「社会に開かれた教育課程」をどう評価するかという「評価面」からの考察だが、だからこそ却って、そのねらいが見やすいのではないかと考えられる。

　以上から、「社会に開かれた教育課程」の実現には、何より「真正な学び（学習）」が大事で、その学びの中で「主体的・対話的で深い学び」が実現していくことで、真に求めるべき「使えるレベル」の「資質・能力」が育成される、と考えられる。そして、「社会に開かれた教育課程」と「主体的・対話的で深い学び」をつないでいるのが「真正な学び（学習）」であり、それは第16章でも書いたように「深い学び」と内容的に重なるものと考えられる。

6. 「社会に開かれた教育課程」が意味していること②
〜「社会との連携」から考える〜

　ここまで、「社会に開かれた」に向けて、専ら目指すべき学習面からのアプローチを考えてきたが、他方、より社会側からの見方もある。それについての、文部科学省初等中等教育

局財務課長（当時）合田哲雄氏の文章[50]の要約を紹介する。

「社会に開かれた教育課程」が持つ意味の重み

・今回の改訂で、前文に「社会に開かれた教育課程」を規定したのは、どのような社会を展望するにしても、民主的正当性が学校教育の土台だということ。

・大人は自分の頭にある古い社会像（東大神話など）を子供に押し付けるのではなく、しっかり子どもと対話し、学びの意味を共有の上、子供たちの背中を押すことが求められている。

→「社会に開かれた教育課程」は、学校と社会が連携しましょうという次元を越えて、大人の意識と社会の構造的変化のずれを正し、次代を担う子供たちに必要な資質・能力は何かを共有することが学校教育の進化には不可欠というかなりシビアな認識に基づいて打ち出されている。

→学校教育の目的は、子供たちの社会的自立。「社会に開かれた教育課程」実現のためには、大人も変わらなければならない。この「社会に開かれた教育課程」が持つ意味の重みをしっかり受け止めなければならない。

（「新学習指導要領と学習評価の改善」文部科学省初等中等教育局財務課長 合田哲雄 下線、文責筆者）

　この文を読んでまず感じたのは、これは、これまでの「学校側」からの視点による「社会に開かれた」ではなく、社会、特にそれを構成する「大人側」からの視点によるということだ。これを読むと、どのような教育をするにしても、社会とその内容は共有すべきという国の教育の原則論（民主的正統性）から始まり、その教育のねらいを達成するには、社会の構造的変化に付いていかない（いけない）大人の意識を変える必要がある、という意味での「社会に開かれた教育課程」の意義を述べていると思える。前半の、法律という形で国民と共有した理念に基づいて進めていくのが「公教育としての学校教育」と捉えるなら、その内容を社会と共有し、社会に開かれることが当然大事という主張はもっともだと思える。教育を、これまであまり行政的には捉えてこなかった自分にとっては新鮮な主張だった。

　また、多様化、複雑化した現代の環境の中で、これも多様化した子どもの教育には学校だけでなく地域や社会との連携が必要だとの指摘についてはその通りだと思えるが、大人の意識と社会の構造的変化のずれを問題とし、学校が主体となって、社会の、教育に対する認識を変えていかねばならないとの指摘も新鮮に、また力強く感じた。だからこそ「社会に開かれた教育課程」実現に向けた学校教育の責任の大きさを改めて感じる。

7. 「社会に開かれた教育課程」が意味していること③
～「学習面と社会面」両面から考える～

　最後に、「学習面でこれまで求めてきた資質・能力と、社会が求めている資質・能力とが現在一致してきた環境にある」という、学習面と社会面、両面の関係からの「社会に開かれた教育課程」の意義について述べる。これについては、「教育課程を軸に学校教育の改善・

充実を生み出すカリキュラム・マネジメントの実現」という題で、初等中等教育局教育課程課教育課程企画室からの、以下の内容についての文章が参考になるので、その要旨を紹介したい[51]。この文章では改定のポイントとして最初に、「教科等横断的な資質・能力育成」の必要性をあげ、次に「社会に開かれた教育課程」をあげて、以下のようにその趣旨について述べている。

- 「社会に開かれた教育課程」では、社会とのつながりを重視しながら、学校の特色作りを図っていくこと、社会との関わりの中で子供たち一人一人の豊かな学びを実現していくことが求められる。多様な人々とつながりながら学ぶことができるよう、学校が開かれた環境にあることが不可欠。そのためには、<u>教育課程もまた社会とのつながりを大切にする必要がある</u>。一方で、様々な情報や出来事を受け止め、主体的に判断しながら、課題を解決していくための力を育成していくことが<u>社会的な要請である</u>。このように、教育面における「生きる力」の育成という学校教育が長年目指してきたものと、現在の、社会から学校教育への期待という「社会からの要請」が、<u>一致してきた</u>。

（要旨、下線、文責筆者）

　ここでは、「学校が社会に開かれる」ことの必要性は、従来からの学校教育の実現に向けても課題であったが、昨今の社会情勢の急激な変化による社会からの要請とも一致してきた今が大事な時期と述べている。この「今が社会からの要請と一致する絶好の機会」という思いが、先に述べた総則の前文や総則解説の最初で、今、社会に求められていることや、人工知能（AI）時代における教育の在り方など、「求められる力」として表れているのではないだろうか？半面、「現状に合致したため」という面が強調されすぎると、元々「生きる力」の実現として目指してきた「めざす子ども像」の在り方が見えにくくなる危険性があると感じたのは、冒頭で書いた通りである。

8.「社会に開かれた教育課程」が意味していること④（まとめ）

　以上の考察から、「よりよい学校教育を通してよりよい社会を創る」という「理念」を実現するために「社会に開かれた教育課程」が重要視されている理由を、社会との関係性に留意して考えると、以下の４点にまとめられるだろう。それを「ポイント⑦」としてまとめた。

ポイント⑦　「社会に開かれた教育課程」が重要視される４つの理由
①「総則」の「前文」記述から
　　総則の前文を読むと、「社会に開かれた教育課程」の実現とは、「資質・能力」の育成が目的で、そのための手段が「学びの地図」の活用と、「カリキュラム・マネジメント」の実現でと書かれており、確かに「社会に開かれた教育課程」は今回の取組全体を束ねる大事なものとして位置付いていることから、その重要性が分かる。しかし、それがなぜ、それほど重要なのかは、

以下の②〜④の考察に拠るところが大きいだろう。

②「学ぶことの意味」の面から

　5．で見てきたように、「社会に開かれた教育課程」の意味するところの根本は、その単元の中だけで、教科書の中だけで、そしてもっと大きくは学校の教室の中だけで使える学びではなく、それこそ社会に出てからも使える「真の学び」を獲得することにある。「閉ざされた教室」において、教師が学びをコントロールするのではなく、子ども自身が主体性を発揮して自ら学ぶ姿の育成こそが「社会に開かれた教育課程」の目指すところと考えられる。では、そのような、社会に出てからも使えるような学びは、どのようにしたら育てられるのだろうか？それが次の③につながる（社会に出ても使える学びだから、社会とつなげた活動や題材を扱えば良いという単純な話ではない）。

③「真正な学び」の面から

　②で述べた様な「学び」が実現するには、その知識が現に生きて働いている本物の社会的実践に当事者として参画する「真正な学び」が必要であり、そこから「社会」との関係の重要性が出てくる。その際の学びが、「主体的・対話的で深い学び」であり、それに関連した「見方・考え方」の重要性が関係してくる。第16章の6．「真正（オーセンティック）な学び」と「深い学び」の項目で、"「真正（オーセンティック）な学び」と「深い学び」は、実は同じ「学び」を少し違う角度から光を当てて見ているのではないか"と書いたが、同じように、この「社会に開かれた」とは、この「真正な学び」を実現する学びであり、同時にそれは「主体的・対話的で深い学び」の実現に向けての取組につながるものとも言えるだろう。私たちはこれまでも、社会とのつながりを大事にしたカリキュラムの編成を意識してきたが、今後はその「つながり」が、「真正（オーセンティック）な学び＝深い学び」の実現を意識した、つまり「主体的・対話的で深い学び」の実現が可能になるようなカリキュラムとして社会とつなることが大事になってくるだろう。

④社会との関係性の面から

　国が行う施策という面からの社会との共有の必要性がある。さらに、国が今求めているこれからの社会を生きていくために必要な資質・能力と、教育面から大事にしていきたい資質・能力が一致してきた今のタイミングの重要性、そしてそのような重要性に関する「大人の意識を変える必要」という意義を踏まえた、学校側からの積極的な社会との連携も大事になってくる。

9. 結局「社会に開かれた教育課程」とは〜その重要性の意味〜

　ここまで考えてきて、最初に「社会に開かれた教育課程」の意義について抱いていた疑問は、かなりすっきりしてきた感がある。「社会に開かれた教育課程」の実現は、これから求められる資質・能力の育成にこそその真の狙いがあり、そのために「真正な学び」としての「主体的・対話的で深い学び」が実現する子ども像を目指している。そして、その真正な学びとしての社会との関わり方の中で、「社会との連携及び協働によりその実現を図っていく」

ことの価値が生まれてくるのだろう。

　また、「今こそ、その資質・能力の育成を社会が必要としている」という現実面のあることも、実現に向けての大きな追い風だが、だからこそ、その取組の主体は教育（学校側）であることを忘れてはいけない点も再確認したい。

　このように考えてくると、「社会に開かれた教育課程」の「社会」とは、「既に出来上がった社会」ではなく、**「自分たちがその形成に関与していくもの」**という捉えではないだろうか。したがって、社会に一方的に順応するのではなく、しかし、社会との関連性もしっかり認識しながら、同時により良い社会を形作っていこうとする取組を進めていくという、社会に対する二つの関わり方の実践が、「社会に開かれた教育課程」の実現を可能にすると言えるだろう。

　そう捉えると、その実現のための具体的な動きが、今回の学習指導要領の枠組みの見直しを具体化した「学びの地図」を、学校と社会、家庭が共有するという取組と言えるのだろう。その共有のためには、カリキュラムを教科ごとで考えてそれを総合して全体を捉えるのではなく、まず**「学校全体の教育課程」を明確な方針の元に作成すること**が重要で、今回、教科編に先立って総則が作成されたのも、「学校の教育目標の明確化」の重要性が言われたのも、そして総則でその学校の教育目標明確化後に、まず教科等横断的な取組である「総合的な学習の時間」について書かれていたのも、その流れからだろう。つまり、これらは「社会に開く際の学校としての共有化」が大事という意識から出ていたと考えられる。結局、これからは、各授業者は（大袈裟に聞こえるかもしれないが）、まず学校教育を「社会に開く際の学校としての共有化」をした上で、各学年や教科の学習計画や教材研究、そしてカリキュラム・マネジメントを進めていくべきと考える。

　「はじめに」でも書いたが、自分はこれまで学習指導要領の改訂の際には、気にかけていた理科の改訂は意識して読んでいたが、総則は殆ど読んでこなかった。今回はそれではいけないと書いたのは、このような理由による。

　したがって、「社会に開かれた教育課程」は、「資質・能力の育成」や「主体的・対話的で深い学び」、「カリキュラム・マネジメント」等のキーワードの陰で形式的な「目標」として奉るのではなく、常にこれらを結びつける基盤としての、「よりよい学校教育を通してよりよい社会を創る」という「理念」を実現するためのものとして、学校の教職員全員が絶えず意識し、求め続ける必要があるものだろう。その意味で、やはり「社会に開かれた教育課程」は「基盤となる大事なもの」として位置付くものだと納得させられた。

コラム⑬　「社会に開かれた教育課程」の重要性の実感
〜新型コロナウィルスへの対処について〜

・この原稿を書いている現在（2021 年 8 月）、全世界での新型コロナウイルスの猛威は以前去っておらず、テレビや新聞では、連日、毎日の感染者数の推移を表したグラフや表等を使い、今後の見通しや感染注意の具体的な指示が出されている。これまでもお花見や祭り、お盆の帰省の自粛などが言われ、買い占めによるパニックの防止なども言われてきた。そして大都市では

緊急事態宣言が次々と出され、医療崩壊の危険も言われ、社会の緊迫感が急に高まったこともあった。一方で、それにも関わらず、テレビ中継などを見ていても、週末の人手が思った以上に減っていなかったり、「後ろめたい気持ちもあるが」等と言いながらお花見や海水浴、夜の繁華街などに来ている人たちの姿も見られた。そして近隣のスーパーで急にトイレットペーパーがなくなったり、マスク価格の高騰などの報道を見ると、このような現状にこそ、学校で学ばれるはずの的確な情報判断力や道徳的実践力の行使など「社会に開かれた教育課程」実現の必要性を感じた（自分もあまり偉そうなことは言えないが）。

・昨今の全国学力・学習状況テスト結果の分析などから、算数のグラフの読み取り、国語の、グラフと文章など複数の資料を関連させた読み取り等に課題の１つがあると言われているが、感染者推移のグラフの読み取りによる今後の予想、そのグラフと専門家の説明との関連性を正確に解釈して行動に移す力等が、今こそ必要ではないかと感じる。つまり、正確に読み取った情報を、どう捉え、行動に移すのかの「解釈力や道徳性」の問題になる。この機会に、これまでの取組がどうだったのかを改めて検証する必要性を感じる。

・このような「正解のない問題」が、これからも多く発生することが予想される。今回の件を一つの教訓に、「社会に開かれた教育課程」の意義を改めて共有し、その実現を図っていく必要が私たちにはあるのではないだろうか。

第21章

「主体的」を軸に全体を検討する

～何より「主体的」が第一～

第20章では、「社会に開かれた教育課程」の意味と重要性を考察し、この話題を本書の最後に持ってきた理由と共に、その大事さについて考えてきた。ここまで構成図のつながり、つまり学習指導要領総則の解説の構成に概ね沿って考えてきて、そのトップに位置する「社会に開かれた教育課程」の検討を終えて、これで本書での検討を終了する予定だったが、ここまで考えてきた結果、改めて「主体的」の重要性を実感した。ここにきて、個人的には「主体的」または「主体性」こそが、これからの学びにとって一番の「キーワード」になるのではないかという考えに至った。そこで、その理由を述べると共に、ここまで書いてきた内容を「主体的」という観点（キーワード）から再度捉え直して考えることで、新たな知見が得られるのではないかと考え、もう1章設けることとした。

1. なぜ「主体的」が何より大事か？①
～「社会に開かれた教育課程」の意義～

なぜここで「主体的」の重要性を考える必要性を感じたのか？まず、それについて、これまでの展開を振り返りながら整理してみる。

さかのぼって見てみると、実は本書の最初に当たるP30の③「学力」間の関係についてにおいて、「学ぶ意欲」と「思考力・判断力・表現力など」の学力が、「主体性志向」の学力としての共通性を持っていることの重要性に気付いていた。そこから、**主体的に関する「学びに向かう力、人間性」と「思考力・判断力・表現力」（或いは「知識・技能」も含めて）は、離れがたく相互作用しながら育成されていく**ことを確認してきた。

その上に立って前章で考えたように、新学習指導要領における「社会に開かれた教育課程」の意義は、**実際の社会で活用できる力としての資質・能力の育成**を目指すことだった。これは、AIの急速な発展や社会情勢の大きな変化による不確実なこれからの社会を生きていくために必要という「社会からの要請」である一方、同時に、私たち教育に携わってきた者がこれまで目指してきた、「真に使える力としての学力」を子供たちに獲得させるためのものでもあった。

自分には当初、「社会で使えるための学力」というよりは、「本物の学力は社会で使われるものになっているはず」という、結果論的な意味での「社会で使われる学力」の育成という思い（社会で使える、というのは結果論で二義的というこだわり）が強かったが、前章で考

えてきた結果、そのような「本物の学力」は、社会と密接に関わり合った、つまり子供たちが自分を取り巻く社会という環境の中で学ぶ**「真正な学び」でこそ育てることができる**ということが分かり、「社会で使える」を「二義的と捉える」というこだわりはなくなった。

その結果、その意味での「社会で使えるための学力」という表現を素直に納得することができた。そして、同時にこのような学力を得る学びが、今よく言われる**「自分事の学び」**の真意ではないかと思い至った。つまり、「社会に開かれた教育課程」の意義を考えてきた結果として、実際の社会で活用できる力としての資質・能力の育成を目指すには、「<u>自分の身のまわり（社会）の疑問、興味などから課題を持ち、**自分なり**の解決法で粘り強く取り組み、**自分なり**に納得した解決を得る学びの実現</u>」、つまり「**主体的な**学び」が何より必要であると考えられると思い至った。

この「主体的な学びの過程」の表現を見ると、そこには「自分」という「自ら学ぶ意欲」と共に「思考力、判断力、表現力」を生かした「問題解決」の流れのあることがわかる。これが、つまりはP25（2）「新しい学力観」の登場、で述べた、自ら学ぶ意欲、思考力、判断力、表現力を学力と考える「<u>主体性志向の学力観</u>」ではないかと思える。ここまで議論を深めてきて、改めてP29②「学力」の捉えの位置付けについて、で書いた、"「学ぶ意欲」と「思考力・判断力・表現力等」という、これまで自分としては「気持ち的な面」と「論理的な面」という、どちらかというと対照的な位置関係にあると思っていた「力」が、<u>**実は「主体的」という「対象への関わり方」の面で共通の土台にある**</u>、というこの捉えは、これから「学力」としての「資質・能力」を考えて行く際、その資質・能力間の関係として、大事になってくると思われる。"という文章の、真に意味するところの重要性が実感できたと思える。

つまり、今改めて思うのは、この"「主体的」という「対象への関わり方」の面で共通の土台にある"という意味は、<u>敢えて言えば</u>「気持ち的な面（学ぶ意欲）」と「論理的な面（思考力・判断力・表現力等）」が"両立して関わる「主体的」"ではなく、**「気持ち的な面（学ぶ意欲）」が主となる「主体的」"ではないか**ということである（論理的な面である思考力・判断力・表現力等を軽んじるということではないが）。

さらに敢えて言えば、「批判的思考力」について"「批判的思考（＝科学的思考）とエピステモロジー（＝知識観）」とを、「互いを支え合い、互いを引っ張り上げながらともに発達する。」ように働いているのが、主体者としての自己の在り方ではないだろうか？"と書いたこと（P56）を思い出すと、批判的思考としての思考力・判断力・表現力と知識という2つの資質・能力の関係性においても、「学びに向かう力・人間性等」という「主体的」に関わる3つ目の資質・能力が重要な役割をはたしていると言うことができるのではないかと思える。ここに来て、遅まきながら、随分前に、「分かったつもり」で書いていたことの「内容の重要さ」を実感したこととなった。

つまり、「学ぶ意欲」と「知識」、「思考力・判断力・表現力等」も含めた学力が、「主体性志向」の学力として統合されたものとして働くことによって、「主体的」な学びの過程（主体的・対話的で深い学びの過程）をつなぐことになるのである。

ここから「主体的」の重要性が見えてくるが、では、そんな学びが実現するような、目指すべき「社会で使えるための学力」とは、どのような学力なのだろうか？それはこれまでの検討から言えば、「資質・能力の三つの柱」に基づいた学力のはずだが、それについて、この「主体的」という面を意識しながら捉え直してみる。

　「社会においても、真に使える力としての学力」の育成は、今、急に出てきたのではなく、実は自分も含めてこれまで全ての教育者が願ってきた育成したい学力だったということは間違いないと思う。先にも述べたように、「社会で使えるための学力」には（少なくとも自分は）これまでこだわりがあったが、「社会においても使える学力」を育てたいという思いはあった。ただ、その育成方法が、例えば理科で言うならば、「正しいきまりや法則を分かりやすく指導すること、そのためには理論的に体系立ったカリキュラムに沿って、無駄なく無理なく教えること」などが正しい教え方だという前提に、大勢として長い間立っていた結果（私も含めて、自分はそうではないと言う人もいるだろうが、残念ながらその教育的波及効果は限定的だったと思える）、「学校の理科校門を出ず」等と揶揄され続けてきたことも現実である。そこに、近代の構成主義的な教育観の発達により、子どもの「学び」の様相についての知見が徐々に明らかになってきた（「構成主義」については 8. で扱う）。

　この教育観は「近代の子どもの学びに関する新しい知見」で、今回の学習指導要領について言えば、「真正な学び」としての「主体的・対話的で深い学び」の実現が、「社会においても、真に使える力としての学力」の育成を可能にするという知見と、合致する教育観と捉えることができるだろう（詳しくは P213 の 8.「主体的」を育てる授業の鍵④）。

　このように見てくると、「社会においても、真に使える力としての学力」の育成を目指すのは、「心ある教師が長年目指してきた、子どもの真の学びの姿を実現したいという思い（素朴なものだったかもしれないが、逆にそれだからこそ間違いがないと信じてきた）」と、「現実の社会からの、目指す学びへの要請」、そして上に述べた「近代の子どもの学びに関する新しい知見」の三者が揃った今こそ、絶好の機会ではないかと考えられる。

　そこで、この三者を見た場合、当然その関係の根底に共通してあるのは「子ども（人）の学びへの知見」だろう。つまり、子どもが「真に使える力としての学力」を、「分かった」とつぶやいて獲得できるような学びの実現を目指す、ということになる。その実現のために必要な「力」を「資質・能力」として表したのが、今回の学習指導要領と考える。そこで、この目指すべき「社会で使えるための学力」をどのように育成していくのか？　それを、これまで考えてきた「自分事の学び」として考える「主体的」という観点から改めて考えてみる。その過程で、その在り方に大きな影響を与えた「構成主義」についても触れていきたい。

2.　なぜ「主体的」が何より大事か？②
　　〜「主体的」を軸に、「主体的・対話的で深い学び」を考える〜

　子どもに育成したい「資質・能力」は、「社会においても、真に使える力としての学力」

であった。その観点を表したのが「資質・能力の三つの柱」であるが、その育成には、「何を学ぶか」も勿論重要だが、「どのように学ぶか」が、とりわけ重要になる。なぜなら、この資質・能力の三つの柱（知識・技能、思考力・判断力・表現力等、学びに向かう力、人間性等）に則って育てる資質・能力は、何もないところから育てるのではなく、子どもの中に既にある「これまで育ってきている三つの柱に則った資質・能力」を、「自分（主体的）」が、「どのように関係させて学びを実現していくか」が重要だからである。その「関係のさせ方」が「習得・活用・探究」の学びの過程であり、それを実現させるのが「主体的・対話的で深い学び」の姿ではないかと考えてきた。その際には、予め子どもの中にある「これまで育ってきている三つの柱に則った資質・能力」を引き出させ、その価値や限界に気付かせる必要があるが、それを引き出すことができるのは「子ども自身」である。課題に対して、これまでどのような資質・能力を持っており、そのどれにどのようにひっかかって問題解決活動につなげていくかは、「その子ども自身」にしかできないからである。勿論、何もかも子ども任せではなく、どのような既習経験や知識、見方・考え方を持っているかをできる限りつかみ、教材研究を深めることで「どのような見方・考え方に育てることで、どのような思考・判断を可能にし、どのような知識や技能を構成させたいか」を考えることは、教師にとって何より重要なことだが、それを実行できるのはやはり「子ども自身」である。そして、その結果として、自ら新しい資質・能力を獲得するのである。資質・能力育成の可否を握るのは、子ども自身の「主体性」だというのは、このような理由からである。

3. なぜ「主体的」が何より大事か？③
〜「資質・能力の三つの柱を絡める鍵」〜

2. で述べたように、「主体的・対話的で深い学び」で三つの資質・能力を「どのように関係させて学びを実現していくか」という際のポイントとなるのが「主体的」と考えられ、それに直接関係する「学びに向かう力、人間性等」が、資質・能力育成の鍵になるというのが自分の考えである。そして、それが、目指す姿としての「主体的・対話的で深い学び」の「主体的」につながっていくと考えるのが「主体的が何より大事」と考えるポイントになる。その理由を順を追って述べていく。

平成28年に出版された国研ライブラリー『資質・能力理論編』は、国立教育政策研究所が21世紀に向けて求められる資質・能力について提言した書だが、学習指導要領改訂に向けた、まだ固まってはいないが生の熱い思いが伝わってくる報告に思え、学習指導要領の文面に「込められた思い」を読み取る際に参考になるのではないかと思える。その中に「意図的学習」の重要性が書かれている[52]。少し長いが引用する。

> 毎回の授業で、先生が用意した課題を解いて終わりになるだけですと、授業と授業がつながっていきません。これに対して、解けなかった疑問や解いて生まれた疑問を自分で考え続けることや、面白かった話を家庭や地域に帰って話すことができるようになると、学びがつながり、持続

的な学びが生まれてきます。それは、<u>学習者が学びのゴールを自ら引き上げていく過程だとも言</u>えます。この「意図的学習」と呼ばれる学習過程は、次のような研究から見えてきました（続いて、作文や医学、音楽、プログラミングなどのゴールが明確に定まっていない分野の問題では、熟達者ほど多くの時間や労力をかけて、より高度なレベルの問題に挑戦する傾向があることの紹介がある…省略）。

　子どもがこうした学びを学校で行えるようになれば、単なる学習スキルや学習方略を学ぶ「自己調整学習」を超えた「意図的学習」が可能になります。意図的学習とは、教師の定めたゴールを超えて、<u>子ども自らが長期間にわたって獲得したい知識や能力を自分で見定め、持続的に学び</u><u>続けていく過程</u>のことです。教師の設定した正解に到達すれば終わりになる「正解到達型」のゴールではなく、到達したら次のゴールが探せる「目標創出型」のゴールが追求されるのです。（この後、この意図的学習により、授業終わりのチャイムで学びが終わる学びではなく、「今日の学びで何ができるか」「何の役に立つか」などと考える「前向きアプローチ」が生まれることの説明がある…省略）。

　このような「前向きさ」を評価する一つの指標は、「疑問」や「次に知りたいこと」になります。

（国研ライブラリー「資質・能力理論編」P132　下線筆者）

　ここで言う**「意図的学習」**、つまり教師が示したゴールへの学びで終わる学習ではなく、そこから自らの学びの質を引き上げ、次のゴールを定めて学びを深化させていく学習こそが、これから求められる学習の姿だと思われる。そして、その学びを実現させているのが、人から与えられた学びではなく、自分から進んで学び続ける学び、つまり**「自分事の学び」**、**「主体的な学び」**であると考えられる。

　ここで言う「自分事」とは、人から与えられた課題（学習）ではなく、自分が知りたい、解きたい、解決せねばならぬと捉える**「自分にとっての切実な課題」**という意味である。したがって、誰に言われるわけでなく、「自分から進んで主体的に取り組む課題」となる。この、「誰に言われるわけでなく」生まれる疑問や課題は、どこから生まれてくるのだろうか？それは、**自分を取り巻く社会という環境の中から「真正な学び」として生まれてくるも**<u>の</u>ではないだろうか。

　「自分事の学び」については、1．でも言及したが、そこで、「本物の学力」は、子供たちが自分を取り巻く社会という環境の中で学ぶ「真正な学び」でしか育てることができず、それが「自分事の学び」ということではないだろうか、と述べたが、このことに呼応すると考える。つまり「社会に開かれた教育過程」の重要さは、「真正な学び」を経ることで「自分事の学び」が実現することになり、子どもが主体的に学びに関わり続けることが可能になる、ということではないだろうか？

　このように、改めて「学び」の在り方を考えてみたとき、自分はここまで「資質・能力」を、特に「教材の本質面」に光を当てて考えてきた反面、<u>子どもの「学びに向かうあるべき</u><u>姿」</u>の面からは、あまり考えてこなかったのではないかと気がついた。それが今回の学習指導要領で言えば、子どもの「学びに向かうあるべき姿」の中の、また「主体的・対話的で深

い学び」の姿の中の、「主体的」な姿ではないだろうか。

　これについては第16章の、1.「深い学び」が実現する「主体的・対話的な学び」とは？で、下表の「主体的な学びの視点（再録）」を基に考えたが（P140）、今から考えれば、「自分から進んで学び続ける」という、意欲面を意識した捉えがこの時点では弱かったと感じる。そこで、再度、この「主体的な学びの視点」について検討してみる。

---

　①学ぶことにア興味や関心を持ち、イ自己のキャリア形成の方向性と関連付けながら、ウ見通しをもってエ粘り強く取り組み、自己の学習活動をオ振り返って次につなげる「主体的な学び」が実現できているかという視点。　　　　　（総則解説 P77 再録、下線、ア～オは筆者）

　第16章では上記のア、イ、ウ、エ、オの記述を元に、「主体的な学び」について検討してきたが、今、子どもの「学びに向かうあるべき姿」の面から改めてこの部分を見返すと、イ「自己のキャリア形成の方向性と関連付けながら、」部分の解釈が弱かったと感じる。つまり、教師が示したゴールへの学びではなく、「なりたい自分（自己のキャリア形成）」に向かって、方向性を見極めながら自らゴールを次々に引き上げていく学びの実現の重要性である。これは、国研ライブラリーの文章にある「意図的学習」のように、「本時」で課題となった学びに留まらず、自らの定めたゴールに向かい、学び続ける主体的で持続的な学びと言えないだろうか？そう考えるとこれは、「資質・能力の三つの柱」の中の、「学びを人生や社会に生かそうとする「学びに向かう力・人間性等の涵養」に、一番ピッタリ来るのではないかと思える。逆に言うと、ここまでの「資質・能力の三つの柱」の検討においては、この「学びに向かう力・人間性等の涵養」への意識が弱かったのではないかと考えられる（P206コラム⑭参照）。

　では、このような「意欲面からの学びの重要性」を、これまで考えてきた「資質・能力」の、特に「教材の本質面」に光を当てて考えてきた結果と、どのようにつなげればよいのだろうか？つまり、「知識・技能」を「思考力・判断力・表現力等」を用いて自ら再構成していくのが学びであるという「学習観」と「意欲面」との関係である。そこで手掛かりになるのが、1.で検討した、"「学ぶ意欲」と「思考力・判断力・表現力等」の学力が、「主体性志向」の学力として統合されたものとして働くことによって「主体的」な学びの過程をつなぐことになる"ということだろう。

　この考え方に基づいた学習観は、「学び」とは、「誰かから答を教わること」ではなく「自分で答を作り出す（再構成していく）こと」という学習観につながる。その「自分で答を作り出す」原動力になるのが、「もっと納得できる答を得たい、もっと上達した技能を身に付けたい、」という「なりたい自分」に向かっての、自己のキャリア形成の方向性と関連付けた「主体的な学び」の姿ではないかと思える。つまり、**「意欲面からの学びの重要性」は、「教材の本質面からの学びの重要性」に支えられ、同時にそれを支える（高める）という双方向の関係性にある**と考えられる。

　上記の国研ライブラリー『資質・能力理論編』では、"このような「前向きアプローチ」

を評価する一つの指標は、「疑問」や「次に知りたいこと」になる"、と書かれているが、同時に"これは、日本の教育における「関心・意欲・態度等」の評価と関連します。"とも書かれている（同P133）。つまり、この本でもこれらの取組は、「関心・意欲・態度等」に関する取組として大事と書かれており、それはこの「主体的な学び」の重要性につながると考えられる。

　繰り返しになるが、大事な確認として再度述べたいのは、このように検討してきた結果、「主体的な学び」の重要性は、「知識・技能や思考力・判断力・表現力等という資質・能力」と切り離された「関心・意欲・態度等」にあるのではなく、それは「誰かから答を教わること」ではなく「自分で答を作り出すことこそが学びの本質だ」という今時学習指導要領を支える学習観から生まれる、「知識・技能と、思考力・判断力・表現力等をつなげる学びの原動力としての関心・意欲・態度等」にある、という捉えが重要だということである。このような意味で「主体的」が大事だと捉えたい。

コラム⑭　「学びに向かう力・人間性等」の涵養と「主体的」の関係

- 第3章の2(3)では、学力の三要素がこれまで「生きる力」を含めて「主体的に学習に取り組む態度」だったのが、「資質・能力の三つの柱」になると「学びに向かう力・人間性等」と変化した理由を、それまでの「主体的に学習に取り組む態度」に、「新しい確かな学力」になって「多様性や協働性の重視」が加わったことで「学びに向かう力・人間性等」になったと考えられるとしてきた。ただ、ここには「人間性」という「大きな」意味が込められた言葉が含まれていることから、さらに考えていかねばならないとも書いてきた（P64〜65）

- この章で「主体的」の重要性を考えてきた結果、「なりたい自分（自己のキャリア形成）」に向かって、方向性を見極めながら自らゴールを次々に引き上げていく学びの実現の重要性が見えてきた。これは、「短時間の学び」ではなく、自分の学びを人生や社会に生かそうとする「学びに向かう力・人間性等」の涵養に、一番ピッタリ来るのではないかと思える。「なりたい自分」の形成とは、言葉を変えれば、自分の「学びに向かう力や人間性」を、「どのように形成していくのか」ということにつながると思うからである。したがって、今回の改訂において「主体的」の真の重要性が見えてきて、また必要になってきた今、自分の学びを人生や社会に生かそうとする主体性を意味する「学びに向かう力・人間性等」という表現になったのではないかと思える。

- ちなみに、この「学びに向かう力・人間性等」に含まれる感性や思いやり等は、観点別学習状況の評価には馴染まない点も確認しておきたいが、敢えてこれら全ての根底にあるのが「主体的」ではないかと考えられる点も記しておきたい。

4.「主体的」を育てる授業の鍵①「問い」や「学習問題」の質の重要性

　では、その重要性が見えてきた「主体的」を、授業の場面で、具体的にどのように捉え、

どのように育てていけば良いのだろうか？その１つの鍵が、上記「資質・能力理論編」文章中の、"このような「前向きさ」を評価する一つの指標は、「疑問」や「次に知りたいこと」になります。"にあると考える。

　この文章では、子どもが学びに対して持つ「疑問」や「次に知りたいこと」を、「指導の評価の１つにしたら」という提言だが、これから授業づくりをするという観点から見れば、子どもがそのような「疑問」や「次に知りたいこと」を**持てるような指導の在り方**が重要になってくると言える。その出発点として、授業のスタートとなる**「問い」や「学習問題」**の質の如何が重要になってくるのではないだろうか。そして、授業の最後における、次の学びにつながるような**「振り返り」**の在り方も大事になってくると考えられる。

　以上の考察を、先に考えた、〔「深い学び」のための「主体的な学び」が実現する授業の条件〕（P141）に加えて整理したのが下の表である。

〔「深い学び」のための「主体的な学び」が実現する授業の条件（P141 に加筆）〕

① 〔「課題設定」の段階〕

　1）児童にとって解決の必要感があり質の高い「課題設定」により課題追究の意欲を持たせることができる。→**「自分事」の課題**

　2）学習活動の見通しが明らかになっている。→②**「課題追究段階」へつながる**

　　ア）解決に向けての取組の見通しが持てる

　　イ）学習活動のゴールの見通しが持てる

　　　→これらにより、児童は「知的意欲や関心」に基づいて、粘り強く解決に向けて取り組もうとする。

② 「課題追究段階」→見通しを持ち続けることによる「粘り強い追究」

　・「どのようにゴールへの見通しが見えてきて（達成されてきて）、これから先、どのように取り組んでいけば良いのだろう」という「見通し」

　→**メタ認知の重要性**

③ 〔「振り返り」の段階〕→メタ認知→授業全体に拡張

　・自分の学びを意味付けたり価値付けたりして、自己の伸びを自覚すると共に他者と共有できている。

　　ア）「本時の学習内容を理解し確認できる」

　　イ）「学習内容をこれまでの学習内容と関連付け、より一般化できる」

　　ウ）「学習内容や方法を振り返り、自己変容を自覚できる」

　　・次の学びへの意欲と見通しが持てる。

→**教師が示したゴールへの学びで終わる学習ではなく、自らそこから学びの質を引き上げる「意図的学習」へ**

→**自己のキャリア形成の方向性と関連付ける**

　　　　　　　　　　　　　　　　　　　　　　※太ゴシックは新しく追加したもの

〔表の解説〕

・「問い」や「学習課題」の質は、主に①〔「課題設定」の段階〕に関係する。その中の、「1) 児童にとって解決の必要感があり…」というのが、「自分事」の課題に相当し、それがあった上で、「2) 学習活動の見通しが明らかになっている」、が重要になってくる。つまり、1)「自分事」の課題という必要条件に対して、2)「取組とゴールの見通しが持てる」ことは十分条件の関係にあると言えるだろう。まず「学習課題」が、解いてみたい、やってみたいという「自分事」になっていることが必要条件になるが、だからといって「どう取り組んでいけば良いかが分からない、ゴールがどのような姿かイメージできない」ようでは、この取組の意欲も持続せず、これが実現のための十分条件となる。

・このように、学習課題が自分事になることが授業スタートの必要条件であり、その重要性を児童の実態と教材の質とを関連付けながら考慮することがまず大事だと分かる。言い換えれば、「自分事」の課題が問題解決型学習を可能にしていることになる。そして、この「自分事」が、この後の学びがどれだけ「教師の設定した学び」から発展していく「意図的学び」になっていくかの鍵になるだろう。そこで「深い学び」のための「主体的な学び」が実現する条件としての、①「課題設定」の段階でのキーワードは「自分事」の課題、として上記表中に明示した。

・また、②として新たに「課題追究段階」として、見通しを持ち続けることによる**「粘り強い追究」**を加えたのは、その学びの持続を支えているのが、自分事としての「主体的な学び」だからである。これについては次の5．で詳しく考える。

・そして、③の「振り返り」は、メタ認知の重要性から、「振り返り」場面だけでなく学習活動全般において重要視すべきである。また、最後の「次の学びへの意欲と見通しが持てる」重要性は、具体的な次時への見通しは勿論、単元全体を通しての見通し、さらにそれを越えた「なりたい自分」に関係する、自己のキャリア形成の方向性と関連付ける見通しも大事になってくるだろう。単元のどの段階で、どのような意欲と見通しを持たせるかという計画も大事だが、それを越えた**「意図的学習」**が実現するような子どもの育成も意識して進めていきたいものである。

コラム⑮　「学習課題」の作り方、子どもが作る？教師が作る？

・「学習課題」は、子どもが「自分が取り組みたくなるような問題」であることは当然で、それが「自分事の課題」につながる大事なものなのだが、それを意識しすぎて何とか子どもの口から学習課題を出させようと時間をかけ過ぎ、後半が苦しくなる授業を見ることがある。「自分事になっている課題」＝「子どもが作り出す課題」なのだろうか？

・先に紹介した国研ライブラリー「資質・能力」には、本文で紹介した意図的学習の解説の後に、「児童生徒が自ら問いを作ることの難しさ」についての言及があり、その中で「むしろ最初の問いは教員などの大人が出して、その問いを解決するところから次の問いが生まれるという展開があってもよいことが示唆されます。(P147)」と書かれている。

・話は変わるが、自分は長年、子供たちの夏休みの理科の自由研究の指導に取り組んできたが、

自由研究の質を最も左右するのは研究のテーマだということを実感している。それなればこそ、「良い」テーマを何とか子供たちの口（発想）から出させたいと考えてきたが、なかなかそうはいかないのが現実である。子供たちの発想の多くは、その場の思いつきや参考図書からの引用等が殆どだ。

そんな経験を経て今感じているのは、きっかけはこちらから提示しても良いのではないか、そこから子どもが「不思議だ、知りたい！やってみたい！」と「自分事の課題」としてくれれば良いのではないか？ということだ。

・ただ、研究のきっかけの提示の仕方には工夫が必要だ。その現象に「何気なく出会わせ、自分が見つけたように思わせる」、「こんなのどう？」といくつか提示してみる、などいろいろある。何気なく出会わせられたら勿論良いが、そうはいかないこともあり、そこにはあまりこだわらなくなった。むしろ大事なのは、その後の追究が自分事となっていることであり、特に解決につながる場面では、「自分が見つけた！」という思いを持てるよう、（いい意味で）仕組んでやることが大事だと思っている。こう書くと、全て指導者の手の平の上で子どもが転がされているように感じるかもしれないが、そうではない。子どもの研究に付き合いながら、こちらの「思い通り」にならない展開になり、子どもと共に悩む場面のあることが「質の良い研究になる」条件であることが、長年やっていく中でだんだん分かってきた。いつの間にか、こちらにとっても「自分事の研究」になっていたのである。授業実践にもこのことが言えるのかもしれない。

5. 「主体的」を育てる授業の鍵②
「課題設定段階」と「振り返り段階」をつなぐ「課題追究段階」

　第16章で「深い学び」のための「主体的な学び」が実現する条件を考えた際は、「主体的」が特に大事と考えられる「授業のスタートとゴール場面」で考えた。しかし、「主体的な学び」の重要性をこのように考えていくと、4．で考えた学習のスタートである「課題設定段階」から、ゴールとなる「振り返り」の間の「課題追究段階」における主体的な取組の持続が重要になってくることが分かった。それが4．でまとめた表に、②**「課題追究段階」→見通しを、持ち続けることによる「粘り強い追究」場面**を取り入れた理由である。

　この場面が実現する条件は何だろうか？それは、①〔「課題設定」の段階〕の2）学習活動（解決に向けてと学習活動のゴール）の見通しを、<u>持ち続ける</u>ことができることではないだろうか。その結果、児童は「知的意欲や関心」に基づいて、<u>粘り強く解決に向けて取り組</u>もうとするだろう。

　16章の1で「主体的な学び」について考えていた際は、総則解説P77にある「見通しをもって粘り強く取り組み、」の価値を、主に「課題設定段階」で考えていたが、それだけでなく「課題追究段階」でも引き続き重要だと言える。「課題追究段階」において、「今、自分が持っている既有の知識や技能の体系」と、「対象からの情報」を関連付けて意味付けを図り、新しい知識や技能の体系に再構成していく問題解決型学習が実現するのは、この、「ど

のようなゴール」に向けて「どのように取り組んでいけばよいか」の、2つの見通しが持てることによる主体的な「粘り強い追究」が可能になるからだろう。そこで「深い学び」のための「主体的な学び」が実現する条件としての、①と②をつなぐ「課題追究段階」におけるキーワードは**"見通しを持ち続けることによる「粘り強い追究」"**として上記文中に明示した。この「見通し」とは、追究していく中で、「どのようにゴールへの見通しが見えてきて（達成されてきて）、これから先、どのように取り組んでいけば良いのだろう」という「見通し」が持てることでもある。ひいては、単に目の前の課題の解決への見通しだけでなく、「自分事」の課題から始まった「自分の問題としての解決」への見通しでもあり、自主的な「意図的学習」や、自己のキャリア形成にも関係してくるものであることにも留意したい。

　そう考えると、追究の過程で、必ずしも最初考えた課題や興味だけではなく、そこから新たな気付きによって広がったり深まったり派生したりする方向に追究が深化していくことも考えられる（最初の追究から全く違う方向に行くということではなく、あくまでその方向で広まったり深まったりするということ）。

　そう考えると、この段階での「メタ認知」も非常に重要になることが分かる。

6. 「主体的」を育てる授業の鍵③　「メタ認知」の重要性

　授業の最終段階では、「疑問」や「次に知りたいこと」を持てるような指導の実現に向けて、「問いや学習課題の重要性」、「追究段階での見通しを持った粘り強い追究の必要性」を述べてきたが、主体的な学びの面から見直すと、「振り返りの段階」における「疑問を持つこと」＝「ここまでは分かったが、こんなことがまだ分からない」とか、「今後はこんなことについて取り組みたい」という意識も大事になる。表中の「自分の学びを意味付けたり価値付けたりして、自己の伸びを自覚する。」ことである。ここで大事なのは、ただ「こんなことが分からない、こんなことを調べたい」ではなく、5. で述べた、新しい知識や技能の体系に再構成していく問題解決型学習の結果としての疑問や次への方向性ということである。その意味を踏まえての、③のア）、イ）、ウ）であることを確認しておきたい。そう考えると、この「自分は何をどのように学んだか」を知る「メタ認知」が重要になってくるだろう。そこで「深い学び」のための「主体的な学び」が実現する条件としての、③「振り返りの段階」におけるア）イ）ウ）中のキーワードに下線をひいた。「メタ認知」という用語は、ここまでも度々使用し、自分でも何となく分かっているつもりでいたが、その概念の重要性を再認識した今、ここで簡単にその内容を確認しておく。

7. 「メタ認知」とは

(1) 学習指導要領解説の中の「メタ認知」

　メタ認知については多くの解説書もあるが、今回の学習指導要領解説にも、以下のように紹介されている。

> 3　育成を目指す資質・能力（第1章第1の3）の、③学びに向かう力、人間性などを涵養することの項目中に、以下のように記載がある。以下、引用
>
> 　児童一人一人がよりよい社会や幸福な人生を切り拓いていくためには、<u>主体的に学習に取り組む態度も含めた学びに向かう力</u>や、自己の感情や行動を統制する力、よりよい生活や人間関係を自主的に形成する態度等が必要となる。これらは、<u>自分の思考や行動を客観的に把握し認識する、いわゆる「メタ認知」</u>に関わる力を含むものである。こうした力は、社会や生活の中で児童が様々な困難に直面する可能性を低くしたり、直面した困難への対処方法を見いだしたりできるようにすることにつながる重要な力である。　　　　　（以下省略、総則解説 P38，下線筆者）

　上記では、メタ認知は主体的に学びに向かう際に重要で、特に育成を目指す資質・能力の、「学びに向かう力、人間性などの涵養」に重要な働きをすると位置付けられている。また、「メタ認知とは、自分の思考や行動を客観的に把握し認識すること」と、書かれている。このメタ認知について、いくつかの資料を元に説明を補いながらまとめてみる。特に、熊谷一之氏[53]と奈須正裕氏[54,55]の文章を参考にした。

(2)「メタ認知」とは何か

　「メタ認知」とは何かについては、多くの解説や考えがあり、用語等の統一も一部できていない点もあるようだが、以下に述べる内容については概ね共有されていると考えられ、また重要であると考える。

　「メタ認知」とは、自分の学習状態を自分自身が一段上から（メタ）、理解したり調整したりする働きや能力のこと。それは大きく次の2つから構成されている点に注意したい。

〔メタ認知を構成する2つの内容〕

　メタ認知には、大きく①メタ認知的知識と②メタ認知的活動があり、それらが関係して「メタ認知」となる。

(1)「メタ認知的知識」

　「メタ認知的知識」とは、その子が持つ「学習観や知識観」とも言えるもの。子供たちは日頃の授業を通して、知らず知らず「学ぶとはどういうことか、知識とはどういうものか」等といった学習観や知識観を学んでいる。その日の学習の内容そのものの理解だけではなく、その学びを通して例えば、「要点が分かりにくいときは、図示して考えれば全体の構成がよく分かる」、「このような考え方でやれば良いのだな」等という「学び方に関する理解（捉え方）」や、「これまで磁石の力とは鉄を引き付ける力だと思っていたが、引き付けた鉄を磁石にする力もあるんだな。これは2つの力と考えればいいのかな、それとも1つの力として考えられるのかな？」等という「知識の捉え方（知識は、複数を関連させてさらに深い知識にすることができる）」などであり、これら「メタ認知的知識」は、他の学習場面や単元、他の教科でも使えそうな学習観や知識観のことと考えられる。

(2)「メタ認知的活動」

　「メタ認知的活動」とは、(1)の「メタ認知的知識」を元にして、自分の学習活動を、①モニタリング（客観視）して自己評価し、②コントロール（自己制御＝修正・改善）してい

くことと考えられる。

①モニタリングとは、「この考えで進めて良いのかな、この計画で進めて良いのかな」等
と、自分のこれまでの学び方をふり返る（自己評価）ことであり、

②「コントロール」とは、それを元にして、「このままの考え方でいけば良い」とか、「この
計画は変えなければいけないな」等と、「学び方を検証し、次につなげていく」ことであ
る。

この①②による「メタ認知的活動」で、(1) のメタ認知的知識がより強化されたり、ま
たはより汎用性の高いものに改善されたりすると考えられる。したがって、この一連の活動
は「自立した学習」につながると考えられる。以上を図示すると下のようになるだろう。

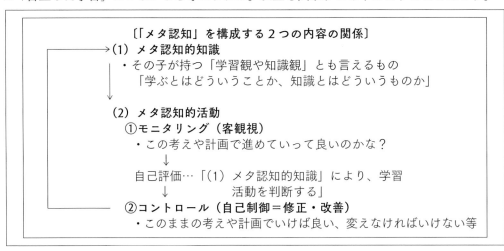

(3)「メタ認知」の価値と注意点

このように見てくると、「メタ認知」能力の育成が、ここまで述べてきた「主体的な学習」
の実現に如何に大事なものかが分かる。そしてそれは「自立した学習」の実現に必要不可欠
なことも了解できるだろう。

また、以下のような文章[56] がある。

> メタ認知能力を身につけることによって、生徒は学習内容の重要な部分はどこかを自分で見極
> めるようになり、領域を超えた共通のテーマや原理を抽象化できるようになり、さらに自分の理
> 解の程度を自己評価できるようになる。すなわち、メタ認知能力を高める教授法では、いずれも
> 特定の問題を解く技術を身につけることではなく、もっと一般的な方略の獲得や批判的思考力を
> 身に付けることが重要視される。そして、自立した学習者の育成が指導の目的なのである。
>
> （「授業を変える　認知心理学のさらなる挑戦」P67　下線筆者）

このように、**メタ認知は自立した学習につながる主体的な学びにとって非常に重要なもの**
だということが分かる。また、この考察により、先にメタ認知的活動は「振り返り」の段階
に位置付けたが、それだけでなく授業全般に渡って、常に子ども自身が意識していくことが
重要だということも分かる。そこで、〔「深い学び」のための「主体的な学び」が実現する授

業の条件〕表（P207）の③〔「振り返り」の段階〕の「→メタ認知」の後に「→授業全体に拡張」を追加した。但し、実際問題としては児童の発達段階なども踏まえて、まずは「振り返り」の段階から意識付けていくことが現実的と考えられる。

　ここで是非気を付けたいのは、**「(1) メタ認知的知識」自体が、私たちが今求めている学習観や知識観に沿っているか**、ということである。これが例えば、「知識偏重の学力観（本来の知識の捉え方ではないが）」ならば、その次の（2）メタ認知的活動は、それを助長するサイクルを描くことになる。それは今私たちが求めている学びとは違う方向を強調することになるだろう。自分はこれまで、「メタ認知」というと、何だかそれだけで「良いもの」というイメージで捉えてきたように思う。当然だが、「どのような資質・能力を育てたいか」が何より大事で、それを支えている<u>私たち教師自身の学習観や知識観が何よりも重要</u>であることを改めて確認したい。その上に立っての「メタ認知」活動推進の重要性を今一度確認しておきたい。

8.「主体的」を育てる授業の鍵④
自分との関係を「構成主義」から考える

　主体的な学びの意義を考えてきた結果、「メタ認知」の重要性に気付き、それは自分で学習観や知識観を育てていく「自立した学習」につながることが分かった。その学びの中では、その学習観や知識観を元にして、子供たちは自分で知識や技能を作っていくことになる（教師の働きかけは当然必要だが）。このような学習に対する考え方を「構成主義」と言う。

　ここでようやく、先に、今回の学習指導要領の学力育成を可能にする知見の元となる「近代の子どもの学びに関する新しい知見」を生んだ「構成主義（P202参照）」の重要性に話が及んできた。ここまでの議論の中でも、構成主義に基づく見方や考え方をしてきたので、全く新しいことを書くのではないが、これもメタ認知と同様、分かったつもりで扱ってきた面もあると思うので、ここでまとめて考えてみることが大事と思える。

　構成主義については研究者等による多くの著作や実践報告もあり、自分は到底十分な説明をすることはできないが、ここまでの話の展開に関係した部分を中心に、自分なりに実践者の立場から参考になりそうと考えた要点を述べ、その上で、再度「主体的」の意義を考えてみたい。

〔「構成主義」…実践者としての自分なりのポイント〕

(1) 構成主義はどこから始まったのか？

　構成主義はピアジェの認知・発達理論に基づき、「学習とは、人が、自分がすでに持っている知識構造を通して外界と相互作用しながら、新しい知識を得、新しい知識構造を構成すること」。という学習観から始まったと言われている。つまり、「学習」とは、外から与えられる受動的なものではなく、「自分の中で作り上げる＝構成するもの」であるという、能動的な営みと捉え直した点が、その特徴である。このような捉えは、ここまでも本書で述べてきた学習の捉えと一致しており、したがってピアジェに始まる構成主義が、学習指導要領の

考え方の基本にあることが分かる。

(2)「構成主義」から「社会的構成主義」へ

ピアジェによって始まった「構成主義」は、彼が理論の基礎を「生物学」においていたこともあり、新しい知識構造を構成するための相互作用は、自分という「個」と「自然や物」との間に想定されていた。その後、この構成主義の「関わることによる知識構成」の考え方の重要性は教育学だけでなく広く多くの分野で認知されることになる。その結果、「個人と環境（自然や物）」の相互作用だけに重点を置くのではなく、広く人の学習は「個人と集団（共同体）」の相互作用を通して構成されるべきだと見る「社会的構成主義」へと発展を続けていく。

(3)「構成主義」と「社会的構成主義」の違いは？…ここからは自分の捉え

構成主義と社会的構成主義の違いは何だろうか？「個」が関わる対象が「自然や物」から、それらを含むもっと広い「現実＝社会」に広がったと単純に捉えれば良いのだろうか？つまり、「構成主義」では専ら自然や物を対象に捉えていたが、社会的構成主義では、その対象がもっと拡大し、集団や社会にも広がったという捉えだ。これは自分の最初の捉えでもある。

例えば理科の授業の典型的な展開でこの捉え方を考えてみると、最初は自分と自然対象との関係（観察や実験など）から「自分なりの見方・考え方」を生かして「自分なりの考え」を持ち、それを班や学級全体で出し合って考えることで、「自分なりの知識」を作り出すという学びの過程で、この授業過程の前半を「個と自然や物との相互作用」、後半は「個と集団との相互作用」と捉える考え方である。つまり、「個人と環境（自然や物）」の相互作用と、「個人と集団（共同体）」の相互作用が並立しているという捉えである。それで良いのだろうか？

「社会的構成主義」の定義には“「個人と環境（自然や物）」の相互作用だけに重点を置くのではなく、”と書かれているので、「個人と環境（自然や物）」の相互作用が否定されるわけではないが、それを含めて大きく「個人と集団（共同体）」の相互作用と言っているのか、それとも「個人と環境（自然や物）」と「個人と集団（共同体）」の相互作用を分けた上で、それらをまとめて「社会的構成主義」と言っているのかが疑問になってきた。なぜなら、先に揚げた理科の授業の例で言えば、最初の観察・実験段階を「個人と環境（自然や物）」との相互作用、そして後半の話し合いを「個人と集団（共同体）」の相互作用による「社会的構成主義」の授業と並列したものと考え、まるで接ぎ木したような展開と考えて良いのかと感じたからだ。そして、それでは相互作用の対象を、「環境」から「環境と集団」に広げただけで質的な変化はないような気がしたからだ（勿論、広げただけでも意味はあるのだが）。そこで、少し調べてみたが、勉強不足でよく分からなかったので、自分なりに構成主義と社会的構成主義についてより理解を深めるため、この疑問に沿ってもう少し考えてみることにした。

まず考えたのが、構成主義の「個と自然や物」との関係の中にも、実は社会との相互作用も含まれているのではないかという捉えである。これは、「個人と環境（自然や物）」の相互

作用を「個人と集団（共同体）」の相互作用に含める、または関係付けるという立場である。例えば自然を見ても、その見方・考え方は、純粋に自然と対峙した結果から出てきたものではなく、それまでに個が<u>社会的な相互作用により獲得してきた</u>「見方・考え方」の影響を受けていると捉える考え方である。例えば、親や友達から聞いた情報や、本（他人が書いたもの）やテレビなどからの情報が個と対象の関係に作用している、ということである。「自分と対象だけが向き合っている」と見えても、実はそこには「社会的な存在」としての、自分の見方・考え方が影響していると考えるのである。そう考えれば、先の理科の例では、最初の「個と自然や物との相互作用」も、後半の「個と集団との相互作用」の異なった表れの姿と考えられるのではないかと思える。この考え方は、何となく理屈が通っているような、でも少し屁理屈っぽい気もするし、何より、そう捉えたところで授業者である教師にとって、授業がどう変わるのか？と言えば、あまり得るところはないような気もする。そんなモヤモヤした気持ちでいた時に、下の佐藤　学氏の文章[57]が目に留まった。

　このように、学習という実践は、<u>対象との関係と意味を構成する認知的・文化的実践</u>であると同時に、教室の<u>他者との対人関係を構成する社会的・政治的実践</u>であり、<u>自分自身の自己内関係を構成する倫理的・実存的実践</u>でもある。これまでの授業理論や学習理論は、教室の学習を認知的・文化的実践の次元に限定してとらえてきたが、今後は、この３つの実践の<u>重層性に即して認識する必要がある</u>だろう。　　　　　　（『教育方法学』佐藤　学、岩波書店、P69　下線筆者）

　佐藤氏が言う、学習を自分と、①対象との関係（認知的・文化的実践）、②他者との対人関係（社会的・政治的実践）、③自分自身との関係（倫理的・実存的実践）という、自分と三つの関係から考えるという立場は、すっきりして納得できるものだ。ここでの議論に当てはめれば、①の「対象との関係」が強調されるのが「構成主義」、これに②の「他者との対人関係」も加えたのが「社会的構成主義」と捉えれば良いのではないかと思えた。因みに③は、この両者に含まれるのではないかと個人的には思える。この３つの関係を表しているのが「重層性に即して認識する必要がある」という文である。これによれば、①、②、③はそれぞれ独立しているのではなく、重なり合うと認識することが大事だということになる。
　つまり、学習とは、「対象との関係」と「他者との対人関係」、ここで言えば「構成主義」と「社会的構成主義」は、「自己との関係」という共通項の中で重なり合っていると考えられるのではないかと思える。この文章に続いて、次の文章[57]がある。

　社会的構成主義の学習理論学習を<u>意味と関わりの構成</u>として認識し、<u>認知的な次元と対人的な次元と自己内的な次元の３つの複合的実践として性格づける</u>理論は、デューイやヴィゴツキーを出発点とする社会的構成主義の学習理論の特徴である。

　　　　　　（『教育方法学』佐藤　学、岩波書店、P69　下線筆者）

　このように、「自己との関係」という共通した視点でこの３つを複合的実践として性格づ

け、「意味と関わりの構成」として統一的に見るのが、社会的構成主義と言えそうである。さらに次の資料[58]が注目される。

- 構成主義とは、<u>学習とは知識構造の変化</u>であるという捉え方で、どのような既有知識を持っているかで、同じ情報でも全然違って受け取られる。
- 状況主義とは、構成主義が、<u>学習を個人の頭の中だけで起こる出来事のように強調しすぎた</u>ため、<u>社会の中での活動に組み込まれていく</u>という面を強調して最近出てきた。現場では、「社会的構成主義」という形でうまく融合されている。

　　　　　　　　（「新しい子ども観を授業に生かす」角屋重樹、市川伸一座談会より要約、文責筆者）

　この資料で注目されるのは、まず「構成主義とは、学習とは知識構造の変化であるという捉え方」と言っている点である。<u>対象が自然であるか社会であるかという違いは二の次だ</u>、というのである。つまり、ここまで私たちが学びの基本として考えてきた「知識の再構成を促すことが学び」である、という捉えそのものである。そんなことは分かり切っていると、ここまで読んでこられた方は思うかもしれないが、実は、いつの間にか自分の構成主義に対する捉えは、この基本がぶれていたように思う。次を読んで欲しい。

　自分が、反省も込めて再確認したいのは、「構成主義が、学習を個人の<u>頭の中だけで起こる出来事</u>のように<u>強調しすぎた</u>」という指摘である。結論から言うと、いつの間にか自分も、そのような捉えが強くなっていたように思う。

　しかし、先の理科の例で見ても、自然対象に働きかけ、その反応を見る「個と自然や物との相互作用」によって、知識構造の変化が起こるのは個人の頭の中である。班や学級全体で出し合って考える際の知識構造の変化が起こるのも個人の頭の中である。それが強調され過ぎたとはどのようなことだろうか？

　それは例えば先の理科の授業の後半で、「個と集団との相互作用」を、どう位置付けるかということを考えてみることで見えてこないだろうか。つまり、構成主義が「学習とは知識構造の変化である」という価値観を大事にしているなら、後半の「個と集団との相互作用」によって知識構造が変化するならば、これも立派な構成主義としての価値観の実現と言えるのではないだろうか？それを、「対象を前にして頭の中だけで考える」、「相手と話し合ったり社会的に関わり合ったりして考える（これは頭の中で考えるとは異なるという捉え）」と、対象の違いを意識し区別して捉え、その上で「自然対象」を無理矢理理屈付けて「社会的」に含めるという先の自分の捉えは、本来の構成主義の考え方とは異なるのではないかと思える。それが佐藤氏の言う、学習とは「対象との関係」と「他者との対人関係」から、「自分自身の自己内関係」を構成する実践、つまり、どちらの関係にしろ「自分自身の自己内関係」、つまり知識の再構成を促すことという捉えになるのではないだろうか？

　しかし、集団（共同体）との関わりの中で生まれてくる「知識構造の変化」も、結局は自分の頭の中で生まれてくる「自己内関係」ではないか？という反論が聞こえてきそうである。それはその通りだが、ここで強調しているのは「学びが頭の中<u>だけ</u>で起こる」という捉

えを強調しすぎた「自己内関係」ではないということだと思う。再度、先の理科の例で言えば、確かに前半の、自分と自然対象との関係は、対象に働きかけることによる反応を見ることで考えるという「個と自然や物との相互作用」から「自分なりの知識」を「自分の頭の中」で構成していくには違いないが、実はその学びも本当に**「自分の頭の中だけで起こった」と考えて良いのか**ということだ。それに対する最初の自分の考えは、「自分の頭の中の考え」も、実は社会的な相互作用の中で創られたものだというやや苦しいものだったが、ここまでの考察を経て、以下のように考えを変えたい。

　ある考えを持って対象に働きかけるとその反応が返ってくる。それは自分の予想通りかもしれないし、思いがけない反応かもしれない。それを踏まえて、予想通りなら本当にそうかを確かめるため、また思いがけない反応なら別の予想を考えて働きかけることで検証する等、反応を踏まえての対象との次の相互作用が続いていく。この一連の「自分自身の自己内関係」による問題追及の流れは、**「自分の頭の中だけで起こった」**というよりは、**「自分の働きかけと、それに対する対象の反応という相互作用（の連続）の中で起こった」と考えるべき**ではないだろうか。

　このように考えると、理科の例で述べた班や学級全体での話し合いも、「個と集団との相互作用」という"「個」と「集団」の並列的な文章表現"の形に囚われることなく、「個が、自分以外の集団と相互作用しながら学びを深めていく関係」というように、個を主体とした関係と捉えれば、上の「個と自然や物との相互作用」と同じと捉えられるのではないだろうか。

　つまり、「自然や物であろうと集団であろうと、対象は異なっても、その対象と個が相互作用する中で学びが生まれる（知識構造が変化する）」、というのが、社会的構成主義を含めた構成主義のポイントだと言えるのではないだろうか？その意味で、「学びが頭の中だけで起こる」という捉えを強調しすぎた点を反省することの重要性が見えてくると思われる。

(4)「構成主義」からの捉えで、授業はどう改善されるか？

　さて、大事なのは、このように捉えたことで、授業がどう改善するかだ。例えば先の理科の授業の「個と対象の相互作用」を、個人の頭の中だけで起こると考えた場合、対象から得られた情報を個人内で処理し、その結果を受けて考えた次の対応の結果によってまた新しい情報を得る、それをまた個人内で処理して、というその繰り返しで学習を深めていくという展開になる。これは、今まで自分が考えてきた「学びの連続の姿」でもある。

　ではこの過程を、「対象と個が相互作用する中で学びが生まれる」を強調した「構成主義的な捉え方」で考えるとどうなるだろうか？最初に対象から情報を得る段階から、それは先のように一方的に外からの情報を得るのではなく、「自分との相互作用の中」で情報を得ることになる。つまり「自分の"対象の捉え方"により得られる情報」のみを得るということであり、同じものを見ても、個によって「情報の見え方」が違うということになる。こうした「外の情報との相互作用」（こんなことが分かった、はっきりした等）に基づいて、次の「働きかけ」が生まれてくる。それが外に表れたその時点での、その子の「学びの姿」と考えられる。

そして、その学びに基づいた「次の働きかけ」による反応が対象から返ってくることで自分の考えが検証される。この「働きかけと反応の関係」は元々の構成主義の場合と同じだが、ただ「対象の反応の中で考えが生まれてくる」と意識して捉えることは、「何を根拠として、どう考えたか」という対象との関係をより明確にし、頭の中で考えを「こねくり回さない」ために重要だろう。また、「このような反応が見られたから、次はこのような対応をする。そのことでこのような反応が出て来れば自分の予想が合っている。」等と、常に自分と対象との関係の中で考えが生み出されていくことの自覚や重要性にもつながるだろう。

　この一連の展開は、**「分かるとは、頭の中だけで解決することではなく、対象との相互作用の中で生まれる知識構造の変化である。」**という認識を明確にした大きな授業改善につながると言えないだろうか? 教師側から見ても、子どもと対象との関わりの関係の中から、子どもの学びを見ていくという捉えは、授業をしている際の子どもの評価にも役に立つだろう。子どもが対象に対してこのような対応をしているということは、どのような考えに基づいているのか?　等と考え、評価したり、次の手立てを考えたりしていける、ということである。

　このように、考えは、個の頭の中だけにあるのではなく、**物との相互作用の中にもある**と考えることで、子どもが自分自身の考えを自覚したり、また教師が評価したりすることの重要性が改めて見えてくる。

　それは、次の「個と集団との相互作用」の段階でより明確になるだろう。つまり、個の「頭の中」の考えを集団に出した場合、その「出し方や出した内容」について改めて自覚したり評価したりして、「対応と反応の中で考えが生まれてくる」と捉えるのは上と同じだが、集団の場合は、その反応が1つではないという点が違う。様々な反応が返ってくることもあり、また自分以外の、他の個々の間での反応も見えるだろう。それらの多様な対応と反応の中で、新しい考えが生まれるのである。これはまさに、自分の頭の中で起こるというより、**「個と集団との相互作用の中で生まれた学び」**と言えるだろう。確かに、最終的に戻るのは「自己の頭の中」だが、その学びを生んだのは、「集団との相互作用の中」だという捉えは、その相互作用(授業での話し合い)の価値を高め、認めることにつながるのではないかと思える。

　このように見てくると、構成主義的な考え方の大事な点は、頭の中で考えるとかそういうことではなく、**「学習とは知識を構造変化させることだ」**というシンプルなものであり、その「構造変化は個々の頭の中で起きるが、**それを起こさせるのは外との相互作用である**」ということだろう。したがって、上記の資料で「構成主義とは、学習とは知識構造の変化であるという捉え方で、どのような既有知識を持っているかで、同じ情報でも全然違って受け取られる。」と規定している「同じ情報でも全然違って受け取られる」とは、「外の情報との相互作用の違い」によると考えられ、それは至極妥当で、また重要なことと思える。以上のような点を確認して、授業改善を進めていくことが重要だろう。

(5)「構成主義」からの捉えで、「主体的」の捉えは、どう深まるか?

　以上を「主体的」という面から見直すと、「主体的」のポイントは「学習とは知識を構造

変化させること」という構成主義の考えから生まれる、「その構造変化を起こせるのは自分自身だ」ということになるだろう。これまで自分はこの「その構造変化を起こせるのは自分自身だ」を、「自分の頭の中でこそ構造変化を起こせる」と同一視して捉えてきた。しかしここまでの検討で、そうではなく、構造変化を起こせるのは確かに「自分自身」だが、それは外（対象）との相互作用を通してこそであり、大事なのはそのような構造変化を起こせるような「対象との相互作用を進めていける（いこうとする）のは自分自身だ」ということではないかと思い至った。

つまり、「主体的」とは、「自分から知識の構造変化を起こすような相互作用をする」という、学びにおける「構造変化」という「論理」を、外との相互作用をしながら進めていきたいという「意欲や意志」ではないかと思われる。

まとめると、「主体的」は、これまでの議論から、「自分の頭の中だけで考える」という意味の「主体的（自分中心、孤立的）」ではなく、「外界（自然や物、集団など）」との相互作用を「意欲的に、意識的に行う」中で学び続ける、という意味の「主体的（自分との関係中心、連携的）」と考えられ、**「外に働きかけながら学びを深めていく姿勢」**と考えられる。

先に、「社会に開かれた教育課程」の意義について述べたが、この"外界との相互作用を「主体的に行う」中で学び続ける"、という意味の「主体的」実現のためにも、外界（社会）との相互作用を大事にした「社会に開かれた教育課程」の意義が大事になってくるだろうと、その重要性を再認識させられた。

くどくなるが、「学習とは知識を構造変化させることで、その構造変化を起こせるのは自分自身だ」ということと、「学習は個人の頭の中だけで起こる」という考えは違うことを、今一度確認しておきたい。そして、「自分の頭の中だけで起こる」という捉えは、決して「主体的」とは言えない点に注意したい。この確認は、先にも書いたが、授業を進めていく際の、個への働きかけやその評価、そして次への授業改善に大きく影響していくだろう。

以上の考察から、構成主義も社会的構成主義も「学習とは知識構造の変化である」という大事な捉え方自体は変わっていないと捉え、本書では以後、社会的構成主義も含めて構成主義と書いていくことにする。下に「主体的」の持つ意味をまとめ、ポイント⑧に、「構成主義」を「実証主義」とを比較しながらまとめておく。

〔「主体的」の持つ意味〕

①「主体的」とは、「学習とは知識を構造変化させること」という「学習観」に基づいた、「その構造変化を起こせるのは自分自身だ」という「捉え」である。

②この「主体的」は、「外界（自然や物、集団など）」との相互作用によって学びを実現していく「外に働きかけながら学びを深めていく姿勢」と考えられる

　→「社会に開かれた教育課程」の意義につながる。

※したがって、学びは「自分の頭の中だけで起こる」という捉えは、決して「主体的」とは言えない

ポイント⑧ 「実証主義」から、「構成主義」への変換
〜学習指導要領改訂の背景にある「構成主義」的な考え方の理解に向けて〜

- 今回の「学習指導要領改訂」の大きな柱である「知識観」の変化は、これまでの社会を創ってきた「実証主義」から、「構成主義」への変換に大きく影響されていると考えられる。これは、社会構造の変化とも大きな関係がある。十分な説明はできないが、本論に関係すると思われるポイントを、自分なりにまとめてみる。
- これから説明する「実証主義」から「構成主義」への変化とは、与えられた明確な目標に向かって効率を上げて発達を進めてきた近代社会の教育の流れ（実証主義に基づく）から、複雑化、多様化するこれからの社会で生きていくための「資質・能力」を育成する指導への変化（構成主義に基づく）と考えられる。それぞれについて概略を説明する。

1．「実証主義（行動主義）」

- 人間の思考を研究する「心理学」が学問として成立したのは19世紀後半で、その頃は人の意識や思考のプロセスを探るには、その人に直接尋ねる「内観法」と呼ばれる方法に頼っていた。
- この「内観法」の主観性を問題視し、客観的な心理学を求めて提唱されたのが「実証主義（行動主義）」による心理学だった。
- この「客観性」を大事にするという実証主義は、近代社会を形作るための哲学だった。社会の進展のための明確な目標と道筋を示し、それに向かって努力することで目標を達成できるという信念が土台となり、それが近代を形成した。
- その実証主義に支えられた教育は、与えられた明確な目標に向かって効率を上げて発達を進める近代社会の教育として、社会の発展に大いに寄与した。

2．「構成主義」

- 21世紀になり、「複雑性、不確実性、多様な価値の時代」を迎え、これまでの「実証主義」では立ちゆかなくなり、「構成主義」という新しい哲学が必要になってきた。
- 構成主義学習論のポイントは3つ
  ①学習とは、**学習者自身が知識を構成していく過程。**
  ②**知識は状況に依存**している。そして、置かれている状況の中で知識を活用することに意味がある。
  ③学習は共同体の中での**相互作用を通じて**行われる。
  　知識をこのように捉え、「世界は自分自身によってつくり出されたもの」と捉えると、「**学習は意図的で主体的な行為**」となり、それは個々の「学ぶ意欲や意義、価値観」に基づいたものとなる。
- 構成主義のポイントは「関わること」、つまり、「現実」は「人と世界が関わる」ことから生まれると考える。同じように「人と人が関わり合う」ことで「新しい知識」が生まれると考える。

3．「実証主義（行動主義）」と「構成主義」の違い

- 「実証主義（行動主義）」と「構成主義」の最も大きな違いは、学習者を「受動的な存在」と

みるか、「**能動的**な存在」と見るかの違い。「実証主義」は、学習者を「知識が流し込まれる器」とみており、「構成主義」は学習者を「自ら外部に働きかけ知識をつかみとる力を持つ存在」と捉えている。

・「構成主義」のポイントは、人と独立した「現実」は存在せず、「**現実」は、人が世界と交わることで構成される**と考える。そして「**知る**」とは、人がその「**心**」の中で世界をつくり出す過程に他ならず、知識をこのように捉えると、「**学習は意図的で主体的な行為**」となり、意図・行為・反省の相互作用による活動と見なされる。学習者は、積極的に世界と関わりをもち、知覚を総動員して思考を深めようとする。そこでは行為と思考は一体のものとなり、世界を意味付けるための活動となる。

4．実証（行動）主義より構成主義は優れているのか？

・以上の検討から言えるのは、実証（行動）主義と構成主義は、どちらが優れているということではなく、その時代の要請に沿っているかどうかの違いと言えるだろう。ただ、「分かる、知る」という点から見ると、自分は「構成主義」の方がより進んでいると思える。

（コンピュータ＆エデュケーション15号　2003年「構成主義が投げかける新しい教育」関西大学　久保田賢一[59]等を参考に作成）

9．「主体的」を育てる授業の鍵⑤ 「構成主義」と「主体的・対話的で深い学び」

ここで、8．で考えた構成主義による学習の特徴を再度確認しておく。

〔構成主義学習論３つの特徴〕

①学習とは、**学習者自身が知識を構成していく過程である。**

②**知識は状況に依存**している。そして、置かれている状況の中で知識を活用することに意味がある。

③学習は共同体の中での**相互作用を通じて**行われる。

（構成主義が投げかける新しい教育　関西大学　久保田賢一2003年[59]を参考）

これを元に、特に主体的な観点を意識した「主体的・対話的で深い学び」において、今まで見えなかった点や新しい知見が得られるか、考えてみる。

①は、これまで見てきたように、構成主義の定義そのものである。この「学習者自身が」という面から、「主体的学び」が如何に重要かが分かる。③は「共同体の中での相互作用」という面で「対話的な学び」に関係しているが、その主体は自分であるという点で、やはり主体的が重要になる。②は第16章で述べた「真正な学び」に関係しており、そこで述べたように「真正な学び」では、子どもは取組への意欲と見通しを持って追究していくことができると考えられ、これは主体性の発揮に他ならない。そして「真正な学び」は「深い学び」

に深く関係していると考えられることも前に述べた通りだ。

このように見てくると、**構成主義学習論の特徴を、「主体的・対話的で深い学び」は引き継いでいる**ように見える。ではそれぞれの項目について具体的に考えてみる。

(1) ①の知識観に関して…「学習者自身が」を「主体的学び」の面から

①の知識観に関しては、7. のメタ認知の捉えでも書いたように、「学習者自身が知識を構成する」という面で確かに「主体的学び」に関係してくることは分かるが、大事なのは、学習者である子ども自身が知識を、「学習者自身が構成するもの」というように、"学びは主体的なもの"と捉えることだろう。子どもが「知識は自分で創るもの、創り出せるもの」という認識になり、「そのようにして自分たちで学びを、またその上に立った社会を創り出していける」という意義を感じることができれば、「学習は自分から進んで働きかける主体的な行為」だという捉えにつながり、「学びたい」という意欲につながるだろう。これは望む「メタ認知」の育成になるだろうし、「主体的な学び」そのものであり、資質・能力③の「学びに向かう力・人間性」に関係してくる。

今回の改訂で、「学ぶ意欲や学ぶ意義」も資質・能力③として、「子供たちに育てる力」として明確になったのは、このような「知識観」に基づく「学習観」から来ていると考えられる。したがって、今回の学習指導要領改訂で大事な**「知識観」の実現には、「主体的学び」がその原動力になっている**、ということが、構成主義学習論との対比からも明らかになるだろう。

(2) ③の共同体の中での学びに関して…「相互作用を通じて」を「対話的学び」
　　及び「主体的学び」の面から

8. で、「個と集団との相互作用」を考えた際、「個と集団との相互作用の中で生まれた学び」の重要性に言及したが、それは「対話的な学び」の重要性に通じる。一方、「学ぶ」とは、「自分の心の中で世界を創り出す＝構成する＝意味付ける」行為であるということは、主体的な活動そのものであると共に、「世界と交わる（相互作用する）」行為でもある。そう考えれば、「学ぶ」とは、「対話的な学びを伴う行為」でもあるとも考えられる。ここから見えてくる**「知識は個ではなく、関係の中で生まれる」という考えは、「対話的な学び」の重要な意義を明らかにしている**と考えられる。つまり、「対話的な学び」で「関わり合うことの意義」は、その関わり合いの中から新しい「知識」が生まれてくることにこそある、ということである。

そのように捉えると、「他との交流」とは教師とでも、他の子どもとでも、また書物やコンピュータの情報とでも、或いは先の理科の例でもあった観察や実験対象とでも良いと言えるが、大事なのは、他との交流は、その情報をそのまま鵜呑みにするためではなく、「自分の考えにその情報を加えて、新たな意味をつくり出す（知識の再構成）ためだ」という考え方である。したがって、授業中に行われるいわゆる「対話的な学び」も、**単なる意見の交流や広がりを目指すのではなく、あくまでも「自分の考え」を基に、交流することでそれが広がったり深まったり変容したりする**ことを目指すものだということができる（勿論、それを目指す前提としての意見の交流や広がりは必要だが、そこで終わりにしないことが大事と考

えられる）。

　以上から考えると、「対話的な学び」も含めた広く「他との交流」のねらいは、「相互作用を通して知識を再構成するため」と考えられ、そのため、上記の①と③を「①のための③、①を実現させるための③」と関連付けて捉えることになる。つまり、「主体的・対話的で深い学び」の「主体的」と「対話的」の関係を、知識の再構成を目指す「主体的」な学びになるための「対話的」学びの重要性と見ることになる。「主体的」と「対話的」の関係をやや一方的なものに書いたが、これは原則的な捉えであり、当然相互作用はある。また、8. にも書いた「自己と他（世界）との相互作用」が知識の再構成を促す「学び」だという点を考えれば、①と③の「キーワード」は「自己と他（世界）との相互作用」と言えるかもしれない。

（3）②の知識は状況に依存に関して…「知識を活用する」面を「深い学び」
**　　　及び「主体的学び」の面から**

　最後の「②知識は状況に依存している。そして、置かれている状況の中で知識を活用することに意味がある。」だが、獲得した知識は状況に依存しているというのは「真正な学び」で見てきたことであり、だからこそ「活用できる」ことも見てきた。そして、「真正（オーセンティック）な学び」と「深い学び」の項目で、“「真正（オーセンティック）な学び」と「深い学び」、これらは、実は同じ「学び」を少し違う角度から光を当てて見ているのではないかと感じた。”（P152）と書いた通り、この項目は「深い学び」に関係していると思える。そこで、P113コラム⑤で紹介した「田村氏の考える深い学び」＝「知識・技能が関連付いて、構造化されたり身体化されたりして高度化し、駆動する状態に向かうこと」と比較してみると、その前半部分「知識・技能が関連付いて、構造化されたり身体化されたりして高度化し」は、「知識の再構成」、つまり①の領域ではないだろうか？そう考えると、後半の「駆動する」、つまり、「活用できる」知識になっていることが「深い学び」のポイントではないかと思われる。

　「活用できる」かどうかは、逆説的な言い方だが、「使ってみないと分からない」のではないだろうか？使ってみて、初めて「活用できる」と実感できる。そこには、「使ってみる、使ってみたい」という「主体的な学び」の姿勢が大事なのではないかと思える。したがって、②の項目からは、「活用できる」、つまり「使える知識を使う」という「行為そのもの」が「深い学び」ではないかと考えられ、「使いたい」という「主体的学び」が、その推進力になると考えられる。

　このように、構成主義学習論を「主体的・対話的で深い学び」の面から考えてきた結果、「対話的学び、深い学び」は、共に「知識を再構成して分かりたい、使いたい」という「主体的学び」がその基本として重要な役割をしているのではないかと考えられる。以上をポイント⑨としてまとめる。（次ページ参照）

- 知識は「学習者自身が構成するもの」という知識観に、教師も子どもも立つことで、「知識は自分で創るもの、創り出せるもの」であり、したがって「創りたい」という "学びは主体的なもの" という捉えが学びの基本となる。ここから、学びによる「知識観」の育成には、「主体的学び」がその原動力になっている、と言える。…「主体的」の捉え

- 学びを知識の再構成と考えたとき、それは「自己の内に既にあるもの」と「外の世界にあるもの」との相互作用によって可能になると考えられる。この、「知識」は個ではなく関係の中で生まれる、という考えは、「対話的な学び」の重要な意義、つまりその関わり合い（対話）の中から新しい「知識」が生まれてくることこそが大事だということを表している。したがって、授業中の「対話的な学び」も、**単なる意見の交流や広がりを目指すのではなく、あくまでも個々が「自分の考え」を基に、交流することでそれが広がったり深まったり変容したりする**ことを目指すことがそのねらいとなる。つまり、「対話的な学び」とは、「相互作用を通して知識を再構成するため」の「他との交流」と幅広く捉えることが大事で、キーワードは「自己と他（世界）との相互作用」であり、それを動かしている原動力は「知識は自分が構成する」という「主体的学び」の意識である。したがって、「対話的学び」が実現する根本には「主体的学び」がある、と言っても良いだろう。…「対話的」の捉え

- 獲得する「知識」は状況に依存し、「活用できる」ものであることが大事。そこでは「使ってみたい」という「主体的な学び」の姿勢に裏打ちされた「活用できる」、つまり「使える知識を使うという行為そのもの」が「深い学び」として重要になってくる。「深い学び」の根本にも、「使ってみたい」という「主体的な学び」があるからこそ実現が可能になると考えられる。…「深い学び」の捉え

- 以上のように見てくると、「対話的学び、深い学び」は、共に「知識を再構成して分かりたい、使ってみたい」という「主体的学び」がその基本として重要な役割を果たす構造をしているのではないかと考えられる。…「主体的」「対話的」「深い学び」の関係の捉え

10.「主体的」を改めて考える〜本章を終わるにあたり〜

　ここまで「主体的」の重要性を様々に考えてきたが、読み直すと気になる点が出てきた。それは、「主体的」を、どう「指導」していくかだ。

　これまでの議論を振り返ってみると、「主体的」が重要で必要な理由は、子供たちの中にあるこれまでの「資質・能力」を引き出し、問題解決活動により、それを育てていくことができるのは、基本的には「子ども自身」にしかできないという基本的な考え方からであった。そこで、その実現の鍵を握るのが子ども自身の「主体性」ということで、「主体性」の意義や重要性が出てきた経緯がある。

　この展開に間違いはないと思うが、考えて見れば、この論の展開自身が「教師主導」に

なっているのではないかと思える。つまり、「教えたいから、子どもの主体性を大事にする」という考え方に基づいてはいないだろうか？それで良いのだろうか？子どもの立場に立てば、「主体性」とは何だろうか？「自分で考えたい、自分の考えややり方で進めたい。」そして、「自分の力でできた。面白かった。やればできた。」ということではないだろうか？つまり、「自分を大切に、学びができた。」ということだろう。これは、自己肯定感の育成にも通じる。

　先に TIMSS 調査で学びへの意欲が日本では低い点を指摘したが、同様に自己肯定感の低さもずっと課題になっている。子どもの学びを大事にするべきだと言いながら、それを促す教師からの目線が強すぎて、子ども自身が自分の学びをどう感じているか、評価しているかを疎かにすることのないようにしていくことが大事と考える。その点では、子ども自身のメタ認知、及び自己評価を大事にしていかねばならないと思えるが、それは「授業評価」に大きく関係しており、本書のねらいの次の段階に当たると考えられ、ここでは「子ども目線に立った主体性」の重要性を確認して、この議論はここで一端終了としたい。

第22章

「カリキュラム観」と「学習観」を整理する

1. 曖昧にしてきたもの

　前章では、「主体的」の重要性を切り口に、「メタ認知」の重要性、「構成主義学習論」の意義について考え、それらを元に「主体的・対話的で深い学び」の在り方を再検討してきた。

　その結果、今回の学習指導要領の考え方を支えていると思われる「構成主義学習論」の重要性を改めて感じた。しかし、ここにきて、その大事な「構成主義学習論」の基となる「構成主義」について、自分は本当に理解しているのだろうかという疑問がわいてきた。例えば自分はこれまでも、子どもの考え方の特徴として「認知心理学によれば」とか、「構成主義的に考えれば」等と表現してきたことがあったが、その度にこの2つの言葉の使い分けに曖昧な気持ちを持ち続けていた。

　また、第2章の2（7）②で考えた「学力観の振り子」でも書いたように、自分は従来対立していた2つの学力観を、最初は「（基礎的・基本的な）知識・技能が大事」という学力観と、「（考える力としての）思考力・判断力・表現力が大事」という学力観の2つと勘違いしてきた。その誤りにつながる原因の1つが、「知識・技能が大事」に相当すると考えていた「系統学習」の意味を誤って捉えていたことにあった。このように振り返ると、例にあげた「認知心理学」と「構成主義的」の関係、また「系統学習」の本来の意味は？　など、これまで曖昧にしてきた言葉がたくさんあることに気付いた。実はこれまで様々な教育課程（カリキュラム）や学習論に関係する本などを読むにつけ、それらによく出てくる「系統主義」、「経験主義」、「行動主義」、「実証主義」、「認知主義」、そして「構成主義」等の言葉の持つ意味に対する自分の捉えが曖昧なため、その都度自己流に都合良く解釈してきたように思う。それもこれらの誤りの要因の一つではないかと思い至った。

　そこで、「構成主義」学習論の重要性が見えてきたこの機会に、これらの言葉を整理することで、より「学び」への理解が、「主体的」の重要さが、そして学習指導要領の理解が深まるのではないかと考え、言葉の整理をしてみることにした。

2. 「系統主義」、「経験主義」、「行動主義」、「実証主義」、「認知主義」、「構成主義」の意味と関係について

　ここまで曖昧にしてきた「カリキュラム編成」や「学習論（学力論）」に関する上記の言葉について、自分なりに整理してみることにする。下記に「ポイント」の形で整理した後、それを受けて、今考えている「主体的」面から学習指導要領を再度見直してみたい。ただし、壮大なねらいに対して、力不足でこれらの言葉の意味を正しく明確に述べるまでには至っていないと思われるので、これを材料に、是非読者の皆さんも検討して頂けたらと思う。なお、内容の一部が P220 のポイント⑧と重複する点を了承願いたい[60]。

ポイント⑩　〔「系統主義」、「経験主義」、そして「行動主義」、「実証主義」、「認知主義」、「構成主義」の意味と関係について（自分なりの捉え）〕

１．カリキュラム観、学習観としての分類

・まず、上の６つの言葉「系統主義」、「経験主義」、「行動主義」、「実証主義」、「認知主義」、「構成主義」を、「カリキュラム観」としての「系統主義」と「経験主義」、そして「学習観」としての「行動主義」、「実証主義」、「認知主義」、「構成主義」とに便宜的に分けて考えることで、カリキュラム観と学習観の関係が見やすくなると考えた。具体的には以下の通り。

・「カリキュラム観」の方は「どのように学ぶか」という「学び方」に関係しており、本文で見てきたように「系統主義」と「経験主義」で考える。

・「学習観」の方は、「わかるとはどのようなことか」という「知識観」により関係するという見方に立ち、その見方で残りの「行動主義」、「認知主義」、「実証主義」、「構成主義」を考えた。当然「わかるとはどのようなことか？」という学習観は、「どのように学ぶ（べき）か？」というカリキュラム観につながることにはなるが、敢えて最初はこのように分けて考えてみる。

２．カリキュラム観としての「系統主義」と「経験主義」

・我が国のカリキュラムの変遷を元に考えていく。

・戦後の 1950 年代には、「子どもの生活や経験」が重視された「経験主義」のカリキュラムが重視された。デューイの「なすことによって学ぶ」という言葉に象徴されるように、子どもの生活や経験を中心に、生活に役立つ知識と能力を、子ども自身を活動させる適切な「問題解決学習」によって獲得できるようなカリキュラムの編成が重要視された。

・1960 年代に入り、「経験主義」的学習では、教科の基本的な知識や法則的認識などを重要視しないため「はいまわる経験主義」に陥りがちとの指摘が出され、問題解決にはまず教科の体系的知識の獲得が大事だとされて、「教科中心のカリキュラム」による「系統主義」的学習の必要性が言われた。

・この２つのカリキュラム観が出された時点で、一端我が国のカリキュラムの変遷の歴史を見ることは止めて、この２つのカリキュラム観を比べてみると、ある疑問が出てきた。それは、「系統主義」は「問題解決学習」を否定しているのか？という疑問だ。「経験主義」的学習では、子ども主体による「問題解決学習」を大事にしていることはわかるが、では「教科中心のカリキュ

ラム」による「系統主義」的学習では、「問題解決学習」を否定しているのだろうか？

・ここは「系統主義」的学習や「問題解決学習」をどう捉えるかで答は違ってくるとは思うが、自分の思いは「系統主義」的学習は決して「問題解決学習」を否定しているのではなく、むしろ教科の体系的知識を獲得することは、それを元にした「問題解決学習」を推進するためのものではないかということだ。実は、これまでの自分は「系統主義」的学習は、教師主導の知識や技能の教え込み教育、それに対して「経験主義」的学習は、子ども中心の「問題解決学習」で、したがって「経験主義」的学習には、子ども自身が考えるための「思考力・判断力・表現力」が大事になるが、教師主導の「系統主義」的学習では、与えられる「知識や技能」の習得が大事になる、という極端なステレオタイプの捉え方をしていたことに気付いた。それが先に書いた、2つの学力観を「思考力・判断力・表現力が大事（「経験主義」的学習）」と、「知識・技能が大事（「系統主義」的学習）」の2つと勘違いしてきた大きな要因ではないかと思われる。

・改めて考えてみれば、「系統主義」的学習においても、子どもに「わからせたい」という思いは「経験主義」的学習と同じくあるわけだし、「系統主義」と言うからには、個々バラバラな知識や技能を与えるだけが「わかる」とは捉えてはいないはずである。「系統主義」的学習には随分失礼な捉えを長い間してきたと反省させられるが、では、この2つのカリキュラム観をどう捉えるかは、結局、「わかる」とはどのようなことか？という「学習観」を見てみる必要性があることに気付いた。

・そこで、次に、「学習観」である「行動主義」、「実証主義」、「認知主義」、「構成主義」について考えてみたい。

3．学習観としての「行動主義」、「実証主義」、「認知主義」、「構成主義」

（1）行動主義

・行動心理学の考え方に基づいた学習観。元々は**「実証主義」**という、西欧において19世紀に成長した哲学の教義から来ており、その教育理論がスキナーを中心とした行動主義心理学。

・学習観は、学習の主体は教師で、学習者は受動的な存在。学習者は知識を流し込まれる器のような存在というもの。

・19世紀後半頃の心理学では、意識や思考のプロセスを探るのは、本人に直接尋ねる「内観法」が用いられていたが、客観性を求めて行動主義が提唱された。

・行動主義では、意識や無意識のような目に見えない現象は取り上げず、観察可能な行動のみを対象とし、刺激と反応の関係を明らかにすることを目指す。

・行動主義による学習とは、「行動が変わること」。客観的に示すことができない頭の中はブラックボックスとみなして評価の対象としない。したがって、心の仕組みを知る必要はない。

・したがって、全ての学習は環境（刺激）によって決定されると捉え、学習者は白紙状態から学習を始めると考える。外からの刺激（経験）によって学びが促進されると考えるならば、カリキュラム観としての「経験主義」につながるし、一方、「どのような刺激を、どのような順番で与えていけば良いのか」ということを考える点では、「系統主義」にもつながるのではないかと思える。

・この学習観に基づき、「プログラム学習」や「ティーチングマシン」が開発された。

〔問題点と思われる点〕

・学習者を白紙の状態と考えているが、実際には既有知識が影響している。

・学習を刺激と反応の関係で考えており、学習者の自発的な学習意欲、つまり主体性を考慮していない。

（2）認知主義

・認知心理学の考え方に基づいた学習観。

・学習観は、学習の主体は学習者で、教師は支援者となるというもの。「行動主義」とは相反する考え方。

・誕生のきっかけはコンピュータの存在。入力（刺激）と出力（反応）間のハードウェアを動かすソフトウェアとしてのプログラムが必要。人工知能の研究につながる。

・学習とは知識の変容（累加や再構造化）である、という考え方に基づく。そして学習は、先行知識によって導かれると考える。つまり、認知主義では、学習を「認知構造の変化」として捉える。これは今日の知識観（構造化されたもの）に通じるものがあるが、大きな違いは、その「知識に関する捉え」は、行動主義のときと同じだということ。つまり、どちらも知識は絶対的・固定的であり、伝達可能なものと考えている（これに対する構成主義的な学習論の捉えは後から書く）。

・それでも、知識は新しい知識と子どもの中にある既存の知識を関連付けることで深まるという考え方は、後から述べる構成主義的な学習論につながる大切な知識の捉えと考えられる。

〔問題点と思われる点〕

・知識は絶対的・固定的であり、伝達可能なものと考えることで、個々の見方や考え方に基づく自分なりの納得による知識の構成ではなく、教師や他の授業者から伝達される（与えられた）ことによる「画一化された知識の構成」を、自ら獲得するというよりも、与えられる形になりがち。

（3）構成主義

・「知識」は構造を持ったもので、既有知識などを基にして、認識する主体によって作り上げられるという学習観。「知るということは自分の中に意味を構成する」と考える。認識主体が知識を作り上げるという点が、認知主義とは異なる。

・その結果、**行動主義、認知主義が、客観的に捉えられる知識を身に付けるプロセスを「学習」と考えていたのに対して、構成主義では、「学習」を、認識主体としての学習者それぞれが、各自の意味付けによって学びを構成していく過程と考える**点が異なる。

→「主体的」という面で、認知主義とは大きく異なると言えるだろう。

・それぞれの学習者が、それぞれの認識によって学びを創り上げていくとしたら、その「認識するもの（対象）」との個々の相互作用が必要であり、また大事になってくる。対象との相互作用による個の中の認識の構造変化に重きを置かれ過ぎた傾向から、社会的な相互作用の重要性を言う「社会的構成主義」が言われ始める。この間の経緯については、本文の第21章の8.「主体的」を育てる授業の鍵④自分との関係を「構成主義」から考える、でも検討してきた通りである。

3. カリキュラム観と学習観を分けて捉えることの重要性

　以上のように見てきた結果、自分は「カリキュラム観」と「学習観」をこれまで混同して捉えてきた点に問題のあったことがわかった。

　ポイント⑩の最初で、「系統主義」、「経験主義」、「行動主義」、「実証主義」、「認知主義」、「構成主義」の６つの言葉を、「カリキュラム観」としての「系統主義」と「経験主義」、そして「学習観」としての「行動主義」、「認知主義」、「実証主義」、「構成主義」と便宜的に２つに分けて考えるとしたが、その捉えにより、結果的にはカリキュラム観と学習観の関係が見やすくなり、これらの言葉の持つ意味も捉えやすくなったと思える。

　つまり、「系統主義」と「経験主義」とは、「どのように学ぶか」という「学び方」に関係した「カリキュラム観」に関した言葉で、「行動主義」、「実証主義」、「認知主義」、「構成主義」とは、「分かるとはどのようなことか」という「知識観」ひいては「学習観」、「学力観」につながる言葉という位置付けである。そう考えると、「学習に関する考え方」は、形式的には「カリキュラム観」の２つと「学習観」の４つによる２×４＝８通りの組み合わせが考えられるが、勿論それは形式的な組み合わせで、全部が現実的というわけではない。その中で、自分が最初に“「系統学習」は「知識・技能が大事」という捉え方に相当する”、と一方的に捉えていたのは、この組み合わせの中の１つの可能性に過ぎず、今考えればそれは、「カリキュラム観」に関した「系統主義」に関する「系統学習」と、「学習観」に位置付く「行動主義」を深く結び付けたものと考えられる。そして、そのことに無自覚だったことが大きな課題だったと言える。

4. 改めてカリキュラム観としての「系統主義」を考えてみる

　そこで、このカリキュラム観としての「系統主義」を改めて考えてみることにした。その参考となる以下の文章がある[61]。

　「経験主義」のカリキュラムならば、体験を重視した、活動中心のカリキュラムというようなイメージをもつことができる。しかし、系統主義は、何を指しているのであろうか。おそらく、ジェローム・ブルーナーの「教育の過程」の中にある、教科の横の広がりに対する教科の各学年ごとの深まりを意味しているのは、想像できる。しかし、内容の系統性とは、何であろうか。次のス

テップに進むには、その前に、このような知識やスキルを身につけなければ進めないというような意味で、系統なのであろうか。それは、アルゴリズム的に一つ一つの知識や概念の積み重ねを指しているのであろうか。もし、系統学習が知識の一つ一つの積み重ねの上に成り立つ、教科の構造という意味であるならば、まったく、ブルーナーの意図した「学問の構造」を学ぶという意味からは、ほど遠いものであったと言わざるをえない。（途中略）

しかし、ブルーナーの場合、それとは異なる。彼の場合は過去の遺産ではなく、次の時代、あるいは未来の時代において有用な科学の最先端の構造を形式陶冶するというものである。つまり、それは、伝統的な教科の構造ではない。（「カリキュラムと学習過程」浅沼茂　から）

　この文章にあるように、「系統主義」は何の系統かが大事になる。確かに自分は、算数なら算数、理科なら理科の、例えば小学校での、又は学年での「教科の系統」を対象に、「どのような順番で、どのように教えていけば良いか」を考えるのが「系統主義」だと狭く捉え、資料にあるように「過去の遺産」としての教材の系統性を考えていたように思う。しかし一方でそれは、これからの（次の学年の、中学の、それから先の）学びを意識してのものだったことも間違いない。上記文章にある「未来の時代において有用な科学の最先端の構造を形式陶冶する」つもりだった。しかし、そう言いながら、「系統主義と言えば、これまでの教科の構造に基づいた知識・技能を教えること」という、3．で述べた組み合わせの中の1つの、「系統学習」と「行動主義」を結び付けた単純な捉えをしてきたことも事実であり、そこには一貫した捉えがなかったと反省させられる。

　そこで、このような反省も踏まえて再度考えれば、系統主義は、教師中心の知識・技能の教え込みの学習と言っていいのかという疑問がわいてくる。上記で紹介した文も、そのあたりに関する危惧を述べているのではないだろうか？

　問題は、その学習観、学力観によるのではないかと思われる。それが系統主義を教師からの教え込み教育にしたり、また逆に経験主義をはい回る経験主義にしてしまったのではないかと思える。そこで、元々ブルーナーにより唱えられた系統主義に基づく教育とはどのようなものだったのか、少し見てみることにした。

5.　ブルーナー「教育の過程」の位置付け

　第2章のポイント①（P37）で述べたように、「系統主義」は、「スプートニク・ショック」などを経て、1960年代に入ってから盛んに言われるようになってきた。その教育方法改革に大きな役割を果たしたのがブルーナーと言える。そこで、ブルーナーの代表的な著作である「教育の過程」を読んでみることにした[62]。実は、自分は恥ずかしながら、これまできちんと読んだことはなかった。

(1)「教科の構造」とは①〜「教科の構造」と「感覚」〜

　4．で問題になっていたブルーナーの「教科の構成」に関する記述について、いくつかの関連する書物を読んでみると、ブルーナーのいう「教科の構造」の意味が今ひとつ曖昧、或

いはその受け止め方が曖昧である、という指摘がいくつか見られた。そこで、それに関する記述に注目して原文を読んでいくと、以下の文章が目に留まった。

　なにを、いつ、どのように教えたらよいのか。いま行われている教育課程編成の仕事をさらに推進するにはどのような調査や研究が必要であるのか。数学であれ、歴史であれ、その<u>教科の構造</u>を強調すること―つまり、できるだけ迅速に、ある一つの<u>学問のもっている基本的観念</u>についての<u>感覚</u>を生徒に与えようというしかたで、それを強調すること―にはどんな意味があるのかということである。

（第 1 章序論 P3、下線筆者）

　書物の出だしの部分である。「教科の構造」の推進について、「学問のもっている基本的観念についての感覚を生徒に与えること」と述べている。ここだけ読んでも、「教科の構造」が、理科なら理科という教科の、その学年の教科書にある内容や教材の「配列」というレベルの「構造」という狭い意味ではなく、「学問としての基本的観念」としての「理科（科学）」という「教科」のあるべき構造（基本的観念）を指していることが分かる。

　この「教科の構造」という言葉と、「基本的観念」という言葉から想起されるのは、これまで考えてきた「知識の構造（スキーマ）」という認知主義による考え方であり、そこから考えられる教科のスキーマのネットワーク表現（第 25 章の 2．「構成された知識」とイメージの関係（P257）での「斜面の問題に関しての、初心者と熟達者のスキーマのネットワーク表現の違い」参照）などの例である。つまり、この「教科の構造」は、学力観から言えば、認知主義に当たると考えられる。

　ここで気になったのは**「感覚」**という言葉である。「学問としての基本的観念」とは、「教科の構造」に関係するもので、ここで例に挙げた数学などで考えればわかるように、随分論理的なものだと思えるのだが、それを「感覚」として与える、とはどういう意味だろうか？この疑問を胸に、もう少し読み進めていく。

(2)「教科の構造」とは②〜「教科の構造」と「知識の再構成」〜

　さらに読んでいくと、教科の構造に関して次のような記述がある。

　"ある特定の学習問題を習得したことから得た利点が、ほかの諸活動を習得するさいにどうなるかという「転移」の研究について、はじめのころは、形式陶冶の転移―分析、判断、記憶などの「諸能力」を訓練して得られる価値―研究に重点がおかれたが、その後の研究では同一の要素または特殊な技能の転移を調べる傾向になった。"と述べ、形式陶冶に基づく理論が諸能力の訓練に関して貧弱な見解しか述べてこなかったと述べた上で、"適切な学習によって大量の一般的転移が得られるのはまさしく事実であって、最適な条件のもとで適切に学習するならば、「学習のしかたを学習する」ようにさえなるということである。"と述べている

（第 1 章序論 P6〜7 から抜粋、下線筆者）

　この「転移」とは、「学習したことが次の学習でも役に立つ」ということだろう。そして

それは「分析、判断、記憶」のような一般的な形式陶冶による転移ではなく、もっと教科の内容に基づく具体的な転移を言っているように思える。したがって、「学習のしかたを学習する」というのも、一般的な「分析、判断、記憶」によって問題解決するというようなレベルではなく、P257で書く「斜面の問題に関しての、初心者と熟達者のスキーマのネットワーク表現の違い」のように、力学における「エネルギー保存の法則」や「ニュートンの力の法則」など、教科（学問）の本質を使いこなせるような「学習のしかたを学習する」という意味ではないだろうか？その上で、次のように述べている

> ここで一言、教科の構造がなにを意味するのか、もっと十分にくわしく説明する必要がある。なぜなら、この書物のなかでのちほど、この構造という観念にしばしば立ちもどることになるだろうからである。この観念をより明らかにするには、生物学、数学、言語の学習の場合にみられる三つの簡単な例が役に立つ。
>
> （第1章序論 P7、下線筆者）

先に、ブルーナーのいう「教科の構造」の意味が今ひとつ曖昧という意見のあることを紹介したが、この文章からは、少なくとも筆者本人は、「構造」にルビが振ってあるように、その重要性を認識し、説明しようとしていることが分かる。そして、それが如何に大事で、その意味を読者にきちんと理解して欲しいと思っていたかは、この文章に続いて、様々な分野（生物学、数学、言語）の学習例を通して説明を試みていることからも感じられる。その最初の、生物学における尺取り虫の動きを例にした説明で、次のように述べている。

> 教科の構造を把握するということは、その構造とほかの多くのことがらとが意味深い関係をもちうるような方法で、教科の構造を理解することである。簡単にいえば、構造を学習するということは、どのようにものごとが関連しているかを学習することである。
>
> （第1章序論 P9、下線筆者）

ここで述べている「教科の構造」とは、まさしく認知主義で言う「知識のネットワーク構造」ではないかと思える。再確認になるが、ブルーナーのいう「教科の構造」は、単なる学習事項を、内容的に易から難へと羅列したものなどではなく、また、その教科の親学問である学問の内容の論理的な系統などではなく（それらに関係はしているだろうが）、自らの力で作り上げていく「知識のネットワーク構造」と言えるのではないだろうか。

これはカリキュラム論で言えば、「習得・活用・探究」の学習段階の「習得」段階における、「知識の再構成」に相当するのではないかと考えられる。

(3)「基本的観念についての感覚」とは？

以上のように、「教科の構造」について自分なりに解釈したところで、最初の引用文にある、「教科の構造を強調すること──つまり、できるだけ迅速に、ある一つの学問のもっている基本的観念についての感覚を生徒に与えようというしかたで、それを強調すること──とは、どのような意味なのか」、という文章にあった「感覚」についての違和感について考え

てみる。それに関して次の文章がある。少し長いが引用する。

学習行為

　教科の学習は三つのほとんど同時的な過程を含んでいると思われる。その第一は新しい情報の習得なのだが、その情報はかつて、ひとがそれとなく知っていたものか、それともはっきりと知っていたことと反対のものであったり、またはそれと置きかえられたものであることがしばしばである。それがまえからもっていた知識を洗練するようなことはめったにないものである。このようなわけで、生徒にニュートンの運動の法則を教えても、それは生徒の感覚が教えるところに反している。また生徒に波動力学を教えても、機械的衝撃が真のエネルギー転換のただ一つの原因だという生徒のかたい確信に反することになる。さらにまた、エネルギーは失われないという物理学における保存の法則を生徒に教えることによって、「エネルギーの消耗」という言葉とそれにわくづけられた生徒の思考方法とにはげしく衝突することになる。（以下省略）

　学習の第二の面は変形とよばれていいものだが、それは知識を操作して新しい課題に適合させる過程である。われわれは、情報を整理するのに他の情報をそのなかに挿入したり、そのそとにつけ加えたり、または別の形に転換させたりする方法でするために、情報の「正体を暴露」したり、分析したりすることを学習するのである。変形はわれわれがその情報を越えてすすむために、それを操作する諸方法を含んでいるのである。

（第3章学習のためのレディネス P60、下線筆者）

　ここに「感覚」という言葉が使われている。前半の文章を読むと、例にあげられている「ニュートンの運動の法則」、「波動力学」、「エネルギー保存の法則」に関する「生徒の感覚」とは、「既習知識」、理科で言うなら「素朴概念」に当たるものと考えられる。つまり、「感覚からくる、素朴な、目の前の事象を正しく理解するには矛盾を含む知識（概念）」と言えるだろう。

　つまり、「新しい情報の習得」にあたっては、その情報（知識）は、①それとなく知っていたものか、②はっきり知っていたことと反対のものであったり、③それと置きかえられたものに置きかえられるもの、等と考えられ、何れも、以前から自分が持っていた知識（既有知識）をより洗練するようなことはめったにない、と言っている。

　「習得」にわざわざルビが打ってあるが、これは「これらは何れも真の習得ではない」ということを言いたいからではないか。どこが真の習得ではないかと言うと、①から③の何れもが、「以前から自分が持っていた知識をより洗練するようなことはめったにない」、つまり、元々自分が持っていた知識との関連性がなく、それと独立して取り入れているだけだからである。それを「新しい情報の習得」と、批判的に言っているのではないだろうか？　つまり、ブルーナーは、「前からもっていた知識の洗練」である、「知識の変容」を真の学び＝習得と考えていたのではないだろうか？

　それを受けて、このような「新しい情報の習得」の学習では、「ニュートンの運動の法則を教えても、それは生徒の感覚が教えるところに反し」、「波動力学を教えても、（途中略）

生徒のかたい確信に反すること」になり、「エネルギーは失われないという物理学における保存の法則を生徒に教えることによって、「エネルギーの消耗」という言葉とそれにわくづけられた生徒の思考方法とにはげしく衝突する」ことになる、と書かれている。

何れも、「知識の変容」がないままの「新しい情報の習得」により、「感覚」や「確信」、「思考方法」に反することになる。このようにみてくると、**「感覚」とは、先に書いたような「教科の構造」に関係する論理的なものと<u>相反するものではなく</u>、それを創り上げていく際に必要不可欠なもの**であることが分かる。知識を構造化する際の邪魔なものではなく、それを**納得して進めていくために必要なもの**という捉えである。これは、これまで私たちが考えてきた現在の知識観そのものと言えるのではないだろうか。

文章の後半では、それを「変形」という「知識を操作して新しい課題に適合させる過程」を経て、新しい知識を構成するという学習観を述べている。これはまさしく、認知主義による学びを示していると考えられる。また、個々の子どもの感覚を大事に、その変容を目指している点からは、次の構成主義による学び、つまり子ども自身による知識構造の変化を目指していることも伺い知れる。

上記の文章に続き、「学習の第三の面は評価であるが、…」と、自分の学びのメタ認知的な面を指摘していることも注目される（詳細は省略）。

(4) ブルーナー「教育の過程」の位置付けは？

以上、部分的な検討だけで申し訳ないが、このようにみてくると、「系統主義的なカリキュラム論」に位置するブルーナー「教育の過程」は、形式的な系統主義の学習論どころか、認知主義や構成主義の考え方を大切にした今回の新学習指導要領の考え方に直接つながる、大事な学習論である、と言えるのではないだろうか？そしてP227のポイント⑩で疑問として書いた、「系統主義」は「問題解決学習」を否定しているのか？という疑問についての解答ともなるだろう。

ただ、このブルーナーの「教育の過程」で気になる点がある。それは多くの解説書が注目している次の文章についてである。

> どの教科でも、知的性格をそのままにたもって、<u>発達のどの段階のどの子どもにも効果的に教えることができるという仮説</u>からはじめることにしよう。これは、教育課程というものを考えるうえで、大胆で、しかも本質的な仮説である。
>
> （第3章学習のためのレディネスP42、下線筆者）

下線にあるようなこの仮説の大胆さに疑問を呈するような意見もある。また、上記の記述に関して次のような記述もある。

> 教育のもっとも一般的な目的は、<u>優秀性を育てる</u>ことではないかと思われる。だが、この言葉がどんな意味で使われているかを明らかにしなければならない。ここでいっているのは、優れた生徒に学校教育を与えるだけではなく、一人一人の生徒が、<u>各自もっとも適した知的発達をとげ</u>

るように助けてやることである。教科の構造を強調するよい教育は、才能にめぐまれた生徒よりも、あまり有能でない生徒にとってこそ価値があるのではないだろうか。(以下省略)

(第1章序章 P12、下線筆者)

このようなブルーナーの考えに対し、知的エリート向きの考えだ、あるいは現実的ではない等という批判もあったようである。特にこの「教育の過程」が出されたのは、スプートニク・ショックによる「教育の現代化」運動の中であり、我が国でも最先端の科学の成果を小・中学校の教科内容にも反映させようとする動きがあったが、それは同時について行けない、所謂落ちこぼれを生むことにもつながり、方針の変更を余儀なくされた経緯がある。そんな状況の中で、上記にある「あまり有能でない生徒にとってこそ価値がある」と言えるのかどうか？という疑問も、上記の批判に結び付いたのだろう。

しかし自分は、この2つの文章から、次のように考えたい。「どの教科でも、知的性格をそのままにたもって、発達のどの段階のどの子どもにも効果的に教えることができるという仮説」は、ブルーナーの「教育の過程」を代表する言葉として有名だが、それを、「知識を構造化して考え、それを個々の子どもが自分の既習知識や見方・考え方という「感覚」を大事にして再構成していくことが学習である。」という、「学びのあり方」を述べているものだと捉えたい。つまり、そのような「学びのあり方」は、どの教科でもそして、発達のどの段階の子ども、つまり小さな子どもであっても、或いは大人の科学者であっても同じだということを述べているのではないだろうか？

また、「あまり有能でない生徒にとってこそ価値がある」と述べている点は、P150で紹介した「真正な学び」に対する奈須氏の「既習事項の定着状況に不安のある子、その教科が苦手な子も何らかの角度で議論に参加できる可能性が高まる。」という文章に対応していると考えられる。今、注目されている「真正な学び」の重要性をブルーナーは見通していたのではないだろうか？

勿論、だからと言ってその実現が簡単ということではない。寧ろ、個々の学習者の「感覚」を理解しながら進めていく学びは、形式的な系統学習の推進より何倍も難しいだろう。しかし、その言わんとしていることは大事な捉えだと思われる。

そんな学びを進めていく際の留意点が、二つ目の文章にある「一人一人の生徒が、各自もっとも適した知的発達をとげるように助けてやること」だろう。そして、それが「優秀性を育てる」の真の意味だろう、同時に、それが如何に難しいかということは、現場を知っている私たちは十分に実感していることである。しかし、そのことでもって上記の考え方を「きれいごとの理屈」ととってしまうのはおかしいと思える。

(5) ブルーナー「教育の過程」が「新学習指導要領」に与えるもの

このようにみてくると、ブルーナーの「教育の過程」の考え方は、今回の「新学習指導要領」の考え方の基盤をなす重要なものではないかと思える。具体的に言えば、ブルーナーの言う「教科の構造」は、「知識は構造を持っていて、その再構成が学びである」という「知識観」と、「教科なればの知識構造」の特色につながり、「感覚」は、その「知識構造」に関

する「見方・考え方」に関係するのではないかと思える。

　つまり、これまでの子供たちの学び（感覚＝見方・考え方）を大事にする「経験主義」的「カリキュラム観」と、それを生かした知識の再構成を図るという、構成主義的な「学習観」に基づく「系統主義」的「カリキュラム観」を融合させた学びと言えるのではないだろうか？今回、概観的ながら読んでみた経験から、古い（昭和38年初版発行）と見ていた「教育の過程」を、今こそ一度じっくり読む必要性を感じた。

6.　認知主義と構成主義の境目、大事なことは？

（1）構成主義になって何が変わったか？

　ブルーナー「教育の過程」から元に戻り、認知主義と構成主義の関係を改めて考えると、最初に書いたように、これまでの自分の中では認知主義と構成主義の関係が曖昧で、都合に合わせて適当に言葉を使い分けていたように思う。今回いろいろ調べたり考えたりした結果、書物によってその捉えが微妙に異なっていたりして、実はこの2つはそんなに厳密に区分して共通理解されているわけではなさそうに感じた（専門的なことは分からないが）。

　ただ、まず大事なのは、「行動主義」から「認知主義」になり、学びの入り口と出口だけでなく、その真ん中の「どのように学んでいるか」の「個の頭の中の捉え」に焦点が向けられたことだろう。そして、次に大事なのは「認知主義」から「構成主義」につながることで、「頭の中の捉えは、外界からの情報を元に個々が創るものであり、従って個々の学び手によりその捉えは異なっている。」という「学び」に対する捉え方が大きく変容してきたことだろう。

　この「認知主義」と「構成主義」の違いの意識が、書物によって若干異なっているように感じた。誤解もあるかもしれないが、敢えて分かりやすくその違いを書くと、以下のようになるのではないかと自分は捉えた。

　「認知主義」とは、**「知識を構造的なもの」と捉える点**がこれまでと異なり、「既習の知識」に「新しい知識」を組み合わせて「新しい知識」を作ることが学びと捉える。つまり、物事の「認知の仕方」に対する考え方である。しかし、こうして得る「知識」はこの段階では、「行動主義」で得る知識と内容的には同じで、つまり教師が「こうありたい」と願った知識である。しかし、知識を構造として捉え、「どう捉えさせるか」と「頭の中」まで考えた指導法につなげたのは大きな進歩と考える。

　それに対して「構成主義」は、その頭の中の知識の構成は、**「個々の頭の中で行われるもの」**であり、あらかじめ教師が「このような知識として構成されたもの」と考えた知識を与えていくのではなく、「個々が自分の見方・考え方に基づいて思考力・判断力・表現力等を使いながら作り上げ、構成していくものである」、というものである。知識を構造化されたものと捉える点は「認知主義」と同様だが、**その構造を作り上げるのは、個々の学習者である、**という点が重要な違いと思える。蛇足だが、だからと言って、個々がてんでんばらばらな知識を構成するわけではない。そこには「構成してほしい知識」をめざすという教育とし

てのねらいがあり、指導があることは勿論である。

（2）今回の学習指導要領への影響

①主体性の大切さ

　この「構成主義」による「学び」観は、今回の学習指導要領にも通じる大事なものだということも述べてきた。この、個々の働きかけによる学びが実現するには、個々の主体性に基づく学びが実現するための働きかけ、つまり個々の解決への興味や意欲に基づく見方・考え方や思考力・判断力・表現力等の発揮が重要になってくると思われる。この点からも、学びにおける主体性の大切さが出てくると思われる。

②「社会に開かれた教育課程の実現」の意味の再検討

　以上のように「学び」を捉えると、「外界からの情報」を、これまでの既有知識や見方・考え方に基づき、どのように捉えるかということが学びにとって大事であり、情報を得る「外界」との関係が大事になってくる。それは当然、より開かれたものであるべきだろう。

　今回の「社会に開かれた教育課程の実現」のねらいは、ここにもあるのではないだろうか。敢えて言えば、社会に開かれた教育課程の持つ意義の一つは、認知主義と構成主義の違いにあると言えるのかもしれない。それがよりはっきりと感じられるのは、第21章の8（P213）で考えた「社会的構成主義」についてである。「社会に開かれた教育課程」の真の意義は、社会的構成主義の考え方から来ているのではないだろうか？つまり、外界（社会）と個々の関わり（相互作用）の中から学びが形成されるということである。

（3）自分の捉え方の反省と注意

　これまで自分は、「認知主義」と「構成主義」を曖昧に捉え、「知識を再構成することが学び」と漠然と捉えてきたが、実は「自分で、自分の見方・考え方を使って、思考力・判断力・表現力等を生かしながら、知識を再構成することが学び」であることが今回はっきりした。そうした捉えから振り返ってみれば、これまでの自分は、授業前の教材分析から「このような知識の再構成を目指したい」と想定し、それが実現するように、時には子どもの主体性や自主性を損なって授業を進めていたことがあったのではないかと反省させられる。

　そこで思い出されるのは、第21章の終わりの10（P224）で考えた、「子どもの主体性」の捉え方である。子どもが「自分で考える」という「主体性」の意味を、その大切さを、この構成主義の立場から今一度考えてみる必要があるだろう。

　ただ、ここで注意したい事がある。それは、それならば「教師は教えることを極力控えて、子ども自身が気付き、知識を再構成して自ら学びを創り出すまで待ち続ける」ことが大事なのか？　ということだ。それに関して、以下の文章がある[63]。

　既有知識に基づいて新しい知識の獲得がなされることを仮定する「構成主義者」たちの学習理論には、共通の誤概念が存在する。それは、教師は新しい知識を直接的に教えるべきではなく、生徒たち自身で知識を構成させるべきであるという誤概念である。このような構成主義者たちの見解は、認知理論と教授理論を混同したものといえる。このような構成主義者は、「いかに教えるべきか」という教授法の問題には注意をはらわずに、ひたすら生徒たち自身に知識を構成させよ

うと固執するのである。たしかに「魚は魚」や「地球は丸い」ことを子どもたちに教えた事例（説明は省略）に明確に示されているように、単に説明をくり返すだけでは、誤概念はなかなか修正されない。しかし、他方では、最初に自分で問題に取り組んだあとであれば直接的に説明し教えるほうが効果的であることも多い。したがって教師は、<u>生徒たちの既有知識に注意をはらい、必要に応じて指針を与える説明をするべきである。</u>

（『授業を変える』米国学術研究推進会議編著　北大路書房 P11 から、（　）内、下線筆者）

　上記文章中の「認知理論と教授理論を混同」については、本章でも「カリキュラム論と学習論の混同」について書いてきた自分自身の経験にもつながる危険性を感じた。それは、前述した「どのように学ぶか」という「学び方」、ここで言えば<u>「指導観」と、「分かるとはどのようなことか」という「学習観」の混同</u>という、自分も陥った捉え方の危険性である。つまり、「子どもが自分の見方・考え方に基づいて思考力・判断力・表現力等を使いながら作り上げ、構成していく」ことが大事だからと言って、それを全て自分でやらねばならない、ということではないだろう。それならば、教師の「指導」は必要ないことになる（ここで言うと認知理論と教授理論の混同）。また、そうして作り上げる「知識の構造」が、子どもの見方・考え方に基づいて思考力・判断力・表現力等を使いながら作り上げ、構成したものなら、どんなものでも良いかというと、そんなこともないだろう。それが良ければ、授業の「目標」や「ねらい」は個々バラバラになってしまう。

　敢えて誤解を恐れずに書けば、子どもが「自分の思いや考え、捉え方を基にして、解決にたどり着いたのだ！」と実感できるような学び、そして、それが同時に授業を通した教師の狙った学びにも合致するような学びを構成していくことが大事であり、そのための適切な指導や支援が教師として大事で必要なことと考えられる。そして、それは構成主義的な学びの捉えとは矛盾しないと考える。

　次に、デューイの「学校と社会」[64]から「経験主義」についても、ポイント⑪で考えてみる。

ポイント⑪　デューイの「学校と社会」から「経験主義」を再度考える

　ブルーナーの「教育の過程」を検討してみたことで、ブルーナーの「系統主義」は決して教師からの押しつけではないことが分かった。「系統学習」ということで、「教師主導」と決めつけていた自分の早とちりが大きな勘違いの原因だった。

　それならば、そのブルーナーの「系統主義」の前の、我が国では「はいまわる経験主義」として批判された経緯もあるデューイの考え方はどうだったのだろうか？自分のこれまでの印象は、子供たちに「問題解決学習」を推奨したのはよいが、それを経験から組み立てていこうとする意識が強すぎた点に無理があったのではないか？というような曖昧で乱暴な受け取り方だったが、これも本当にそうなのか心配になってきた。そこで、デューイの学習観についても、少し見てみることにした。

　デューイの教育観がよく表れている本として「学校と社会」がある。その中から関係すると思

われる点をいくつかかいつまんで考えてみる。

１．なぜ「経験」を大事にしたのか？

> 知識を授けるための実物教育として仕組まれた実物教授をどれほどやっても、農場や庭園で実際に植物や動物とともに生活し、その世話をするうちに、動物や植物に通じる、その呼吸にはとうてい代わりうべくもない。訓練を目的として学校でどれほど感覚器官の訓練をやってみても、平常の仕事に日々身を入れ心を配ることによって得られる感覚生活の溌刺さと充実さには、とうてい匹敵しうべくもない。言語的な記憶は課題を出して訓練することができるし、推理力の或る程度の訓練は理科と数学の課業をとおして仕上げることができる。しかし、けっきょくのところ、これは、背後には実際的な動機があり、前途には実際的な結果の待つ物事をなしとげるうちに得られる注意力や判断力の訓練とくらべれば、なんとなく現実離れのした、影のようなものである。こんにちでは、産業の集中と労働の分業によって、家庭と近隣から有用な仕事がなくなってしまった―すくなくとも教育目的のうえからいえば、そういってよい。
>
> （第一章　学校と、社会の進歩 P23、下線筆者）

(1)「経験」とは何か？

・これを読むと、デューイは子どもにただ経験させれば良いという単純なことを言っているのではないことが分かる。それが分かるのは、「知識」の獲得の仕方である。単なる経験として、実感のない「実物教育として仕組まれた実物教育」をしても、「感覚器官の訓練」をやっても、「真の知識」は授けることができないと書いている。そうして得られた「知識」は、「その知識を得たい」という「実際的な動機」もないまま進められて得られる、「なんとなく現実離れのした、影のようなもの」だと書いている。ここを読むと、「学びたい」という「見通しを伴った意欲」に基づく主体的な学びを実現するような「真正な学び」を、デューイは願っているように感じる。そして、ここで言う「経験」とは、そのような主体性を子どもから引き出すようなものであり、単に体験させれば良いというものではないと考えられる。

(2)「訓練」について

・デューイの「学校と社会」を読み始めると「訓練」という言葉が頻繁に出てきて最初は気になる。上記文章でも「訓練を目的として」と出てくるが、読んでいくと、その意味は現在使われている「ある種、強いるようなニュアンスも含むトレーニング」といったような意味とはちょっと違って、「学習」というような意味に近いように感じる。したがって、この「訓練」という言葉自体には強制的な意味はなく、ここでは、その真の「訓練＝学習」は、「その訓練自体を目的とした今の学校での取組では到底実現しない」ということを言っていると思える。では、訓練、つまり学習自体を目的とせずにどうしたら良いのかというと、その訓練の「背後には実際的な動機」があり、その「前途には実際的な結果」のあることが大事だと考えている。

２．「訓練」自体を目的にせずとは？

　・「訓練」＝「学習」の意味ならば、「訓練」自体を目的にせずとは、「学習」自体を目的としない、ということになる。これはどういう意味だろうか？それは、伝統的な教育における「知識を授けるためだけの学習、学ぶ動機や実際に使えるゴールも見えない学習」を目的とはしない、ということだろう。これは、本文で考えてきた学びを実現するのに大切な「自分事の

学習課題」を持つことと、「ゴールのイメージと取組の見通しを持つ」ことによる「主体的な学び」が実現することに通じるのではないだろうか？

- つまり、「訓練＝学習」自体を否定しているのではなく、それが主体性を持って学ばれることで使えるものになることをねらっていたのではないだろうか？そして、その場がこれまでは「家庭」だったのだと言っている。

3．「家庭」による学習の意味

- では、どうしてデューイはそのような教育観を持ったのだろうか？詳細は省くが、デューイは、教育のあり方が社会の変化に大きく影響されると考える点から出発している。つまり、これまで家庭により行われていた「全作業過程が、公開されていた」仕事（衣服の製造を例にあげている）を通して子どもに「仕事に参加するところまで」もっていった教育を、科学技術の発展を含めて大きく変化した社会によって変化させてしまったと説いている（p20~22）。そして、上に紹介した文章に続くのである。つまり、「経験主義」の元は、家庭での「経験による学習」にあったと言える。そのような実感を伴う経験からの学びを行うことが、真の教育と考えていたのではないだろうか。

- 上記に述べたデューイの考え方とは異なる、現実の「訓練を目的として学校」での学習は、「現実離れのした、影のようなもの」と述べている。つまり、「現実には使うことの出来ない形式的な知識」を学ぶ「虚ろな存在」としての学校、というような意味合いだろう。

- ここまで読んでくると、デューイの求めていた「学習」は、今日で言う「真正な学び」や「正統的周辺参加（解説は省くが、職人の修行が親方に付いて、手取り足取り教えてもらうのではなく、その環境の中の経験から自分で学び取っていくような学びのこと）」に近いものではないかと感じられる。

4．「経験」だけを大事にしているのか？

- デューイはこのような経験を大事にして、「訓練を目的」とした学校教育を否定しているが、では書物からの学びなどはどう考えているのだろうか？以下の文章に、そのヒントがある。

> 危急に直面すると、われわれは身を助ける唯一の訓練、とっさに直覚的に役立つ唯一の訓練は、生活そのものをとおして得られるものであることを誰しも実感する。われわれが経験から学ぶということ、そして書物或は他の人々の言説が経験に関連のあるものであってはじめてそれらのものから学ぶということは、たんなる言葉のうえだけのことではない。しかるに、学校はこれまで生活の日常の諸条件および諸動機からはなはだしく切離され、孤立させられていて、子どもたちが訓練を受けるために差し向けられる当のこの場所が、およそこの世で、経験を―その名に値いするあらゆる訓練の母である経験を得ることが最も困難な場所となっている。
>
> （第一章　学校と、社会の進歩 P30、下線筆者）

- 上記の下線部分にあるように、デューイは「書物或は他の人々の言説」からの学びを否定しているわけではない。ただ、大事なのは、それらからの学びは、経験したことと関連することによって初めて実現する、ということである。

- したがって、ここまで読んできて見えてきたのは、デューイが大事にしているのは「やったかやらないか」というような「体験」レベルの「経験」の有り無しの重要性ではなく、「やる

ことで問題解決に向けての意欲や見通し、ゴールイメージなどが持てる主体性が高まるような経験」だということが分かる。そして、それに関係するものであって初めて書物などからの学びも意味を持ってくると考えている。

５．「経験」の何が大事なのか？

- このように見てくると、デューイが「経験」の何を大事にしていたのかが見えてきたように感じる。再度、「読書」と関連させながら考えてみたい。
- デューイは、「書物から学科を学ぶということは、聴講の一種に他ならない。それは一つの心が他の心に従属・依存していることをしめすものである。ものを聴くという態度は、比較的にいえば、受動的な態度であり、ものを吸収する態度である。（P46、下線筆者）」と書いている。また、以下のような文もある。

（二）子どものより日常的な・直接的な・個人的〔体験的〕な経験が、それの解決・満足・遂行のためには書物の力を借りることが必要となるような諸々の問題・動機・興味を提供するようにするという要求。もしそうでなければ、子どもはなんら知識を渇きもとめることなしに、なんら溌剌さをもつことなしに、そしてまたなんら探求的な態度をもつことなしに書物に接することになる。しかして、その結果はかく嘆かわしくもあまねくみうけられるとおりのものである。―すなわち、屈辱的に書物にばかり頼っているので、思考と探求の活力を弱め、またいじけさせてしまって、空想、情緒的耽溺、および現実の世界から仮象の国への飛翔のなかにたんなる行きあたりばったりの刺激を求めて読書すること。　　　　　（第四章　初等教育の心理学 p133、下線筆者）

- このように見てくると、デューイは「経験」することで、他に依存することなく自己の学びを実現していけることを目指していたのではないか？そして、そのための「必要性を持った」上での書物の力を借りることは、むしろ推奨していたと考えられる。
- P48 には、「子どもたちは活動する瞬間、自らを個性化する。かれらは一群ではなくなり、各自それぞれにはっきりした個性的な人間になる。」という文章がある。つまり「経験」とは「活動」であり、それは「個々の個性」を自分にも他人にも顕在化させることであり、それが学びのスタートになる、ということではないだろうか？P70 には「思想というものはそれが自分自身のものでなければ〔真に〕思想ではないのである。」という文章もある。
- したがって、デューイは「経験」によって「個々の個性」に合った、自分自身の思想（考え）としての問題・動機・興味などが喚起され、今で言う「真正な学び」が実現すると考えていたのではないだろうか？
- このように読んでくると、「経験」の価値は、それによって個々に異なる「自分なりの真正な学び」が実現できる点にあるのではないだろうか？そして、この考えは、今回の学習指導要領の本質的な捉えと合致すると思われる。

「経験主義」、「系統主義」と「新学習指導要領」の考え方を整理する

第23章

1.「経験主義」と「系統主義」を融合させる「習得・活用・探究」の学びの過程

ポイント⑪に書いたように、デューイの「学校と社会」を自分なりに読んだ結果、当初の思い込みとは違い、「経験主義」は単なる体験ではなく、子どもに主体性を持たせた上での問題解決学習を実現するための「経験」を大事にする考え方で、今で言う「真正な学び」に通じるものと考えられる。したがって、「はいまわる経験主義」と言う批判は、「経験主義」の理解度やその運用方法に原因があったものと考えられる。しかし、「学校と社会」の解説（岩波書店）にあるように、課題は「教育理論自体に内在」していたのかもしれない。その辺りは勉強不足で今後も検討していかねばならないと思えるが、少なくともここで考えた「経験主義」の意義については尊重し、理解し、今後の実践に生かしていかねばならないと思う。

これに、ブルーナーの「教育の過程」から考えた「系統主義」の意義を合わせて考えると、今回の学習指導要領の考え方にはこの両者の考えが大きく生きていると考えられる。ここまでの展開から、「経験主義」と「系統主義」という「カリキュラム観」と、「行動主義」と「認知主義（構成主義）」の「学習観」の関係をまとめたのが下の表である。

		〔学習観〕	
		行動主義（実証主義）	認知主義（ピアジェ） 構成主義→社会的構成主義
〔カリキュラム観〕	経験主義 （問題解決型） ・探究型教育	ソーンダイク	デューイ「学校と社会」問題解決学習 はいまわる「経験主義」？
	系統主義 （知識重視型） ・習得型教育	スキナー （オペラント条件付け） 「プログラム学習」 「ティーチングマシン」	ブルーナー「教育の過程」発見学習 「習得・活用・探究」の「習得段階」 知識の伝達に偏った「落ちこぼれ」問題？

※本書で主に扱うデューイとブルーナーの位置関係を明らかにしたいために作成した表で、社会的構成主義者などは省いてある

これを見れば分かるように、デューイの「経験主義」も、ブルーナーの「系統主義」も、学習観は子ども主体の「認知主義」から出発しており、「経験主義」は「探究型教育」、「系

統主義」は「習得型教育」を大事にしていると考えられる。しかし、だからと言ってデューイの「経験主義」が「系統性」を無視していたわけではなく、ブルーナーの「系統主義」が子どもの「経験＝感覚」を無視していたわけではないことは書いてきた通りである。

　そこで、主に「習得」と考えられていた「系統主義」的な学びと、主に「探究」と考えられてきた「経験主義」的な学びを、その間を取り持つ「活用」を導入することで、「習得・活用・探究」の学びの過程として統一し、その実現を「主体的・対話的で深い学び」によって実現しようとしたのが今回の学習指導要領の考え方で、つまり、それは、この「経験主義」と「系統主義」の両者を融合した考え方を出発点としている、と言っても良いのではないかと思える。

　つまり、今回の新学習指導要領の考え方との関係で具体的に見れば、少し強引な分け方ではあるが、デューイの「経験主義」は、「真正な学び」に代表される子どもの「主体性」から出発する学びの大事さを言っており、ブルーナーの「系統主義」が言う「教科の構造」は、第22章5（5）（P236）でまとめたように、「知識は構造を持っていて、その再構成が学びである」という「知識観」につながり、同じく「感覚」は、その「知識構造」に関する「見方・考え方」に関係すると思える。

　この「感覚」については、デューイも、体験における「感覚生活の溂剌さと充実」の重要性を言っている。これは、ブルーナーの言う「感覚」＝「見方・考え方」に通じるものと考えられる。

　このように見てくると、随分乱暴な言い方になることは十分承知で書くと、**「新学習指導要領」は、子供たちの心的な面から捉えた「主体的な学び」を大事にする「経験主義」と、知的な面から捉えた「知識の再構成を図る」という構成主義に基づく「系統主義」を、両者にとって共通して大事な「感覚」から出発して育っていく「見方・考え方」によって融合させた学び、**と言えるのではないだろうか？勿論、この「心的」と「知的」は離れがたく重なるものである。蛇足だが、その意味では、この２つをつなぐ「見方・考え方」の「心的、知的」両面からの捉えが非常に重要になる気がする。そのような「見方・考え方」の捉え方は考えすぎだろうか？これについては、後程検討してみる。（P265の6、参照）

コラム⑯　「深い学び」につながる考え方

・「批判的思考力」とは今井むつみ氏によると、「単に本で読んだだけ、誰かに説明されただけでは理解できない。知識（理論）を構築していく実際の道筋がわからないと、様々な仮説を適当に立てるだけで終わってしまう。自分で仮説を考え、実験をデザインし、データを取って分析し、吟味し、論を構築し、それを評価する。このようなプロセスを何度も繰り返し経験すること、つまり「体で覚える」ことによって初めて体得できる。」力のことである。（『学びとは何か』今井むつみ、岩波新書 P40）。

・この内容を改めて読むと、デューイの「書物」に対する価値観や、教育に対する「家庭」の位置付け、つまり「経験」の意味についての考え方にとても似ていることに気付く。また、ブルーナーの「感覚」に示されている内容とも、見方・考え方の面で通じる点があると思われる。

- また、この「批判的思考力」は「真正な学び」とも通じると考えられ、この「真正な学び」は、「深い学び」とも深い関係にあることも分かった（P152、6.「真正（オーセンティック）な学び」と「深い学び」参照）。
- このように見てくると、今時学習指導要領で大事にしている「深い学び」には、デューイやブルーナーの考え方や、「批判的思考力」や「真正な学び」の考え方が深く関係していることが分かる。先生方は、あわただしい毎日の中での授業に追われる毎日だと思うが、時には古典にも戻り、また視野を広くして、このようなつながりを振り返ってみることで「何が本当に大事なのか」を、自分なりに振り返ったり確かめてみることも、大切ではないだろうか？

2. 改めて「家庭」の役割と「意図的学習」、そして「主体的な学び」から、「社会に開かれた教育課程」を考える

　ここまで、これからの学びを実現するには、何より「主体的」が大事だと考えて検討してきたが、最終的には、「新学習指導要領」は「主体的な学び」を大事にする「経験主義」と、「知識の再構成を図る」構成主義に基づく「系統主義」を融合させたものと考えられるという結論に達した。

　ただ、この検討で改めて実感したのは、この「学び」の出発点である「主体的な学び」の重要性と、それに伴う「感覚」という、これもまた主体的なものであるが、同時に「知識の再構成を図る」構成的な学びを支える「見方・考え方」の「元」となると考えられる「もの」の重要性である。

　つまり、**「経験主義」と「系統主義」を融合させるものとしての「主体的」が大事**になってくるというのが、今の自分の捉え方である。では、その主体的な学びの重要性は、そもそもどこから強調されてきたのだろうか？その1つのきっかけは、デューイの言う「家庭」の捉えからではないかと思える。

(1) デューイの「家庭」の役割を考える

　ポイント⑪でも書いたように、デューイは、「経験主義」の元は、家庭での「経験による学習」にあったと考え、そのような実感を伴う経験からの学びを行うことが、真の教育と考えていたと言える。では、「経験」していれば「主体的」になるのだろうか？そこが前にも書いた「経験」と「体験」の違いだろう。ただ「行動しただけ」の体験ではなく、「経験」は、ある目的、「学校と社会」では、衣服の製造が例としてあげられているが、その目的に向けて見通しを持って進めていくことが「経験」と言えるだろう。したがって、経験には、「このようにしたい」、「こうしたらうまくいく」とか「このやり方は良くない」等の試行錯誤の過程が伴い、取組の改善が目指される。そして、それに伴って、やり遂げていく成就感や自己肯定感が生まれてくる点が、体験との違いだろう。

　デューイは、"プラトンはどこかで、奴隷とは自分の行動において自分の意志ではなくて誰か他人の意志を表現する人間のことだと言っている。方法・目的・理解が作業をする人間

の意識のなかに存せねばならないということ、すなわち、人間の活動がその本人にとって意味をもたねばならぬということは、プラトンの時代におけるよりもいっそう緊切でさえある現代の社会問題である。（「学校と社会」P37、下線筆者）"と書いている。この「自分の活動が自分にとって意味があり、その活動の方法・目的・理解が、自分の意志によってなされる」ということが、「主体的」そのものではないだろうか？その意味において、デューイは「家庭」での経験の意義を、「主体的な学習の実現が何より大事」なものとして位置付けていたのだと思える。

(2)「意図的学習」の意義を考える

　この考え方をさらに進めたのが、P203 の 3. で述べた「意図的学習」の考え方ではないだろうか？デューイの言う「家庭」での経験は、例えば衣服の製造等、ゴールが「外から」設定された上での、その実現に向けての「主体性」だったが、「意図的学習」は、教師が示したゴールへの学びで終わる学習ではなく、自らそこからの学びの質を引き上げ、次のゴールを定めて学びを深化させていく学習の姿だった。この、人から与えられた学びではなく、自分から進んで学び続ける学び、つまり「自分事の学び」こそがこれから求められる「主体的な学び」ではないかと考えられる。

　そして、それが示す方向が、「なりたい自分」に向かっての「自己のキャリア形成の方向性と関連付けながら」の学びであり、それを支え、またそれによって育つのが、「資質・能力の三つの柱」の中の、「学びに向かう力・人間性等」の涵養ということになるのだろう。したがって、「学びに向かう力・人間性等」の涵養の基盤となるのは「主体的に取り組む力（意欲や態度も含めて「力」としたい）」と考えたい。

(3)「社会に開かれた教育過程」との関係

　デューイは、そもそもこの「主体的な学び」を可能にしてきたのは「知識を授けるための実物教育として仕組まれた実物教授（P23）」が行われていた学校ではなく、家庭での「経験による学習」だと述べている。そしてデューイは「理想的な家庭」を具体的に説明しているが、そこでは「家族のあいだで交わされる談話のなかには、子どもにとって興味もあり価値もあるふしぶしがあらわれるだろう。子どもはいろいろと発言し、質問がおこなわれ、さまざまな話題が語り合われ、かくして子どもは不断に学習する。（途中略）そうした家庭の仕事に参加することは、知識を得る機会となる。」と述べている（P50）。そして、「もしわれわれが、右のすべてのことがらを組織化し、一般化してみるならば、そこに理想的な学校ができあがる。（P51）」と書いている。

　これを読むと、デューイは「家庭」の社会性を重視しており、それが一般化したものを理想の学校としていると考えられる。これは、「社会に開かれた教育過程」の重要性につながると考えられる。

　このように見てくると、「主体的」という観点から見た場合、元々家庭において行われてきた子どもの主体性を大事にした教育を、子ども自身の目的をより「自分ごと」とすることでより主体性を高めた教育（「意図的学習」の推進）とし、家庭内での関わりから、広く社会での関わりへと広げたものが、「社会に開かれた教育過程」の推進と言えるのではないだ

ろうか？

　家庭教育と学校教育、ひいては社会教育との関係については、今回本書の扱う内容ではないが、このように見てくると、それら各場所で行われている教育のつながりの重要性を改めて感じる。

第24章

「主体的学び」を軸に検討した結果から見えてきた「授業改善のポイント」

　ここまで、カリキュラム観や学習観の検討をはさんで、「社会に開かれた教育課程」の検討から見えてきた「主体的」学びの重要性について様々な面から考えてきた。その結果、端的に言えば「主体的な学び」をベースとした「真正な学び」に基づいた、「知識の再構成を図る」学びの実現が求められていると考えられそうだ。

　そして、デューイの「経験主義」からの、学校の「知識」に閉じこもらない「社会に開かれた学び」の意義、そしてブルーナーの「系統主義」からの、社会的構成主義に基づく「知識」の獲得のための「社会に開かれた学び」の意義が合わさって、「社会に開かれた教育課程」の意義につながっていくのではないかという考えに至った。これらから得られた知見に基づき、これからの授業の在り方や改善点について、自分の考えを以下にまとめてみる。

1. 「知識観」を大事にした授業の推進とそれを可能にするもの

　私たちはこれまでの授業でも、「知識（や技能）」の習得を大事に授業を進めてきた。新学習指導要領になり、「知識・技能ではない。これからは思考力・判断力・表現力の育成こそが大事なのだ」等の声も聞こえるようだが、ここまでの検討からそれは全くの見当違いだと言うことが分かる。相変わらず、いや、これまで以上に「知識」の習得は大事である。ただし、ここまでの議論を踏まえると、「求められる資質・能力」としての「知識」とは、「深い学び」により得られた①「活用できる知識」であり、それは②「構成された知識」であり、その獲得は③「主体的な問題解決」によって可能になる、という3つの条件をクリアした知識であるという共通理解が必要だろう。

　敢えて分けて言えば、この①「活用できる知識」に深く関係するのが、その習得を可能にする「資質・能力」としての「思考力・判断力・表現力等」であり、②「構成された知識」に深く関係するのが「知識・技能」の在り方、そして③「主体的な問題解決」と全体に深く関係するのが「学びに向かう力、人間性等」と言えるだろう。

　つまり、これから求められる「知識」は、「資質・能力の三つの柱」をクリアした「知識」であり、この三つの資質・能力が密接に機能し合って獲得された「知識」ということができるだろう。そのように考えると、知識を「習得する」という、何となく"静的で受動的に感じる"表現（あくまで個人的な感覚だが）は、あまり適当ではないのかもしれない。授業をするに当たって、まず教師は、このような基本的知識観、及び各資質・能力との関係を見極

めて授業に臨むことが必要だろう。

2. 「活用できる知識」を習得するための 「主体的・対話的で深い学び」に取り組む授業の推進

　では、1. で述べた「活用できる知識」の習得には、「主体的・対話的で深い学び」をどのように働かせた授業を進めていけば良いのだろうか？第16章「主体的・対話的で深い学び」の実現に向けてで、〔「深い学び」のための「主体的な学び」が実現する授業の条件（P141)〕、〔「深い学び」のための「対話的な学び」が実現する授業の条件（P143)〕を考え、第21章の4.「主体的」を育てる授業の鍵①「問い」や「学習問題」の質の重要性、で主体的な学びについて考えて補充したが（P207)、ここへ来て、更にそれを補完する、より深まった議論ができるのではないかと考える。その改善点を中心に述べる。

(1) 「学習課題」設定時には、「真正な学び」を意識した、活用する知識を生み出すための働きかけが必要

　「活用する知識を子ども自身に生み出させる「深い学び」を実現する」という明確なねらいを持ち、その実現を図る授業の推進には、まず、「活用＝使える」という意味でこれまで議論してきた「真正な学び」のための「課題設定」や状況設定が重要になる。したがって、学習課題設定時には、「学習問題」における「「適切な学習課題」が必要」というこれまでの捉えを、「「真正な学び」を意識した、活用する知識を生み出すための働きかけとなる「適切な学習課題」が必要」と改善したい。

　具体的には、学習課題設定時の1点目の、その「課題」は、子どもにとって解決の必要感があり質の高いもので、課題追究の意欲を持たせることができる「自分事」の課題である必要がある（P207)、と考えてきたものを、ここまでの議論を踏まえて、子どものこれまでの既有知識や経験に直に働きかける「真正な学び」につながるもので、しかもこれまでの「既有の知識や論理」だけではうまくいかず、子どもの意識下にある「解決につながるイメージ（見方・考え方か？またそこから出てくるものか？後から考える）」や「現状では関連が見えない必要な知識」を喚起するようなものである必要がある。と具体化したい。

(2) 学習者自身が、自分のイメージに沿って、持っている論理で知識を構成していく過程を大事にすることが必要

　2点目は、「学習活動の見通し（解決に向けての取組の見通し、学習活動のゴールの見通し）が持てる」と書いてきたものを、「自分のイメージに沿って、持っている知識や論理で知識を構成していく過程を大事にした学習活動の見通し（解決に向けての取組の見通し、学習活動のゴールの見通し）を持てる」と改善する。

　ただ、自分のイメージに沿って、持っている知識や論理で知識を構成していく過程は大事だが、そこは外には見えない部分でもある。それは、子ども自身にも見えにくいし、回りの子供たちや教師にも見えない。そこで子どもが、自分のイメージに沿って、持っている知識や論理で知識を構成していくことを可能にする手立てが、言語や、図などによるイメージの

表出、表現だろう。したがって、このイメージの表出や表現が、外から教えられた形式に縛られたものではなく、自分のイメージに沿った知識や論理で「主体的に」なものである点を最も大事にしたい。

　なぜ、このイメージの表出、表現が「主体的」であることが大事なのだろう。それは、イメージとは個人的なもので、内から出てくるものだから、一律的な教え込みによる「形式的」表現に押し込めるのではなく、それこそ個のイメージに即して表現すべきものだからである。つまり、「主体的に」持てるようにすることが必要ということだ。勿論、ただ放任していて「自分の考えのイメージを描きなさい」と言っても描けるものではなく、場合によっては算数における「線分図の書き方」の指導や、理科における「モデル化とはどのようなものか？」等の適切な説明や指導は必要だろうし、効果的でもあるだろう。ただし、それは個々のイメージを表出し、視覚化するための手だてであり、「このように２本の線を引いて、元になる基本の１はここに書いて…」等と形式的に線分図の書き方を指導（指示？）したり、「では、空気を丸い粒の集まりと考えてモデル図をかいて…」等と、一律にイメージを固定化するような指導ではないことに注意が必要である。例えば空気のモデル図にしても、空気のイメージを丸い粒で表すか、色の濃淡で表すか等と言ったような表現手段自体の選択にも、その子のイメージの違いが強く表れてくるからだ。

（3）他人のイメージを参考にしながら自分のイメージを改良して知識を再構成していく過程を大事にすることが必要

　〔「深い学び」のための「対話的な学び」が実現する条件（P143）〕で考えた、「他者に説明したり、他者からの多様な情報を得ることで、自分の考え（知識）を構造化できる」を、「他者に説明したり、他者からの多様な情報を得ることで、他人のイメージを参考にしながら自分のイメージを改良して知識を再構成していく過程を大事にすることができる」、に改善する。

　（2）に書いた「言語や、図などによるイメージの表現」が重要なのは、「自分の考え」を表現することで自らの考えをより明らかにできるだけでなく、外に出すことで、他の人々との交流を通して学びを深めていくためにある。つまり、頭の中にあるものを外に表現することで、自分の考えやイメージを曖昧なものからはっきりさせたり、足りない部分に気付いて改良できるなどの意義があり、加えて「イメージ」は個々で異なるので、他の人々との比較で、自分のイメージ検証の参考にできることが大きい。ここに「資質・能力」育成における「対話的な学び」の必要性があると考える。具体的には、よく見られるホワイトボードなどを活用した活動が考えられるが、大事なのはイメージとしての図や絵、関係図、構成図などの表現を元にした話し合いにより、互いのイメージを刺激し合い、活発な交流が生まれることである。したがって表現するイメージ図や文章などは、「訂正や追加、変更、破棄」などを行うことが前提であり、そのために描くのである。当然だが「完成されたもの」ではなく、むしろ「ここがまだはっきりしないんだけど。」とか「この説明はできるが、ここがうまく説明できないんだが。」などの迷いや悩みを含んだものとして表出される点に、そして、「ここに自分の（私たちグループの）主張が含まれている」というような点を明確にし

て表出することに、その共有の意義がある。

　ところが授業では往々にして、完成版のような形で描かれたり、特に国語などでは細かに文字が書かれており、交流活動の素材には使いづらいものが見られたりする。そして総じてどの教科においても、ホワイトボードなどの活用が、班のみんなでまとめた結果を表現したり発表したりする際に使われることに主眼を置いたようにも見られる傾向がある。本来のねらいを子どもとも共有したいものである。

(4)「振り返り」の段階では、自分のイメージを改良して知識を構成していく過程の自覚化が大事

　「振り返り」の段階では、「自分の学びを意味付けたり価値付けたりして、自己の伸びを自覚すると共に他者と共有できている（P207）」を、「自分のイメージを改良して知識を構成していく過程の自覚化を大事にして、自分の学びを意味付けたり価値付けたりして、自己の伸びを自覚すると共に他者と共有できている」に改善する。

　P207では、振り返りの段階で、自分の学びの意味付けや価値付けを、ア）「本時の学習内容を理解し確認できる」、イ）「学習内容をこれまでの学習内容と関連付け、より一般化できる」、ウ）「学習内容や方法を振り返り、自己変容を自覚できる」の3点で捉え、それらから自己の伸びを自覚することとしていたが、これまでの議論から、これらの内容の具体化は、次のように考えられる。

①ア）「本時の学習内容を理解し確認できる」の具体化

　「まとめやふりかえり」における「本時の学習内容の理解と確認」には、「学習課題」との対応性が大事である。せっかく真正な学びを意識した「適切な学習課題」に沿って授業を展開しても、まとめがそれに呼応せず、いわゆる、結果としての知識の羅列や、事実の記録だけだったりしては意味がない。自分の言葉で、「どう理解し、確認したか」を書かせることが大事である。「理解し確認できる」は、深い学びによって「理解した知識」を、「活用できる知識」として「確認」できることと考える。

　実際の授業では、本当に活用できる知識になっているのか、本人が確認することが重要である。分かりやすいのが算数の授業で、学習問題を解いた後に、練習問題や活用問題として似たような問題に「確認するため」に取り組ませる活動がよく見られるが、それを通して本当に「知識が活用できた」と本人が自覚することが大事で、習った解き方のパターンを当てはめて機械的に解けたというだけの練習問題では、「自覚」には不十分だろう。その意味では、似たような類題を与えて解かせるのではなく、基本的な活用のさせ方は同じだがバリエーションが異なるものに取り組ませる等の工夫が必要だろうし、そのことに気付かせることこそがより重要だろう。算数以外でも、この例を参考に、取組を考えていくことがこれから大事だろう。

②イ）「学習内容をこれまでの学習内容と関連付け、より一般化できる」の具体化

　この項目は、ア）との関連に注意が必要である。イ）は、本時の学習だけでなく前時までの学習と関連付けることで、学びをより一般化させるということである。

　ア）の「本時の学習内容をより理解できる」ためにも、これまでの学習内容との関連付け

による知識の構造化が必要になる。ここで言うのは、そうして構造化された知識を、例えば前時までの学習内容と関連付けて見てみた場合、より一般化されたきまりや法則に、つまり、より構造化された知識に、これを概念と言ってもいいかもしれないが、それにつなげるということだろう。したがって授業設計に当たっての「単元構成」は、これまで以上に重要になってくる。学習を、1時間ごとや、まとまった学習内容毎の知識の獲得と構造化を意識して、どう子どもの主体性を大事にした真正な学びの展開としてつないでいくか、より構造化された概念の獲得につなげていくかという、それこそ教師の、教科の専門性を生かした授業研究と授業設計が重要になってくる。

　また、授業の具体的な進め方としては、単元内の「学習のまとまり」ごとにおける、それまでの学びの確認や振り返り、それに伴ったこれまでの学びとの関連性への気付きや一般化への概念化、及びそれへの自覚を促していく働きかけが大事になるだろう。これは、次のウ）につながっていく。

③ウ）「学習内容や方法を振り返り、自己変容を自覚できる」の具体化

　ウ）は、所謂メタ認知に当たる部分だろう。これは大きく、毎時間毎または学習のまとまりごとのもの（イ）でも触れた）と、単元の終わりに当たるものがあるだろう。

　ここで大事なのは「学習内容や方法を振り返る」のは、「自己変容」つまり「自己の伸び」を自覚するためだということである。したがって、「ふりかえり」には漠然とした感想や、誰某の意見で自分の考えが変わったなどの経緯を書くのではなく、「まとめ」に至った自分なりの考えやイメージの変遷を書くべきだし、友達の意見を書くならば、その「どのような考え」が自分の考えを「どのように深化させるのに役だったのか」を、その内容的な価値として書き、自己の学びの「成長記録」とすべきだろう。ところで、そもそも「学習内容や方法を振り返り、自己変容を自覚できる」ためにふり返りを書かせる、と言うが、子どもに自己変容を自覚させることの意義は何だろうか？

　1つは、「自分はこんなに賢くなったのだ。今までより成長したな。」という自己成就感の高まりのためだろう。勿論そこには、子どもが「自分の力で成し遂げた、そのための自分の力も取組に伴って高まってきた。」という達成感が必要だろう（当然そこには教師の目に見えない支援があるのだが）。この自己成就感の高まりが自己肯定感の高まりにもつながり、次の学びへの主体的な学びへの力（以前に書いた「意図的学習」の推進 P203 参照）につながるだろうし、「なりたい自分（自己のキャリア形成）」に向かっての方向性を指し示したり自信につながることにもなるだろう。

　もう1つは、「自己変容が、どのようにしてなされてきたか？」を自覚させることである。壁にぶつかったとき、どのように考えたかの「考え方（比較、関係付け、条件制御、多面的など…小学校理科の例）」の自覚や、「友達との対話的学びによる成果」などの経験知が、「こんなときはこうしたら良い。」という、今後の学びの取組への大きな力と展望を与えるだろう。

　つまり、「ふりかえり」を書かせるねらいである「学習内容や方法を振り返り、自己変容を自覚できる」とは、「学習内容や方法を振り返る」ことで、その有用性に気付かせて定着

を図り、「自己変容を自覚できる」ことで、「なりたい自分（自己のキャリア形成）」に向かっての現在位置や方向性を確かめることにつながること、そして、有用性に気付いた「学習内容や方法」を、「なりたい自分」に向かって一層活用していこうとする気持ちの高まりにつなげていくことになる。

　当然書かせるための基礎的な指導やトレーニングは必要だが、上記の主旨を意識し、形式的な指導や手法の一方的な押しつけは避けなければならない。具体的には、毎時間でなくとも学習のまとまりごとに、子どもにここまでの学習で分かったことや現在の自分の「捉え」を文章やイメージ図などをかかせ、ポートフォリオとして持たせながら時々それを振り返らせて学習に活用させると共に、その変遷を自己評価させ、自分の変容を自覚化させると共に、振り返ることの意義を実感させることが大事だろう。その際に最も大事なのは、繰り返しになるが、単元を貫く主体的な追究を促す「適切な学習課題」である。つまり、「適切な学習課題」の追究と、その解決への経緯（現在位置の確認）を柱として、学びが深まり、また自己評価がなされていくのであり、これはア）に述べた内容につながっていく。

　このように見てくると、ア）、イ）、ウ）それぞれを関連させながら取り組んでいくことの重要性を改めて感じる。

　以上を踏まえ、「深い学び」のための、「対話的な学び」の意義も踏まえた「主体的な学び」が実現する授業の条件の最終版を、以下のようにまとめる。

〔「深い学び」のための「主体的な学び」が実現する授業の条件（最終版）〕

① 〔「課題設定」の段階〕

　1)　児童にとって、**これまでの既有知識や経験に直に働きかける「真正な学び」につながるもの**で、しかもこれまでの**「既有の知識や論理」だけではうまくいかず**、子どもの意識下にある「解決に繋がるイメージ」や「現状では関連が見えない必要な知識」を喚起するような、**解決の必要感があり質の高い「課題設定」**により、課題追究の意欲を持たせることができる。

　　→「自分事」の課題

　2)　学習活動の見通しが明らかになっている。→「課題追究段階」へつながる

　・「自分のイメージに沿って、持っている知識や論理で知識を構成していく過程を大事にした学習活動の見通し（**「解決に向けての取組の見通し」**と**「学習活動のゴールの見通し」**）を持てる。

　　→これらにより、児童は「知的意欲や関心」に基づいて、**粘り強く解決に向けて取り組もう**とする。

② 「課題追究段階」→見通しを持ち続けることによる「粘り強い追究」

　・「どのようにゴールへの見通しが見えてきて（達成されてきて）、これから先、どのように取り組んでいけば良いのだろう」という「見通し」

　　→メタ認知の重要性

　・他者に説明したり、他者からの多様な情報を得ることで、他人のイメージを参考にしながら自分のイメージを改良して知識を再構成していく過程を大事にすることができる。

→対話的な学びの意義との関連

③〔「振り返り」の段階〕→メタ認知→授業全体に拡張

・自分のイメージを改良して知識を構成していく過程の自覚化を大事にして、自分の学びを意味付けたり価値付けたりして、自己の伸びを自覚すると共に他者と共有できている。

　ア）「本時の学習内容を理解し確認できる」

　　→「学習課題」との対応性が大事。真正な学びを意識した「適切な学習課題」に沿って授業を展開した上で、まとめも自分の言葉で、「学習課題」に対して「どう理解し、確認したか」を書かせることが大事。

　イ）「学習内容をこれまでの学習内容と関連付け、より一般化できる」

　　→１時間毎やまとまった学習内容毎の知識の獲得と構造化を意識し、子どもの主体性を大事にした単元構成が、これまで以上に重要になる。

　ウ）「学習内容や方法を振り返り、自己変容を自覚できる」

・次の学びへの意欲と見通しが持てる。

　　→「学習内容や方法を振り返る」ことで、その有用性に気付かせて定着を図り、「自己変容を自覚できる」ことで、「なりたい自分（自己のキャリア形成）」に向かっての現在位置や方向性を確かめることにつながり、有用性に気付いた「学習内容や方法」を、「なりたい自分」に向かって一層活用していこうとする気持ちの高まりにつなげていく。

コラム⑰　「適切な学習課題」と「まとめ」の関係

・本文でも、「まとめ」が単なる事実や結果の羅列になるような「学習課題」は避けるべきだと書いたが、それに関連して、授業を参観していて意外に多いのが、板書に「キーワード」を色分けしたり下線などを引いたりして強調して表示し、授業の終わりに、「これらのキーワードを使って、各自ノートに今日の授業のまとめを書きなさい。」等と指示する授業である。

・その結果、子供たちはそれらの「キーワード」をパズルをはめ込むようにしてつないで一文にして、「今日の学習のまとめ」とする場合が多い。したがって、どの子のまとめも、ほぼ同じような表現になる。だからこそ教師は誰かに「自分のまとめ」を読ませて「皆さんもこれでいいですか？」等と確認して授業を終えることができる。しかし、これで良いのだろうか？

・キーワードを明示することは重要なことだと思う。それを使って「まとめ」を書くことも大切なことだろう。大事なのは、そのキーワードを「あまり考えずに」つないだけで、本時のまとめになってしまってはいないか？ということである。言い方を変えれば、そのような「まとめ」でまとめになってしまうような「学習課題」でいいのだろうか？ということである。

・例をあげて考えてみる。小学校５年生理科の「物の溶け方」の単元で、水に食塩を溶かす活動について、〈食塩をもっと水に溶かすには、どうしたらよいだろうか？〉という学習課題で、学習を展開したとする。実験を通して確かめた結果、「水を増やす」、「温度を上げる」、の２つが有効なことを検証し、教師が黒板にこれらを「キーワード」として明示したとする。そこで「これらのキーワードを使って、各自ノートに今日の授業のまとめを書きなさい。」と子供たちに指

示したら、どうなるだろうか？

- きっと子供たちの多くは「食塩をもっと溶かすには、水を増やしたり、温度を上げたりすればいい。」とまとめるのではないだろうか？これは、黒板のキーワードをつなげて書いただけである。これで、「まとめ」を考えたと言えるだろうか？そして、子供たちに学びの充実感が生まれるだろうか？

- 前章で「認知主義」と「構成主義」の違いを考えたときに、単に「知識を再構成することが学び」ではなく、子どもが、「自分で、自分の見方・考え方を使って、思考力・判断力・表現力等を生かしながら、再構成することが学び」だと書いた。例にあげた授業場面は再構成場面ではないが、やはり「板書にある事実を羅列する」だけではなく、その子なりの見方・考え方を使って、思考力・判断力・表現力等を生かしながら「自分の捉えとしてのまとめ」を考えることが大事ではないだろうか？ではどうしたらそうなるのだろうか？

- 例えば学習課題を〈食塩をもっと溶かすには、どうしたらよいだろうか？〉という「活動の結果（事実）」を問う「事実問」ではなく、〈食塩をもっと多く水に溶かしたい。溶ける量に関係するのは何だろうか？〉と「活動からの考察（考え）」を問うものにすると、どうなるだろうか？板書は同じ、水を増やすと温度を上げる、の「事実」としてのキーワードだとしても、まとめは、前のような事実の羅列にはならないはずだ。「関係するのは何か？」と聞かれているので、例えば「実験から、水を増やしたり、温度を上げたりすると食塩は水に多く溶けたので（ここまでは事実）、食塩が溶ける量に関係するのは『溶かす水の量や温度』と考えられる（事実に基付いた考え）。」等というように、子ども自身の「事実の捉え（考え）」が含まれてくるだろう。つまり、「水の量を増やす」、「温度を上げる」という実験による操作的事実の「成果」を元に、「水の量」や「温度変化」という、「要因の抽出」に一般化しているのである。

- ここに、上述した「自分の捉えとしてのまとめ」が実現してくることになる。そして、子ども自身にも「自分が考えた」という自覚や満足、成就感が生まれてくるのではないだろうか。

- この「自分の考え方（捉え方）」がまとめになるということは、教科の質的な面においても重要な意味を持つ。「食塩が溶ける量に関係するのは「溶かす水の量や温度」ではないか」というまとめには、単に「水の量や温度」で溶け方が変わったという事実確認を越えて、「食塩の溶ける量は、溶かす水の量や温度で変化する」という「法則性」を含んでいるからだ。それは当然、そのような学習課題だったからである。すると子供たちはこの後の追究でも、単に溶かす量を増やすというだけでなく、「溶かす量と、水の量と温度の関係」という「溶解度」の関係で見ていく見方が出てくる。そして、「それは食塩だけか？」という溶媒の特性にも関心が向いてくるだろう。

- このように、「適切な学習課題」と「まとめ」の関係を意識しながら学習を進めていくことが大事だと思える。蛇足だが、社会科の授業などでも、事実をキーワードとして明示し、「まとめ」はその羅列で解決する、という学習課題が見られることがある。教科に限らず、「まとめ」と「学習課題」の関係を今一度検討してみることも大事ではないかと思われる。

第25章

「イメージ」の持つ意味と重要性

～「主体的学び」が生まれる源～

　これまで、「主体的学び」をキーワードに、学習の段階に沿って「活用できる知識」が習得できるための「主体的・対話的で深い学び」が実現する授業の取組について再考を試みてきた。このようにまとめてきて気が対いたのは、「主体的」という個の学びに寄り添った視点から授業を見ていくと、「イメージ」という言葉が頻繁に出てきたことである。つまり、「イメージ」または「イメージ化」の大事さである。

　個々の子どもに特有な「イメージ」という言葉が多く見られたのは、結局は個の学びを進めるための「主体的」の重要性から考えれば、当然のこととも思われるが、最後に、この「イメージ」の持つ意味を考え、その意義を通して「学びの意味」を再度考えてみたい。これまでの考察から、「求められる知識」は、以下のようなものと考えられてきた（P248）。

「求められる知識」とは、①「活用できる知識」であり、それは②「構成された知識」であり、それは③「主体的な問題解決」によって可能になる。ものである

　では、この①から③について、「イメージ」という面から検討してみたい。

1.「活用できる知識」とイメージの関係

　知識とそれを獲得するための思考は切っても切れない関係にあることは既に何回も述べてきた。そして、思考力・判断力・表現力等を働かせるのに不可欠なのは「見方・考え方」であった。そこで、ここでは①「活用できる知識」に、「見方・考え方」も加えて、「活用できる知識や思考、見方・考え方」という意味で考える。

　ある問題に直面したとき、活用できる知識や思考、見方・考え方とは、その問題の状況に応じて関連のあるもの、使えるものとして想起される知識や思考、見方・考え方のことである。それが「見える」知識や技能、思考、そして見方・考え方として授業の場に出されてくるのだが、それを支えているのが個々のイメージだと考えられる。つまり、自分なりの考えとして授業の場に出される知識や技能、思考、見方・考え方などには、結果として「見える」部分と、それを支えている「見えない個のイメージ」があり、当然授業の中では、この「見える」部分が、どのようなイメージ（見えない見方・考え方、感じ方など）によって支えられているかは本人以外には見えないということになる。そして、これまでも感じていた

ように、見方・考え方とイメージは、重なる点が多いと思える。したがって、これからの記述でもそのような立場で考えていく。

「見える」知識や技能、思考、そして見方・考え方の見える部分として出される最も分かりやすいものは、「定理や法則、きまり」等として明文化された「知識」やそれを支える「思考」、そして「質的・量的」「比較・関係付け」（何れも理科の例）等の「言葉」で表される「見方・考え方」や「考えるための技法」などだろう。そしてそれらは、それまでの授業の中で、皆でまとめて明文化した「まとめ」などの形で明示化されたものだろう。しかし、それらが「どのように理解されているのか？また了解されているのか」という「イメージ」に相当するものは、大きな共通部分以外はきっと個々で微妙に異なるだろう。

つまり、①「活用できる知識」とは、「定理や法則、きまり」等として明文化され共有化されたものに、個々の「イメージ」がそれぞれ重なったものと考えられるのではないだろうか？そう考えると、このイメージの違いで、同じ「定理や法則、きまり」でも、その理解度や活用できる力は異なってくると考えられる。

2.「構成された知識」とイメージの関係

1. では、課題に接したとき、個々の頭に浮かぶ「活用できる知識」とイメージの関係について考えてきた。同じ「知識」が浮かんでも、それに対する個々のイメージは違い、それにより理解度や活用できる力は異なってくるということだった。

では、イメージの違いによって、同じ明文化された知識でも、「活用できる知識」になったりならなかったりするのはどうしてだろうか？それは、その知識に対して持つ「イメージ」の違いによる「知識の構成」の違いではないだろうか？いくつか例をあげて、「構成された知識」とイメージの関係を考えてみる。

例えば算数の時間に「速さ×時間＝距離」という公式（知識）を習った後に、次のような問題に出合ったとする。「A駅とB駅から、互いに向かい合うように、同時刻に2台の列車が発車したとする。A駅からの列車は時速80㎞、B駅からの列車は時速120㎞とする。発車すると同時に、A駅の列車の先頭から、一匹の蜂が時速150㎞でB駅の方に飛び出したとする。そして飛んでいってB駅からの列車の先端に達したらぶつからないように素早くUターンして、今度はA駅からの列車に向かって再び飛んでいく。今度はA駅からの列車に達したらまたUターンしてB駅からの列車に向かう…。これを繰り返すうちに、2台の列車はすれ違うことになる。そこまでの間に、蜂の飛んだ距離は合計どれくらいになるだろうか。A駅とB駅の間は400㎞、蜂がUターンする時間は考えないものとする。」

「速さ×時間＝距離」という公式（知識）を呪文のように暗記した子には、到底解けない問題だろう。列車が近づいていくにつれて列車間の距離が縮まり、それにつれて蜂も限りなくUターンを繰り返して跳び続ける…こんなイメージにお手上げになってしまうことだろう。ところが、この「速さ×時間＝距離」の公式の意味を理解できている子には、列車1台1台の動きには関係なく、結局、蜂が飛んだ合計の時間が分かれば、その間に飛んだ距

離が分かるという見通しが立つ（なかなか気付かないこともあるが）。Ａからの列車は時速80㎞、Ｂ駅からの列車は時速120㎞なので、合わせて時速200㎞で近づいていくことになる。Ａ、Ｂ間は400㎞なので、400÷200＝2で、出発してから2時間で列車はすれ違うことになる。蜂は時速150㎞で跳び続けているので、結局、蜂は150×2＝300㎞飛ぶことになる。これは「同じ公式」を、どう理解しているかのイメージの違い（知識の構成の違い）につながる一例だろう。この違いは、公式を「速さ」と「時間」、そして「距離」という3つの要素の関係としての「構成された知識」として捉えるイメージを持っていたか、単なる「速さ×時間＝距離」という「手続き的知識」として暗記していたかの違いと思われる。勿論、このような問題には「ひらめき」も必要であり、「速さ」と「時間」、そして「距離」という3つの要素の関係としての「構成された知識」として捉えるイメージにも、個々のその深さにもレベルはある。

　また、同じ課題に対してイメージする知識が異なる場合もある。例えば小学校理科の4年生「氷・水・水蒸気」の授業で、「水を冷やしていったら温度はどうなるかな？」という課題に対して、同じ課題なのに「エネルギー保存則」に関係するようなイメージで予想する場合と、例えば日常経験の知識からのイメージで予想する場合など、イメージする知識が異なる場合である。そして、その違いは、この授業に先んじる「水を温めていった場合」の扱いの違いによることもあると考えられる。

　水を温めてその温度変化を調べる授業では、温めると水の温度はどんどん上昇していくが、100度近くになると上昇が止まってしまい、折れ線グラフにすると、フラットな状態がずっと続く。この現象を「そんなものだ。」と「実験結果」の事実として受けとめる場合もあるだろうが、この単元の大事なねらいである「物質（水）の三態変化」を、その要因と関係付けて授業を行ってきた場合には、「100度近くになっても温め続けた加熱器のエネルギー（アルコールランプで行っていた場合は、そのアルコールの減り方で実感できる）は、どうなってしまったのか？」という素朴な、しかし大事な疑問が生まれることがある。そして、「三態変化」と結び付け、「水を温めるためのエネルギーは、100度近くになると水が蒸発するためのエネルギーに使われるから、これ以上温度が上がらないのではないか？」等の考えが出されることもある。

　この考えが、その後の、先に揚げた「水を冷やしていったら温度はどうなるかな？」という課題で、「どんどん温度は下がっていくが、氷になり始めたら、全部が氷になるまで冷やすためのエネルギーは使われ、温度はその間、変わらないんじゃないかな？」等という予想につながっていく可能性がある。これは、これから中学、高校と物理現象を考えていく際に重要になる「エネルギー保存則」への気付きにつながる大事なイメージである。勿論、本単元はそれをねらっての授業ではないが、単元の組み方や指導の仕方によってはこのようにイメージする知識が異なってくる。

　これら2つの例で示した、同じ公式でもそのイメージ（知識の構成の違い）が異なる場合や、課題に対してイメージする知識が異なる場合の、分かりやすい例が、よく紹介されている、物理の問題に関しての「斜面の問題に関しての、初心者と熟達者のスキーマのネット

ワーク表現の違い」と考えられる[65]。

　これは、初心者は斜面の問題を見て、「傾きの確度」や「高さ」、「力」など、問題文に記述されている物理用語をそのまま手掛かりに、つまり、これらをキーワードと捉えて「公式」を用いて解こうとするが、熟達者は「エネルギー保存の法則」や「ニュートンの力の法則」など、その公式が出てきた「意味するところ」、つまり概念から理解し、考えようとしているというものである。自分が考えるイメージとは、この「概念」を含めての「イメージ」と捉えたい。

　以上見てきたように、それぞれの頭の中の「構成された知識」は、そのイメージと大きく関係して、「使いやすさ」の違いとして表れると考えられる。したがって指導者としては、この学習では子供たちに「どのようなイメージを伴った知識として構成させたいのか」を想定しておくことが大事になるだろうし、勿論そのための手だてや取組が必要になってくるだろう。そして、その「知識の構成具合」を、学びの経過の中で、構成のイメージと共に子供たちに自覚化させながら、また教師も把握しながら進めていくことが大事と考えられる。その有効な手だてが、前章で考えた、イメージの表出、表現法としての「線分図やモデル化」などの手法や、「ホワイトボード」等の活用だろう。

3.「主体的な問題解決」とイメージの関係

　このように頭の中にある「構成された知識」を考えると、それが課題に対処したときに、「この知識が使えそうだな」と「活用される知識」として浮かんでくるかどうかは、それが「どうイメージとして頭の中にあるか」ではないだろうか？そして、その際、「使えそうだな」と、頭の中の知識群から適切な知識を引っ張り出してくるのは、間違いなく本人の「主体的な」イメージだろう。そこが3番目の「主体的な問題解決」の出発点になると思われる。

　以上書いてきた、「見えるもの」としての「定理や法則」の下に「見えにくい、あるいは見えないもの」としての「構成された知識」やそれに伴うイメージ、そしてそれを支える関心意欲・態度等があるという捉えが、よく言われる「氷山モデル」の意味ではないだろうか？そこで、そんな点から「氷山モデル」の意味を自分なりに考えてみる。

4.「氷山モデル」の意味から見えてくること

　この「氷山モデル」は多くの解説書でも紹介されており、ご存じの方も多いと思われるが、その意味、特に氷山の下の「見えにくい、見えない部分の個のイメージや関連する知識や論理、及び関心・意欲・態度等」と上の「見える部分としての基本的な知識や論理」との関係に注目して考えると、以下のような点が見えてくる。

(1) 教え込み授業が駄目な理由＝一般的な氷山モデルの捉え方

　教師が教え込む授業では、氷山の見える部分（結果）のみを教えることになる。その結

果、「見える部分の基本的な知識や論理」は、その下の「イメージや関連する知識や論理」とのつながりがなく、結局はその知識や論理の意味付けが分からず身に付かないことになる。したがって、見えない部分を大切にした授業を進めるべきである。これが、一般的に言われている氷山モデルのおおざっぱな捉え方ではないだろうか？

（2）氷山モデルの真の意味と活用を考える

この氷山モデルの捉え方は間違ってはいないと思う。しかし、これだけでは「知識や技能、考え方の構造」を示しただけで、では実際にどう授業を進めていけば良いのかは見えにくいのではないだろうか。それについて説明した本もあるとは思うが、これまで考えてきたことを元に、特に「見えない部分の個のイメージ」を意識しながら、このモデルの意味を、そしてどう授業の実践に活用していけば良いのかを自分なりに考えてみたい。

新しい単元や内容に入ったとする。そこで課題になったことについて子供たちは考えるわけだが、その際授業で用いられるのは、その課題に関係すると思われる、「見えない個のイメージ」に支えられた「（見える部分としての）既習における知識や技能、見方・考え方」だろう。しかし、そのままではなかなか解決できない。それは、これまでの「見えない個のイメージ」に支えられた「（見える部分としての）既習における知識や技能、見方・考え方」が、そのままでは新しい課題に活用できないからである（勿論、こちらはそのような課題を与えている）。

この「（見える部分としての）既習における知識や技能、見方・考え方」が、氷山の「見える部分（上部分）」である。注意しなければならないのは、それを支えている「見えない個のイメージ（氷山の下の部分）」は、個によって異なっている、ということだ。したがって、「このままではなかなか解決できない」という思いも、その深さやこだわりは、個によって異なっていることになる。

例えば、「新しい情報としての知識や技能（見えるもの）」を手に入れたとする。その場合、それと、これまでの学びで得られた知識や技能（見えるもの）」とのつながりが見えず「それぞれ個の知識や技能」というイメージのままで、つまり「個別の知識や技能」として「納得」する場合と、これまでの学びで得られた知識や技能との互いのつながりを見いだして「納得」したイメージで受け取る（「習得」する）場合があるだろう。

例をあげて、考えてみる。小学校4年生理科の「物の温まり方」の学習で、金属の温まり方を学んだ結果、「金属は熱源の近くから遠くに、順番に温まっていく」という「温まり方に関する捉え（見えるものとしての事実とそれを支える個々のイメージ）」を持ったとする。その後に「水の温まり方」を学び、「水は熱せられた部分が移動して全体が温まっていく」という温まり方に関する「知識」を持ったとする。

この金属の温まり方で得た「捉え」と、水の温まり方で得た「知識」の関係をどう捉えるか？「水の温まり方は金属の温まり方は違うのだ」という「見える部分」のみの捉え方では、この2つの学びのつながりは見えないが、それでもそれなりの「納得」した学びと言えるだろう。

一方、「両者ともまずは熱源から温まり、金属は動けないのでそのまま順番に温まってい

くが、水は動けるので（なぜそのように動くかはまた難しい問題にはなるが）金属とは違った温まり方になる。」しかし、「両方とも熱源から順番に温まっていくという点では同じだ。」という、「納得」したつながりが見えてくる場合がある。この「納得」は、金属の温まり方の「捉え」に、「水の温まり方の知識」がつながることで生まれた「習得」と考えられる。そしてこれは、次の空気の温まり方はどうかな？の予想にも生かされることになるし、熱（エネルギー）は順番に伝わっていくという大事な捉えにつながる考え方でもある（ここで特に扱うわけではないが）。

　このように、「それぞれ個の知識や技能」というイメージで「納得」する場合と、互いのつながりを見いだして「納得」したイメージで「習得する」場合がある。勿論、この間には「納得」の深さに差がある。どちらがより深い学び方と言えば、当然後者の方だろう。

　別の例として、例えば「これまでと同じように見える知識や技能（見えるもの）を手に入れたが、その意味付けの共通性が見えず、その価値が分からない（納得できない）こともある。

　例をあげると、小学校5年生理科の「生物単元」の「種子の成長」の学習で「植物は種子の中の養分を基にして発芽する」ことを学び、「動物の誕生」では、孵化したメダカはしばらく卵の中の栄養で育つことを学び、人は胎内にいる間は母親からの栄養で、生まれてからしばらくは、これも母親からの母乳で育つことを学ぶ。これらはそれぞれ、植物、魚、人とバラバラな対象における、生命誕生の際の生命維持のためのはたらきのように見えるが、生物として見たときには、共に次代の生命を維持するための「生命の連続性」面からの巧みなつくりやはたらきと見ることができる。しかし、教師による適切な支援や働きかけがなければ、その意味付けの共通性が見えず、その価値も分からない（気付かない＝納得できない）だろう。

　これら二つの例で言えるのは、「納得」の深さが浅かったり、意味付けの共通性が見えなかったりしたのは、それまでの学習において「（見える部分としての）既習における知識や技能、見方・考え方」を、自分はどう意味付けて（価値付けて）納得していたかという「見えない部分」との関係性が弱かったからではないかと考えられる。逆に言うと、それまでの学習で、氷山の見える部分と見えない部分の関係性をきちんと掴んでいれば、新しい学びにおいては、その「見える事象」に、「どのような見えない部分の意味付け」をしていけば良いのか、と考えることができるということになる。

　例えば1つ目の「物の温まり方」で、最初に金属の温まり方をまとめる場合で言えば、「金属は熱源の近くから遠くに、順番に温まっていく」という「まとめ」に、「見えない部分」としてどれだけ個々のイメージが関わっているかが大事になる。「そんなの当たり前」と、殆ど「思い（イメージ）」もなく事実を事実として受けとめる場合と、一次元の棒から二次元に広がる板に、そして一部が変形した板の温まり方の広がりを検証する実験を重ねる中で、「やっぱり金属は、どんな形をしていようが熱源の近くから遠くへ、という順番で温まっていくのだ。」という、自分なりの「納得」のイメージを抱いてきた場合とでは、次の「水の温まり方」を解釈する見方が違ってくるだろう。そして、金属の温まり方に納得した

イメージを持って水の温まり方を見る場合は、何とかそれとの関連で見ていこうとする見方が働くのではないだろうか？「パッと見ると金属とは違う温まり方のように見えるが、よく見ているとやっぱり火元から温まっている（サーモインクの変色などから）ことが分かる。そこは金属の場合と同じじゃないか。違うのは、水の場合は動けるから、それが上に移動してしまうことだ。でも、どうして移動してしまうのかな？」などの考え方として出てくると考えられる。

「生物単元」の学習でも、種子の学習やメダカの学習で、それぞれ胚乳の中の養分の存在や意味、メダカが孵化した後、餌を食べるまでの養分のありかなどに注目して「生命の連続性」面からの巧みなつくりやはたらきという見方を意識した指導をしてくれば、人の学びでのイメージや見方につながっていくだろう。

つまり、大事なのは、それまでに「持っている知識や論理」を、どう適用できるかが分かることであり、それができるかどうかは、「持っている知識や論理（見える部分）」と「その意味付け（見えない部分）」の関係の質や強さによると考えられる。さらに、例えば「同じように見える知識（見える部分）」であっても、それを支える意味付けに「新しい意味付け（見えない部分）」が加われば、「同じように見える知識（見える部分）」も、これまで以上に充実したものになるだろう。

また、「新しい知識（見える部分）」も、これまで持っていた知識との「意味付け（見えない部分）」はできないかと検討することで「新しい意味付け（見えない部分）」を得ることができ、より一般化した知識として使える「充実した意味付け（見えない部分）」を得ることになる。このようにして得られるのが②「構成された知識」と考えられる。

このように氷山モデルは、単に知識を見える部分と見えない部分の集合と考えるという静的な「知識の捉え方」ではなく、これまでの学び（知識の在り方）から、新たな知識を創りだしていく際に使うべき③「主体的な問題解決」を可能にするための**動的なモデル**として考えていくべきではないだろうか？そしてそれは、一単元の学びだけで考えるのではなく、学年を通して、或いは学年をまたいだ学びの中で考えていく必要があるのではないだろうか？そして、それを実現させていくのは、そのつながりを見通した教師のカリキュラム・マネジメントであり、それを意識した授業展開である。

（3）個の「わかり＝イメージ」を伴った知識や技能、思考を実現するには？

では、そのような個々の「分かり＝イメージ」に合わせた主体的な問題解決につなげる授業は、現実的にはどのようにしたら実現するのだろうか？まず大切なことは、（2）でも書いたように、指導者たる教師自身が、個々の「わかり」を大切にして、どのように「構成された知識」を、一単元の学びだけでなく学年を通して、そして学年をまたいだ学びの中で習得させていくかの見通しを持ったカリキュラム・マネジメントを元に、それを意識した授業を持続的に展開していくかにかかっている。

その上に立って個々の学びを評価しながら授業を進めていくことになるが、教師が、子ども一人一人の「分かり」に合わせて授業をすることは不可能である。それは人数が多いから一人一人に合わせることは困難だという量的な問題ではなく、個のイメージを外から完全に

見通すことは不可能だという質的な問題からである。極端に言えば、子ども1人に対して指導者1人の授業でもそれは同じである。1対1でも、相手の「分かり＝イメージ」を完全に理解することはできないだろう。

つまり、氷山の下の部分は、<u>学習者自身が具体的な状況下で自分のイメージとして形成</u>し、関連する知識や論理によって蓄積していくしかないと考えられる。先に書いたように、同じ知識や技能、思考を働かせる場合でも、個々の子どもは既習の「意味付け（見えない部分）」に対応して、これまでの知識や論理を「合うように変容」させる必要があるからである。したがって、今、目の前の課題にどう活用できるかは、つまり、これまでの知識や論理を課題に「合うように変容」させられるかどうかは、子供たち一人一人が、これまでの知識や技能、思考を、「自分はどう納得して捉えているか」というイメージ化された「もの」としての捉えにかかっている。そのイメージも含めて知識や技能、思考と捉えるべきではないだろうか？

そう捉えるなら、個々の持つ知識や技能、思考などは、個によって微妙に違うと考えられ、結果としての「硬直化した知識や技能、思考（切り離された見える部分のみ）」を持っているだけでは、活用することは無理と考えられる。

以上から分かるのは、教師からの適切な働きかけ（適切なカリキュラム・マネジメントの元での適切な授業の実現）があった上で、**自分の学びは自分で作るしかないと言う意味で、「主体的な学び」でなければならない**ということであり、その源となるのは「イメージ化」である、と言える。そして、当然授業はそのことを意識して進めるしかなく、それが③「主体的な問題解決」ということになる、ということだろう。

〔「氷山モデル」の真に意味すること〕

ここまで、氷山モデルの解釈をしながら個の「わかり＝イメージ」を伴った知識や技能、思考の実現について考えてきた。その結果、改めて「氷山モデル」の自分なりの捉えが見えてきた。それは、**氷山の下の「見えにくい、見えない部分」が、その上の「見える知識や技能」を支えている、と言うよりも、それを「形作っている」という捉え**である。これまでの捉えとどう違うのだろうか？

それは、「見える部分」としての「予め獲得させたい知識や技能」が定まっており、それを支えるものとして下の「見えにくい、見えない部分」があるという捉えではなく、「見えにくい、見えない部分」が、その上にある「見える部分」を<u>創造していく</u>という捉えである。つまり、氷山の見える部分を見えない部分が下支えしているのではなく、見えない部分が見える部分を形作って上に伸びていくというイメージである。そう捉えるならば、「見える部分」の知識や技能は「予め設定されたもの」ではなく、「見えにくい、見えない部分」によって作られ続けていくことになる。

勿論、ここまでのいくつかの授業例であげたように、「見える部分」に当たる授業の「ねらい（獲得させたい知識や技能）」は設定されるべきであり、その習得のための手立ては当然必要だが、この「見える部分」の習得ばかりを優先すると、肝心の「見えにくい、見えない部分」が育たなくなる。敢えて言えばこの「見える部分」は子供たちの学びに共通するね

らいであり、「結果として」それが習得されることが求められるが、個々の学びを見れば、そこからはみ出したりそこを越えたりするはずであり、またそのことを目指すべきだとも言える。その結果、教師の想定を越えた学びが生まれたり、新しい学びの展開につながったりする。それが「主体的な学び」が行われた証拠でもあるだろう。P153 の 7. で「深い学び」を考えた際に「自分なりの解決ができる」ことの大切さを書いたが、「氷山モデル」の「見えにくい、見えない部分」によってこそ「主体的な学び」が実現し、この「自分なりの納得解」を得ることができることを忘れてはならないだろう。

5. 図などによるイメージ表現の意義

　「自分の学びは自分で作るしかない」と言っても、だからと言って本人任せということでは勿論ない。教師としては、その学びを支援する働きかけをしていくべきである。そこで注目されるのが、これまでも度々述べてきた言葉や図などでイメージを表現することの意義である。その意味や意義については第23章で詳述したばかりだが、ここでの議論を踏まえて、敢えてさらに付け加えるとしたら、その言葉や図などに表されたイメージとは、「その場面の状況に対応して、これまで持っていた知識や論理を、どのように「合うように変容」させようとしていたか」という「表現」になる、ということだ。したがって、それを図などによって可視化しようとすること自体がそのイメージを創る意味で価値があり、また、交流では、結果として正しいイメージや考え方だけでなく、誤ったイメージや考え方も重要になる、という点も確認しておきたい。交流はあくまでも自分のイメージ＝分かりを明確化するのが目的だからであり、「自分のイメージを可視化して説明できる」という力自体の育成も大切だからだ。また、そのことで「正しいイメージや考え方」との違いを明確化できることで、より「分かり」が深化することも考えられる。これは、個人の中だけでなく、クラスの検討の中で出されることで、「正しい」もののみが出される場合と比べて、より全体の学びを深めることにもつながる。

　「教室は間違える所だ」という“標語”が随分流行ったこともあったが、これは「誰だって正解ばかりではない、多くは間違えるものだ、だから間違いは恥ずかしいことではない」と、不安な子供たちを励ます意味にもとれるが、自分は「間違いが出ることで、より正解の意味が分かり学びが深まる。誰も間違いや疑問を挟まないような授業は、どこかに大きな落とし穴があったり、そもそもそれは学ぶ価値があまりないものかもしれない。教室で学ぶ学習の意義は間違える点にこそある。間違いよ来たれ！」という思いを子供たちと共有してきたつもりだ。

　しかし、間違いや疑問を出せと子供たちに言ってもなかなか出るものではない。本人自身がそれに気付かない場合も多いからだ。そこで自分の捉えを言葉や図であらわさせると、それが顕在化（回りにも、自分自身にも）してくることが多い。「自分では気付かない不足分や間違いを、表現して交流することで見付けることができる。そのためにこそ表出や交流を盛んにしたい！」という思いを子どもと共有して教室一杯にしたいものだ。

最後に、「イメージ」の持つ意味と重要性を、「主体的・対話的で深い学び」との関係でまとめておく。

〔イメージ表現の意義と「主体的・対話的で深い学び」の関係〕

・求める「活用できる知識や論理」の獲得には、その場面のイメージが持てることが重要、なぜならイメージが持てないと、これまで「持っている知識や論理」を、どう適用できるかが分からないからである。そのためには言葉や図などによる「状況のイメージ」を持てることが必要。そのイメージが、結果的に「正しいかどうか」は、まずは問題ではない。

・イメージとは個人的なもの（一人一人違う）で、内から出てくるものである。したがって、教え込みではなく「主体的に」持てて表現できることが大事である。

　→「主体的」な学びが必要という論拠。

・イメージを持つ、改善するためには、他人に説明する機会が大事、そして他人のイメージも参考になる。ここに、「資質・能力」育成においての「対話的な学び」の必要性がある。

　→「対話的」な学びが必要という論拠。

・したがって、対話的な学びでは、説明や交流を通して、自分のイメージを確認、改良するのが目的で、ホワイトボードなどでも言葉や図、絵などで表現することが大事。自分（互い）のイメージを刺激する点で、「誤った考え方」も重要である。そのことによって、「深い学び」が実現する。

　→「深い学び」が必要という論拠。

---

6. 結局、「イメージ」とは何なのか？

　ここまで、主体的な学びを実現するものとしての「イメージ」の重要性について考えてきたが、結局、このイメージとは何なのだろうか？自分もこの本の中で、吟味して使ってきた言葉ではないので話の展開につれてその意味がぶれたり、少しずつ変わってきた所もあるが、ここまでの検討の結果、デューイやブルーナーの言う「感覚」につながると考えた「見方・考え方」と「イメージ」は近いように思われる。つまり、個々の子どもの中にある「対象の捉え方（見方・考え方）」である。

　第23章で、"「新学習指導要領」は、子供たちの心的な面から捉えた「主体的な学び」を大事にする「経験主義」と、知的な面から捉えた「知識の再構成を図る」という構成主義に基づく「系統主義」を、両者にとって共通して大事な「感覚」から出発して育っていく「見方・考え方」によって融合させた学び、と言えるのではないだろうか？そのような「見方・考え方」の捉え方は考えすぎだろうか？これについては、後程検討してみる（P244）。"と書いたが、その「見方・考え方」である。

　ここまでの議論からこれについて考えてみると、「新学習指導要領」は、カリキュラム論としての、子どもたちの学びを認知的な面から捉えた「主体的な学び」を大事にする「経験

主義」と、各教科等の構造的な面から捉えた「系統主義」を共に学習観として、「知識の再構成を図る」という構成主義の共通の土台に基づいた考え方の上に立ち、その実現のために必要な「感覚」つまり、「教科に特徴的で、かつ子どもの捉え方でもある」から出発した「見方・考え方」によって互いを融合させた学びを目指している、と言えるのではないだろうか？

つまり、同じ「見方・考え方」でも、「経験主義」に関係する「見方・考え方」は、「指導するものではなく、子どもから引き出すもの」という捉えで、「系統主義」に関係する「見方・考え方」は、教科の専門性に基づいた捉えと言える。そして、この「認知的な面から捉えた「主体的な学び」に関する「見方・考え方」と、「各教科等の構造的な面から捉えた「知識の再構成を図る学び」に関する「見方・考え方」は、離れがたく重なり、一つの「見方・考え方」として表される考えられる。

このように見てくると、構成主義的な学習観を共通基盤とした上で、「人間としての学び」を大事にした「主体的な学び」と、「学問としての学び」を大事にした「知識の再構成を図る学び」を、その両者の性質（「生まれながら」にあり、同時に「教科等の特質に応じたもの」である）を持つ「見方・考え方」でつないだ「学び＝主体的・対話的で深い学び」の実現が、今回の「新学習指導要領」の狙いではないかと思える。その意味で、**「見方・考え方」の理解の重要性**を改めて強く感じる。

以上のように考えると、「見方・考え方」が「思考力・判断力・表現力等」を介して「知識・技能」の育成に分け難くつながることで生まれてくる「対象の捉え方」全体が、イメージと言えるのではないだろうか？それは小さな子どもの持つ「素朴なイメージ」から、学びによって育っていく「概念化されたイメージ」へと深化、拡大していくと考えられる。

先に書いた、「見方・考え方」の2つの面（子どもの認知的側面と各教科等の構造的な側面、第14章の4など）から考えれば、これは、素朴な認知的側面が強い見方・考え方から、次第に各教科等の構造的側面が強い見方・考え方へと比重が移り、それに伴って生まれる「思考力・判断力・表現力等」や「概念（知識・技能）」と一緒になった「イメージ」として成長していくのではないかと思われる。

このような「概念化されたイメージ」は、やがてその教科なりの特質を有する「概念」になっていくのではないだろうか？このように見てくると、敢えて自分の考える「イメージ」とは何かと問われれば、自分の持つ見方・考え方による、対象に対する「素朴なイメージ」から「概念化されたイメージ」へと深化、拡大し、「教科の特質を示す概念」にまでなっていく「思考」全体の有り様と言えるのかもしれない（曖昧な言い方になるが）。

7.「イメージ」の追究から見えてきたもの

以上のように、個人的にこだわった「イメージ」というキーワードを元に今回の「新学習指導要領」の狙いについて考えてきた結果、自分なりにその意義がより明らかになってきたように思える。その中で、改めて捉え直した「見方・考え方」と「教科等横断的」について

触れてみたい。

　「見方・考え方」は、第13章を皮切りに、折に触れて考えてきたが、「イメージ」を考えることで、それがややもすれば「教科等の特質に応じた」面が強調されがちだが、本来はそうではなく、**元々は人が持つ、対象の捉え方「そのもの」**であると考えるようになった。それを育てやすいように、人が便宜的に分けたのが「教科」だという順番を忘れてはいけないだろう。しかし、その教科的な「見方・考え方」を身に付けることによって、より「見方・考え方」が豊かになっていくことも確かであり、またそのように導いていくことも大事になるだろう。したがって、6. でも書いた「見方・考え方」の2つの面（子どもの認知的側面と各教科等の構造的な側面）の関係性を再確認しておく必要がある。

　同じことは、「教科等横断的」についても言えるだろう。第18章で見てきたように、指導は教科学習も含めて全て「教科等横断的な視点に立つ」ことが前提であった。この、指導は全て「教科等横断的な視点に立つ」ことが前提、という意味を、自分はこれまで、①「伝統的な教科等の枠組みを踏まえながら育てる資質・能力の育成」と、②「学習の基盤となる資質・能力の育成」、③「現代的な諸課題に対応して求められる資質・能力の育成」の全ての指導に共通する視点（3つがそれぞれにあって、その共通点として）と捉えていた。

　しかし、「イメージ」を考えてきたことで、そうではなく、**元々学びとは①、②、③の分類以前に「教科等横断的な視点に立つ」**ことが前提であり、学びやすいように便宜的に分けたのがこの3つだ、という捉えに変わってきた。

　このように、「見方・考え方」も「教科等横断的な学習」も、その大元となる「学びのあり方」とはどのようなものかを考えるのに、「イメージ」を考えたことは大いに役立ったように思える。

第26章 最後に…何が最も「大事」なのか？（まとめにかえて）

　ここまで、新学習指導要領が目指している学びについて、いろいろな方面から検討してきた。その結果、何が最も大事な「学びについての考え方や捉え方」と言えるのだろうか？これまでの検討の流れをざっと振り返ってみながらまとめたい。

　最初に、わが国の教育施策の変遷と国際状況から考えるということで、「生きる力」の捉え方の変遷と、それに関係した海外の教育事情や取組の影響を、特に PISA と TIMSS の2つの学力調査、そして我が国の「全国学力・学習状況調査」への展開から見てきた。

　その経緯や結果を受けて、新学習指導要領の「資質・能力の三つの柱」の育成が今回提案されてきたことが分かり、その育成のための「主体的」、「対話的」、「深い学び」の実現は、それぞれバラバラに取り組むのではなく、一体のものとして取り組む必要のあることが分かった。特に、「主体的」、「対話的」はそれぞれ、「深い学び」と切っても切れない関係にあると言える。つまり、「深い学び」は、それ自体を追究するのではなく「主体的・対話的な学び」の実現に向けた取組の中で実現させる必要があり、それは評価についても同様で、「主体的な学び」、「対話的な学び」、「深い学び」とバラバラにではなく、「深い学び」を軸としてそれらの学びを評価していくべきだと考えられる。そして、それは目指す「資質・能力」が育ったかどうかで評価すべきであり、「学びの姿」の評価は、そのためだということを忘れてはいけない。

　その「深い学び」を実現するポイントは、各教科の特質に関係した「見方・考え方」を大事にすることと、同時に「真正の学び」としての捉えを意識することにあると考えられる。敢えて区別して言えば、この「見方・考え方」の重要性は「学びをその論理的な内容面」から捉えたもの、「真正の学び」は「学びを、子どもの"分かり"という心情的な面」から捉えたものと考えられ、この両面からの「学び」の理解と、その実現のための授業への取組が「主体的・対話的で深い学び」の実現に向けた授業改善ではないかと考えられる。但し、この時点での「見方・考え方」は専ら「各教科の特質に関係した」ものであり、後から考える子どもが元から持っていると考える「見方・考え方」も加えて考えれば、「真正な学び」との関係性はより深くなる。

　この「主体的・対話的で深い学び」を「目指す子どもの姿」と捉え、その実現を図るのが、「カリキュラム・マネジメント」と「主体的・対話的で深い学びの実現に向けた7つの授業改善」の2点と考えて論を進めてきた。

　その「カリキュラム・マネジメント」のポイントは、「教科等横断的な資質・能力の育成」

であり、そのねらいは、前回改訂の「言語活動の充実」にも表れており、それが取組の先鞭を付けたと考えるべきだろう。その意味で「言語活動の充実」には、その内容以上の重要性があると考えられる。

　これらの取組全体をまとめたのが、前文に「これからの時代に求められる教育を実現していくためには…社会に開かれた教育課程の実現が重要となる。」と書かれた「社会に開かれた教育課程の実現」である。「社会に開かれた教育課程」は、これから求められる「資質・能力の三つの柱」に則った資質・能力の育成こそ真の狙いであり、そのために「真正な学び」としての「主体的・対話的で深い学び」が実現する学びの実現を目指していると考えられる。したがって、「社会に開かれた教育課程」の「社会」とは、「既に出来上がったもの」ではなく、「自分たちがその形成に関与していくもの」という捉えで、社会に一方的に順応するのではなく、しかし、社会との関連性をしっかり認識しながら、同時により良い社会を形作っていこうとする取組を進めていくという、社会に対する二つの関わり方の実現が、「社会に開かれた教育課程」の実現と言えるだろう。

　このように、「社会に開かれた教育課程の実現」を検討してきた中で、「真正な学び」の重要性に改めて気付いた結果、これまで「理性的な部分」で考えてきた「深い学び」の重要性だけでなく、それを実現できる「心性的な部分」での「主体的学び」の重要性がより明らかになってきた。つまり、「主体的」または「主体性」こそが、これからの学びにとって一番の「キーワード」ではないかと考えられる。

　そう捉えると、「社会に開かれた教育過程」の重要さは、社会に関わる「真正な学び」を経ることで「自分事の学び」が実現することにあり、そのことで子どもが主体的に学びに関わり続けることが可能になることにあるのではないだろうかと思い至った。

　そこで、このキーワードとしての「主体的」を、さらに検討した結果、それは「メタ認知」の重要性につながり、自分で学習観や知識観を育てていく「自立した学習」の実現につながることが分かった。その学びの中では、その学習観や知識観を元にして、子供たちは自分で知識や技能を作っていくことになる（教師の適切な働きかけは当然必要だが）。

　このような学習に対する基本的な考え方である「構成主義」についても検討した。その結果、構成主義的な考え方の大事な点は、頭の中で考えるとかそういうことではなく、「学習とは知識を構造変化させることだ」というシンプルなものと捉えることだと分かった。そして、この構造変化を実現させるのが、「対象が自然や物であろうと集団であろうと、その対象と個が相互作用する中で学びが生まれる」、という考え方であると考えられる。この捉えが、「主体的・対話的で深い学び」の「深い学び（知識の構造変化の実現）」と、「対話的（対象と個の相互作用）」の意義と考えられる。そして、そこから得られる「主体的」のポイントは、「そのような構造変化を起こせるのは自分自身だ」ということだと考えられる。

　この「自分自身」という点が、「認知主義」から「構成主義」に発展した大きなポイントと考えられる。その「構成主義」において、より自分との関係を意識したのが「社会的構成主義」と考えられる。

　そう考えると、ここまで様々に考えてきた「社会に開かれた教育課程の実現」の意義は、

結局、「社会」という言葉で表される、「自分を取り巻く外部」との相互関係によってこそ、真の学びは実現するという、正に「学びの在り方」そのものになるのではないだろうか。

　また、これらの検討の中で、系統主義学習の代表であるブルーナーの「教育の過程」を例に、気になっていた「系統主義」は「問題解決学習」を否定しているのか？という点についても考えてみた。これは、「カリキュラム論（教育課程）」と「学習論」を混同した捉えから来る誤解であることが分かり、むしろ「教育の過程」は、新学習指導要領の考え方とも共通する部分が多く、今こそもっと学ばなければならない書物ではないかと感じた。

　さらにデューイの「経験主義」も「真正な学び」に代表される子どもの「主体性」から出発する学びの大事さを言っていることが分かり、これら「経験主義」と「系統主義」を融合させるのが「習得・活用・探究」の学びの過程であると考えるに至った。そして、「習得」と「探究」をつなぐ「活用」に必要な「思考力・判断力・表現力」を支える「見方・考え方」の重要性も明らかになった。

　この「見方・考え方」は、各教科等の特質をあらわすという捉えだけでなく、子どもの中にある「感覚」的な、大事な「ものの捉え方（見方・考え方）」である、という共通理解の重要性も忘れてはいけないだろう。その意味では、「見方・考え方」を、教科の構造の特質から捉える見方と、子どもの中に最初からあるものとして捉える見方、そして思考力・判断力・表現力等と共に働いて、概念などとしての知識や技能等の育成に働いているというような捉え（自分はこれらをまとめて「イメージ」というやや曖昧な表現としたが）も大事ではないかと考えられる。

　このように、今回の新学習指導要領の考え方の基盤となると考えられる構成主義学習論から、「資質・能力の三つの柱」の「学びに向かう力・人間性等」に相当する「主体的」は、「思考力・判断力・表現力等」により構造を変化させた「知識及び技能」を習得する「原動力」として重要だということが分かる。さらに、この「主体的」に当たる「学びに向かう力・人間性等」は、他の「思考力・判断力・表現力等」や「知識及び技能」と区別されたものではなく、この２つの活性化に伴うものだという点に特に注意したい。「区別されたものではなく」というのは、それぞれに関係しているというような「緩い関係」ではなく、「学びに向かう力・人間性等」を成り立たせている要素として「知識及び技能」や「思考力・判断力・表現力等」があり、同時に「知識及び技能」や「思考力・判断力・表現力等」を成り立たせている要素として「学びに向かう力・人間性等」がある、という「相互補完的な強い関係」である。つまり、心情的なものだけの「学びに向かう力・人間性等」はあり得ないという点に注意が必要であり、見方を変えると、この「学びに向かう力・人間性等」が、「知識及び技能」や「思考力・判断力・表現力等」の育成に、内容的にも大きく影響しているということである。

　同じ事は、「主体的・対話的で深い学び」の学びの姿を実現する際にも言えて、「対話的学び、深い学び」は、共に「知識を再構成して分かりたい」という「主体的学び」がその基本として重要な役割をしていると考えられる。

　このように見てくると、今回の学習指導要領で求められている「力」のポイントは、何よ

り「分かりたい、できるようになりたい」という「主体的な学びに取り組む力」だと言えるだろう。しかし、それはそれだけが独立してあるのではなく、「知識・技能」や、それを構成していく「思考力・判断力・表現力等」の育ちと深く関係して離れがたいものだという関係を再度確認しておきたい。

その意味では、今回の学習指導要領改訂の一番のポイントは、「資質・能力の三つの柱」間の関係性、及びそれを実現するための「主体的・対話的で深い学び」の三つの学びの間の、内容的に重なり合った関係性にあり、しかもその関係性の中核に当たるのが「主体的」という点ではないだろうか？当然「主体的」とは「子どもの主体的」であり、したがって、今回の改訂のポイントを敢えて一言で言えば、「学びの主人公は子どもである」ということを徹底的に意識して指導していくことが一番大事だという、その意味では当たり前の、これまで私たちが幾度となく繰り返した「言葉」に落ち着くのだが、その意味と意義を改めて確認することがこれからの取組においていかに大事かということが、ここまでの検討で実感されたと言えるだろう。

これからの学びとは…
「新たな価値」の獲得に向けて

1. 人間としての学びとは

　ここまで考えてきた結果、最終的には「主体的」の大事さ、そしてそれに不可欠な「イメージ」する力の重要性に話が及んできた。実は、最初に今回の学習指導要領総則の解説を読んだときに衝撃的だったのは、その冒頭に「人工知能（AI）の飛躍的な進化、人間の強み」などの社会との関係を示す言葉が出てきたことである。本書で、「社会に開かれた教育課程」の理念をかなり丁寧に考えたのも、実は教育の目的を、このような具体的で現実的な社会的危機に向けすぎているのではないかという思いからであった（そのような懸念は、今回の検討で自分なりには晴れたが）。

　子供たちのこれからの学びを考えてきて、自分なりの最終的なゴールは「主体的な学びの源となるイメージの大切さ」であった。そこで、そのような意識で学習指導要領総則の最初に戻って再度読み直してみると、例えばそこで問題にしている人工知能は、イメージを持つことができるのだろうか、またイメージを持つことによる主体性を発揮することはコンピュータにできるのだろうか？という思いや、そもそも人間の人間らしいところとはどのような点だろうか？等という疑問が湧いてきた。

　自分には、このような専門的で、また哲学的でもあるような問いには到底答えることはできないし、またそれが本書のねらいでもないのだが、これからの教育の在り方、何より子どもたちの未来を考えると、避けては通れない疑問とも思える。そこで、力不足は十分自覚した上で、ここまで考えてきたことを元に、自分なりに考えてみることにする。

2. 「人間の持つ強み」と「主体的・対話的で深い学び」

　1. で述べた「イメージの持つ意味」の重要性と主体性の価値を考えていったとき、下記に紹介する総則解説の冒頭にある文章の捉え方が改めて注目されてきた。

第1章総説

1　改訂の経緯及び基本方針

　（1）　改訂の経緯

今の子供たちやこれから誕生する子供たちが、成人して社会で活躍する頃には、我が国は、厳しい挑戦の時代を迎えていると予想される。生産年齢人口の減少、グローバル化の進展や絶え間ない技術革新等により、社会構造や雇用環境は大きく、また急速に変化しており、予測が困難な時代となっている。また、急激な少子高齢化が進む中で成熟社会を迎えた我が国にあっては、一人一人が持続可能な社会の担い手として、その多様性を原動力とし、質的な豊かさを伴った個人と社会の成長につながる③新たな価値を生み出していくことが期待される。

　こうした変化の一つとして、人工知能（AI）の飛躍的な進化を挙げることができる。人工知能が自ら知識を概念的に理解し、思考し始めているとも言われ、雇用の在り方や学校において獲得する知識の意味にも大きな変化をもたらすのではないかとの予測も示されている。このことは同時に、①人工知能がどれだけ進化し思考できるようになったとしても、その思考の目的を与えたり、目的のよさ・正しさ・美しさを判断したりできるのは人間の最も大きな強みであるということの再認識につながっている。

②このような時代にあって、学校教育には、子供たちが様々な変化に積極的に向き合い、他者と協働して課題を解決していくことや、様々な情報を見極め知識の概念的な理解を実現し情報を再構成するなどして新たな価値につなげていくこと、複雑な状況変化の中で目的を再構築することができるようにすることが求められている。

（小学校学習指導要領解説　総則編　第1章　総説1　改訂の経緯及び基本方針（1）改訂の経緯
P1より・平成29年6月、番号、下線は筆者）

　上記の資料中にある①「人工知能がどれだけ進化し思考できるようになったとしても、その思考の目的を与えたり、目的のよさ・正しさ・美しさを判断したりできるのは人間の最も大きな強みである」という文章は、「目的に向かって学ぶ主体性や意欲の大事さ」や、「それを支える価値観（目的のよさ、正しさ、美しさ）を思い浮かべることのできるイメージの大切さ」を言っているように思える。つまり、自分が本書で考え続けて最後に到達した「主体的な学びの価値」につながるのではないかと感じた。

　この総説では、その「大事なものは、実は人工知能にはない人間の強み」だと言っているのである。先の自分の思いと合わせると、今回の新学習指導要領で自分たちが子どもに育てたいと思っている「力」、それは学びの価値観から考えてきたものだが、それは同時に「人工知能にはない人間の強み」でもある、ということができそうだ。

　自分はこれまで、多くのマスコミなどで盛んに言われている「これからは、人工知能にできないことを人間がやるべきだ。」という趣旨の発言には、いささか違和感を抱いてきた。何だか人工知能が主役で、そのできない「隙間」を人間がやるべきだという感じがしたからだ。勿論そのような発言には、「人工知能ができないことにこそ価値がある」という意味が込められてはいたのだろうが、何となく釈然とはしなかった。

　それが今回、新学習指導要領を検討し、「学びの真の価値」を考えた結果、私たちが子どもに育てたいと思っている「力」は結果として、「人工知能にはない人間の学びの強み」でもあるということが分かったような気がする。「人工知能にはできない」から人間がやるの

ではなく、「人間がやるべき大事な学び」が人工知能にはできないのだ。個人的には、「人間の持つ強み」とあまり肩肘張らずに、真の学びを追究していけば良いのだと、勝手に了解しているのだが、どうだろうか？

上記の文章では続いて、②「このような時代にあって、学校教育には、子供たちが様々な変化に積極的に向き合い、他者と協働して課題を解決していくことや、様々な情報を見極め知識の概念的な理解を実現し情報を再構成するなどして新たな価値につなげていくこと、複雑な状況変化の中で目的を再構築することができるようにすることが求められている。」と書かれている。

敢えて分析的に捉えれば、「様々な変化に積極的に向き合い」は「主体的」、「他者と協働して課題を解決していくこと」は「対話的」、「様々な情報を見極め知識の概念的な理解を実現し情報を再構成するなどして新たな価値につなげていくこと」は「深い学び」で、「主体的・対話的で深い学び」という今時学習指導要領で目指している学びの姿を表しているのではないかと考えられる。そして、続く「複雑な状況変化の中で目的を再構築すること」は、そのような「主体的・対話的で深い学び」によって次の新たな「複雑な状況下での学び」へ、自ら目的を持って進んでいくこと、と捉えられるのではないだろうか？そう考えれば、ここにも主体性の大事さが出ているように感じる。

このような捉えだと考えれば、この「(1) 改訂の経緯」は総則の冒頭で、今回求めている「主体的・対話的で深い学び」の方向性を示していると考えられる。そして、その際のキーワードとして見えてきたのが「新たな価値」という言葉だ。

この冒頭にはもう１カ所「新たな価値」が出てくる。それは実はこの上の③部分である。ここでは、これからの社会の困難な状況を挙げ、「一人一人が持続可能な社会の担い手として、その多様性を原動力とし、質的な豊かさを伴った個人と社会の成長につながる」ものとして、「新たな価値」を生み出していくことの重要性が述べられている。

この２つの「新たな価値」を読むと、最初ではこれからの困難な時代を乗り越えていく「新たな価値」の必要性を述べ、後半では、人工知能の発達等と比較して、それは「人間の大きな強み」としてのものであると述べ、「主体的・対話的で深い学び」の実現につないでいると考えられる。

「新たな価値」とは、先に揚げた「人間がやるべき大事な学び」と関係しているのだろうか？

コラム⑱　人工知能と人の「概念的な理解」

総則の上記文中には、「人工知能が自ら知識を概念的に理解し、思考し始めているとも言われ」という文章がある。そして、その下には、人間の学びとして「知識の概念的な理解を実現」することが大切だと、同じような表現がある。この「人間の学び」は、「主体的・対話的で深い学び」に対応する大事な要素だということは本文でも述べた。人工知能ではまだ実現したとは書かれていないが、人工知能が自ら知識を概念的に理解し思考し始めたら、これから私たちに求められる

「主体的・対話的で深い学び」は、人工知能でも可能な学びと言えるのだろうか？

　自分は、人工知能の「知識の概念的な理解」と、人の「知識の概念的な理解」とは違う、したがってその「学び」の形も違うと考える。それは、人の理解には「主体性」があるからである。これまでも考えてきたように、人の理解は「知りたい、分かりたい、取り組みたい」という主体性が原動力となり、「知識・技能」の習得や、「思考力・判断力・表現力」の活用につながってきた。そして、その習得や活用がより学びへの「主体性」を高めるという相互関係があった。

　人工知能が仮に、知識を概念的に理解、つまり知識の再構成ができたとしても、それは人が与えた知識に対して再構成しただけであり、そこからの発展（知的好奇心や探究心など、主体性に関わる取り組み）はないだろう。このように人と人工知能の理解が異なるとすれば、それによって再構成される「知識」も異なってくると考えられる。総則の上記文中には、「人工知能が自ら知識を概念的に理解し、思考し始めているとも言われ」ている今、「知識の意味にも大きな変化をもたらすのではないか」と書かれている。ここまでの議論から考えれば、この「知識の意味」には、単なる「再構成された知識」だけでなく、主体性が伴った、次の学びにつながっていく、人間だからこそ習得できる「知識」という意味が含まれているのではないだろうか？

　つまり、人の「学び」は、主体的な概念的理解を伴う次につながる「知識」を求める、言い換えれば「新たな価値」を求める学びであり、したがって予期せぬ「複雑な状況変化の中」でも、主体的に学ぼうとする「目的を再構築」できる（総則の上記文中）学びなのだろう。それに対して人工知能の「学び」は、設定された段階で止まってしまう学びであり、それに限定される「知識」の獲得に終始するのではないだろうか？

　例えば現在最強の将棋ソフトが、プロの棋士にも思いつかないような指し手を「知識」として生み出していることは事実であり、それには価値もあるだろう。しかし、その目指す方向は「人間に設定された将棋」というルール内で勝つことでありそれを越えることはない。したがって、そこからはみ出した、または発展した「新たな価値」を求める「思いもつかない知識の獲得」にはつながらないだろう。

　それに対して人間は、「当初目指していた目標、獲得したいと想定していた知識や技能」からは「思いもつかないような知識や技能の獲得」に向かう可能性を秘めている。例えば、より創造性を発揮できる、新しい「将棋」のアイデアのひらめきなどである。その原動力となるのが、人工知能にはない「主体性」ではないだろうか？

　このように考えてくると、これまで「主体性」が大事だと何度も言ってきたが、その意義は、主体的であることで「獲得すべき知識・技能」が単に得られるからだけでなく、獲得されうる知識・技能自体の質や量もより高まり、広がることにつながるからだと考えられる。

　「主体性」とは「知りたい、分かりたい、取り組みたい」等という「学びへの取り組むエネルギー」で、それは人工知能にはない人間に特有なものだが、人工知能でも「学びに取り組み続ける」ことはできる。しかし人間は、この主体性の意識によって、「その取り組みは良かったのか？」とか「新たにどんなことが分かったのか、出来るようになったのか？」「もっと良い取り組み方はなかったのか？」、そして「さらに新しく取り組むべき問題はないのか？それにも挑戦したい」等の、学びの質を高めたり広めたりすることにつなげることができる。これは、主体性による批判

的思考力の発揮やメタ認知力の活用、そして自己学習力の育成ということができるだろう。「主体性」は、決して学びの動機付けだけには終わらないのである。

　総説の P3 には、今回の改訂の基本的な考え方が 3 点揚げられているが（社会に開かれた教育課程の重視、知識の理解の質を更に高め、確かな学力の育成、道徳教育や体験活動の重視）、2 点目の「知識の理解の質」には、以上のような「主体性」と関連した意味が込められているのではないだろうか？「理解」と「主体性」を伴う「知識」の在り方やその重要性について、再度考えてみる必要がありそうだ。今回の学習指導要領の最大のポイントは「主体性」ではないかと考えてここまで議論してきたが、それも含めた「知識の質の捉え方」が、実は一番のポイントなのかもしれない。

3. 「新たな価値」の持つ意味

　2. で、人間の強みから考えられるこれから必要な教育としての「主体的・対話的で深い学び」の中で、「深い学び」に当たる部分に「新たな価値」という言葉があると考えた。そして、「複雑な状況変化の中で目的を再構築することができるようにすることが求められている。」とも書いた。ここまで「深い学び」についても考察を加えてきたつもりだが、この「新たな価値」という面から考えた時、これまでの議論に足りない部分があったのではないか？そして「複雑な状況変化の中で目的を再構築することができるようにすることが求められている。」とは、具体的にどのようなことを指しているのか？という疑問が出てきた。そこで、これらを明らかにするために、「新たな価値」についてもう少し考えてみることにした。

（1）諮問と論点整理、答申から見る

　これまでも、学習指導要領で書かれている内容の理解には、そこに至る答申や諮問などを読むことが有効なことがあった。そこで、これらにさかのぼって「新たな価値」を調べてみた。

①諮問における「新たな価値」

　学習指導要領作成のスタートに当たる文科大臣からの諮問を見ると、そこには既に「新たな価値」の文言が見られる。（理由）の文章の冒頭に、以下のように出てくる。

> 　今の子供たちやこれから誕生する子供たちが、成人して社会で活躍する頃には、我が国は、厳しい挑戦の時代を迎えていると予想されます。生産年齢人口の減少、グローバル化の進展や絶え間ない技術革新等により、社会構造や雇用環境は大きく変化し、子供たちが就くことになる職業の在り方についても、現在とは様変わりするだろうと指摘されています。また、成熟社会を迎えた我が国が、個人と社会の豊かさを追求していくためには、<u>一人一人の多様性</u>を原動力とし、<u>新たな価値を生み出していく</u>ことが必要となります。
>
> （「初等中等教育における教育課程の基準等の在り方について」諮問　平成 26 年 11 月　下線筆者）

この文章は、総則の解説の１　改訂の経緯及び基本方針　（1）改訂の経緯　の１段落目と殆ど同じである。そこでは、これからの課題を乗り越えていく「新たな価値」が必要ということを述べている。そして、その原動力として「一人一人の多様性」を挙げている。これは諮問段階の提案として、「新しい価値」が必要だが、それはどのようなものか、どう育成していけば良いのかを考えて欲しい、ということではないだろうか？　そして、そのキーワードが「一人一人の多様性」である。

②論点整理における「新たな価値」

　次に、この文科大臣からの諮問を受けた「論点整理」（平成27年8月26日）を見ると、「新たな価値」という文言は、まず、1. 2030年の社会と子供たちの未来の（1）新しい時代と社会に開かれた教育課程、の中に、次のように出てくる。

> 「（途中から）これからの子供たちには、社会の加速度的な変化の中でも、社会的・職業的に自立した人間として、伝統や文化に立脚し、高い志と意欲を持って、蓄積された知識を礎としながら、膨大な情報から何が重要かを主体的に判断し、自ら問いを立ててその解決を目指し、他者と協働しながら新たな価値を生み出していくことが求められる。」 （論点整理 P2）

　ここだけを読むと、この「新たな価値」は、社会との関係を大事にしながらも基本としては、知識の再構成を目指す「主体的・対話的で深い学び」により実現するものを指しているように見える。諮問にあった原動力として「一人一人の多様性」については直接的には書かれていないが、個々が「膨大な情報から何が重要かを主体的に判断し、自ら問いを立ててその解決を目指し、他者と協働しながら新たな価値を生み出していくことが求められる」という姿の背景に、それがあるように思える。それが分かるのが、次に出てくる、同じ論点整理の 2. 新しい学習指導要領等が目指す姿、の（1）新しい学習指導要領等の在り方について、の部分である。そこでは（学習プロセス等の重要性を踏まえた検討）に続く（人生を主体的に切り拓くための学び）の冒頭に、以下のように出てくる。

> ○「子供たち一人一人は、多様な可能性を持った存在であり、多様な教育ニーズを持っている。成熟社会において新たな価値を創造していくためには、一人一人が互いの異なる背景を尊重し、それぞれが多様な経験を重ねながら、様々な得意分野の能力を伸ばしていくことが、これまで以上に強く求められる。一方で、苦手な分野を克服しながら、社会で生きていくために必要となる力をバランスよく身に付けていくことも重要である。 （論点整理 P9 より、下線筆者）

　つまり、「新たな価値」とは、子供たちを、「多様な可能性を持った存在であり、多様な教育ニーズを持っている」と認識し、子供たちが「一人一人が互いの異なる背景を尊重し、それぞれが多様な経験を重ねながら、様々な得意分野の能力を伸ばしていくこと。」によって実現するという捉え方だ。これは、諮問にある、「一人一人の多様性」を実現の原動力とする考え方につながるだろう。

このように見てくると、「新たな価値」とは、子供たちを「多様な可能性を持った存在であり、多様な教育ニーズを持っている」存在と認識し、その「一人一人の多様性」を原動力として実現するものと考えられる。ただし、多様な可能性を認め、伸ばしながらも、一方で苦手な分野を克服するなど必要な力をバランスよく身に付けていくことも重要と述べている。

　さらに、(人生を主体的に切り拓くための学び) という項目に書かれていることからもわかるように、これは教室内での学びに限らない、それこそ「社会に開かれた教育課程」が目指す動的な学びと考えられる。

　このように見てくると「新たな価値」は、知識の再構成を目指す「主体的・対話的で深い学び」の実現を目指してはいるが、より一人一人の多様性を大切に、そして社会や自分の人生における学びという広い対象をも射程に入れているように思える。ただ、この2つ、つまり「主体的・対話的で深い学び」と「一人一人の多様性」の関係、そしてその関係はどのような価値なのかはまだはっきりは見えてこない。

③答申における「新たな価値」

　そこで、総則に最も近い「答申」を見てみると、第2章　2030年の社会と子供たちの未来、の (予想困難な時代に、一人一人が未来の創り手となる)、に、以下のように出てくる。

○人工知能がいかに進化しようとも、それが行っているのは与えられた目的の中での処理である。一方で人間は、感性を豊かに働かせながら、どのような未来を創っていくのか、どのように社会や人生をよりよいものにしていくのかという目的を自ら考え出すことができる。多様な文脈が複雑に入り交じった環境の中でも、場面や状況を理解して自ら目的を設定し、その目的に応じて必要な情報を見いだし、情報を基に深く理解して自分の考えをまとめたり、相手にふさわしい表現を工夫したり、答えのない課題に対して、多様な他者と協働しながら目的に応じた納得解を見いだしたりすることができるという強みを持っている。

○このために必要な力を成長の中で育んでいるのが、人間の学習である。解き方があらかじめ定まった問題を効率的に解いたり、定められた手続を効率的にこなしたりすることにとどまらず、直面する様々な変化を柔軟に受け止め、感性を豊かに働かせながら、どのような未来を創っていくのか、どのように社会や人生をよりよいものにしていくのかを考え、主体的に学び続けて自ら能力を引き出し、自分なりに試行錯誤したり、多様な他者と協働したりして、新たな価値を生み出していくために必要な力を身に付け、子供たち一人一人が、予測できない変化に受け身で対処するのではなく、主体的に向き合って関わり合い、その過程を通して、自らの可能性を発揮し、よりよい社会と幸福な人生の創り手となっていけるようにすることが重要である。

(答申 P10、下線筆者)

　諮問から論点整理によって、「新たな価値」は一人一人の多様性を大切に、社会や自分の人生における学びという面も意識していることが分かったが、答申では、人工知能と人間の比較から出発し、「人間の学習」を意味付けている。そのポイントは、上記文中に出てくる

「自ら、自分の考え、主体的、自分なり」等の言葉に表れる一人一人の多様性を大切にした主体的な学習だろう。そして、その学びの目的は、「よりよい社会と幸福な人生の創り手」になるという、教室内での学びに限らない、「社会に開かれた教育課程」が目指す学習でもある。

　先に 2. の終わりで「新たな価値」とは、先に揚げた「人間がやるべき大事な学び」と関係しているのだろうか？と書いたが、この「人間の学習」との関係を読むと、そのように考えても良いように感じる。

　なおこの P10 の欄外には「新たな価値」の説明として次のように書かれている。「ここで言う新たな価値とは、グローバルな規模でのイノベーションのような大規模なものに限られるものではなく、地域課題や身近な生活上の課題を自分なりに解決し、自他の人生や生活を豊かなものとしていくという様々な工夫なども含むものである。」（下線筆者）。

　この「自分なりの解決」とは、「一人一人の多様性を大切にした主体的な学習」が「自他の人生や生活を豊かなものとしていく」につながり、「よりよい社会と幸福な人生の創り手」になるという、「新たな価値」の趣旨が込められていると了解できる。**本書がここまで大事と考えてきた「主体性」を、この「新たな価値」は、多様性という "膨らみ" を持たせて、より重要視している**ように感じる。

　また、本書の最初で「目指すべき子どもの姿」として、「主体的・対話的で深い学び」が実現した姿を位置付けたが、その根拠とした答申の文章でその姿を確認した際、「・変化の激しい社会の中でも、感性を豊かに働かせながら、よりよい人生や社会の在り方を考え、試行錯誤しながら問題を発見・解決し、新たな価値を創造していくとともに、新たな問題の発見・解決につなげていくことができること。（答申 P13、下線筆者）」と、文章の中に「新たな価値」が見られ、この文章が「目指す子ども像」の結びとなっていたことに気付いた（本書 P15 ～ 16 参照）。つまり、目指す子ども像実現のための「主体的・対話的で深い学び」の、主要な内容として「新たな価値（の創造）」が位置付いていることに改めて気付いた。

　この答申に至って、諮問に述べられた「新たな価値」とはどのようなものかが見えてきたように感じる。それは、「人間なればこその学習」の持つ価値であり、「主体的・対話的で深い学び」が実現した姿に、なくてはならないものだと言えるだろう。

　そしてその学びとは、「一人一人の多様性を大切にした主体的な学習」による「自分なりの解決」によって、「自他の人生や生活を豊かなものとしていく」、「よりよい社会と幸福な人生の創り手」になることを目指す学びと言えるだろう。このように見てくると、②の論点整理の終わりに揚げた「主体的・対話的で深い学び」と「一人一人の多様性」の関係が見えてきたように思える。

　つまり、先にも述べたように、「新たな価値」を実現する学びは、グローバルな規模でのイノベーションかどうかと言った規模の大きさには関係なく、「自分なりに解決した納得解を持てることが大事であり、それが自他の人生や生活を豊かなものとしていくこと」が大事なのだとわかる。そしてそれは、「主体的・対話的で深い学び」が実現した姿として具体化すべきものとして位置付いていることが分かるが、これまでの本書の展開から考えれば、そ

れは特に「自分なりに解決した納得解を持てる」という「主体的な学び」の重要性につながり、結果としてその学びは「多様性」や「個性の重視」にもつながっていくことになる。

　つまり、**「自分事の学び」としてこだわりながら、「あるべき姿、ゴール」を目指して学び続けてきた「主体的・対話的で深い学び」の結果は、個々に即した個性的な学びを大事にした学習になるのは当然**ではないかと思えるし、それこそが「主体的・対話的で深い学び」と言える。ここでも、「個性の重視」自体が目的ではないことを確認しておきたい。

(2)「新たな価値」と「深い学び」

　このように「新たな価値」を見てくると、その本質はこれまで考えてきた「主体的・対話的で深い学び」で目指す学びの姿につながるものであることが分かる。ただし、その学びの本質は「人間なればこその学び」だという点を強調していると思える。それは、先にも述べたように、社会が発展し、人工知能がやってくれる事が増えたから、人間にしかできないことに取り組もうという「現実的な面」もあるだろうが、それだけではなく、そんな時代だからこそ、人間にとって真に学びとはどのようなものか、どのような価値があるのかを考えていこうという点にこそその真意があるのではないかと思える。

　さらに今回の検討で明らかになった点がある。それは、この「人間なればこその学び」の「人間」の捉え方である。自分は、ここまでは「（機械としてのコンピュータに対しての）種としての人間」という捉え方だったが、ここで検討した結果、自分なりの「人間」の捉えは、"「一人一人の多様性を大切にした主体的な学習」により実現する存在で、個々の「人生や生活を豊かなものとしていく」ために、個々が「よりよい社会と幸福な人生の創り手」になるという、**それぞれの「個」がそれぞれの「新たな価値」を生み出すものとしての存在**"というものになった。だからこそその学びは、個々の人間として「自分の人生や生活を豊かにしてくる」学習につながるのだろうし、目指す子ども像に直結するのだろう。それは大袈裟なものではなく、日頃の学びの中にあることは、先述の通りである。

　このように見てくると、「新たな価値」は、これまで捉えてきた「深い学び」が求めてきたものと原理的には同じように感じられるが、敢えて言えば、この「新たな価値」で度々出てくる「自他の人生や生活」との関係を考えれば、自分が考えてきた「深い学び」は今のままの捉えで良いのか疑問が出てきた。

(3)「深い学び」と「新たな価値」の関係

　「深い学び」についてはP153の第16章の7で、2つの段階の「深い学び」として、「なるほど、分かった！」という納得の実感が持てる「活用①」の段階における「深い学び①」と、「探究段階」における、「新たに再構成した知識」を新たな或いは現実社会における課題に「活用」して「探究」し、自分なりの解決ができて「やった、できた！」と、学びの価値を実感できる「活用②」における「深い学び②」を、考えてきた。この捉えと、ここまで考えてきた「新しい価値」とはどのような関係にあるのだろうか？

(4) これから考え続けたいこと

　そんなことを考えていた折、文部科学省教科調査官の鳴川哲也氏の著書「理科の授業を形づくるもの」で、以下のような文章に出合った[66]。

理科では問題解決の活動を通して、新しく更新された知識を得ることになりますが、これが、子どもたちにとっての「新たな価値」と言えるでしょうか？自然の事物・現象について理解を深めることはできます。しかし、それが「新たな価値」と言えるようになるためには、その知識を得ることで、自他の人生や生活が豊かなものになることが重要だと思うのです。

　そのためには、獲得した知識を、自然の事物・現象や日常生活に当てはめて、その知識を得たことが、自他の人生や生活にとってどのような意味をもつのかについて考えることが大切になります。学んで得た知識をもとにして、もう一度自然の事物・現象や日常生活を見直す活動が重要になると思うのです。

（「理科の授業を形づくるもの」P151　鳴川哲也　東洋館出版社、下線筆者）

　鳴川氏の疑問と考えは、自分がこれまで感じてきたことと通じるように感じた。そして、「学んで得た知識をもとにして、もう一度自然の事物・現象や日常生活を見直す活動が重要になると思うのです。」は、単に「学んで得た知識」が実際に役立つとか、使える、という功利的な意義を越えて、自他の人生や生活を豊かなものにする（下線）という価値を考えるということだと思える。

　ここまで、「主体的・対話的で深い学び」の実現は「知識の再構成」ができるかどうかだと何回となく書いてきた。そして、この「できる」とは、「活用する力」としての「再構成」の形ができた（活用の段階＝活用①）だけでなく、それを基礎として、実際に課題を探究する活動を行う（探究の段階＝活用②）ことで、初めて言えることだった。そして、この「できる」の「探究の段階＝活用②」を意識しすぎて「深い学び」を難しく考えすぎないようにということを例もあげながら書いてきたが、この「新たな価値」で、「自分の人生や生活を豊かにしてくれる」学習につながることを目標としているからには、その方向への広がり、つまり「深い学び②」の意義をもう一度意識して大事に考えていく必要があるのではないかと改めて感じた。

　そこには、「深い学び①」との連携は勿論、総合的な学習の時間などとの積極的な連携も踏まえた、「自己のキャリア形成の方向性」との関連付けも考慮したカリキュラム・マネジメントの重要性も見えてくる。

　「はじめに」で、自分は今回の学習指導要領が求める「深い学び」とは“「なるほど！」と納得した「その単元等での価値ある学び」のこと”だと書いた。今振り返ってみると、本書を書き始めた頃は、この「なるほど！」の納得は、「習得・活用・探究」の「活用①」場面に当たる「深い学び①」への思いが強く、本単元での「知識の再構成」場面に相当すると考えていた。しかし、検討を進めるにつれて、「探究」にあたる「再構成した知識の活用」場面である「活用②」の「深い学び②」を経てこそ、真の「なるほど！」の納得が得られるのだと思えてきた。なぜなら、前者の納得が「腑に落ちた」という「理解上での納得」にとどまるのに対して、後者の納得は、それに「使える事への価値を実感した納得」、つまり、「自分の人生や生活を豊かにしてくれる実感」が加わっていると考えられるからだ。さらに、「真正な学び」について検討した結果（P160）、「深い学び」における概念の構造化による

「納得解」の獲得を、「思考力・判断力・表現力等」の面からだけでなく、「学びに向かう力、人間性」という「主体性」に関係する面からも考える重要性に気付き、この「主体性」が「深い学び①」と「深い学び②」をつなげていると考えるに至った。

そして、ここでの「新たな価値」の検討を経て、後者の実感は、単に「物質的や機能的に自分の人生や生活を豊かにしてくれる使える価値」への納得だけで良いのか？という疑問が新たに湧いてきた。そこで、「新たな価値」に向けての真の「深い学び」とはどのような学びかについて引き続き考えていくことにした。

4. 「新たな価値」に向けての 「人間の学び」と「深い学び」

(1)「深い学び」の意義を再考する

3. で抱いた新しい疑問が出てきた要因を考えると、それは、これまで知識や技能が「使える事への価値を実感した納得」につながることが「活用②」の「深い学び②」であり、それが「自分の人生や生活を豊かにしてくれる実感」につながると考えてきたことにあると気付いた。そこで改めて上記に引用した数々の文章を読んでみると、どこにも「新たな価値」は「使える事への価値を実感した納得」から生まれる、とは書かれていないことに気付いた。

つまり、この勘違いは「習得・活用・探究」の学びの過程から考えてきた**「探究」学習のねらいを「使える事への価値を実感した納得」である**、と自分が思い込んできたことにあると気付いた。また敢えて言えば、この「使える」を「他の問題解決場面でも使える」というだけの狭い意味で捉えており、それが「自他の人生や生活が豊かなものになることが重要（鳴川哲也氏）」という面にまで使える（影響を及ぼす）という点にまで考えが及ばなかったということにあったと気付いた。

それに気付いた結果、自分が今まで「深い学び」について抱いてきた疑問が浮かんできた。それは、やはり「学ぶねらい」に関することで、大袈裟に言うと「学問するねらい」についてである。

科学（数学も含めて）で言うと分かりやすいかもしれないが、「何かに役立つかどうかなんて考えていない。純粋に、なぜだろう？と科学（数学）における真理を極めることが、自分の研究のねらいである。」という、多くの学者がこれまで述べてきた言葉に代表される「学ぶことのねらい」についてである。これは有名な科学者に限らず、教室で学ぶ子供たちの学びにも通じるものがあるのではないかと感じる（ブルーナーの「教育の過程」を持ち出すまでもなく）。最近は、特に生命科学等を中心に「社会に役立つことが大事」という意見も多く出され、原子力関係の研究等ではずっと社会との関係が重要視、問題視されてはきたし、その重要性は近年益々高まってはきているが、それでもこのような「純粋な学びへの思い」は、ずっとあるのではないだろうか？そして、教室の学びにとっても、これは無視できないのではないだろうか？という疑問である。このような学びへの思いは、「使える事への価値（単に使えて便利だけに留まらず、それが人類の平和や生き方の改善につながるものだ

ということも含めて）を実感した納得」だけではすっきりしないのではないだろうか？

　ここまでの検討から自分が思うのは、やはりこの「純粋な学びへの思い」は確実にあるだろうし、それは大事にしたいと考えたい。「なぜそうなるのか、知りたい」という思いは、人間の持つ本能的な、そして本質的な思いだろうし、それは「知的好奇心」につながる「人間の学び」につながると考えるからだ。そして、それは、ここまで自分が大事と考えてきた「イメージ」という、人間にしか持てないものともつながっているように思えるからだ（例えば、自然に内側から湧いてくる、という点からも）。では、「深い学び②」として考えてきた、「使える事への価値を実感した納得」としての「自分の人生や生活を豊かにしてくる」学びとの関係は、どう考えれば良いのだろうか？

(2)「自分の人生や生活を豊かにしてくる」学びとは？

　そこで自分は、次のように捉えたいと思う。「自分の人生や生活を豊かにしてくれる」学びとは、単に「物質的や機能的に自分の人生や生活を豊かにしてくる、使える価値」への納得の学びだけでなく、自分自身の生活の在り方や生き方、生き甲斐にまで影響していくような「新たな価値」につながった実感を伴った学びではないだろうか？という捉えだ。

　つまり、「自分の人生や生活を豊かにしてくる」とは、目に見える形としての「もの」だけでなく、その人の「自己のキャリア形成の方向性」に沿った育ちを促し、実感させてくれるものではないかと思える。というより、むしろ「自分の人生や生活を豊かにしてくる」とは、最終的にこの「自己のキャリア形成の方向性」に沿った「もの（具体的な形であるかどうかに関わりなく）」ではないかと思える。そして、それは、先にあげた「意図的学習」につながる「個人的で主体的」なものではないかと考えられる。

　つまり、自分の主体性を大事にした、外から示されたゴールではない、自分自身の目指すゴールに向けての学習である。そして、そこには、先に述べた「純粋な学びへの思い」も含まれていると考えるし、敢えて言えば、学びが深まるにつれて、この「純粋な学びへの思い」やそれに伴う「自分の人生や生活を豊かにしてくれている実感」への気付きやその高まりも実現していくのかもしれない。

　その意味でも、「深い学び②」の意味は深く、広く、またその意義は大きいと考えられる。

※なお、「純粋な学びへの思い」と「社会に役立つこと」の関係については、例えば物理学者の大栗博司氏が「探究する精神」（幻冬舎新書）で述べている「科学者が自らの価値観に導かれて行う価値ある研究は、科学の発展につながる普遍的な研究であり、それは長い目で見て大きな役に立つ」（P306 の要約）という考え方に納得、共感できるが、皆さんはどうだろうか？

〔新学習指導要領が目指す「何ができるようになるか（育成を目指す資質・能力）」の真の意味〕

　新学習指導要領が育成を目指している「資質・能力」の、「何ができるようになるか」という意味を、この「新たな価値」との関係から考えてみると、「できること」とは、「学習者にとって意味や価値があること」になるだろう。そしてそれは、主体的の重要性につながるのではないだろうか？　つまり新学習指導要領で「できることが大事」と言う意味は、

当事者である子供たち自身が「その意味や価値が分かった上でできることが大事」という意味と考えられる。逆に言うと、「意味や価値が分からないと、できたとは言えない」ということになるだろう。

　例えば算数の問題にしても、その場では「やり方」を理解して「できて」、「わかったつもり」になったとしても、その意味や価値が「自分なり（主体的）」に分かっていないと、新たな場面に遭遇した時には使えない、使えるものとして浮かんでこないということだろう。

　では、この意味や価値はどのようにして身に付くのかと言うと、それはその問題を「自分事」として、つまり「自分に価値ある問題」として「主体的に」受けとめる所から始まるのだろう。これは個々の持つ「学びの意味や価値観」ひいては「生きている意味や価値観」にも繋がっていくと考えられる。

　このように見てくると、「何ができるようになるか」という「育成を目指す資質・能力」の実現は、「知識の再構成」場面に相当する「深い学び①」と「再構成した知識の活用」場面である「深い学び②」の両方に共通する、上記の「主体性」が発揮されて初めて可能になると考えられる。

　このように、本書でここまで考えてきた「主体的・対話的で深い学び」による学びの姿をまとめてみると、以下のポイント⑫のようになる。これが、これまで考えてきた「人の学びのイメージ」の完成版と考えたい。（P41 ポイント②〔「習得・活用・探究」から考えた「二つの学力観」の関係図〕→ P76 ポイント③「習得・活用・探究」から考えた「資質・能力の三つの柱」→ P105「ポイント⑤「習得・活用・探究」と「主体的・対話的で深い学び」、「資質・能力の三つの柱」と考えてきた）

ポイント⑫　「主体的な学び」を中心とした「資質・能力の三つの柱」に基づいた学びの姿

・今回の学習指導要領の考え方のねらいを、「主体的な学び」を中心とした「習得・活用・探究」の学習過程に基づく「主体的・対話的で深い学び」の学習を、「社会に開かれた教育課程」を推進する中で進めることで、「自ら学び自ら考え」、「新たな価値」を求め続けるための、「資質・能力の三つの柱」に基づいた力の育成を図ること、と捉える。

〔「資質・能力の三つの柱」から、学びの過程を考える〕

１．何より子どもが、学びを「自分事としての学び」と認識して、自ら問題解決に挑み続ける「意図的学習」が実現するような、「真正な学び」を推進する必要がある（適切な学習課題の設定、追究意欲が続く展開やメタ認知が育成される振り返りの在り方など）。ここに、これまでの検討（ポイント②、③）にはなかった「資質・能力の三つの柱」の中の「学びに向かう力・人間性の涵養」の意義が明らかになった。

２．学ぶ単元で「教授」される「知識」は、子どもが主体的に「既習の知識（概念）」に取り込み、再構成することで「習得」することができる。そこでは、持っている「見方・考え方（本人なりのイメージ的な対象の捉え方）」で個別の知識にアプローチし、その際に働く「思考力・判断力・表現力等」を用いることで、個別の知識を既習の知識につなげ、全体の構成をより活用できるものへと再構成する。この取組を「**活用①**」とし、この「**活用①**」による学びを「**深**

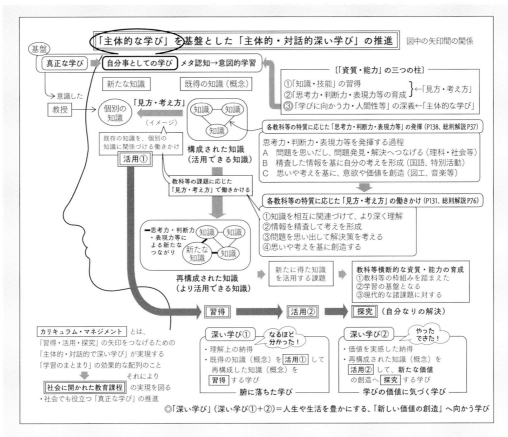

「「主体的な学び」を基盤とした「主体的・対話的深い学び」の推進 図中の矢印間の関係

基盤
真正な学び → 自分事としての学び メタ認知→意図的学習

〔資質・能力〕の三つの柱〕
① 「知識・技能」の習得
② 「思考力・判断力・表現力等の育成 ←「見方・考え方」
③ 「学びに向かう力・人間性等」の深義 ←「主体的な学び」

→ 意識した
教授

新たな知識　　既得の知識（概念）

個別の知識　「見方・考え方」（イメージ）　知識　知識　知識

既存の知識を、個別の知識に関係づける働きかけ

活用①

構成された知識（活用できる知識）

各教科等の特質に応じた「思考力・判断力・表現力等」の発揮（P138、総則解説P37）
思考力・判断力・表現力等を発揮する過程
A　問題を思いだし、問題発見・解決へつなげる（理科・社会等）
B　精査した情報を基に自分の考えを形成（国語、特別活動）
C　思いや考えを基に、意欲や価値を創造（図工、音楽等）

教科等の課題に応じた「見方・考え方」で働きかける

各教科等の特質に応じた「見方・考え方」の働きかけ（P131、総則解説P76）
①知識を相互に関連づけて、より深く理解
②情報を精査して考えを形成
③問題を思い出して解決策を考える
④思いや考えを基に創造

・思考力・判断力・表現力等による新たなつながり　知識　知識　新たな知識　知識

再構成された知識（より活用できる知識）

新たに得た知識を活用する課題

教科等横断的な資質・能力の育成
①教科等の枠組みを踏まえた
②学習の基盤となる
③現代的な諸課題に対する

カリキュラム・マネジメント とは、「習得・活用・探究」の矢印をつなげるための「主体的・対話的で深い学び」が実現する「学習のまとまり」の効果的な配列のこと

それにより
社会に開かれた教育課程 の実現を図る
・社会でも役立つ「真正な学び」の推進

習得 → 活用② → 探究（自分なりの解決）

深い学び①　なるほど分かった！
・理解上の納得
・既得の知識（概念）を 活用① して再構成した知識（概念）を 習得 する学び
腑に落ちた学び

深い学び②　やったできた！
・価値を実感した納得
・再構成した知識（概念）を 活用② して、新たな価値の創造へ 探究 する学び
学びの価値に気づく学び

◎「深い学び」（深い学び①＋②）＝人生や生活を豊かにする、「新しい価値の創造」へ向かう学び

い学び①」と捉える。それは「なるほど、分かった！」という **"理解上の納得"** を得ることができる学びである。ここまでが、「習得・活用・探究」の学習過程の **「習得・活用」の段階** と考える。

3．その新しく構成された知識（概念）を活用する機会として、やはり「真正な学び」を意識した課題に直面させる。ここまで「習得・活用」の段階を、「自分事としての学び」を大事にして進めてきた結果として、自ら学びを進めていこうとする「意図的学習」の意識が随分高まってきていると思える。そこで、新たに得た知識を活用する **「活用②」** に当たる、「習得・活用・探究」の学習過程の「探究」段階に入る。そこでは、新しく得た知識が活用されて問題解決ができることで、「自ら学び、自ら考える力（生きる力）」の育成を実感すると共に、そうして得た「資質・能力」が、「自分の人生や生活、そして考え方や生き方などを豊かにしてくれる。」という **「自己のキャリア形成の方向性」** に沿った **「新たな価値」** に気付くことができる。この、単なる「分かった、できた」だけに留まらない「学び」を **「深い学び②」** と考える。その育成のためにも、**「社会に開かれた教育課程」** の推進が、この学びの過程全体を通した基本的な考え方として大事になる。

〔「習得・活用・探究」の学習過程と「深い学び」の関係〕

・再度、この「学びの過程」を「習得・活用・探究」の学習過程との関係としてまとめることで、「深い学び」の在り方を明らかにする。

・**「習得」の段階**…これまでに持っている「既得の知識」を「活用①」して、新たに教授された

「個別の知識」に「見方・考え方」を働かせ、各教科の特質に応じた思考力・判断力・表現力等を働かせることによって、より活用できる「再構成された知識」を「習得」する。この際の学びは、「理解上の納得」が得られる学びで、「深い学び①」とする。

- 「探究」の段階…「習得」で得られた、より活用できる「再構成された知識」を、活用できる課題に「活用②」することで、「知識の価値付けやそれに伴う生き方や考え方」を豊かにしてくれる。この学びは、個人的な価値の創造へ「探究」する学びで、「価値を実感した納得」が得られる学びと考えられ、「深い学び②」となる。

- 「深い学び」とは…この「習得段階」での「活用①」による「深い学び①」と、「探究段階」での「活用②」による「深い学び②」を合わせて「深い学び」と考え、それによって、**新たな価値を創造する学び、人生や生活を豊かにする学び**を実現していく。

- このように捉えるならば、「活用」も、「深い学び」も、今、対峙している学習におけるどの段階における「活用」や「深い学び」なのかを十分考えて、その実現に取り組む必要がある。

〔**「主体的・対話的で深い学び」、「カリキュラム・マネジメント」及び「社会に開かれた教育課程」との関係**〕

- 上記の学びの「習得・活用・探究」をつなぐのが（図中の矢印）、「主体的・対話的で深い学び」の**「学びの姿」**である。特に留意したいのは、「資質・能力の三つの柱」の「学びに向かう力・人間性の涵養」にも関係する「主体的」の重要性であり、それを実現させる「真正な学び」による「自分事としての学び」を実現させることで、子供たちに意図的学習を実現していくことが重要になる。その際の「メタ認知」を意識した指導も大事になる。

- その学びの過程は、単元などの「学習のまとまり」を単位としたものになるだろう。そして、この「学習のまとまり」を、それぞれで「主体的・対話的で深い学び」が実現するよう、適切に配列したものが「カリキュラム・マネジメント」と考えられる。

- そして、その「カリキュラム・マネジメント」によって、社会でも役立つ、真正な学びを推進していくのが「社会に開かれた教育課程」の実現ということになる。

　最後に、先に紹介した総則の解説以外に、これからの「人間の学び」について考えていく際にヒントになりそうだと、日頃から自分のアンテナにひっかかった文章をいくつか紹介して終わりとしたい（文中の下線は何れも筆者）。これからも考え続けていきたい。

- 人間の強みとは何か。それは、現実世界を理解し、その状況に応じた意味付けができることであろう。AI が人間の能力をはるかに超えていくのではないかという意見もあるが、AI の本質はアルゴリズムであり、少なくとも現在の AI は情報の「意味」（背景にある現実世界）を理解しているわけではない。AI に目的や倫理観を与えるのは人間である。アルゴリズムで表現しがたい仕事や、高度な判断や発想を要する仕事などは、AI による代替可能性は低いと考えられている。また、様々な人やモノ、情報が複雑に関係し合っていく中において、板挟みと向き合って調整することや、想定外の事態に対処すること、自らの行動を考え責任を持って対応することは、人間の仕事の中でますますその重要性を増すだろう。接客や介護のような他者との対話の中で行われる仕事は、AI やロボットによっ

てある程度代替されながらも、人間が担うことで、それとは異なる付加価値が生まれると考えられる[67]。(Society5.0 に向けた人材育成〜社会が変わる、学びが変わる〜平成 30 年 6 月 5 日 Society5.0 に向けた人材育成に係る大臣懇談会新たな時代を豊かに生きる力の育成に関する省内タクスフォースより)

・人工知能がいかに進化しようとも、それが行っているのは<u>与えられた目的</u>の中での処理である。一方で人間は、<u>感性</u>を豊かに働かせながら、どのような未来を創っていくのか、どのように社会や人生をよりよいものにしていくのかという<u>目的を自ら考え出す</u>ことができる。<u>多様な文脈</u>が複雑に入り交じった環境の中でも、場面や状況を理解して<u>自ら目的</u>を設定し、その目的に応じて<u>必要な情報</u>を見いだし、情報を基に<u>深く理解</u>して自分の考えをまとめたり、相手にふさわしい<u>表現を工夫</u>したり、<u>答えのない課題</u>に対して、多様な他者と<u>協働</u>しながら目的に応じた<u>納得解</u>を見いだしたりすることができるという強みを持っている。このために<u>必要な力</u>を成長の中で育んでいるのが、<u>人間の学習</u>である。…<u>新たな価値</u>を生み出していくために必要な力を身に付け、子供たち一人一人が、予測できない変化に受け身で対処するのではなく、<u>主体的</u>に向き合って関わり合い、その過程を通して、自らの可能性を発揮し、よりよい社会と幸福な人生の創り手となっていけるようにすることが重要である[68]。(「幼稚園、小学校、中学校、高等学校及び特別支援学校の学習指導要領等の改善及び必要な方策等について(答申)」(平成 28 年 12 月 21 日中央教育審議会)〔新しい学習指導要領の考え方―中央教育審議会における議論から改訂そして実施へ―文部科学省〕

・どれほどコンピュータや人工知能が発達しても、<u>感性や思いやり、慈しみの気持ち</u>などにおいては最後まで人間が優位性を持つと考えられる[69]。
(これからの時代に求められる資質・能力と、それを培う教育、教師の在り方について(第 7 次提言)平成 27 年 5 月 14 日　教育再生実行会議)

・もう少し詳しく説明すると、AI の弱点は、万個教えられてようやく一を学ぶこと、応用がきかないこと、柔軟性がないこと、決められた(限定された)フレーム(枠組み)の中でしか計算処理ができないことなどです。繰り返し述べてきたとおり、<u>AI には「意味が分からない」</u>ということです。ですから、その反対の、一を聞いて十を知る能力や応用力、柔軟性、フレームに囚われない発想力などを備えていれば、AI 恐るるに足らず、ということになります[70]。

　　　　　　　　　(『AIvs 教科書が読めない子どもたち』新井紀子、東洋経済新報社)

・これからは、豊かな好奇心の持ち主が求められる時代。自ら学習し、問題を解決し、鋭い疑問を投げかける意欲のある人材が必要とされている。好奇心に満ちた学習者は深く、そして広く学ぶ。人工知能がもっとも苦手とする仕事を担う人材。コンピュータはどれほど高性能でも、今のところ<u>好奇心旺盛なコンピュータは存在しない</u>。別の言い方をすれば、「<u>認知欲求</u>」の強い人々の価値が飛躍的に高まっている。認知欲求とは、知的好奇心の程度を測るために心理学の分野で用いられる概念[71]。

　　　　　　　　　(『子どもは 40000 回質問する』イアン・レズリー　光文社　2016 年 8 月)

・人間が現実にないこと、過去にもなかったであろうことを想像する能力を持っていることは、人間にとって一番嬉しいことのはずだと思う。機械がだんだん発達すると、人間の頭脳の代わりをしてくれる機械もできてくる。機械の理性が人間の理性よりもずっと能率的に働くようになることは十分考えられる。しかし機械は想像を逞しくすることはないであろう。もしも機械が想像し始めたら、人間は機械が狂ったといって廃棄してしまうであろう。そんなわけで、私は起きている時でも夢を見る痴人であることに甘んじてよいと思っている[72]。

(『痴人の夢』湯川秀樹（昭和30年))

あとがき

　「はじめに」にも書きましたが、本書を書き始めた目的は、「自分なりの"深い学び"の捉えを実感したかった」からです。しかし、書き始めてみると、如何に自分の基礎知識や考える基盤が弱かったかということが分かり、あちこちから資料を拾い集め、行きつ戻りつしながら悪戦苦闘し、一歩進んでは二歩戻る、の繰り返しでした。

　ですから、本書における文章の構成も理路整然とはほど遠く、行ったり来たりで、内容も同じ事を何回も繰り返したり、「見方・考え方」、「感覚」、「イメージ」等と、言葉を変えながら繰り返し同じようなことを言っているような部分もあり、読者の皆さんはさぞ読みづらかったと思いますが、その繰り返しの中で、自分なりの理解が少しずつ進んでいったのが、「深い学び」としての自分の学びの経緯そのものでした。

　ですから、「はじめに」でも書いたように、その経緯自体を私と共に実感してもらい、「自分はどうか？」と読者の皆さんが批判的に考えて頂ける機会になれば、というのが言い訳のような自分の願いでしたが、どうだったでしょうか？

　本書を書くに当たって、たくさんの資料を参考にさせて頂きました。いちいち書けませんが、それらの執筆者に厚くお礼を申し上げます。また、引用が執筆者の意図とずれているような点があれば、ここでお詫び申し上げます。

　また、所々紹介した学校の取組の様子や研究会の様子、授業実践記録などは、一昨年度まで在籍していた金沢市教育委員会の学力向上に関する学校訪問等での経験を参考にさせて頂きました。実践校や実践者、その子供たちに感謝すると共に、多くの刺激を与えて頂いた金沢市教育委員会の先生方や関係者の皆様方にも改めてお礼申し上げます。

　最後になりましたが、本書をまとめるに当たって不案内な自分に丁寧に、そして真摯に対応していただいた東洋館出版社の斎藤博之、五十嵐康生両氏に感謝申し上げます。

　そして、これまでの教師人生において、そして今日も、常に支え続けてくれている妻洋子に改めて感謝します。

〔参考文献〕

1 小学校学習指導要領（平成 29 年告示）平成 29 年 3 月告示　文部科学省
2 小学校学習指導要領（平成 29 年告示）解説総則編　平成 29 年 7 月　文部科学省
3 幼稚園、小学校、中学校、高等学校及び特別支援学校の学習指導要領等の改善及び必要な方策等について（答申）平成 28 年 12 月 21 日　中央教育審議会
4 「第三版 学習指導用語事典」辰野千壽編　教育出版
5 小学校学習指導要領（平成元年告示）解説　総則編　文部科学省
6 「社会の変化に対応した新しい学校運営の在り方について」（審議のまとめ）平成 2 年　文部省
7 「教育課程」天野正輝編集、明治図書 p75
8 第 15 期中央教育審議会答申「21 世紀を展望した我が国の教育の在り方について」1996 年　文部科学省
9 小学校学習指導要領（平成 10 年）告示　文部科学省
10 「学びのすすめ」遠山敦子文部科学大臣　2002 年　文部科学省
11 中央教育審議会教育課程部会資料「第 3 期教育課程部会の審議の状況について」2007 年　文部科学省
12 中教審初等中等教育分科会教育課程部会審議会報告　平成 18 年「2　教育内容の改善の方向」 文部科学省
13 無藤 隆　中教審委員　文科省メッセージから（登録平成 21 年以前）
14 中央審議会教育課程部会資料「第 3 期教育課程部会の審議の状況について」平成 19 年　文部科学省
15 諮問「初等中等教育における教育課程の基準等の在り方について」平成 26 年 下村博文文科大臣
16 教育基本法の改正　2006 年、学校教育法の改正　2007 年　文部科学省
17 中教審答申「幼稚園、小学校、中学校、高等学校及び特別支援学校の学習指導要領等の改善について」2008 年　文部科学省
18 「アクティブな学びと教師力・学校力」無藤　隆　図書文化
19 「OECD 生徒の学習到達度調査 2018 年調査（PISA2018）のポイント」国立教育政策研究所
20 内外教育「2019 年「読解力」世界 15 位に下落」時事通信社
21 日本経済新聞電子版　2016 年 11 月 29 日
22 「最強のクリティカルシンキング・マップ」道田泰司、日本経済新聞社
23 「学びとは何か」今井むつみ　岩波新書　2016 年
24 「教育課程企画特別部会における論点整理について」平成 27 年 教育課程企画特別部会
25 「次期学習指導要領等に向けたこれまでの審議のまとめについて（報告）」平成 28 年　教育課程部会
26 「教育ジャーナル」2017 年 6 月号、学習研究社
27 「初等中等教育における教育課程の基準等の在り方について（諮問）」平成 26 年 11 月 20 日　文部科学大臣
28 「学習指導要領の読み方・活かし方」p88，合田哲雄　教育開発研究所
29 「令和元年　金沢市教育委員会研修会、田村　学氏講演記録」
30 「授業力＆学級経営力」2020 年 8 月号、明治図書　Q＆A でわかる！「主体的・対話的で深い学び」への授業改善　連載第 1 回「主体的・対話的で深い学び」の実現に向けて、田村　学
31 小学校学習指導要領（平成 29 年告示）解説　総合的な学習の時間編 平成 29 年 7 月 文部科学省
32 小学校学習指導要領（平成 29 年告示）解説　生活編 平成 29 年 7 月　文部科学省
33 小学校学習指導要領（平成 29 年告示）解説　理科編（p14）平成 29 年 7 月　文部科学省
34 「中教審初等中等教育分科会報告 2016 年 6 月（資料 5）」文部科学省
35 「田村学氏と国士舘大学教授の澤井陽介氏の対談」「教室の窓」VOL56，2019 年 1 月発行、東京書籍
36 「教室の窓」vol.52、2017 年 9 月、奈須正裕　東京書籍
37 「内外教育」連載 新学習指導要領と授業づくり第 5 回「見方・考え方」を鍛える授業　奈須正裕 2018 年 1 月 30 日
38 「深い学び」田村　学　東洋館出版社　p18「主体的な学び」を実現する
39 「深い学び」田村　学　東洋館出版社　p21「対話的な学び」を実現する
40 石川県金沢市立鞍月小学校の実践から（平成 30 年）
41 「次代の学びを創る知恵とワザ」p97 奈須正裕　ぎょうせい

42 石川県金沢市立医王山小学校 5 年生の授業実践から（平成 30 年　寺田晶子教諭）

43 小学校理科のある教科書の例

44 「特集どう進める？「教科横断的な学び」と「カリキュラム・マネジメント」1 教科横断型カリキュラム・マネジメントに必要な視点と具体策」、白梅学園大学教授・文科省中央教育審議会委員　無藤　隆、総合教育技術 2017 年 11 月号，小学館

45 「教育課程を軸に学校に好循環を生む～カリキュラム・マネジメントの実践に向けて～」千葉大学特任教授　天笠　茂「中等教育資料」H29 年 6 月号

46 「教育課程を軸に学校教育の改善・充実を生み出すカリキュラム・マネジメントの実現」初等中等教育局教育課程課教育課程企画室「中等教育資料」H29 年 6 月号

47 「学びとは何か」今井むつみ、岩波新書

48 「銀河の片隅で科学夜話」第 15 夜　「言葉と世界の見え方」　全卓樹　朝日出版社より

49 「学習評価のあり方について」石井英真氏の「社会に開かれた教育課程」に向けてのパワーポイント資料 中央教育審議会初等中等教育分科会教育課程部会　児童生徒の学習評価に関するワーキンググループ第 1 回会議（2017 年）

50 「新学習指導要領と学習評価の改善」文部科学省初等中等教育局財務課長　合田哲雄（教育時評 49 号、学校教育研究所編、2019 年）

51 「教育課程を軸に学校教育の改善・充実を生み出すカリキュラム・マネジメントの実現」（初等中等教育局教育課程課教育課程企画室　中等教育資料 H29 年 6 月号）

52 国研ライブラリー「資質・能力理論編」国立教育政策研究所 p132　東洋館出版社

53 「学校図書館」2018 年 1 月号　全国学校図書館協議会学校図書館スーパーバイザー　熊谷一之

54 「新学習指導要領と授業づくり（連載第 15 回「メタ学習と解けない問題」)」上智大学教授　奈須正裕　内外教育

55 「「資質・能力」と学びのメカニズム」上智大学教授　奈須正裕　東洋館出版社

56 「授業を変える認知心理学のさらなる挑戦」p67　米国学術研究推進会議編著、北大路書房

57 「教育方法学」佐藤　学、岩波書店

58 「新しい子ども観を授業に生かす」角屋重樹、市川伸一座談会、「初等理科教育」1996 年 8 月号　農文教

59 「コンピュータ＆エデュケーション 15 号」構成主義が投げかける新しい教育 2003 年　関西大学久保田賢一「構成主義が投げかける新しい教育」

60 ・「カリキュラムと学習過程」3.　戦後のカリキュラム改革と学習過程（p54）、浅沼茂 、放送大学教育振興会、NHK 出版
　　・「発達の最近接領域とは何か；助産学教育のための学習理論」島田智織、江守陽子（茨城県立医療大学紀要第 19 巻）
　　・「人が学ぶということ」今井むつみ・野島久雄（北樹出版）　などを参考

61 「カリキュラムと学習過程」浅沼茂 、放送大学教育振興会、NHK 出版

62 「教育の過程」ブルーナー　岩波書店

63 「授業を変える」米国学術研究推進会議編著　北大路書房

64 「学校と社会」デューイ　岩波書店

65 「認知心理学講座　4 学習と発達」波多野誼余夫編、東京大学出版会など多数で紹介

66 「理科の授業を形づくるもの」鳴川哲也　東洋館出版社

67 「Society5.0 に向けた人材育成～社会が変わる、学びが変わる～」平成 30 年 Society5.0 に向けた人材育成に係る大臣懇談会　新たな時代を豊かに生きる力の育成に関する省内タスクフォース

68 「幼稚園、小学校、中学校、高等学校及び特別支援学校の学習指導要領等の改善及び必要な方策等について（答申）」（平成 28 年 12 月 21 日中央教育審議会）「新しい学習指導要領の考え方－中央教育審議会における議論から改訂そして実施へ」文部科学省

69 「これからの時代に求められる資質・能力と、それを培う教育、教師の在り方について（第 7 次提言）」H27 年 教育再生実行会議

70 『AI vs 教科書が読めない子どもたち』新井紀子、東洋経済新報社

71 「子どもは 40000 回質問する」イアン・レズリー　光文社

72 「「詩と科学」から「痴人の夢」」湯川秀樹　平凡社

【著者略歴】

新保　修（しんぽ・おさむ）

　1954 年生まれ。金沢大学理学部物理学科を卒業後、金沢市内の公立小学校、国立金沢大学附属小学校に勤務、その後、石川県教育センター（現石川県総合研修センター）指導主事を経て、金沢市内小学校で教務主任、教頭を経て野々市市、金沢市で校長を務めた後、退職。その後、金沢子ども科学財団に 1 年、金沢市教育委員会学力向上アドバイザーとして 4 年間勤務。これまで主に理科教育を中心に取り組み、授業研究と共に児童の自由研究の指導にも長年取り組んできた。主な著書に、『自然に問いつづける理科の授業』（共著、ぎょうせい）、『理科重要用語 300 の基礎知識』（共著、明治図書）、『理科授業を面白くするアイデア大百科 7 力学のアイデア』（編集責任者、明治図書）『「見えないきまりや法則」を「見える化」する理科授業』（編集責任者、明治図書）など。

主体的・対話的で深く、
新学習指導要領を読む

2021（令和3）年10月14日　初版第 1 刷発行

著　　　　者：新保　修
発　行　者：錦織　圭之介
発　行　所：株式会社　東洋館出版社
　　　　　　〒113-0021　東京都文京区本駒込 5 丁目16番 7 号
　　　　　　営業部　電話03-3823-9206　FAX03-3823-9208
　　　　　　編集部　電話03-3823-9207　FAX03-3823-9209
　　　　　　振替　00180- 7 -96823
　　　　　　URL　http://www.toyokan.co.jp
装　　　　幀：中濱　健治
本文デザイン・印刷・製本：藤原印刷株式会社

ISBN978- 4 -491-04692-1
Printed in Japan